主 编　高其才

执行主编　于明清　潘香军

当代中国习惯法的研究方法

中国政法大学出版社

2024·北京

图书在版编目（CIP）数据

当代中国习惯法的研究方法 / 高其才主编. -- 北京 ： 中国政法大学出版社，2024. 9. -- ISBN 978-7-5764-1774-6

Ⅰ. D920.4

中国国家版本馆 CIP 数据核字第 2024HP5972 号

出 版 者	中国政法大学出版社
地　　址	北京市海淀区西土城路 25 号
邮寄地址	北京 100088 信箱 8034 分箱　邮编 100088
网　　址	http://www.cuplpress.com (网络实名：中国政法大学出版社)
电　　话	010-58908586(编辑部) 58908334(邮购部)
编辑邮箱	zhengfadch@126.com
承　　印	固安华明印业有限公司
开　　本	650mm×980mm　　1/16
印　　张	23
字　　数	380 千字
版　　次	2024 年 9 月第 1 版
印　　次	2024 年 9 月第 1 次印刷
定　　价	96.00 元

总　序

　　习惯法是人类长期社会生活中自然形成的一种行为规范，它源于各民族生存发展的需要，对人类法制文明意义甚大。哲人亚里士多德说过，积习所成的不成文法比成文法实际上更有权威，所涉及的事情也更为重要。毋庸多言，在传统人类社会，习惯法内容涵盖甚广，各民族缔造了灿烂的习惯法文化。而制定法的出现只是一种渐进的成就，道德与法律的分离更是后起。

　　在古希腊文中，"ethos"（居留习性）和"nomos"（风俗律法）均有风俗之义。"nomos"乃诸神所定，且是"ethos"的准绳，不可随意更改。"ethos"（习俗）本来含义是"居留""住所"，"ethos"（习俗）就是人行为的某种"居留"和人在其中活动的"场景"（秩序），这种风俗习惯的沿袭产生伦理德行，"ethos"（习俗）也就演化为"ethikee"（伦理）。"nomos"本来仅指习俗，雅典民主政制兴起，"nomos"的含义才扩及人定的法律。而自然（"physis"）与习俗（"nomos"）的比较，则是西方法哲学的永恒主题。

　　法律不是、起码不主要是国家制定法。直到中世纪的西方思想家仍然认为，法律本质上是传统和习惯，而不是不断进行的立法创新，而国家制定法实在是对习惯法的扰动，不可轻易为之。

　　习惯法会成为问题，源于人类社会的现代性转折以及法律现代性的相应兴起。这个历史进程肇始于西方，法脱离了古典自然法界定良善政治秩序的作用，成为保障市民社会财产权与维持市场经济均衡运转的实证法（positive law），而国家仅等同于市民社会之伦理环节。尤其是因为现代民族国家的兴起，它需要并且创生出了国家法（制定法）、固守主权者命令的实证法学、现代教育体制、学科分类体系及科层制分工等一整套架构来维系民族国家的运转。而这都表明现代社会的运转必须依赖法实证主义。

目光转移到中国，在古代汉语中，习惯是指在长时期里逐渐养成的、一时不容易改变的行为、倾向或社会风尚。习惯是逐渐养成而不易改变的行为和积久养成的生活方式，现在泛指一地的风俗、社会习俗、道德传统等。中国语境中的习惯含有"长期""习俗"等语意。习惯法以习惯为核心，以风尚为基础，与伦理密切相关。

传统的礼乐文明就是由乡土中国的风习自发演进而来，进而由切实的情理生发出高蹈的义理。在中国法律传统的天理-国法-人情架构中，人情风习有其应有的位置。天理、国法与人情的圆融无碍是传统中国历代法典正当性所在，也是传统中国社会中普通民众信奉的法意识。如何在具体问题中，妥帖地调适情理法、礼与俗，正是中国法传统思索与实践的核心问题。

而传统法律在近代的大变动引发了社会的大断裂、大冲突。百年来中国法律现代化动作多、成效少，法律始终没有契合中国人民的生活。中国法律文明花果飘零，失去了制度和理论支撑的传统中国文明作为一种习俗残留下来。为了让人们信奉舶来的法制，服从至上的国家（阶级）意志，民主、法治、人权之类的言说驳斥这种习俗，新生活运动、普法运动之类的全民运动力图改造这种习俗。只是时至今日，依然逃脱不了"法律自法律，社会自社会"（瞿同祖语）的尴尬。因为法律不是自动运行的机器，作为一套社会控制的行为规则体系，它需要相应的制度支撑。

现实的逻辑是，作为生活之子的习惯法的生命力异常旺盛。在当今中国社会时空条件下的法律实践当中，习惯法作为独立于国家制定法之外，依靠某种社会权威、具有一定程度强制性和习惯性的行为规范，实际上成了解决当代现实问题的鲜活创造，显示了它与法律移植背景下国家制定法不同的命运。当代中国习惯法作为一种活的法律秩序，显示了与其所处社会的相互契合，有其独立的存在意义和独特的功能价值。

因此无论我们对中国的法治现代化持何种立场，都必须认真对待习惯法。习惯法为国家制定法之母，一方面，要充分认识到习惯法在秩序建构、纠纷解决、社会共识达成过程中的积极意义，充分发挥其作用；另一方面，在国家制定法中心的前提下，必须妥善处理与现行制定法有冲突的习惯法中的非良性因素，促使习惯法与制定法在现代化互动进程中逐渐融合，解决不同地区、不同民族之间的习惯法冲突问题，并使国家制定法更具有效力基础。这也是国家法中心主义的习惯法研究必须解决的重要问题之一。

从更广泛的角度认识，习惯法是中国固有法文化的重要内容，体现了中华民族的内在精神。习惯法是一种社会现象、一种社会规范，更是一种社会文化，是由中国人的意识形态所创造的精神财富。作为中国文化的组成部分，习惯法是中国人生活的反映、实践的记录、历史的积沉、现实的表达，是中国人对生存方式、法生活的需要和愿望的表达，是中国人认识自然、思考自己、理解社会的结晶。习惯法是民族特质的体现，也是传承传统的主要方式。

我们认为，习惯法研究应以现代中国法治建设为中心，习惯法的描述与解释并重，域内习惯法与域外习惯法研究并举，当代习惯法研究与习惯法的历史研究共存，处理好乡土习惯法与城市习惯法、传统习惯法与现代习惯法、地方习惯法与全球习惯法之间的关系。以中国社会现代发展和法律现代性为主轴，一切以揭示习惯法背后特有族群的法律文化、法律意识为鹄的，进而阐发习惯法的内生性及其当代适应性。

本习惯法论丛以当代中国习惯法为研究对象，重点探讨1949年以来尤其是现实有效的当代中国社会的习惯法，旨在全面总结我国学界学者和实务专家的当代中国习惯法调查和研究成果，交流当代中国习惯法研究的心得，思考当代中国习惯法研究的推进，进一步提高当代中国习惯法研究的学术水准。

　　当代中国习惯法研究需要重视学术积累，进行长期调查，持续专门研究，不断拓宽研究领域。只有具有寂静的心态、宽广的视野、专注的立场、踏实的学风，当代中国习惯法的研究成果才可能越来越有学术影响力，在中国社会的理性发展中发挥积极的功能。

高其才

2010 年 7 月 2 日

目 录

CONTENTS

体会方法

运用方法

理解方法

附　录

导　言

一

"方法"，《现代汉语词典》释为"关于解决思想、说话、行为等问题的门路、程序等"，[1]即为获得某种东西或达到某种目的而采取的手段与行为方式。

科学研究需要运用方法，提高我们认识、揭示社会现象复杂性的能力；使用系统性的、可靠的研究方法，获得客观、真实与全面的材料，尽可能呈现事实，使得研究结果具有较高的可靠性和可验证性，增加其他研究者对研究结果的信任和接受度。包括法学在内的人文社会科学的研究方法包括定性方法与定量方法两类。

作为法学研究的一个方面，当代中国的习惯法调查和研究同样需要重视方法，广泛运用各种方法进行调查和研究。

二

习惯法总体上属于法社会学范畴。习惯法可从国家法意义上与

---

[1]　中国社会科学院语言研究所词典编辑室编：《现代汉语词典》（第5版），商务印书馆2005年版，第383页。

非国家法意义上两方面进行认识。我国学界一般认为，国家法意义上的习惯法是国家特定机关对社会上已经存在的规范上升为法律规范，赋予其法律效力，从而使其得到国家强制力的保障；习惯法来自习惯，但与其有本质的不同，习惯法属于国家法的范畴，习惯则为一般的社会规范。[1]非国家法意义上的习惯法则与此不同。非国家法意义上的习惯法是独立于国家制定法之外，依据某种社会权威和社会组织，具有一定的强制性的行为规范的总和。[2]

三

当代中国的习惯法调查和研究主要为非国家法意义上的习惯法的调查和研究，基本遵循法社会学的调查和研究的方法。这些方法主要包括现场观察方法、参与观察法、访谈法、座谈会方法、问卷调查方法、个案调查方法、实验方法等。

四

经验研究表明，调查对象对调查者的信任是成功进行习惯法田野调查的关键因素。只有基于充分的信任，调查者才能有效开展调查工作，获得研究所需要的事实信息。田野调查所获得的有效信息的数量、调查的深入程度，与调查对象对调查者的信任程度成正比。信任的产生是多种因素综合作用的结果，信任关系的建立过程是调查者和被调查者彼此考察的过程。进行田野调查时，习惯法调查者要做的最重要的事情就是设法赢得信任并维持与调查对象之间的信任关系。

五

田野调查是研究当代中国习惯法的一种重要方法。研究者"融

---

〔1〕 高其才：《法理学》（第 4 版），清华大学出版社 2021 年版，第 80 页。

〔2〕 高其才：《中国习惯法论》（第 3 版），社会科学文献出版社 2018 年版，第 3 页。

入田野"，在当地民众的生活场景与精神世界中去观察、解读习惯法，是用好田野调查方法调查和研究当代中国习惯法的重要方式。田野调查前的准备是为了建立起与田野调查对象的初步联系，包括确定研究主题、选定调查对象、收集相关资料等，是初步融入田野的过程。当代中国习惯法是"活"在民众生活之中的法，研究者进入田野后要充分融入当地民众的生活中，通过文献搜集、亲切交谈、参与观察、问卷调查等方式收集真实而详实的一手素材。在田野调查中，研究者还可以采用系统整体式领悟法、见微知著式领悟法及亲历实践式领悟法来融入、感知当地的习惯法文化，进而揭示当代中国习惯法的深层意义。

六

　　法社会学田野调查的现场观察为调查者到所观察对象的社群和相关法活动中去，在参与具体法事件、法活动中进行观察、调查，了解其具体运行，理解其内在的法意义。现场观察法尤其适用于研究人类社会法规范、法秩序所体现的社会文化背景，从局内人而非局外人的视角研究事件、案件或者活动的发展过程、规范形态、人与事件的关系等。确定进行参与式观察后，法社会学田野调查者需要提前进行一定的准备，如就这一主题查阅相关的文献，检索相关的资料，了解学术界的有关研究情况，并拟订现场观察的田野工作计划。调查者在现场观察时需要全力融入，确定观察的内容、重点和时间顺序，处理好参与其中与全面观察的关系，安排好单纯眼观与个别访谈的关系，协调好观察与记录的关系，尽可能避免观察的遗漏。

七

　　参与观察法是社会科学领域内质性研究方法中一种典型的研究方法，非常适合习惯法调查和研究。参与观察法的实施步骤一般主要包括：选择研究场域；进入研究场域；与研究对象建立并维持良好的关系；观察与记录研究资料；整理与分析研究资料等。参与观察法能够尽量避免研究者在调查和研究习惯法的过程中将自己的主观看法强加于研究对象；参与观察法有利于研究者在调查和研究习惯法的过程中尽量将自己融入研究对象的群体之中，以"局内人"的角度来观察研究；参与观察法有助于研究者在习惯法调查和研究中获得更为真实、立体、丰富的信息和资料。不过，参与观察法比较依赖于研究者的个人能力和技巧，主观因素的影响较大，且观察范围的有限性决定了其收集到的资料也有限。

八

习惯法调查经常运用访谈法。在习惯法调查和研究中，访谈法作为一种重要的研究方法，被广泛运用于收集和分析与习惯法事实相关的社会数据。在习惯法调查和研究中运用访谈法，可以帮助研究者深入了解习惯法规范、理解习惯法的现实功能、探究社会因素对习惯法的影响。访谈的要素涵括确定访谈目的、项目、对象、时间、地点、记录方式等，以及建立访谈关系，设计访谈提纲、制定访谈计划，实施访谈，并结合相关数据撰写访谈报告。访谈的程序分为开场白、提问、倾听、记录、回应和收尾。

九

参与式田野观察法，通过事实发掘与过程深描的方式，了解规范在实践中的具体运作形态。这是一种个案的、特殊的、微观的分析方法，它固然能够在田野中捕捉到一些细节，但在规模化、一般化和数量化的研究中显得力不从心。问卷调查则能够弥补这一局限性，拓展习惯法研究的疆域。习惯法研究中问卷调查的具体方法应包括扎实的前期准备工作、科学的结构设计、有针对性的分发回收以及详实细致的分析。问卷调查的难点在于问题的有限性、被访者的局限性、结果的复杂性。问卷调查难以涵盖习惯法研究中本土的元素、多元的内容、立体的主题，在理论贡献上也相对薄弱。对于习惯法中的问卷调查的先前结果需要以批判性的视角看待，对问卷调查方法的应用也要秉持着严谨理智的态度。

十

法社会学的个案调查是对法社会学领域的单个对象的特定行为或问题进行了解和探析。个案调查呈现生动、具体、细节、深入等特点。对个案调查需要从个别与一般、部分与整体、具体与抽象、客观与主观等方面进行认识和思考。发现个案、调查个案、分析个案是法社会学个案调查的关键，调查者需要千方百计发现个案、千辛万苦调查个案、千真万确分析个案。

在习惯法研究中，选择适当的个案和采用适当的研究方法对典型个案开展研究与理论的建构具有同等的重要意义。习惯法研究中个案的典型性，指的是作为习惯法研究对象的法现象所呈现的日常性和内生性。可以从法规范运行的场域是否具有日常性和法规范的运行是否具有内生性这两个方面来初步判断个案是否具有典型性。

十一

习惯法调查研究中社会科学实验方法的运用，在一定程度上可以弥补传统研究方法的不足，通过较为严谨的实验设计，模拟习惯法运行的真实场景，通过参与者的行为获取实验事实，分析其行为的动因，并最终得出结论。例如，运用准实验的方法模拟了上寶钱会这一民间信贷组织的运行过程，探索其维系的基础和成员行为选择背后的原因。通过对钱会的模拟，研究发现文化自觉、人情面子、信任关系在习惯法中发挥着重要作用。然而，准实验设计也揭示了实验事实收集和分析中的一些局限性，如实验对象选择的随机性、实验结论的可转移性等，都是需要进一步完善的问题。

十二

习惯法调查和研究中的座谈会方法通过自由访谈的形式进行研究，有助于调查者了解真实情况、促进相互交流。座谈会方法属于定性研究方法、无结构研究方法和互动性强的研究方法。在召开座谈会前，应当确定座谈会的议题和议程，确定参加人员、时间和地点，提前了解被调查者的情况以及提前布置会场。在座谈会召开过程中，要注意座谈会的开场、座谈会的提问与讨论、座谈会的控制以及座谈会的记录。座谈会方法有其优势，也有一定局限性，除座谈会方法外，还应结合其他方法对习惯法进行研究。

十三

习惯法不仅仅存在于乡村。作为一种内生性社会治理规范，习惯法普遍存在于人们日常生产生活实践。在城市化进程日益加快的背景下，习惯法研究范式应从时间、空间和内容三个层面进一步拓展，特别是要聚焦当代中国城市习惯法研究。习惯法曾在城市治理史上发挥重要的作用，当代中国城市治理中有丰富的习惯法实践。中国城市化的乡村特质决定了城市治理中的法理社会与礼俗社会并存格局，习惯法研究有助于提升城市治理法治化水平。城市治理中的习惯法研究既包括基于传统习惯法中转化形成的婚姻习惯法、物权习惯法、交易习惯法等论题，又有城市特有的单位习惯法、社区习惯法、行业习惯法、网络习惯法等论题。除了法学传统的规范研究方法之外，城市社会学和都市人类学是当代中国城市习惯法研究的重要方法论进路。

十四

为了保护调查对象隐私，习惯法研究者使用田野调查资料时需要采用化名表述的方法。根据法社会学研究经验，习惯法调查资料的化名表述方法可被总结为化名表述的基本原则和化名表述的操作方法两类。一方面，习惯法研究者在对习惯法调查资料进行化名表述时应坚持知情同意原则、必要说明原则、地域特色原则、协调统一原则、原始数据保留原则等基本原则，使读者无法识别到特定个人；另一方面，习惯法研究者可采用删除处理法、替换处理法、泛化处理法、交换处理法、干扰处理法等具体的化名表述方法对调查资料进行脱敏处理，弱化信息与信息主体间的关联，消除习惯法调查对象的可识别性。

十五

从某个视角认识，习惯法的田野是一个场域，也是一种方法，还是一种思维。习惯法田野调查的目的在"实"，即了解法事实、理解法事实、分析法事实、解释法事实。习惯法田野调查的基础在人、时、钱即人力、精力、财力，需要有合适的人选、足够的时间、适当的经费。习惯法田野调查的困难主要表现在进入田野的困难、融入田野的艰难、发现田野的磨难、表述田野的犯难、反思田野的疑难、总结调查的为难。习惯法田野调查常采用实地观察法、深度访谈法、座谈了解法、书面材料搜集法等调查方法和技术。进行习惯法田野调查，需要思考空间与时间的关系、他者与自我的关系、国家与社会的关系、表达与放弃的关系、理解与改造的关系，形成田野调查的沉浸论、主体论、民众论、适当论、克制论等。进行习惯法田野调查，调查者需要关心田野、树立信心、真心待人、用心观察、耐心说服、具有恒心，这是法社会学田野调查成功的关键。

十六

习惯法田野调查建立在社会学田野调查方法的基础上，但在研究对象、场域、方式、意义、目标等方面具有区别于社会学田野调查的独特性。具体而言，习惯法田野调查围绕习惯法展开，重在求"实"，要求研究者深入特定的习惯法实践场域观察习惯法现象，客观描述习惯法运行的过程，解释实际的习惯法问题，进而从经验中提炼理论，达到构建良好法秩序的目标。认识并理解习惯法田野调查的特质，对明晰习惯法田野调查的本意、提升习惯法田野调查水平、构建实践性的习惯法理论具有重要意义。

十七

习惯法田野调查是注重实效和应用的科学研究方法。习惯法田野调查只有正确把握并紧扣中国命题，才能更好服务于深入推进中国的法治建设，满足中国人的法需要。具体来说，习惯法田野调查的研究对象应当是立足于中国本土的，专注于中国固有的与社会秩序、社会规范、社会权威有关的习惯法现象和习惯法实践，以进一步夯实法治建设的基础。习惯法田野调查的内容应紧扣中国法治建设的实际情况，在观察和记录习惯法事实的基础上分析和阐述中国的习惯法运行，以揭示更深层次的习惯法秩序、习惯法文化及其背后的规律性。习惯法田野调查通过紧扣中国命题形成富有本土性智识的研究成果，能够贡献出中国智慧。对习惯法田野调查中国命题的思考对于推进依法治国向更高水平发展，实现更具有中国特质的良法善治以及丰富人类法治文明中的中国话语都有重要意义。

十八

在当代中国的习惯法调查和研究中，方法是多元的，也不是绝对的，需要根据调查和研究主题具体确定。

同时，当代中国的习惯法调查方法也需要注意中国文化的特点，注意政治体制、社会环境、历史传统、地方习俗、风土人情、独特思维等对习惯法调查方法的影响，理解习惯法调查方法的中国特点和特殊品性。

体会方法

赢得信任：习惯法田野调查中的关键问题

魏小强[*]

一、引言

古典社会学的奠基人之一马克斯·韦伯认为："要想考察任何有意义的人类行动的根本成分，首先应从'目的'和'手段'这两个范畴入手。"[1]对于学术研究而言，韦伯所说的"手段"就是研究所使用的具体研究方法。习惯法是独立于国家制定法的强制性行为规范的总和。[2]习惯法的存在方式和功能特点决定了积极进行田野调查，获取第一手资料，是习惯法研究的重要路径。[3]田野调查通常以参与观察和无结构访谈的方式收集资料，并通过对这些资料的定性分析来理解和解释社会现象。[4]成功的田野调查是多种因素综合作用的结果。比如有学者认为，调查者所能调动和运用的权力资源

　*　魏小强，江苏大学法学院副教授，法学博士，主要从事法理学、法律社会学研究。本文系司法部国家法治建设与法学理论研究项目《法治社会建设中的城市习惯法研究》（21SFB2002）的研究成果之一。

　〔1〕［德］马克斯·韦伯：《科学论文集》，第149页，转引自［美］塔尔科特·帕森斯：《社会行动的结构》，张明德、夏遇南、彭刚译，译林出版社2012年版，目录与序言之间的插页。

　〔2〕高其才：《中国习惯法论》（修订版），中国法制出版社2008年版，第3页。

　〔3〕高其才：《中国习惯法论》（修订版），中国法制出版社2008年版，第435页。

　〔4〕陈信勇：《法律社会学教程》（第4版），浙江大学出版社2021年版，第289页。

一定程度上具有决定意义。[1]有学者认为，田野工作要求"经验饱和"，并在此状态下建构、验证因果关系链条。[2]有学者认为除了参与观察这个田野调查的基本要求外，还要求对观察地方的不断再访问。[3]有学者认为，田野调查中最重要的一点是尊重每个调查对象，并在调查中保持基本的中立、客观。[4]这些观点基于学者们各自的研究经历，从不同方面丰富了有关田野调查的认识论和方法论。但是在既有的研究中，人们对于调查者和调查对象之间的信任关系问题却没有给予足够的关注。

信任是维系调查者和调查对象之间调查关系的纽带，是决定田野调查能否成功的关键因素。调查者与具体调查对象间的调查关系能否建立，调查工作能否深入进行，以及能否实现预期的调查目的，都取决于调查对象对调查者是否信任以及信任的程度。比如只有建立在信任和亲密互动基础上的访谈才能深入被访谈者的个人深层结构之中。[5]因此，调查者赢得调查对象的信任是田野调查中需要解决的一个关键问题。针对这一命题，本文拟以笔者在一家律师事务所进行田野调查的经历为依据，运用过程梳理、事件描述、功能分析等方法进行论述，以揭示信任之于田野调查的功能机理。

需要说明的是，因为以特定的律师事务所为主要研究对象，文中对可能涉及的该律所及其他律所、机构的商业秘密及个人隐私的信息一般不予叙述或做了"加密"处理。依照学术惯例，对所涉及的地名、律所、其他机构的名称以及所有提及的人员姓名都做了化名处理，如有雷同，属于巧合。出于行文的便利，下文的事实描述

〔1〕 苏力：《法律社会学调查中的权力资源——一个社会学调查过程的反思》，载《社会学研究》1998年第6期。

〔2〕 陈柏峰：《法律经验研究的机制分析方法》，载《法商研究》2016年第4期。

〔3〕 侯猛等：《对话朱晓阳：法学遇上人类学》，载《法律和社会科学》2016年第1期。

〔4〕 王启梁：《从书斋的冥想中出走——人类学田野调查方法在法学研究中的运用浅述》，载《贵州民族学院学报（哲学社会科学版）》2007年第3期。

〔5〕 朱景文主编：《法社会学》（第3版），中国人民大学出版社2013年版，第61页。

采用第一人称。

二、田野调查对象确定中的信任

我于 2014 年至 2018 年间在清华大学攻读法学博士学位，博士论文的研究主题是律师事务所的分裂。其中基于法治社会和法律多元理论，主要运用田野调查、文献分析、功能分析等方法，通过考察一家名为大川律师事务所（以下简称"大川所"）的普通合伙律师事务所的分裂过程及原因，对其内部规范、内生秩序的发展变迁进行基于经验事实的个案研究，揭示了这类社会主体的内部自治及内生秩序的意义。[1]田野调查是我在完成博士论文过程中获取第一手材料的主要研究方法。在完成博士论文的过程中，我对大川律师事务所进行了两年多的实地调查，在获得研究所需的充足材料的同时，也积累了一些有关社会调查的心得体会。其中最深刻的体会是，赢得调查对象的信任是进行田野调查的基础。

我所调查的大川所是 2006 年 6 月设立于南省甲市的一家普通合伙律师事务所。[2]大川所发起设立的合伙人为梁维珍、李剑锋、佟继扬和朱予理，由梁维珍担任律所负责人。从 2009 年 12 月至 2016 年 11 月，先后又有高琪、李雅、王东良等 15 名律师成了大川所的合伙人或者隐名合伙人。在此期间，朱予理等 5 名合伙人又先后退伙。在 2016 年 11 月大川所分裂发生时，共有合伙人和隐名合伙人 14 人。其中梁维珍、李剑锋、佟继扬 3 人为高级合伙人暨管理合伙人。

---

〔1〕 参见魏小强：《律师事务所何以分裂——法社会学视角的个案研究》，清华大学 2018 年博士学位论文。

〔2〕 依照《中华人民共和国律师法》的规定，律师是为当事人提供法律服务的执业人员，律师事务所是律师的执业机构。在我国众多社会组织中，律师事务所作为专业服务机构，是一类依法设立的非法人组织。其组织形式有合伙律师事务所、个人律师事务所、国家出资设立的律师事务所三类。其中合伙律师事务所是律所的主流形式，具体又分为普通合伙律师事务所和特殊的普通合伙律师事务所两种。司法部于 2023 年 6 月 14 日发布的《2022 年度律师、基层法律服务工作统计分析》显示，截至 2022 年底，全国共有执业律师 65.16 万多人，律师事务所 3.86 万多家。其中，合伙所 2.82 万多家，占 73.16%；国资所 604 家，占 1.56%；个人所 9777 家，占 25.28%。

大川所设立时只是一家小规模的律所，在随后十多年的发展过程中，其分支机构越来越多，人员规模也越来越大。到 2016 年 11 月，大川所先后在南省的乙市、丙市、丁市、戊市以及北京和上海设立了分所。全所各类工作人员的总规模由最初的 10 多人扩大至 140 多人，全所的业务收费量由 2006 年成立当年的 630 万元增加 2016 年的 6500 万元。可以说大川所是一家较大规模的律师事务所，具有较强的法律服务能力和业务创收能力。依照完整的组织机构和规章制度，大川所的内部管理向来以严格、规范而为南省的律师同行所称道，在全国律师行业里也有一定的影响。但是在这样的盛况之下，事务所的内部却潜藏着诸多隐患。当梁维珍和佟继扬两个相对独立的利益集团之间的矛盾不可调和时，律所的分裂就发生了。

2016 年 11 月，佟继扬一方总共有包括 6 名合伙人和聘用律师在内的 70 多名原大川所工作人员选择离开，其中包括大川乙市分所和戊市分所的全部人员，以及大川甲市总所、丙市分所和北京分所、上海分所的部分人员。随后以这些人员为基础，佟继扬团队分别在南省甲市、乙市、丙市、戊市以及南省省会己市新设了 5 家独立的律师事务所。而梁维珍一方则保留了大川所的品牌和原有的全部执业机构，并根据人员情况和业务实际调整了分支机构的设置，通过律师派驻、招聘等方式补充了大川乙市分所、丙市分所和戊市分所的人员缺口，撤销了业务状况不理想的大川北京所，新设了大川南省己市分所。这样一来，虽然经历了分裂，但大川所仍然保持有 1 个总所和 6 个分所的组织机构。

大川所不仅有十多年的发展历史，更有完整、健全的内部机构和管理制度；其在不断探索与改革中发展壮大，具有普通合伙律师事务所的所有要素，在我国律师行业中具有一定的典型性和代表性。调查发现，大川所在分裂中发展壮大，其内部分裂的发生并非偶然事件，而是长期积累的多方面原因综合作用的结果。其中理念分歧、利益冲突、权威消解、制度缺陷等是其中的主要因素，正是这些因素的综合作用引起的"并发症"最终导致了律所分裂的发生。所以不能孤立地看待其中所发生的分裂事件，也不能在单一的因果关系中寻找其分裂的原因，而是要在不同维度的、复调的事实叙述中，探寻律所分裂的因果机制。

以上内容来自我在该律所的田野调查，包括调查对象的基本情况、发生于其中的分裂事件以及导致律所分裂的因素等方面。事后回顾，我发现从确定调查对象到介入分裂事件调查，再到深入律所内部探讨其分裂的原因，每个工作部分的进展及相关信息的获取都是基于调查对象对我这个调查者的信任。如果没有该律所负责人对我的信任，我不可能确定其作为我的调查对象，也就没有机会进入该律所做调查。如果在进入调查后没能进一步赢得律所合伙人、骨干律师及其他工作人员的信任，我就无法在律所发生分裂的风口浪尖中继续我的调查工作。如果这种信任关系没有得到进一步的巩固，我的调查工作便不可能持续两年之久，调查工作也就不够全面、深入。这也是我认为调查对象的信任是开展田野调查工作的基础的原因。下文我将从不同方面叙述这种信任基础的表现及其机理。

三、田野调查进行过程中的信任

我在博士论文工作过程中，对大川所的田野调查持续了两年多，依照工作的自然进程大致可以分为三个阶段，即初步调查、深入调查和后续调查。每个调查阶段的目标任务不相同，调查的重点也有所区别。这一调查过程也是我和调查对象之间的信任关系由初步建立到逐渐加强再到不断巩固的过程。

（一）初步调查中的信任基础

我对大川所进行初步调查的时间为 2015 年 7 月至 8 月。在此期间我首先关注的是大川乙市分所，并对其薪酬规则进行了专门调查。这是因为我与大川乙市分所的主任、副主任等人是老朋友，并与其中的多数律师相熟。有了这层信任关系，我才得以进入大川乙市分所调查，并得到了他们的支持与配合。原本就对该所的情况比较熟悉，加上这次有针对性的专门调查，使我对其薪酬规则的演变历程、现行薪酬规则的内容及实施情况等有了比较清楚的了解。这是一次成功的调查，其最终成果之一是一篇发表了的论文。[1]这也是我有意把对律师事务所的研究作为博士论文的选题方向后所进行的调查尝试。它的成功给我很大的鼓励，并促使我下了把律师事务所的内部治理作为研究选题的决心。

（二）深入调查中的信任保障

对大川乙市分所的成功调查，不仅使我积累了一定的调查经验，也让我的调查工作为大川总所及其他分所的工作人员所了解，为我对该所的进一步调查做了良好的铺垫。我对大川作全面、深入调查的时间为 2016 年 2 月至 2017 年 3 月。其中 2016 年 2 月至 3 月、2016 年 5 月至 6 月、2016 年 10 月至 12 月、2017 年 2 月至 3 月，我对大川总所及各分所进行了五次各持续一个月以上的驻所调查。这一阶段的调查以大川总所为核心，以大川乙市分所、丙市分所为重点，兼及其他各分所。其中有两件事情对我的调查工作影响重大。

一是 2016 年 5 月我受托为大川所撰写总结其十年发展历程的传记。根据合同约定，我要为大川所撰写一本 20 万字以上篇幅的纪实性著作，时间一年半。完成这样一本著作须以对大川所的全面了解为前提，其所需要的材料与完成我的博士论文所需要的材料有很大的重合，尽管两者的侧重不同。为了保证传记写作的顺利进行和作品的质量，我要求梁维珍主任承诺对我的调研给予支持。她表示这一点没有问题，其中最到位的一句话是"大川对你没有秘密"。这是一句了不起的承诺，也是对我最大的信任，让我的调查工作变得名正言顺，也让调查者和被调查的律所人员都没有了顾忌，于是调查便得以顺利和深入地进行了。

二是 2016 年 11 月大川所发生了内部分裂。具体情形前面已有所交代。这次分裂一下子把我置于非常困难的境地，几乎让调查中途夭折。虽然当时调查工作正在进行中，但是事务所的人已经分化为以梁维珍和李剑锋为一方、以佟继扬为另一方的两个利益集团。

---

〔1〕 参见拙文：《在理想与现实之间：转型律师事务所的薪酬规则——以南方某省追远律师事务所的〈薪金制度暂行办法〉为对象》，载高其才主编：《当代中国的非国家法》，中国政法大学出版社 2015 年版，第 183~209 页。

我很早就认识大川所的高级合伙人佟继扬，彼此是很好的朋友，大家都知道我是"佟继扬的人"，但是梁维珍、李剑锋这边的很多人依然是我需要进一步研究的对象。好在我及时跟两边都进行了沟通，获得了他们的理解和信任，这样我的调查工作就得以继续，而且可以公开在他们两边来回观察。双方尤其是合伙人层面对于我的这些调查行为都是知晓的。当时的情况通常是，我当天上午刚列席了大川总所梁维珍这边的会议，下去就跑去观摩佟继扬那边的会议了。如果不是有他们对我的充分信任作保障，这是不可能完成的事情。

（三）后续调查中的信任纽带

随着我第二阶段调查工作的结束，大川所因为内部分裂所经历的震荡和阵痛也逐渐消除，冲突各方均进入了各自独立发展的轨道。而我则依据前两个阶段的调查材料，从 2017 年 3 月至 2018 年 3 月集中时间进行了博士论文初稿的写作。期间对于一些需要进一步弄清楚的事实，我会以专门到访、个别访谈等方式，对大川所及已经独立于大川所的佟继扬方面的律所进行一些专门内容的调查。另外，我还经常利用应邀参加大川各所的专题会议、年会等偶然活动的机会，顺道做一些补充调查。比如，2017 年 7 月我应邀参加了梁维珍方面为期两天的年中总结会议，2017 年 11 月我参与组织了佟继扬方面主办的全国性律师论坛，2018 年 1 月我参加了大川所的年度总结大会等。在这一阶段的调查中，之前建立并得到巩固的我们之间的信任关系依然起着重要作用，是维系我的调查工作持续进行的纽带。

此外，为了拓展研究视野，进行对比分析，在对大川所进行调查的同时，我还利用各种机会到访了北京、上海、福建、云南、陕西、江苏等地的十多家律所，围绕我所研究的问题，以不同的方式对其进行了调查了解。尽管相较于大川所，对这些律所的调查多是浮光掠影，所得不过是一鳞半爪，不够全面深入，但是所有对这些律所的成功调查都有一个共同的前提，那就是我都要以各种方式赢得律所负责人或者其他调查对象的信任，否则不但无法进入相关律所作调查，即便进入了调查也无法深入开展。

四、田野调查方法使用中的信任

诚如学者们所说的，田野调查工作要"经验饱和"，[1]要对观察地方不断再访问，[2]要尊重调查对象并保持基本的中立、客观[3]。然而只有采用合适的调查方法，才能让调查工作的进行润物无声自然而然，赢得调查对象的信任，从而让调查结果满足以上要求。反过来讲，只有赢得调查对象的信任，这些调查方法才能被有效使用，从而取得预期的调查效果。

（一）深度访谈中的信任

在大川所调查期间，我征得调查对象允许，对其所有的合伙人、各分所主任、行政负责人以及部分执业律师、实习律师、实习人员、行政人员进行了访谈。其中以个人访谈为主，兼有一些2人至5人不等的座谈。访谈主要以半结构访谈的方式进行，兼有一些开放式访谈。其中半结构访谈的时间相对较短，单次访谈一般在20分钟至1.5小时之间；开放式访谈的时间相对较长，单次一般在1小时以上，最长的一次与一位高级合伙人谈了4.5小时。针对需要了解有关内部制度的事实材料，则采用横向访谈和纵向访谈相结合的方法。比如就律所的决策制度、分配制度等作事实了解时，对普通律师一般通过随机抽样的方式在一个调查时段内进行集中访谈；而对合伙人尤其是高级合伙人、行政负责人等，则通常会在同一时段或不同时段进行多次访谈。我发现访谈推进的过程，也是彼此的信任不断加深的过程，尤其是对一个人进行了多次访谈的时候。可以说正是有了彼此的信任，这些访谈工作才能够得以深入进行。

（二）参与观察中的信任

在大川各所实地调查期间，我以调查者的身份参与观察律师事务所的日常事项、律师业务活动及一些生活事项。在多次"在场"

---

〔1〕 陈柏峰：《法律经验研究的机制分析方法》，载《法商研究》2016年第4期。

〔2〕 侯猛等：《对话朱晓阳：法学遇上人类学》，载《法律和社会科学》2016年第1期。

〔3〕 王启梁：《从书斋的冥想中出走——人类学田野调查方法在法学研究中的运用浅述》，载《贵州民族学院学报（哲学社会科学版）》2007年第3期。

后，被观察者逐渐适应了我的存在，对我产生了信任，不介意甚至不再注意我对他们的观察。我参与观察的主要途径及观察事项内容主要有如下：

会议观察。包括合伙人会议、合伙人扩大会议、行政工作会议、党支部会议、总所及各分所的周末总结会、日常培训会、业务小团队内部的讨论会以及全所及各分所的半年度和年度总结大会等。我在这些会议上的身份是调查研究者，我会事先把我的身份和立场告诉与会者："我在这里只带眼睛和耳朵，不带嘴巴"。意思是我会记录会议的内容，但是我不参与会议事项的讨论，也不会把看到的、听到的内容讲给与会者以外的人听。

律师业务活动观摩。即参与观察律师办理业务的活动，包括律师进行案源开拓、营销、收费的活动；会见当事人的活动；开庭前的材料准备、研讨活动；诉讼、仲裁开庭活动。观察地点包括所内和所外两方面。比如我曾多次与律师一起到当事人单位或者在所内接待当事人的咨询；陪同行政负责人接待当事人对本律所的投诉；以"律师助理"或者"实习人员"的身份观摩一些律师的出庭活动等；我还以专家学者的身份给大川乙市分所和总所的律师做过讲座。

律所内部场景及工作人员日常生活的观察。包括律师事务所内部的空间结构、房间及卡座的分配规则；律师的工作、吃饭、娱乐、社交、消费等活动；律师的工作装备包括车辆、信息工具、通讯工具、着装等。比如大川所的成文规章制度中有"工作日提供午餐"的内容，因此其所属各所大都办有食堂，每个工作日的午饭时间是众人集体休息、交流的时间，也是我在其中进行观察的时间。再如与律师们相熟之后，参与他们的饭局也是观察其生活场景、了解其想法的重要途径。

微信群、朋友圈的互动观摩。早在2014年大川所就建立了覆盖全所各分支机构的全员微信群，同时各分所也都有自己的微信群，用以发布一般的工作任务、进行律师间的信息交流等。微信群的好处是全体群成员可以在同一时间分享、交流同一信息，彼此之间可以直接进行交流。但其缺点在于，由于要考虑到交流的"最大公约数"，以致众人在群中交流的信息数量和内容都受到了限制。另外，微信朋友圈、公众号也成为我观察大川所内部成员之间的互动关系的渠道。我加了大川所很多律师及工作人员为微信好友，除非必要，一般采用"只看帖、不回帖、不点赞"的方式观察。我也关注了大川所的微信公众号，可以随时关注其所发布的最新资讯。通过这类信息渠道获取研究所需要的事实信息，算得上是一种新的田野调查方式了。

纵观这些观察活动，都是以各种方式深入律所及律师工作生活的内部空间进行相关信息的获取。倘若不是因为信任，我连接触到这些人的机会都没有，更不可能进入律所的机密场所（如合伙人会议）以及律师们的隐私空间（如其饮食衣着、娱乐社交等）。即便通过律师的微信朋友圈了解一些有关律所或者律师个人的普通信息，也是因为对方出于最基本的信任加我为"好友"的结果。

（三）文献收集中的信任

调查期间，因为获得了大川所合伙人会议和律所负责人"大川对你无秘密"的许诺，我得以查阅了大川总所、乙市分所和丙市分所的所有文档资料，包括纸质文档和电子文章。如历年来的案件卷宗、工作总结、业务报表、评奖评优材料、会议记录、人员信息、内部规章制度的文本、内部刊物以及部分财务资料等。其中比较重要的文献有自大川所成立以来的合伙人会议的完整记录、业务报表、《大川律师》杂志第1期至第100期的电子版（2006年至2017年）、大川所门户网站的所有新闻稿（2006年至2016年）、内部规章制度的电子版以及部分财务资料等。

用档案学的术语来说，我在那段时间差不多查阅了大川所自成立以来的档案"全宗"，并收集了其所有能够以电子信息形式保存的档案资料。以致就对其档案资料的熟悉状况而言，我很大程度上可能比大川所的不少合伙人还要了解这家律所，因为他们中的很多人并没有接触过这些档案。记得大川所的负责人曾说过律所的哪怕半张纸片也是不能外传的秘密话，而他们却可以允许我查阅所里的档案"全宗"，这样的事情只有在对我充分信任情况下才会发生。

（四）其他调查方法使用中的信任

律所及律师活动的内容是丰富多样的，很难用一种或几种固定的研究方法穷尽其所有情况，有时候只能用一些非传统的甚至难以用文字表达的方式进行事实信息的获取。在获取同一事项的事实信息时，所使用的调查方法往往也不限于一种，而是多种方法综合使用。这其间都有信任的因素在起作用。

此外，在对个案对象大川所的情况进行详细考察的基础上，我还运用了比较研究的方法，利用各种机会对北京、上海、浙江、云南、陕西、广东、山东、福建、江苏等省市的十多家律所进行了不同程度的实地考察，访谈了其中的 20 多位律师。同时我还对南省及南省甲市、丁市的律师协会进行过实地调查，访谈了部分工作人员。从而获得了可资比较的其他律所的事实信息以及律师行业的相关信息。

在调查过程中，我一般通过现场速记和事后补记的方式固定访谈的内容，同时只要条件合适并征得被访谈人同意，我都会对访谈的过程进行录音。对参与观察的过程及内容，我会通过现场记录、写观察日记、拍照、截屏、文字输出、录音等方式予以固定，作为研究所需事实信息的材料来源。在上述田野调查过程中，我总共做了 30 多万字的访谈记录和观察笔记，做了数百小时的访谈录音，拍了很多照片，获得了大量的文献资料。这些一手材料满足了我的研究需要。所有这些调查方法的有效使用，都有调查对象的信任作为保障。比如我在调查中所有的录音录像、拍照、记录等，都是在征得被调查人同意的情况下进行的，这本身就是信任的结果。

五、田野调查中信任的基本功能

根据上述田野调查的经历，我认为调查者赢得调查对象的信任是成功完成田野调查的最重要的因素，是针对特定对象深入进行田野调查工作的保障。能否获得调查对象的信任，很大程度上决定了调查能否达到预期的效果；调查所能获得的有效信息的数量、调查的深入程度，都与调查对象对调查者的信任程度成正比。

（一）信任是建立调查关系并使调查得以进行的关键因素

田野调查中通常的情形是，如果调查对象对调查者足够信任，其会将自己知道的情形向调查者和盘托出，而且会主动提供调查者没有提及的信息，从而让调查有意外收获。如果调查对象对调查者没有信任或者信任不够，则其会对调查者的问题虚与委蛇，顾左右而言他，所提供的多是一些"大路货"，对研究的意义不大。但是调查者要获得调查对象的信任并不容易，只有在后者认可前者的身份、工作及品行等的情况下，信任关系才能得以建立。

在调查大川所及其他律所的过程中，我的江苏大学法学院副教授和清华大学博士研究生的身份首先对彼此信任关系的建立起了很大的作用。这两所大学尤其是后者的声誉给我做了充分的背书，让律所的负责人及律师们对我产生了信任感和好奇心。同时，副教授和博士生的教师、学生身份也让他们对我产生了好感。我到访律所的绝大部分工作人员都有大学学习的经历，他们对学生身份的人有自然的认同感，对大学老师有同样自然的崇敬感。加上调查之时我已年届不惑，在为人处事方面要相对成熟、稳重一些。这些有利因素对调查对象所产生的良好影响让我们很快就能找到共同话题，相处得比较融洽。

其次是我的研究工作也获得了调查对象的认可。我进入律所对律师们做访谈，观察他们的工作、生活状况，目的是做有关律所内部治理的研究。律师们对此是高度认可的。在他们看来，学术研究是"高大上"的事情，应该支持。而我所做的研究又是直接关乎他们的职业，尤其得到了他们的肯定。在访谈中很多律师认为，律师行业存在很多需要研究解决的问题，但是律师们没有时间研究，法学家们似乎不重视这方面的研究，因此我的研究就很难能可贵。当彼此有了这样的共识之时，调查工作通常就能深入进行，并取得良好的效果。

最后，我作为调查者所坚守的学术伦理也获得了调查对象的认可。在对律所进行实地调查时，被调查者的顾虑主要有两方面。一是担心泄露律所的秘密，律所负责人和其他管理者这方面的顾虑尤其多；二是担心自己的话会在所内引发是非，几乎所有被访谈的律师都有这方面的顾虑。为了消除律师们的顾虑，我在做调查时严格遵守以下几点：一是实事求是，对被调查对象开诚布公自己的来意，绝不撒谎欺骗。二是只进不出，对所获取的事实信息严格保密，尤其对涉及个人隐私、商业秘密的内容。三是不做"传话人"，不在律师之间传递内部消息，更不挑拨离间、搬论是非，这一点尤其重要。调查过程中一旦从同一家律所的不同律师及其他工作人员处获得了内容相同或不同的信息，自己就需要对这些内容进行严格"隔离"，不能让其彼此串通。更不能利用所掌握的信息搬论是非，引发内部矛盾。比如在大川所发生分裂后，由于我可以公开来往于两个对立的利益集团之间，因而是对双方信息掌握得最多的人。但是我守口如瓶，绝不向双方透露对方的半点信息，也绝不做他们的"传话人"，严守研究者的中立立场。结果反倒让双方更加信任我。四是不利用所获得的事实材料做与研究无关的事情，这是不言而喻的。

需要注意的是，调查对象对调查者的信任通常不会一蹴而就，而是需要一个过程。前者对后者品行的考察通常会多角度、多频次进行，在此期间是不能出任何差错的。一旦律师们发现你对他们说了假话，或者有关他的个人隐私或者他与你说过的话被其他律师知晓时，哪怕只是一点蛛丝马迹，那么彼此之间的信任关系就会瞬间瓦解。比如我当时幸亏没有在梁维珍和佟继扬之间做"传话人"，不然我将会因为"两头不是人"而为他们所唾弃。因为事后一个偶然的机会我才得知，即便在双方闹得比较厉害、矛盾集中爆发之际，梁维珍和佟继扬之间也保持着密切的沟通，他们对我的一举一动更是一清二楚！

（二）赢得信任是维系调查关系并使调查工作深入推进的保障

所谓赢得信任就是获得调查对象的信赖并愿意将自己所知道的信息告诉调查者。在调查过程中，调查者不断巩固和加强与调查对象之间的信任关系，赢得后者的信任并获得充分的理解和尊重，就能把调查工作推向深入。理解和尊重以信任为前提，但是比信任更难获得，可谓是升级版的信任。比如我发现，律师们既是被观察、访谈的调查对象，也是我的法律职业同行和对我这个调查者的观察者。多次接触之后，他们对调查者的工作态度、能力、结果、效果等就会有自己的判断。当他们发现你工作认真扎实，是诚心实意做研究，而不是浮光掠影走过场、装样子的时候，就会理解并认真对待你的调查。同时，当他们发现你的调查工作做得规范地道，技术熟练，方法适当，体现了较强的专业能力时，他们就会尊重甚至钦佩你。比如在大川总所调查时，我在律所旁边的旅馆长期住了下来，整天与律师们一起上下班，一起吃饭，并跟着他们去开庭、接受咨询、会见客户等。律师们就知道我的调查研究是"来真的"，也就很认真地对待我的工作。当律所的工作人员发现我不仅能跟律所的负责人相谈甚欢，也能跟普通律师包括实习人员打成一片时，他们不仅尊重我的工作，也逐渐"无视"我了，我的存在就成为所里的正常现象了。这是田野调查者最希望达到的理想状态。

除了以比较"专业"的调查能力赢得调查对象的尊重外，我还以自己其他方面的能力进一步加强和巩固这种信任。比如大川所的负责人梁维珍在观察了我的调查表现后，主动请我为大川所的十年发展写一本传记，她认为我有这个能力完成这件大事。除此以外，我还为大川所编辑过年终总结的专题文集；为其组编并联系出版社出版过一部律师论文集；为其撰写过大型活动的网络宣传"软文"等。律师们不太擅长做的这些事情，却是我的拿手活。通过不同方式、内容的专业能力展示，律师们更加确信我是一名有本事的、真正的研究者。他们相信我一定能做出出色的研究，也能做好他们托付给我的事情。在这种情况下，很多时候是律师们主动来推进我的调查工作。比如在大川丙市分所调查时，其负责人认为我们之前的一次访谈没谈透，又主动约我谈了一次。而在与大川所某副主任的一次长达数个小时的交谈中，他怕我记不住我们之间所谈的内容，主动提出让我录音。这些都是发生在调查过程中让我非常感动的情形，其很大程度上是调查对象对我的工作能力高度认可、对我的信任逐渐加深的结果。

六、田野调查中基于信任的行为策略

做田野调查犹如挖矿，做的是从无到有的工作，赢得信任只是最重要的第一步，好比获得了入场券，进入了矿场。接下来调查者一定要采取积极的调查行为，寻找矿藏，抓住矿脉，掏出矿石。为此，要有坚持不懈的耐心和毅力，要有克服困难的智慧。

（一）要采取积极的调查行为

首先，积极主动地寻找、确定可靠的调查对象。比如在最终确定以大川所作为我深入研究的个案对象之前，我曾经实地考察过多家律所，对它们各自的情况、我的调查条件及预期的调查结果等做过多方面的权衡比较，并做过一些试验性的预调查，最终认为只有大川所是最合适的调查对象。结果证明当时的这一判断是正确的。如果不对调查对象做前期考察就贸然闯入，极有可能会让调查工作无疾而终，没有结果，或者达不到预期的效果，满足不了研究所需，也就做不出合格的博士论文了。

其次，确定了研究对象之后要保证研究的连续性，否则一旦中断就可能前功尽弃。比如在我对大川所的调查正在进行的过程中，它却发生了内部分裂。当时我的处境非常尴尬、困难，面临着是退缩还是前进的生死问题。经过激烈的思想斗争后，我硬着头皮跟分裂双方的头领沟通，表达了请他们继续支持我的调查工作的请求，并赢得了他们的理解和支持。幸亏当时前进了这一步。如果当时我因为调查对象分裂而中止调查，选择观望或者别的消极行为，哪怕只是稍有松懈，都极有可能不会再有后来的调查了。所以调查者一定要珍惜来之不易的调查机会，努力地抓牢机会，积极靠上去，排除风险，克服困难，保持调查工作的连续性。

再次，要积极地与研究对象交流沟通，维持彼此之间良好的信任、配合关系。尽管偶有调查对象主动找调查者的情况，但更多的时候是需要调查者主动找调查对象的。比如获得允许进入律所调查只是成功的第一步，找到愿意配合调查的律师才是接下来最重要的事情。调查者要利用各种机会，通过各种方式，积极主动地与律师们打交道，建立各种形式的私人关系。如果是调查之前就认识的人，就要让彼此关系更熟；如果是调查开始之后才接触的人，则要设法多次反复地与其交流沟通。所谓一回生二回熟，交往次数多了也就熟悉了；一旦成了熟人，观察访谈就都不在话下了。为了实现多交朋友的目的，调查者一定要有良好的心理素质，脸皮要厚一点，要有主动交流的意愿和行为。切切记住，你不找人，人就不会找你，这是基本道理。原因无他，因为你是调查者，你有研究任务，而你的调查对象没有。

最后，要穷尽一切合适手段获取有价值的研究资料。在获得有价值的事实材料方面，调查研究者与通常在影视作品中才能看到其形象的"间谍"没有本质区别，只是前者的目的是公开的，收集"情报"也是合法公开进行的。因此研究者在调查过程中要使用一切合适的手段、尽可能多地获取各种有价值的研究资料。为了实现这个最终目标，收集材料的途径方式可以多种多样，不拘一格，怎么好、怎么有效就怎么来。只要不违反学术伦理、不损害调查对象的自身权益即可。

（二）要有坚持不懈的耐心和毅力

田野调查是个苦差事，费时费力费钱，期间困难挫折难以预料，调查者要有坚持不懈的毅力。首先，长时间的调查非常考验调查者的耐心。所谓"冰冻三尺非一日之寒"。人类学要求针对研究对象的田野调查的时间不能少于一年。我对大川所的调查虽然没有与律师们不间断地在一起工作生活一年以上，但是通过各种途径、方式对其调查的时间持续了两年以上。期间所进行的通常是枯燥重复的观察、访谈、记录等。中途也不是没有过放弃的念头，但最终还是坚持了下来。多亏了这种坚持，才有了比较好的结果。

其次，各种可预期的及不期而遇的困难挫折是对调查者毅力的考验。比如我初进律所时因为对陌生环境、陌生人的不适而产生的调查无从下手的窘迫是可以预料的困难，但是律所的分裂所导致的我处境尴尬乃至惊慌失措则是不期而遇的困难。其中在 2016 年下半年及 2017 年上半年各有一段时间，我因为调查和论文写作进展不畅而一度处于抑郁状态，不能正常进行思考和写作，以致不得不暂时中断调查和写作，进行休养治疗。所谓逆水行舟不进则退。在这种情况下，需要不断地自我鼓励，自我减压，好让自己继续前进，并设法克服困难，走出困境。

最后，还要预防和克服来自调查之外的因素的影响。这些因素包括本职工作、家庭生活、意外事件及其他因素。比如尽管本人是脱产在职攻读博士学位，但总会有各种来自工作单位的事情要应对，这毫无疑问就让原本不足的时间更加紧张。再如在读博第三年的时候我老婆生了孩子，这让我一则以喜，一则以忧。喜的是家庭添丁，倍增欢乐；忧的是当时正处于我的调查工作全面开展的关键之际，照顾老婆孩子必然会影响调查工作的进展。如何协调好两者的关系着实让我头痛不已。

（三）要有克服调查困难的智慧

面对调查过程中的各种困难，既要有应对困难的坚强意志，也要有克服困难的智慧。也就是说，在面对困难的时候，要主动积极地想办法找出路，克服困难，解决问题。不能被困难吓倒，坐以待毙。结合个人调查的经历，我把克服调查困难的方法归结为"三个有利"。

第一，要抓住有利条件。比如在对大川所进行调查的初期，由于对环境和人员的相对陌生，信任关系还没有完全建立，导致调查工作难以全面、深入地展开。正当我一筹莫展的时候，大川方面请我为其十年发展写一本总结性的著作。我迅速抓住了这一天赐良机，与大川所签订了委托合同，要求（注意不是"请求"）律所方面为我收集写作材料提供支持，并获得了梁维珍主任"大川对你没有秘密"的承诺。也就为我的调查工作开辟了坦途，打开了绿灯，获得了更多的正当性。我可以借机收集大川所的所有资料（部分财务资料除外），访谈所有的工作人员，列席所有的会议，观摩律师们所有的工作情形。只不过从中所获得的材料被"一鱼两吃"了而已。这一事件的出现是偶然的，但是正在困境中的我抓住这一有利条件是必然的。若是没有这一有利条件的助力，我的调查工作必然要遭遇更多的困难，能否完成全面、深入的调查就是未知数了。

第二，要借助有利时机。比如在大川所发生分裂后，律所的人们都在选边站队，我则被对立双方都认为是"佟继扬的人"而处境尴尬，但是对梁维珍方面的调查还得继续，那怎样才能赢得他们的信任呢？除了硬着头皮与双方的头领进行沟通以获得理解和支持外，我还抓住一个难得的机会解决了梁维珍方面的普通律师和其他工作人员对我的信任问题。那是在分歧刚刚公开、佟继扬方面决定另起炉灶的时候，双方都在尽可能地给自己争取人。开大会是当时一种集体沟通的不可或缺的手段。我在某天上午得知梁维珍准备当天晚上在大川总所给她的下属开大会通报暨争取他们跟着自己走。碰巧梁维珍当天下午正好在我所在的城市公干，完事后会乘个人专车返回大川总所；我则正准备去大川总所继续进行我的调查。于是我设法搭上了梁维珍回程的汽车，在一个多小时的行程中，我跟她把我有关继续调查研究的想法，我的顾虑，我希望她继续支持我的要求等都进行了沟通。到了地方之后，在众目睽睽之下，我跟在她的后面步入了与会者早已集结完毕的会场，并且紧挨着她坐在主席位的旁边。这固然有点狐假虎威的情形，但是所有人从中都看到了梁维珍对我的信任。既然"老大"都是如此信任我，其他人还有什么好说的呢。有了这传奇般一幕的发生，我的后续调查没有再发生任何的阻碍，一切变得自然而然、顺理成章。甚至很多律师主动来找我谈事情，尤其在律所发生分裂、人心不稳的情况下。

第三，要动用有利资源。依照社会资本理论，人际关系是越用越多，越用越密切。社会调查中最有利的资源是各种可靠的人际关系。比如大川所之所以最后能成为我的调查对象，就是因为其中有我的不少朋友，比如高级合伙人佟继扬等人。后来之所以我的调查能够全面、深入，则又是因为我在调查的过程中把很多律师及其他工作人员变成了熟人和朋友。再如对一些省份的其他律所调查的时候，我动用了苏力教授所说的"权力资源"[1]来确定我的调查对象包括律师事务所和律师。比如我对云南昆明的几家律所的调查，就是我在云南大学法学院工作的同门师兄引介的。他的好几位学生都在这几家律所工作，他是把要求其接受我的到访作为"命令"下给他的学生们的。除此之外，我还动用"非权力资源"确定研究对象，主要是利用老乡关系、朋友关系、同学关系、校友关系对一些做律师的同学、朋友及其律所进行调查等。总而言之，只要是有利于完成调查的资源，都要采取"拿来主义"的态度，多多益善，积极利用。只有这样，才能达到调查经验的"饱和"，[2]实现调查研究的

---

〔1〕 苏力：《法律社会学调查中的权力资源——一个社会学调查过程的反思》，载《社会学研究》1998 年第 6 期。

〔2〕 "饱和经验法"是贺雪峰等"华中村治派"学者所主张并使用的田野调查方法，其极端强调调查经验，具体要求包括研究者多地点调研经验的"饱和"、研究场域各方面经验现象的"饱和"、研究社会现象经验把握的"饱和"等。参见贺雪峰：《饱和经验法：华中乡土派对经验研究方法的认识》，载《社会学评论》2014 年第 1 期；陈柏峰：《法律经验研究的机制分析方法》，载《法商研究》2016 年第 4 期。

目的。

七、结语

　　田野调查通常需要一个较长的过程，期间调查者的所见所闻丰富多彩，心得体会也会有不少。其中有些是可以写出来的，有些则只可意会不可言传，无法形诸文字。研究经验表明，调查者赢得调查对象的信任是成功完成田野调查的最重要的因素，是针对特定对象进行田野调查工作的保障。能否赢得调查对象的信任，很大程度上决定了调查能否达到预期的目的。调查所能获得的有效信息的数量、调查的深入程度，都与调查对象对调查者的信任程度成正比。信任的产生是多种因素综合作用的结果，信任关系的建立也不是一蹴而就的，通常会有一个调查者和被调查者彼此考察的过程。只有基于充分的信任关系，调查者才能自由开展调查工作，获得研究所需要的事实信息，实现调查的目的。因此，进行田野调查时，调查者要做的最重要的事情就是设法赢得并维持与调查对象之间的信任关系。有了这个先决条件，后续的调查工作才有有效开展的可能，也才真正有意义。

信任与技巧：在田野调查中感知习惯法方法

王　牧[*]

我对行业协会的关注缘起于硕士生学习期间参与"城市管道燃气行业竞争问题研究"课题时在某省燃气集团做的一次调研。在访谈一位主管时我了解到，他们作为本土燃气行业的龙头虽在本地协会中占据较大话语权，却仍然会被由几家大型企业所控制的上游供气行业协会扼住咽喉。由此我意识到，纵然行业协会的自治很可能被严重异化，但有些协会规范却是如此有实效，值得认真探讨。于是我便到 S 省开始了 2024 年 2 月 1 日至 8 日、2 月 20 日至 3 月 1 日总计 20 天的行业协会商会自治规范这一专题的习惯法田野调查。

这次习惯法田野调查分为全省行业自治现状的整体调查和行业自治规范及其运行的个别调查两方面。在调查中，我感受最深的是信任与技巧。在田野调查中理解习惯法方法，需要细细体会这两方面。

一、信任：习惯法调查的基础

在 2 月 1 日至 8 日的调查中，我全程在 S 省民政厅社会组织管理局跟班学习，了解包含行业协会商会、联谊会校友会、基金会、

---

* 王牧，清华大学法学院博士研究生。

宗教组织等在内的全省各类社会组织概况，然后聚焦于我调查的核心——行业协会商会自治规范。

在这一调查过程中取得信任非常关键，也是极难的。

纵然通过一定的社会关系已提前联系，并得到了大力支持，但调查中我刚接触社会组织管理工作就感到行业协会商会种类和性质繁多，出于其在政府和企业间独特的桥梁地位和独特身份，自治规范和自治行为介于公与私之间，在国家法规范外的问题太多。特别是省级行业协会商会的社会覆盖面太广，又曾有领导干部兼职，涉及人际关系网络复杂，调查需要在严格遵守相关规定的边界内开展。

具体来说，调研必须遵守政治纪律、组织纪律，不收集、不保存、不传播可能涉及国家秘密、工作秘密的内容，并严格保守调研中接触到的包含个人隐私的内容。鉴于此，我在调查头两天就具体表达了调查目的、调查所需收集的材料，以及材料运用的计划和注意事项，期待得到被调查方的信任。

直到与他们谈话时，他们与我聊起社会组织管理工作人员收到关于行业自治的投诉举报较多而缺少处理的方法和能力，处理不好时甚至会被行业协会相关人员举报徇私枉法而面临调查这一苦衷。对此，我查阅了民政部多年前曾印发过一份关于处理投诉举报的试行办法，结合其中条款站在"如何管好行业协会"的角度与他们讨论。此后，这些行业协会管理领域的专家才逐渐转变戒备心理，开始与我交流从事多年社会组织管理工作以来的见闻、感悟，并尽可能为我的调查提供方便。

取得被调查对象的信任，是习惯法田野调查的基础。

二、技巧：习惯法调查的关键

在 2 月 20 日至 3 月 1 日的调研中，我根据产生形式、主要职能、会员性质的不同选取了各自具有代表性的 5 家行业协会商会（S 省律师协会、S 省建设工程招投标行业协会、S 省物业管理行业协会、S 省砂石行业协会、S 省甘肃商会），围绕行业自治规范及其施行进行调查，通过社管局与他们取得联系后我自行前往开展访谈。我的访谈对象有会长、党支部书记、秘书长，也有协会专委会主任、协会的普通员工，还有协会的会员。在访谈中我感受到了官方背景的不同给协会乃至访谈对象带来的巨大影响：在官方背景越强的协会，访谈对象越具有一种内敛性，需要调查者不断"挖掘"关键信息，也不会寻求调查者的反馈和研讨；相反，在市场内生性较强的协会，访谈对象则表现出更多的外放性，有时甚至不需调查者引导，就会主动介绍行业自治中协会最关键的职能、最头疼的问题，并希望调查者与之商讨，提供思路。

当然，访谈对象们面对我的问题，其戒备心理也根据官方背景大小而变化，机关工作人员戒备心最为强烈，而与政府权力距离较远的行业内从业者则最为热情。对此，我逐渐摸索出了一些田野调查访谈方法的技巧。这于习惯法田野调查极为关键。

1. 做足前期准备，拉近"疏离心理"

对访谈对象的"疏离心理"，调查者应当做足前期准备，通过百度、微信查阅该协会、个人的介绍和报道，初步摸清访谈对象的情况，并拟定具有个性化的访谈提纲。调查者在交流中表现出对访谈对象单位和个人的了解，既是表达充分的尊重，也会拉近距离感让访谈对象更愿意吐露心声。通常，访谈对象会根据访谈者的非同行身份做出初步判断，认为调查者对自身所在的单位和从事的工作不了解，难以在同一频道沟通，更难以有深入的交流，因而产生"疏离心理"。如果调查者在访谈开场即拿着一张白纸请访谈对象介绍其单位、工作的大概情况，更会进一步加剧这种"距离感"，使调查者产生快速结束访谈的想法。相反，如果调查者提前了解协会成立的历史、历任会长、协会近期工作等，并根据前期准备表现出对访谈对象的近况很了解，以"我看你们协会最近为行业做了件好事儿……"为开场，则会大大拉近二者间的距离，并以此打开访谈对象的话匣子。访谈对象会认为，调查者已对自己有了初步了解，能与之聊到一块儿去，不用再做重复介绍，而更愿意就调查者所关注的具体事项做深入的介绍来加深调查者的印象。

2. 积极取得信任，消除"戒备心理"

对访谈对象的"戒备心理"，调查者应在访谈过程中积极取得访谈对象的信任，说明访谈和调查不是有针对性的查摆问题甚至有某种曝光意图，并进一步找到和表明与访谈对象相同的立场。在这次调查中，我不断表明自己是站在希望协会发挥更大自治作用的立场上，希望了解协会从业者的真实想法，好的经验和困难之处都愿意倾听，这就能够逐渐消除访谈对象的戒备心理。例如，调查者在感到访谈对象戒备心理较重时，可向其说明："我前几天在某某协会走访，他们的处境更难……"打消访谈对象怀疑此次调查有针对性的顾虑。在取得信任的努力中，调查者还应当常常换位思考，忌讳以索取或质疑的态度提问，应时刻对访谈对象提出的信息有所回应，并穿插对访谈对象及其所做工作的肯定。

3. 进行非结构式访谈，穿透"掩藏心理"

对访谈对象的"掩藏心理"，调查者在方式上应注意循循善诱，进行非结构式访谈。在调查者做足前期准备后，访谈对象通常会认为访谈者已掌握了一些信息，但通常那些信息仅是表面的、不完全的，而人都有掩藏最关键信息和事物底层逻辑的本能，不论这部分信息其本身社会评价的好坏，这是因为他们来不及考虑说出这些信息的优劣。因此，在前期访谈对象常常顺着调查者在外围"打圈"，这就需要调查者在提纲外循循善诱，并在时机成熟时进行穿透式地有力发问。在这次调查的数场访谈中，没有一场是完全根据提纲的循规蹈矩，通常是拐着弯进入话题帮助访谈对象放下戒备心理，又在其自己提及某具体问题时顺势单刀直入，让其不得不认真回应，帮助其达到访谈核心目的。

4. 保持一颗同理心，消除"应付心理"

对访谈对象常常参与接待领导走访调研及面对来自社会各界的问卷调查而产生的"应付心理"，调查者应时刻与访谈对象保持一颗同理心，时刻换位思考理解其立场，激起其"共鸣心理"，这有助于访谈对象吐露更多真心。这其中最关键的是不能轻易做价值判断，这容易让访谈对象认为调查者不理解自己，甚至认为调查者站在自己的对立面。如果调查者能举出实例表明自己与访谈对象有相似的经历、观点、立场，则更容易激起访谈对象的共鸣。例如，"我曾参与一项关于中小企业权益保护的课题研究，政府应有这些举措……"

这些例子可以是与本次调查核心无关的，但仅需一句就可能打动访谈对象，进而与之以"将心比心"的模式相处，进入一种知无不言、言无不尽的状态。

慎言勤记：习惯法田野调查方法感悟

李明道*

一、引言

2021 年 7 月，我参加了一次在江西省寻乌县进行的田野调查。在一周的调查过程中，我在基层法院查阅了一些案卷，旁听了几次开庭，参与观察了集中执行活动，访谈了一些法官，还列席了一次审判委员会会议，增进了我对司法审判中习惯法的适用和运用方面的了解。

通过这次的田野调查，我体会在自身调查经验不足和专业能力有限的情形下辅助参与田野调查的核心为"深思慎言，多听勤记"。在田野调查中，我不时感受到这八个字的重要性。

二、慎言：田野调查的态度

在田野调查的过程中，尤其是观察、访谈与记录的环节，深思慎言是初次参加调查者的基本态度。作为田野调查经验不足者，调查经历与沟通经验并不丰富，在尚且不说话的情况下都有可能被认为是"打酱油"的"背景板"，倘若按捺不住自己的好奇心，根据自己尚且不成熟的判断与认知，提出了不适宜的问题，破坏了访谈

---

* 李明道，美国加州大学伯克利分校法学硕士生。

的主线进程，从而影响整个田野调查的节奏、安排和效果。举例来说，在参与观察法院的执行活动中，我跟随执行局的法官踏着晨光，开车驶过蜿蜒的山路，下乡到村庄里。这是我第一次亲身经历法院的强制执行活动，当我踏进被执行人破败的住所时，内心的惊讶完全掩饰不住，全都表现在了我的表情上。由于第一次看到这样的家境，我惊讶于一个负债累累的被执行人所居住的环境之简陋，以至于在执行局的法官同被执行人交流时，本应专心观察、记录的我止不住地分神，我非常好奇被执行人究竟是经历了怎样的人生才会走到今日。显而易见，如果在此时真的问出了这种问题，不仅可能干扰访谈的主线，更有可能给被执行人留下执行局的人员"不专业"的负面影响，可能影响具体的执行。

需要注意是，习惯法田野调查不局限于特定的访谈与记录，在非正式的交谈，如喝茶饮酒、吃饭散步的时候同样不能掉以轻心。在这种场合，深思慎言的作用同样不可忽视。以饭局为例，在有访谈对象参与的非正式交谈的场合，我作为初次参与调查所持有的天然劣势并未消除，即访谈对象眼里属于我的不专业的刻板印象也并未消除。因此，用下位的姿态表现出谦卑和礼貌是非常有必要的，直率地随意交流并不是一个好的选择。一方面，言多必失，逮到机会阐释自己的观点增大了露怯的概率，一不留神没准还会贻笑大方。另一方面，不同于正式的访谈过程中比较清晰明确的交流主线，在更为随意的非正式交谈的场合中，想要在其中收集记录习惯法方面的信息，必须全神贯注地关注访谈对象的对话内容。有价值的信息大多会以碎片的形式分散在对话的各个角落。少输出自己的观点，深思慎言可以更好地集中精力以实现对碎片化信息的精准捕捉，提高记录的精度并扩张记录的内容。

在我看来，深思慎言可以很好地规避初次参与田野调查者自身知识积累与经验不足的劣势，尽可能发挥自身的辅助作用，是让整个调查活动能够继续下去的前提。试想一下，如果换位思考，作为被访谈人，访谈者中虽然有个生涩的年轻面孔，但他如果鲜少提出自己的论断与问题，又怎么会引起你的注意力去质疑他的个人背景与专业程度呢？

三、勤记：田野调查的基础

记录，由于是日后输出观点、得出结论的直接依据和一手材料，在我看来属于习惯法田野调查活动中最为重要的环节之一。一个田野调查者如果不能做到及时地记录并整理，在后期的写作过程中就很可能遇到无从下笔的尴尬局面。另外，记录工作本身的难度并不高，专业性也不高，可替代性相对更强，属于初次参与田野调查者也完全能够胜任的工作。在我看来，这是我最能够体现自己在调查中的作用的环节之一。然而，在这次寻乌田野调查的经历中，我自以为是地犯的一个有关记录的错误就是用选择性记录的方式替代了完整记录。顾名思义，完整记录就是尽量全地覆盖访谈对象的对话内容，能记多少记多少，这样的好处是信息非常全面，少有遗漏，能够为将来的调查总结和分析、写作提供丰富的材料支持。困难处就是记录过程的工作量更大，想要实时通过打字记录下来谈话内容并不是一件容易的事情，对速度和精确度都有很高的要求。而选择性记录则与之相反，更加精炼简洁，并且更容易跟随访谈者的节奏进行记录，工作量更小。虽然看起来选择性记录的方式更为精炼，还少了在整理写作过程中的麻烦，但这并不适合缺乏记录经验与田野调查经验不足者。这是因为缺乏访谈经验、不能严格把握访谈主线的初次参与调查者很难在访谈期间用很短的时间迅速判断出何为值得记录的信息。我在寻乌法院旁听审判委员会会议的过程中，就因为想偷懒而使用了这种选择记录的方法，结果由于发言人数众多，我又抓不住重点。事后在整理记录的过程中发现自己筛选记录的绝大多数信息都是无效信息，完全没法在田野调查的总结和分析时有意义。

对于在正式访谈期间的整体记录工作，由于想要跟上被访谈者的语速并不是一件容易的事情，为了提升效率与精确度，我主要总结了三种方法：第一种方式是通过简写与缩写记录特定概念来节省记录时间。这样的方式适用在特定的小段的访谈内容，具有聚焦性的特点，会有某个概念或者某个主体在访谈中被反复提及，对于这样的心领神会的概念，在事后整理记录笔记的时候看到缩写、简写也能轻松想起其含义。但这样的方式能够节省的时间比较有限，也不适用于访谈节奏不顺畅，或者具有发散性思维的被访谈者。第二种方式是通过录音的方式，对在访谈中遗漏记录的内容在事后整理过程中进行补充与完善。这种方法在我看来是实现完整记录的最为有效的方法，可以有效扩充记录内容的丰富程度并且大幅提升准确度。唯一的缺点就是事后整理记录的过程比较费时间。第三种方式就是通过诸如"飞书 Lark"这类同声会议记录软件，运用科技的力量实施完整记录，可惜的是这种方式在现在看来还尚不成熟，转写的准确度不高，仍然需要花费大量时间进行校对与修改。但相比于第二种方式，第三种方式具有的额外的优点是可以适用于一些被访谈者讲方言的场合，比如客家话、粤语，在听录音复盘可能也听不懂的情形下，电子转写的方式可以对这种棘手的状况进行识别。

　　同样，对于在非正式交流访谈场合中的记录，同样需要遵循"多听勤记"的基本原则。不同于正式的访谈过程中比较清晰明确的交流主题，在更为随意的非正式交谈的场合中，记录者想要在其中收集记录信息，必须全神贯注地关注访谈对象的对话内容，有价值的信息大多会以碎片的形式分散在对话的各个时段。这可能是由于被访谈人还没有完全卸下防备，未能完全信任访谈者，只在正式的访谈环节中表达希望被访谈者记录下来的观点与内容。而在非正式交流访谈场合，比如饭局上，借着雅兴，可能一些被隐瞒或者按下不表的内容能够出现在访谈者未经缜密思考的"酒后真言"之中。尽管在这样的场合中，被访谈者所表达的信息的真实性和夸张程度需要重新分析，但作为一个不可多得的收集信息的机会，记录者想要准确地把握住有价值的信息必然需要多听多观察，勤于记录。

　　最后，在白天完成记录工作之后，夜晚回到住处，必不可少的就是进行整理工作。在时间允许的情况下，当天实现对于访谈记录与其他习惯法田野调查记录的梳理和总结是最好的。"今日事今日毕"，在回忆尚且清晰的时候整理记录能够进一步提升校正与补充工作的准确率。除此以外，还需要将记录材料中的重点及时标出，以便于在将来的写作过程中更加高效地参考。

四、简短的结语

通过这次在寻乌田野调查，我这个初次参与田野调查者收获良多，感慨也颇多。习惯法方面的田野调查需要调查经验不多者"深思慎言，多听勤记"，这样才能更快地提高自己的田野调查能力。

古村习惯法走访调查记

叶启正

一、引言

2024 年 2 月 6 日，我和同伴到广东省中山市石岐街道南下村围绕习惯法进行了一天的走访调查。

南下村因位于当时的香山县治石岐城南下截，故名南下。南下村为中山市旧城区的重要组成部分，是一个古村，历史文化遗产丰富，庙宇和传统风貌建筑集聚，有三山古庙、华光庙、汉武侯庙、观音堂、三圣宫、康真君庙、大王庙、先锋庙等，是传统香山区域庙宇集中的区域，当地有"睇庙睇南下"说法。

我们随意地走在南下村内，观庙看社、见庙思治、看碑察规、访谈聊古，对南下古村的习惯法进行走访调查，对此有了真切的实际感受。

二、观庙看社

据统计，南下村现在还有 16 座庙，其中有五六处为社，即土地庙。我们在观庙看社中对其组织规范、活动规范、费用规范等有了一些了解。

作者在南下村内观庙看社

我们先到了华光庙。华光庙位于麻洲街旁，在熙熙攘攘的街市旁开辟出一块闹中取静的地方来。庙坐落于一小山坡之上，分前后两部分。无论是正面，还是内饰，都经过了精心翻修，图画精美、砖瓦整洁。正殿中央端坐着华光大帝，外装金黄服饰，护法位列左右，和外面的土地神遥相呼应。华光大帝又称"马元帅"，为道教护法四帅之一。因此，整个华光庙为一处道教的祭拜场所。

随后我们到达的三圣宫处于岔路口边，门面不大，险些错过。庙宇只有一进，刚入门左侧便有一处土地祭台，而殿的正中央从左至右依次摆放妈祖、观音和北帝。妈祖是民间神祇，观音为道教菩萨，北帝则是道教神仙。三者都有管理水的能力，是沿海居民用来祈祷航行平安的守护神。

之后参观的为先锋庙，其整个厅室斜巷深入，并不规整。庙宇只有一间房室，但分为了两部分：靠外的部分是一些别处无用的神明雕像，随意摆放在台面上；再往里走的部分存放着真正的先锋将军像。室内昏暗，只有一盏小蜡烛燃明，安静又神秘。先锋将军，经后来查明，原为汉代名将杨业，是守护神和忠诚的象征。先锋将军后来多被在沿海地区供奉，成为人们保驾护航的象征。

在南下村，我们还看到永豊（丰）社这样的土地庙。也见村民供香、烛和水果、点心等在社前祭拜。

南下村民在祭社

通过一次简单的走访，就能在一个村落中发现包含佛教、道教和民间信仰的各种神祇，足以看出当地多元神明融合程度之深。这或许也是广东一大特色，能够体现当地人开放接纳、兼收并蓄的文化特点。

我们观察这些庙宇的建筑、陈设，对相应的习惯规范有了初步的了解，对古村的地方习惯法有了更全面的认识。

三、见庙思治

三山古庙位于麻洲街一横巷 1 号，始建于宋代，现存主体建筑为清代重建。"三山"指围绕着南下村的西林山、迎阳山、东林山。三山古庙拥有祠堂式的三间三进的格局，坐东向西，三间三进带左右偏殿，面阔 16.79 米，进深 27.16 米，占地面积 651 平方米，建筑面积 468 平方米。三山古庙为青砖墙，硬山顶，抬梁与穿斗混合式梁架。庙中保存有清雍正、道光年间及中华民国时期的重修碑记和丰富的木雕、石雕、灰塑装饰，集中表现了岭南建筑的技法及建筑艺术，是中山市现存年代较早、保存较为完好的清代建筑之一。

我对三山古庙的印象最深的有二：一是富有特色的槽状瓷砖厕所，二是一块名为"中山市郊区南下南三经济合作社"的牌匾。厕所不是重点，关键是后者，从中我们能够看到中央权力和地方自治权力曾经的相遇。

三山古庙

三山古庙主要用于祭拜三山国王——揭西县河婆镇北面的独山、西南面的明山和东面的巾山的三山神。其不仅被潮汕和客家地区的民众视为守护神，更是这些族群的精神象征。三山古庙具有很强的地方自治特点：除了过节的时候到庙里祭拜，村民们还会为庙宇装点，比如我们去的时候看到他们正在正门贴春联。这里像宗祠一样，同样作为村民集体活动和聚会的场所。我还听说，三山古庙曾作为过孩子们学习的场所。后查资料，我才清楚新中国成立后，三山古庙还先后变成南区小学、藤织家具厂、幼儿园、老人活动中心等等。2009 年三山古庙被公布为中山市文物保护单位。

这样一处自治中心，也一度成为国家的集体经济组织的所在场所。这样一种中央——地方权力的碰撞，是否产生了摩擦？它们是如何共存并相互影响的？其背后所隐藏的权力博弈又是什么？就目前我走访的了解程度，还不足以弄清楚背后的一系列事情。希望下一次如果有机会再去那里，我能找一些年龄较大的村民，跟他们好好聊一聊那段时光，进一步理解其中的习惯法及其秩序。

四、看碑察规

在南下村的这些庙宇，我们看到了不少碑刻。这些年代不一的修建或重修碑记、捐款或者感谢碑刻的内容反映了庙宇的修建或重修的组织者和过程、建设费用的来源等，有较为丰富的习惯法规范的记载。

如汉武侯庙偏殿东西墙嵌有清代石碑五通，均为麻石阴刻。除一块已残损外，其余保存尚好，为嘉庆十六年（1811 年）、道光十六年（1836 年）、光绪十五年（1889 年）所立的重修武侯庙碑记。汉武侯庙现存最早的碑为清嘉庆十六年（1811 年）重修后所立之碑。碑文说："我南阳庙奉祀汉忠武侯，载在邑乘，由来已久，但自雍正年间迄今七十余载，栋折榱崩，钟尘鼓网，无以肃观瞻而崇体统。"经比较各碑所述，数清光绪十五年（1889 年）重修规模最大，捐款人数、店号最多。该碑文虽有残缺，但尚存 4000 余字，所记大部分为捐款芳名，可见当时捐者之众和捐修之踊跃。而且捐款者除当地信众、店号外，还包括附近神庙和外埠信众、店号。附近神庙捐款者包括张溪麦相公庙、大石下华帝庙、桥头武侯庙、亭子下观音庙、山际头华先师庙、南阳里月山古庙、新圩三圣宫和城南禾谷古庙。外埠则包括石岐埠（捐款叁佰陆拾贰两零五分五厘正）、潭仔埠（捐款伍拾零半元重叁拾六两三钱二分正）、香港埠（捐款壹佰贰拾玖圆重玖拾贰两八刃八分正）和澳门埠（捐款贰佰叁拾玖两五分正）。故碑记云："爰矢腕诚，共谋缔造，邮筒预寄布金来，异域之赀缘簿初开，集款获同人之助。"是次重修"经营于八月，告竣之于冬"。显然这于我们了解捐款者身份极有益处。

重建南下观音堂碑记 　　　　　　　（观音堂）鸣谢（碑）

我在南下村观音堂所见的 2018 年的重建南下观音堂"鸣谢"碑上的落款处为"筹备值理会",这表明了重建南下观音堂的具体组织名称。这从一个侧面体现了重建南下观音堂的组织规范的部分内容。碑刻确实是了解习惯法规范的重要来源。

五、访谈聊古

汉武侯庙是我们全天走访调查的最后一站。汉武侯庙坐东北向西南,是一座面阔三间的两进硬山顶古建筑。面积 170 多平方米。庙正门所见,青砖墙、灰瓦片、绿瓦当,门廊式大门,门楣上方嵌一石匾,红底金字刻着"汉武侯庙"四个楷书大字,上款为"嘉庆辛未年重修"。门两旁是一副楷书对联,上书"伊吕伯仲,鱼水君臣",亦是石刻的红底金字。门廊石柱上的对联则是阴刻行楷:"两朝经济纾筹策,万古风云护简书。"殿内正中神龛里供奉诸葛武侯鎏金铜像。武侯坐像一米多高,头戴紫纶巾,五绺黑长须,右手持羽扇,左手似在掐算。神像之左还有一尊小型武侯坐像,亦为铜鎏金所造,也是呈持扇掐算状。神龛为黄琉璃瓦顶、墨色大理石四柱。神龛前是一宽大红木供桌,上置油灯盏、香炉、鲜花、果品等。神龛两侧为木质殿柱，柱联墨底金字曰："掐指良谋风调雨顺，摇扇运筹国泰民安。"

我们到达时汉武侯庙大门已经关了，有幸得到在附近的管理员老奶奶的帮助，她专门为我们重新开门，并引导我们参观了正殿和偏殿。在偏殿，她给我们展示了募捐者的功德石碑。老奶奶告诉我们，这间庙宇在20世纪初期一度作为学堂使用，直到后来学生多得无法容纳为止。由此可见，汉武侯庙类似于宗祠，在需要的时候可以承担教学的功能，是一个非正式的学习场所。

参观完汉武侯庙后，我与老奶奶在庙门口访谈聊天，得到了许多与习惯法及其变迁相关的信息。

作者与汉武侯庙管理者交谈

此外，一件更有趣的事情引起我的思考：聊天时老奶奶说近些年来一部分年轻村民在另一片区域修建起一处新的汉武侯庙，定期进行活动祭拜。从她的态度看，是非常不支持这件事的。她说，村中有年岁的居民仍然选择在有年代的老武侯庙进行活动，而新的却没有一点传统文化的气息，很是浮夸。不难看出，汉武侯庙作为一种传统文化符号，正经历着新一代的定义，由此造成的一系列内涵分裂和脱离，正是村里年轻一代和老一代对于传统活动选择上矛盾和分野的根源。但究竟是何种原因使得年轻一代选择放弃保留传统，转而拥抱并创建新的武侯庙文化符号呢？如果考虑到广东当地深远的宗族秩序和传承力量，我们似乎很难从村庄内部找到合理的解释。因此，不妨换一个角度，通过外群体视角来看这种符号重塑、规范变迁、秩序重塑的过程，说不定会有不一样的发现呢。

六、简短的结语

这一天的有关习惯法的古村走访调查，时间虽短，我的收获却很大。观庙，看到了习惯法的具体承载形态；看碑，发现了习惯法的具体内容；访谈，了解了习惯法的现实状况。

一天下来，人虽疲惫，但引发了我对习惯法田野调查和社会学田野调查的浓厚兴趣，留下了许多值得进一步探讨的话题。

运用方法

融入田野：对当代中国习惯法田野调查方法的思考
——基于桂南李氏宗族习惯法的考察*

陆俊材

一、引言

如何真正读懂当代中国社会？这是社会科学领域的基础性问题。在法学领域，研究当代中国习惯法不失为一种认识当代中国社会的重要途径。[1]运用适当的研究方法、进路是我们客观、准确解读当代中国习惯法现象的基本前提。埃利希曾说过，"任何一个独立的研究者都必须像任何一个原创性艺术家创造其技巧一样来创造自己研究的方法"，使用别人方法的人也只是一个徒弟而已。[2]笔者也许无法达到埃利希笔下的能创造自己研究方法的艺术家，而更多的是一个延续前人研究方法的学徒，但结合自身的阅读及习惯法田野调查经历，冷静地去反思、琢磨，也能获得些个人的体会。

田野调查这个术语出自田野博物学家的话语，后成了人类学学

---

* 根据学术惯例，本文的地名、人名进行了化名处理，特此说明。

[1] 根据高其才教授对习惯法的定义："习惯法是独立于国家制定法之外，依据某种社会权威和社会组织，具有一定的强制性的行为规范的总和。"参见高其才：《中国习惯法论》（第3版），社会科学文献出版社2018年版，第3页。

[2] 参见 ［奥］欧根·埃利希：《法社会学原理》，舒国滢译，中国大百科全书出版社2009年版，第522页。

科的基本方法论。[1]田野调查是指"研究者以人类社会文化为调查研究对象,在一定的时间和空间内,通过实地考察,以科学方法为手段,以收集第一手资料为主要目的,了解某一社区、某一群体或某种社会文化现象的活动和方法"。[2]田野工作"既可以认为包含一种文化实践的认识论和方法论,包括作为人类学研究理论的各种原则假说及其价值,以及研究者用于解释资料和得出结论的准绳或标准,也可以认为是一种实地获得文化理解的方法及其研究技术与工具手段"。[3]田野调查作为一种重要的获取一手材料的研究方法,受到了较多习惯法研究者的重视。[4]本文便是要探讨如何运用田野调查方法对当代中国习惯法进行研究。

进行田野调查,首先要明确何处是"田野"?在人类学发展的早期,"田野"意味着某个地点,且陌生"异邦"之"那里"往往优于熟悉"家乡"之"这里";随着认识的不断深化,人类学家们开始接受"田野"不再是一个"地点"而已,而是一个方位,包含空间、时间和历史的维度,且"家乡"之"这里"也可以是进行田野工作的"田野"。[5]费孝通先生曾深刻地指出,"人文世界,无处不是田野","人类学的田野就在我们的生活中","一点不知道自己,也就不可能知道别人","研究中国,不要忘了自己就是中国人"。[6]于是,"田野"是一个"把社会分割为不同文化、区域或地点的先验

〔1〕 〔美〕古塔、弗格森编著:《人类学定位:田野科学的界限与基础》,骆建建等译,华夏出版社 2005 年版,第 6~9 页。

〔2〕 参见何星亮:《文化人类学调查与研究方法》,中国社会科学出版社 2017 年版,第 11 页。

〔3〕 参见庄孔韶主编:《人类学概论》(第 3 版),中国人民大学出版社 2020 年版,第 108 页。

〔4〕 参见高其才:《习惯法研究的路径与反思》,载《广西政法管理干部学院学报》2007 年第 6 期。

〔5〕 黄剑波:《何处是田野?——人类学田野工作的若干反思》,载《广西民族研究》2007 年第 3 期。

〔6〕 荣仕星、徐杰舜主编:《人类学本土化在中国》,广西民族出版社 1998 年版,第 13 页。

性概念"。[1]田野调查可以是多点式、多场域的，不仅可以调查"异邦"，也可以调查"家乡"，不仅可以观察"他人"的生活，也可以观察"自己"的生活，不仅可以在地理意义上的田野地点进行田野调查，也可以在"历史和社会场景意义上的事件、文本、机构中进行分析，从而为认识自身，认识人性提出独特的洞见"。[2]因此，对当代中国习惯法进行田野调查，可以将"中国""家乡"作为"田野"，在观察"他人生活"的同时也可以观察"自己生活"。

笔者分别于 2017 年 7 月 2 日至 2017 年 7 月 10 日、2019 年 2 月 12 日至 2019 年 4 月 29 日这两个时间段，对广西南部屏竹村李氏宗族分支进行了田野调查；于 2020 年 6 月 8 日至 2020 年 6 月 24 日、2020 年 6 月 30 日至 2020 年 8 月 6 日、2021 年 1 月 25 日至 2021 年 2 月 3 日这三个时间段，对广西南部荔平李氏宗族分支进行了田野调查；于 2020 年 8 月 7 日至 2020 年 8 月 10 日、2021 年 4 月 13 日至 2021 年 5 月 9 日这两个时间段对清风县陇西和谐会进行了田野调查。笔者是广西人，对广西南部进行田野调查从某种意义上说也算是把"家乡"作为"田野"了。在对李氏宗族进行田野调查过程中，李氏宗族习惯法是一项重要的研究内容。本文认为，研究者"融入田野"，在当地的生活场景与精神世界中去观察、解读习惯法是用好田野调查方法研究当代中国习惯法的重要方式。下面，本文主要围绕融入对象而对田野调查做好充分准备、融入生活而全面真实收集习惯法一手材料、融入文化而领悟习惯法背后的深层意义进行展开，以期能引起学界对此领域的进一步重视。当然，由于笔者的阅读面和习惯法研究经历有限，以下仅仅是笔者个人的一些初步思考。

二、融入对象：田野调查的准备

田野调查前准备的主要任务是建立起与田野调查对象的初步联系，这也是融入田野的第一步。具体而言，主要包括确定研究主题、

---

〔1〕［美］古塔、弗格森编著：《人类学定位：田野科学的界限与基础》（修订版），骆建建等译，华夏出版社 2013 年版，第 6 页。

〔2〕黄剑波：《何处是田野？——人类学田野工作的若干反思》，载《广西民族研究》2007 年第 3 期。

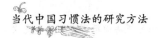

选定调查对象以及收集相关资料这三个方面。

（一）确定研究主题

当代中国习惯法田野调查研究主题是研究者进行田野调查的探索方向以及在习惯法研究领域所要求解的中心问题，其贯穿于整个田野调查活动的始终，是田野工作之魂。只有明确了研究主题，才能根据服务中心主题的需要来搜寻适合的研究对象，从而开启田野调查的第一步。比如，确定了要研究与当代中国宗族习惯法相关的某个问题后，才能明确要寻找某一姓氏宗族作为田野调查对象。

研究主题的选择要有新意。这里的"新意"，既可以是"观点新"，也可以是"材料新"。"观点新"指的是，围绕研究主题而最终形成的学术成果能够为某一研究领域提供富有启发性的、创新性的学术见解，通过学术对话的方式激荡甚至冲击原有的学术话语体系，进而起到推动学界在该领域更深入的科学性探索的作用。"观点新"的研究主题并不是要在田野调查之前预设一个观点，然后再通过田野调查去论证，这种"先入为主"的做法不符合田野调查方法"从田野观察中获得认知"的认识论初衷；而是要有创造性的问题导向，然后通过田野调查来探究答案。因而，"观点新"的研究主题往往能牵引别出心裁的田野调查方式，乃至要求研究者为求解疑惑而在选择田野调查对象时也煞费苦心。"材料新"指的是，围绕研究主题而最终形成的学术成果能够为某一研究领域提供新的、能丰富该领域知识谱系且能启发学界进一步思考的素材。为获得"新材料"而进行田野调查，具有填补某一研究领域一手素材空白的重要价值，比如对某一从未被研究过的当代中国少数民族习惯法进行田野调查而收集到的一手资料能填补学界在该研究领域的田野素材上的空白；也具有启发学界新的研究思路的积极作用，比如通过描述一起特别的适用习惯法进行纠纷解决的案例能启发学界对民间"法实践"的思考。确立并研究"材料新"的主题，考验的是研究者挖掘未知"田野"、找寻特殊"对象"的探索力以及把握新事物、开拓新视野的学术敏感力。当然，"观点新"与"材料新"并不是非此即彼的关系，也可以是二者兼具。

要选择具有一定学术价值的主题进行研究。学术价值包括理论价值及实践价值，有学术价值的主题才能引导有学术价值的田野调查。理论价值主要是从推动学界对某一研究领域的理论进展来评价的。为了能寻到具有理论价值的研究主题，研究者需要进行大量的前期理论积累，找到理论研究的创新方向与突破口。实践价值主要是从对社会实践的指导意义来评价的。实践价值的获得需要研究者对某一领域的社会实践有足够多的关注，并就该领域中如何获得更好的社会实践效果上进行前瞻性的思考。

研究主题的范围要适当。研究主题范围的大小决定最终学术成果所呈现内容多寡的同时也决定了田野调查工作量的大小，而田野调查工作量的大小又会影响研究者对田野调查对象的选择。研究者应当综合考量最终学术成果预期呈现内容的多寡、所研究问题能够被合理解答的可行性、寻找到适合田野调查对象的困难程度、打算投入田野工作的时间、自身科研能力大小等各方面因素，理性地确定范围适当的研究主题。

（二）选定调查对象

在确立研究主题的过程中，研究者通过对所研究问题的思考而与由研究主题所确立的研究对象建立起了某种理论与思维层面上的联系，这种联系让我们对将要进行田野调查的对象有了某种预设并引导我们进一步选定调查对象，这是当代中国习惯法研究者初步融入田野调查对象的过程。

田野调查对象的选定是服务于所要研究之主题的，从理论上说，田野调查对象的种类可以通过一定的理论逻辑而推演出来。比如，从研究的内容上说，如果要研究某一地区某类当代习惯法的变迁问题，那么田野调查对象至少具备两个主要条件：一是该对象能够为研究者提供过去某一时间段的某类习惯法内容；二是该对象能够为研究者提供当下该类习惯法的内容，且该内容与过去内容相比发生了变化。又比如，从研究的范围上说，如果研究者想写一部宏伟巨著，那田野调查对象要能够为研究者提供足够的素材，如果一个"田野点"无法提供充足的素材时还可以考虑对多个"田野点"进行调查。

理论上推演出来的田野调查对象是理想化的，从实际上说，我们还要考虑这样一种理想化的田野调查对象能否被找寻到，以及调查对象被找到后研究者能否顺利开展田野工作等现实问题。首先，机缘很重要。也即，要有某个契机促成研究者与田野调查对象建立起实际的联系。这样的契机是多样的，比如导师的引荐、熟人的介绍等。其次，要与能够在田野调查过程中提供较大帮助的人员建立相互信任的关系。比如要对某一姓氏宗族进行田野调查，那么研究者可以与该姓氏宗族的族长建立良好关系，增进彼此的沟通与了解，以期族长能为研究者的田野工作提供帮助。最后，敲定调查对象与调查时间。研究者与能够在田野工作中提供较大帮助的人员建立良好关系后，要及时向该人员说明田野工作的主要任务、主要内容、需要的帮助等，初步向该人员了解田野调查对象的基本情况，询问该人员是否接纳研究者的田野工作，如果该田野调查对象满足调查条件的再与该人员商定调查时间。

比如在 2020 年春季，笔者曾通过熟人介绍认识了桂南某地某冯氏宗族族长，冯氏族长了解笔者的田野工作后虽也表示支持，但担心该宗族无法为笔者提供详实的研究素材，同时向笔者推荐了附近的荔平李氏宗族；后来，笔者与荔平李氏宗族族长取得了联系，李族长很欢迎笔者到他们宗族进行调研并表示该宗族有丰富的宗族习惯法及纠纷解决案例素材可供挖掘与研究，同时李族长也愿意为笔者在生活起居、田野工作等方面提供帮助；最后，笔者选定了桂南荔平李氏宗族作为其中的一个田野调查对象，并与该宗族族长约定了调查时间。

（三）收集相关资料

敲定了调查对象与调查时间，与相关人员建立了相互信任的关系并对田野调查对象基本情况有了初步了解后，研究者便更深入地"融入对象"了。为了进一步了解田野调查对象，研究者在进入"田野"前还需尽可能地收集与田野工作相关的资料，从而明确田野调查工作的基本思路、工作预案、调查重点等。

研究者可以通过互联网大数据检索、通过远程通讯手段询问相关人员等方式获得更多的关于田野调查对象的信息，从而为下一步田野工作的谋划打下基础。比如，笔者确定了桂南荔平李氏宗族作为田野调查对象后，一方面通过互联网查询该宗族的地理方位、所属行政区划、气候特点、风土人情等信息，从而对如何在该地生活、工作有了一个基本的判断。另一方面，笔者与该宗族族长保持密切联系，李族长时不时会通过远程通讯方式向笔者提供一些与调研主题相关的素材，这些素材有助于笔者明晰田野调查的思路。

研究者还需围绕研究主题、结合收集到的田野调查对象的基本信息，通过撰写文献综述、提炼重点问题、罗列访谈提纲、预设观测对象、计划参与项目、设计调查问卷等方式在理论与思维层面上进一步"融入对象"，从而减少实际田野调查过程中的盲目性与无效性。当然，有许多工作思路、思想启发是研究者在实际的田野工作中才能获得的，且随着调查的深入研究者对于相关问题的认知也会更有深度。也即，在田野调查的准备阶段，研究者在理论与思维层面上"融入对象"时要守好不能"先入为主"的底线，坚持问题导向，秉持开放思路，保持对于"所研究问题并非通过预先的逻辑推演寻求答案，而是通过田野观察获得解答"的方法论的清醒。

三、融入生活：基本素材的收集

从高其才教授对于习惯法的定义中我们可以读出，[1]习惯法除了具有强制性、规范性等属性外，还具有浓厚的"生活气息"，也即习惯法是从社会中产生并"活"在民众生活之中的法，颇有埃利希所称之"活法"的意蕴。[2]因此，研究者在田野工作中要融入田野生活，学会从当地民众原汁原味的生活世界中寻获一手素材。具体而言，研究者可以采用文献搜集、访谈调查、参与观察及问卷调查等方式收集材料。

（一）文献搜集

研究者刚进入田野，面对一个新的人事环境，难免需要逐步适应。语言上的障碍、情感上的陌生等问题也会给研究者与当地人的

---

〔1〕 参见高其才：《中国习惯法论》（第3版），社会科学文献出版社2018年版，第3页。

〔2〕 参见［奥］欧根·埃利希：《法社会学原理》，舒国滢译，中国大百科全书出版社2009年版，第545页。

沟通交流造成一定的困扰。查阅当地文献资料不失为一种让习惯法研究者快速了解地方风土人情、搜集成文习惯法内容等素材的简便方式。

本文所说的文献是广义上的，包括一切形成文字并保留下来的资料，而不论文字的载体是什么。比如金秀瑶族自治县石牌上的成文习惯法就是一种宝贵的文献资料。[1]对于一些偏远的村落而言，成文的习惯法素材是十分难得的，因此习惯法研究者在田野调查时要保持高度的学术研究敏感性及发现素材敏锐力，尽可能全面地收集文献资料。从笔者的经验看，可以通过如下几种方式搜集文献材料。

首先，可以在公共场所搜集文献材料。对于某一个地方而言，公共场所中所公布的文字往往是该地方希望每一位居民或者是其他到该地方来的人能看到的内容，包括写在公告栏上的信息、挂在高处的宣传标语、刻在石牌上的村规民约、留在"功德碑"上的人物事件等，这些文献材料是习惯法研究者容易接触到的。比如，清风县陇西和谐会总部办公室门外的墙上就公布了关于和谐会的简介、文化特色、领导班子成员等内容。研究者走遍某一地区各个角落搜集这些文献素材的同时也能增加对该地区人文地理环境的熟悉程度。

其次，可以到村（居）委会、当地国家机关搜集文献资料。村（居）委会、当地国家机关作为地方的管理机构，自然会在进行地方管理时形成一定的文字材料（如村规民约等）。习惯法研究者在此处收集文献资料时，要主动向相关负责人（如村支书）介绍自己的身份及田野工作内容，尊重对方的要求，积极争取对方的支持；一切文献资料的查阅、摘抄等要征得相关负责人的同意，注意遵守保密等相关规定，不要给对方造成不必要的负担，在给对方留下好印象的同时也会获得对方对接下来的其他田野调查工作的支持。

再次，可以到"半公共场所"搜集文献资料。所谓的"半公共场所"是指对特定人群或者在特定时间公开的场所。在"半公共场所"进行调查时往往能搜集到专属于某一社会群体的文献素材，进

---

〔1〕 参见高其才：《习惯法的当代传承与弘扬——来自广西金秀的田野考察报告》，载《法商研究》2017年第5期。

入该类场所要事先征得相关负责人的许可。比如，荔平李氏宗族分支总祠堂便是一种"半公共场所"；该祠堂供附近的李氏族人在年节或某些特殊场合祭祀先祖使用，有专人看管，笔者要进入祠堂参观时一般会先征求族长同意，由族长安排打开祠堂大门。在荔平李氏宗族分支的总祠堂里，笔者能收集到介绍该宗族的历史文献、该宗族的族规、体现宗族文化的门联等文献资料。

最后，可以向私人借阅相关文献资料。能向私人借阅的文献资料包括族谱（很多族谱上会记载族规）、纠纷案件的相关材料（包括调解协议书、判决书等）等。在田野调查过程中，向私人借阅文献资料有时会存在一定的难度。一方面研究者得费一番功夫确定哪一位居民可以提供自己所需的文献材料。比如笔者在屏竹村进行田野调查时，在与当地某村民的交谈中得知，村中流通着一本由当地贤士编写的记录许多地方家礼的书籍，但不清楚当时哪位村民家中拥有这本书。为了能借阅到这本书，笔者在村中四处打听，费了好些功夫才如愿以偿。另一方面，即使确认了当地某位居民拥有研究者需要的文献资料，但出于或者难以联系上该居民，或者该居民的文献资料已经丢失等原因，研究者也可能是无功而返。但有一点可以肯定，向当地居民借阅文献资料的过程中也增进了研究者与当地民众的交流互动，对于研究者而言也是一个融入当地民众生活的契机。

（二）亲切交谈

交谈是研究者进入田野后与当地民众建立良好关系的基本方式，也是了解当地民众生活的常用方式。访谈调查可以说是探知未知田野世界的一把惯用"钥匙"，研究者的许多疑惑是可以"问"出来的。访谈调查法是通过研究者与被研究者交谈的方式来"搜集并建构第一手资料的研究方法"，可分为结构式访谈与无结构式访谈、直接访谈与间接访谈、个别访谈与集体访谈。[1]研究者要通过与受访

---

〔1〕 本文关于结构式访谈与无结构式访谈、直接访谈与间接访谈、个别访谈与集体访谈的基本概念、含义，主要参考王积超主编：《人类学研究方法》，中国人民大学出版社 2014 年版，第 82~84 页。

者之间的亲切交谈融入受访者以及其他民众的生活中，从受访者话语所构筑的生活世界中找寻所需素材。

结构式访谈是预先经过标准化设计的访谈，包括预先设计标准化问卷、标准化访谈步骤等；访谈的过程和方向由研究者来主导，一般采用概率抽样方式选取访谈对象，研究者严格按照设计的问卷向受访者进行发问；访谈结果可以用于统计分析。结构式访谈可以帮助研究者以一种量化的方式了解当地人的生活状态。比如可以设计标准访谈问卷，就村中某些习惯法的约束性问题对一定数量的村民进行结构式访谈，然后将不同村民的回答进行统计分析，从而可以探究该习惯法在当地的强制力大小。无结构式访谈与结构式访谈相比有更大的自由度，研究者可以半控制甚至不控制访谈的过程，无需预先设计标准化的访谈流程。无结构式访谈过程中，研究者可以围绕一定的主题，与受访者进行灵活的交流，可从受访者深入细致的表述中获取对某一主题的生动的定性素材。比如研究者可以就某一纠纷解决案例向纠纷当事人或解纷人进行无结构式访谈，从交谈中可以获得解纷案例的具体过程、当事人或解纷人在解纷过程中的心理状态等相关素材。

直接访谈是研究者与受访者面对面交谈的访谈方式。在田野调查过程中，研究者要尽可能多地采用直接访谈方式进行调查，因为在面对面的交流过程中，研究者更容易通过观察、感受受访者在交谈过程中的语气、情绪、动作等各方面而进入受访者所传达的生活世界与内心世界中去，从而获得对某一事件的"代入感"与"同理心"，进而更为准确地把当地的生活状态与文化意义"转译"出来。间接访谈主要是研究者与受访者通过远程通讯手段交谈的访谈方式。在因时间、距离等原因而无法进行直接访谈的情况下，间接访谈无疑成了研究者通过交谈获取资料的重要方式。比如研究者离开了田野调查地点后，需要进行补充调查时可以通过电话的方式对相关人员进行访谈。当然，进行间接访谈时要与受访者预约时间，尊重受访者的意愿，不能侵扰受访者的正常生活。

个别访谈与集体访谈是对于进行一次访谈时受访者的数量来说的。个别访谈过程中，研究者可以更为专注地与受访者就某一问题进行深入的交谈，交流气氛也比较轻松自由。在进行集体访谈时，除了研究者与受访者之间的互动外，还有不同受访者之间的互动，而研究者在这样的多种互动中可以获得不同于个别访谈的收获。比如笔者在荔平李氏宗族调查一起纠纷解决案例时运用了集体访谈的方式。当时，好几位李氏族贤在李宗明族长家中做客，笔者利用这个机会对几位族贤进行了集体访谈，希望他们几位参与这起纠纷解决的族贤能为笔者还原当时的解纷过程。访谈过程中，族贤们之间的互动有助于唤醒他们对于解纷过程更多细节的回忆，从而让笔者收集到的案例素材更加丰富；同时，在访谈过程中族贤们也会相互印证各自的说法，从而让笔者收集到的解纷案例更具真实性。

总之，为了更好地融入田野、走进受访者的生活世界，研究者在进行访谈调查时既不要以自身学问自居而"高高在上"，也不要过于紧张而"畏手畏脚"，这些表现都会把自己和受访者"对立"起来；而要保持一种平和的心态，带着问题与思考，秉着谦虚而恭敬的态度，亲切地与受访者交谈。可以说，整个访谈调查既是收集素材、启发思考的过程，也是增进信任、拉近距离的过程，更是融入田野、走进生活的过程。

（三）参与观察

参与观察法是田野调查的基本方法之一，能较好地从当事人视角来理解诸文化脉络，提高了所搜集到的材料的质量及民族志作品的解释力。[1]参与观察法与局外观察法相对，要求研究者在观察的过程中要深入被观察者的生活世界中并使自己成为其中一员，从参与式的生活体会中感性地认知所面对的文化现象，再通过归纳分析、抽象提炼等思维方式对感性材料进行加工而获得理性认识。[2]参与观察法有目的性、直观性及可重复性的特点，又可分为全参与观察法和半参与观察法。[3]

---

〔1〕 参见庄孔韶主编：《人类学概论》（第3版），中国人民大学出版社2020年版，第128页。

〔2〕 参见王积超主编：《人类学研究方法》，中国人民大学出版社2014年版，第79页。

〔3〕 本文对全参与观察法和半参与观察法的概念、含义，主要参考何星亮：《文化人类学调查与研究方法》，中国社会科学出版社2017年版，第55~56页。

全参与观察要求研究者隐瞒自己的身份而加入某一群体中，以被调查群体成员的身份参与他们的活动，扮演与他们相同的角色，在观察他们生活的同时也亲身体验他们的日常生活经验。当代中国习惯法之生命在于它的施行。研究者若能以当地民众的身份并按照当地生活经验的方式去体验习惯法，将会对习惯法的生命力及其背后的文化内涵有更深刻的体会。比如，通过参加庄重的宗族集体祭祀活动，体验种种传统祭祀礼仪，可以明显感受到这套传统祭祀习惯法传承至今的强大生命力，体会到族人在行祭祀之礼时处处透露出的对先祖虔诚的敬仰、对宗族诚挚的亲爱以及对生活美好的向往。

研究者在进行半参与观察时并不隐瞒自己的身份，被研究者也了解研究者的目的。在进行半参与观察时，被研究者可能会把研究者当成是"外面来做研究的人"而产生某种"隔阂感"，从而影响研究者对某些问题进行深入细致的研究。笔者在桂南李氏宗族进行田野调查时，为了取得当地民众的信任，难免会向族人们进行自我介绍并说明来意，甚至还遇到过为证明自己学生身份而向某族人出示相关证件的情形。当地民众面对一个从来没见过也没听说过的"外人"在本地进行调研，心里产生疑虑是正常的。研究者要运用智慧消除当地民众的疑虑，积极融入当地民众的生活中去，和当地民众打成一片。依笔者的经验，可以通过直接的方式与间接的方式拉近与当地民众的距离。直接的方式是研究者努力成为当地民众生活圈的一分子，包括共同饮食、共同劳动、提供帮助等。比如，笔者在屏竹村李氏宗族进行田野调查时，偶尔会买菜到当地村民家中与村民共进午（晚）餐；在荔平李氏宗族分支进行田野调查时，曾到田地里帮助一位族人干农活，有时也会为当地族人解答一些法律上的疑惑。间接的方式是研究者通过在当地较有威望的人士的推介来获得当地民众的信任。比如，笔者刚到荔平李氏宗族分支进行调查时，李宗明族长帮助笔者安顿好住处之后便邀请笔者与他一同去参加一位李氏族员的婚宴；借此机会，李宗明族长便介绍笔者给来参加婚宴的几位族贤认识，族贤们也表示会在笔者今后的田野工作中提供帮助。

研究者在进行参与观察时，不能把自己"封闭"起来，而是要融入当地各类生活场景中去，细心观察当地民众日常生活中的点点滴滴，从一个个鲜活的适用习惯法的生活场景中（如族贤运用习惯法解决纠纷场景，族人依照婚姻习惯法、祭祀习惯法等进行活动的场景，等等），感受习惯法随着时间迁移的变化、对于群体行为的约束、嵌入群体思维观念的内容等。

（四）问卷调查

问卷调查法具有统一性、灵活性、匿名性及量化性的特点，其优点在于一方面可以对不同人群对统一问卷的回答进行对比分析，另一方面可以把要研究的现象转化为变量形式，将不同个体的回答以不同变量值来表现，进而对所要研究的社会文化现象进行定量分析；问卷的类型一般分为访问问卷和自填问卷两种，分别用于访问调查和问卷调查。[1]采用访问问卷进行调查时，研究者会依照问卷问题亲自访问被调查者，然后再根据受访者的口头回答来代替受访者填写问卷，这实际上就是结构式访谈调查。采用自填问卷进行调查时，先由研究者安排发放问卷，再由被调查者填写问卷，最后研究者再将填写后的问卷收回并进行相关的统计分析工作。研究者对当地生活有了整体的定性的把握后，可以考虑通过问卷调查的方式针对某些问题进行量化性的探究，以数据式的思维进一步在当地丰富的生活世界中挖掘素材。

问卷调查法大致可分为设计问卷、发放与回收问卷以及审查问卷这些基本的步骤。本文不打算对每一个问卷调查步骤都进行详尽的技术层面的分析，而只是结合"融入生活"这一理念来对问卷调查法进行简要的讨论。

首先是问卷设计步骤。好的问卷设计并非易事，需要研究者既对研究的目的、内容、对象、范围等总体情况了然于心，又要熟悉与研究主题相关的各种理论假设，还要提前大量阅读与研究主题相关的文献以借鉴前人同类问卷调查经验。[2]总的来说，问卷设计要

---

〔1〕 参见何星亮：《文化人类学调查与研究方法》，中国社会科学出版社 2017 年版，第 69~71 页。

〔2〕 参见何星亮：《文化人类学调查与研究方法》，中国社会科学出版社 2017 年版，第 73 页。

注意做到理论准备充分、研究对象明确、问卷内容全面以及言辞表达准确这几个方面。[1]理论准备与言辞表达是研究者的学术基本功，功力的深厚要靠平时的积累。关于研究对象与问卷内容，研究者或许在进入田野前就有了预设，或许是在田野调查过程中又启发了新的思考；但不管怎么样，研究者融入当地生活与设计问卷工作应当是相辅相成的。研究者在日常生活中的定性观察与感性体验要转化为对某一问题的量化思考与理性策划，然后投入到明确研究对象、周延问卷内容的功夫上去；反过来，研究者在设计问卷时通过对经验材料的细致回忆、清晰梳理、严密品析，又在观念认识上强化了研究者与当地生活世界的融合，进而让研究者在接下来的田野调查中更加清楚自己在当地民众生活世界中的位置，更有自信扮演好属于自己的角色。

其次是问卷的发放与回收步骤。问卷的发放与回收是研究者与被调查对象的一个互动过程。为了保证这项工作的顺利完成，研究者在进行这项工作时不能"自以为是"或者"不切实际"，而是要多从被调查对象的生活实际出发考虑问题。比如，研究者在发放问卷前，要从发放与回收问卷的可行性、被调查对象的合作程度等各方面进行综合考虑，从而确定具体的问卷发放对象。笔者曾对屏竹村所属的香米片区[2]进行过一次针对未成年人在校生对当地传统礼仪熟悉程度的问卷调查；香米片区有一所中心小学以及该中心小学管辖下的分布在各村委的小学，另外还有一所香米初中；笔者对学校的地理位置、与学校人事的熟悉程度、问卷的发放与回收的可行性等因素进行综合考虑，最终选择了香米片区中心小学某些班级的小学生和香米初中某些班级的初中生作为问卷调查对象，而没有对分布在各村委的小学生进行问卷调查。又比如，在进行发放（回收）问卷工作时，研究者可以自行向被调查对象自发（回收）问卷，也可以请求他人代为发放（回收）问卷；但不管采用什么方式，重要

---

〔1〕 参见高其才：《法社会学》，北京师范大学出版社 2013 年版，第 318 页。
〔2〕 香米办事处是当地镇一级人民政府的派出办事机构，管辖包括香米社区在内的6 个村（居）委会，香米办事处所管辖的地区在当地被称为香米片区。屏竹村是香米社区管辖下的一个自然村。

的是研究者要确保被调查对象收到问卷的准确性与完整性，同时还要从被调查人的视角出发考虑如何提高问卷的回复率（如可以给向写问卷的被调查人赠送小礼品等）。

最后是问卷的审查。问卷的审查是对回收的问卷进行整理，筛选有效问卷，排除无效问卷，以提高问卷资料的可靠性，从而更好保证问卷统计分析的科学性以及调查结论的可信度。审查问卷的过程也是研究者总结问卷调查工作，反思如何让问卷调查更加契合被调查人生活实际的过程。针对回收问卷中"无回答"的情况，研究者要分析被调查者不愿（或者无法）回答的原因，反思如何更多地为被调查者考虑而改进提问方式；针对回收问卷中"无效回答"的情况，研究者要分析问卷设计的合理性是否还有进一步提升的空间，反思如何从优化被调查者的阅读感受、答题体验等方面来完善问卷设计。

与访谈调查、参与观察等定性研究路径不同，问卷式调查偏重于定量研究，但这并不是要研究者"唯数据式"地从当地生活中"脱离"出来。无论是定性研究还是定量分析，都是服务于让研究者更好了解田野生活、探知问题答案之目的的。研究者对某一问题进行问卷调查时，采用符合田野实际的工作方式才能使得调查顺利进行，设计契合被调查人生活状况的问卷才能收获来自被调查人真诚的答复，回收有助于揭示生活真相的问卷数据才算获得有科学价值的问卷结果。

四、融入文化：深层意义的领悟

通过田野调查的方式，研究者还可以解读当代中国习惯法背后的文化内涵。为此，研究者既需要拥有对各种习惯法文化现象更为敏锐的洞察力以及更为精微的感知力，还需要对接当地民众的价值观念及精神世界而获得文化层面上的领悟。

从文化的层面对习惯法进行解读，首先要对文化的概念有一个基本的认识。梁漱溟先生对文化概念的定义给笔者较大启发。在梁漱溟先生看来，文化是"吾人生活所依靠之一切"。[1]梁漱溟先生

---

〔1〕 参见梁漱溟：《中国文化要义》，上海人民出版社 2011 年版，第 7 页。

认为，文化是"民族生活的样法"；而无止尽的"意欲（Will）"和"满足与不满足"构成了我们的生活。[1]因此，在梁先生看来，文化的解读关键在于从"生活"入手，也即从人的"意欲"入手。从梁漱溟先生对于文化的定义来看，文化有相对性、地方性的特点，不同地区的人因为有着不同的"意欲"而形成了不同的"生活样法"，因而文化也就不同。梁漱溟先生对文化的看法与本尼迪克特的文化模式理论相近，也即一个民族因为进行了"文化选择"而形成了属于该民族所特有的"文化模式"。[2]于是，文化通过人们的实际"生活样法"而得到表达，或者说文化的本质在于生活实践。正如学者埃尔曼所言："作为一种对社会生活的构想，文化对生活于其中的个体的行为起到潜在的和实际的引导作用。"[3]亦如费孝通先生所说的："所谓文化，我是指一个团体为了位育处境所制下的一套生活方式。"[4]

本文认为，文化是一定地区人们为适应该地区的各类型环境而形成的一定的生存样式，包括生活方式、生产方式与思维方式，是人类认识自身及自身所处环境所积累的物质上的与精神上的智慧财富的总和。该定义强调了文化的属人性与地方性。所谓的属人性指的是文化是人创造的，也即如学者梁治平所提出的"文化乃是人造之物"。[5]所谓的地方性指的是不同地区的文化呈现出一定程度的个性特征，因为文化是一定地区人们的适应该地区的生存样态，所以文化便有了"地方特殊性"。习惯法是一种"活法"，是一定地区人们在生活实践中积累的智慧财富，也可以看成是一种文化。一定地区文化的特殊性造就了该地区习惯法的特殊性。

梁漱溟先生强调从"意欲"来探究文化与西方学者格尔茨提出的

---

〔1〕 参见梁漱溟：《东西文化及其哲学》，商务印书馆1999年版，第32页。

〔2〕 参见梁治平编：《法律的文化解释》，生活·读书·新知三联书店1994年版，第27~30页。

〔3〕 ［美］埃尔曼：《比较法律文化》，贺卫方、高鸿钧译，生活·读书·新知三联书店1990年版，第18页。

〔4〕 费孝通：《乡土重建》，岳麓书社2012年版，第1页。

〔5〕 参见梁治平编：《法律的文化解释》，生活·读书·新知三联书店1994年版，第8页。

从"意义"来探究文化遥相呼应。格尔茨认为，文化是由人自己编织的意义之网，文化的分析是对意义的解释；文化的解释是"深描的过程"，"是（或者应该是）对意义的推测，估价这些推测，而后从较好的推测之中得出解释性结论"；[1] 文化解释的关注中心不是规则，也不是事件，而是意义，要将"尼尔森·古德曼（Nelson Goodman）所说的'世界观念'（world versions），和他人所谓的'生活的样式'（forms of life）、'认识'（epistemes）、'感觉贯联'（Sinnzusammenhange）或者'认知系统'（noetic systems）作为研究中心"，关注人们"通过把行为置于更大的分类甄别意指系统（frames of signification）……之内而促使其行为具有意义的方式，是他们通过根据那些大的意义系统去组织行为而维持或力图维持那些系统的方式"。[2] 通过探求"意欲"之方式来考究一个地区的文化时主要就是探究该地区民众的精神世界。正如梁漱溟先生通过探求"意欲"之方法来思维"西方化"的文化内涵时提到了，"西方化是以意欲向前要求为其根本精神的"。[3] 可以说，习惯法的文化研究视角主要就是对习惯法进行文化的解释，通过对社会群体"意欲"的探究来揭示习惯法深层的文化机理及本质内涵。

中国是一个有着厚重历史文化积淀的文明古国，中国传统文化传承至今仍深刻影响着人们的生活并融在了习惯法之中。因此，要对当代中国习惯法进行文化的解释，应当兼顾中国传统文化的延续性及其在当下社会环境中的实效性。在田野调查中，研究者可以采用系统整体式领悟法、见微知著式领悟法及亲历实践式领悟法来融入、感知当地的习惯法文化，进而揭示当代中国习惯法的深层意义。

（一）系统整体式领悟

系统整体式领悟法是将习惯法置于整体的文化秩序中去考察，将"法"的元素与非"法"的元素联系起来综合研究。这便要求研

---

〔1〕 参见［美］克利福德·格尔茨：《文化的解释》，韩莉译，译林出版社2014年版，第5、17~18、26页。

〔2〕 参见梁治平编：《法律的文化解释》，生活·读书·新知三联书店1994年版，第89~90页。

〔3〕 参见梁漱溟：《东西文化及其哲学》，商务印书馆1999年版，第33页。

究者在对当代中国习惯法进行田野调查时，除了要收集习惯法的内容，还要关注与习惯法相关联的文化事项，包括当地民众执行习惯法时的行为状态、与习惯法施行相关的礼器等，通过将习惯法元素和与其相关联的其他文化元素融合起来观察、思维，我们便能探知当地民众精神世界中属于习惯法的领地，从而领悟习惯法背后的文化意义。

以桂南屏竹村李氏宗族的祭祀习惯法为例。每年的农历九月初九重阳节，屏竹村李氏宗族会举行盛大的宗族集体祭祀活动，整个祭祀过程遵循宗族集体祭祀习惯法。要对这套宗族集体祭祀习惯法进行文化层面上的分析，就不能仅仅着眼于祭祀习惯法规范内容本身，还要将祭祀过程中族人的心理状态（观念文化）、与祭祀相关的器物（器物文化）等各类型的文化元素结合起来考察，这样才能对宗族集体祭祀习惯法作一个较为饱满的文化层面上的解读。遗憾的是，笔者没能在现场观摩屏竹村李氏族人的集体祭祀活动，从而也无法近距离感受祭祀现场庄重的气氛及观察参加祭祀的族人的行为状态、精神面貌等。笔者能做的主要是通过文献查阅、访谈调查的方式来收集该宗族的祭祀习惯法内容。但在访谈过程中，笔者除了询问祭祀习惯法内容外，还会询问祭祀仪式背后的文化意义，包括祭品样式的选择及其代表的意思、祭品的摆放方式及其象征的意义等。另外，笔者还会对参加过祭祀仪式的族人进行深度访谈，了解他们在行祭祀礼时的心理状态、对先祖的敬仰以及对生活的祈愿等。当然，笔者之后还可以对屏竹村李氏宗族集体祭祀习惯法进行补充调查，比如最好能在重阳节到屏竹村现场观摩李氏宗族的祭祀活动；再比如，实在不能到现场的，还可以请求该宗族族贤将宗族集体祭祀活动录制下来，笔者再通过观看录像来尽可能弥补"现场感"的缺失。

（二）见微知著式领悟

见微知著式领悟法强调研究者对社会群体生活细节的关注，以小见大，在朴素平凡的生活行为与事件中洞见深远微妙的义理。具体来说便是，当代中国习惯法研究者要通过当地民众生活行为的一些细节把握其背后宏大的整体法文化秩序。比如笔者在对屏竹村李氏宗族进行田野调查时曾遇到过这样一件小事。

2019 年 2 月 12 日，笔者刚到屏竹村时族贤李憨先生邀请笔者到他家做客。笔者在李憨先生家用午餐时，把一双多余筷子摆在饭桌上，李憨先生见状急忙把筷子收了起来。后来笔者才知道，按当地规矩，人们在吃饭时不能把多余的筷子摆在桌上。因为在当地村民的观念世界中，桌上多余的筷子是给"他方世界"的众生使用的，招惹是非。从这件小事中，我们能直接收集到当地关于信仰方面的习惯法规范，但这一规范是镶嵌在一个宏大的关于村民信仰的整体法文化秩序中的，而对该宏大的法文化秩序的了解一方面需要研究者通过对许多诸如"放筷子"这样的细事的分析来整合与建构，另一方面又要将所建构出的宏观法文化秩序置于人们现实生活中的各种细小的事件、场景中去检验，以此来获得对该法文化秩序的确信并将之转译给读者。

（三）亲历实践式领悟

亲历实践式领悟法是契入中华优秀传统文化的一种重要研究方法。有许多当代中国习惯法蕴涵了中华优秀传统文化的哲理，研究者按照中华优秀传统文化的要求去实践，将自己的生活作为"田野"，便能更好领悟到其中妙道。

费孝通先生曾指出，传统社会学的实证主义思路难以深入研究中国文化传统中"我""心"等概念；中国传统思想的演化的一个重要特征是它的实践性；我们需要将"心"比"心"地理解中国社会，"意会"中国传统文化，梳理中国传统的宝贵文化遗产。[1]"切实做到把中国文化里边好的东西提炼出来，应用到现实中去"，实践"文化自觉"。[2]格尔茨提倡的文化的解释方法，强调对人的意义世界的关注，要从主体人而非从规则与事实这些客体出发来理解文化。可以说，费孝通先生所强调中国传统文化的实践性、将"心"比"心"的理念以及格尔茨提出的关注主体性的思想与中国传统文化的

---

〔1〕 参见费孝通：《试谈扩展社会学的传统界限》，载《北京大学学报（哲学社会科学版）》2003 年第 3 期。

〔2〕 参见费孝通：《论人类学与文化自觉》，华夏出版社 2004 年版，第 197 页。

哲理内涵相契合。[1]

要理解中国传统文化，就要懂得中国传统文化的哲理。[2]方东美先生认为，中国哲学融会儒、释、道三学，其通性是"一贯之道"，"以宇宙真相、人生现实的总体为出发点，将人生提升到价值理想的境界，再回来施展到现实生活里，从出发到归宿是一完整的体系，其中的过程是'机体的程序'"。[3]牟宗三先生曾多次强调中国哲学的实践性特质：中国传统的儒、释、道三家是实践的智慧学；[4]中国人重视德性，一开端便从实践上来关心自己的生命；[5]中国的哲学是成圣的实践与成圣的学问合一的东方式哲学，以生命为中心，传统中国文化走的是主观性与客观性并重的道德实践之路。[6]由此可知，中国传统文化十分重视主体人对于人性、真理的体悟并将"悟处"运用于现实生活之中，研究者从"实践经验"中得来的领悟是解读当代中国习惯法中所蕴含的优秀传统文化的关键。

比如桂南李氏宗族族规中一般都会有敬老孝亲的内容。如何去理解"孝"？一种重要的方式便是研究者自己去尽孝。我们在日常生活中按照孝道的要求去孝敬父母，慢慢地就能体会到"父子有亲"，体会到父母与子女之间天然的、无私的亲爱。这种真诚的亲爱穿越时空且永恒不变，表现在里面是仁慈，表现在外面是礼敬，纵向上可以扩展到祖父母、曾祖父母、孙子女、重孙子女乃至一切先祖、一切后代而世代延续，从横向上可以扩延至亲邻、整个家族、整个村落乃至一切人而广大无边，最后融合为一种广大的和谐境界。于

〔1〕 参见牟宗三：《中国哲学的特质》，上海古籍出版社 2007 年版，第 4 页。

〔2〕 牟宗三先生认为："凡是对人性的活动所及，以理智及观念加以反省说明的，便是哲学。……任何一个文化体系，都有它的哲学。否则，它便不成其为文化体系。因此，如果承认中国的文化体系，自然也承认了中国的哲学。"参见牟宗三：《中国哲学的特质》，上海古籍出版社 2007 年版，第 3 页。

〔3〕 参见方东美：《方东美文集》，武汉大学出版社 2013 年版，第 160、165 页。

〔4〕 参见牟宗三：《四因说演讲录》，卢雪昆录音整理，上海古籍出版社 1998 年版，第 102 页。

〔5〕 参见牟宗三：《中国哲学十九讲》，上海古籍出版社 1997 年版，第 47 页。

〔6〕 参见牟宗三：《中国哲学的特质》，上海古籍出版社 2007 年版，第 5、37～46 页。

是，从族规中关于孝老、敬亲、尊贤、敬祖、睦族、爱国等内容中，研究者便能从"我"出发，领会到其中的"孝文化""和文化"以及生生不息的生命真谛。

五、结语

费孝通先生说过："我有一种想法，在我们中国世世代代这么多的人群居住在这块土地上，经历了这样长的历史，在人和人中和位育的故训的指导下应当有丰富的经验。这些经验不仅保留在前人留下的文书中，而且应当还保存在当前人的相处的现实生活中。怎样发掘出来，用现代的语言表达出来，可能是今后我们社会学者应尽的责任。"[1]中国世世代代的文化传统已经融入了人们的生活之中，规范人们生活行为的当代中国习惯法便是这世代相传的文化传统在新的社会环境下发生作用的一种表现形式。

田野调查是研究当代中国习惯法的重要方法。研究者融入"田野"，不仅可以收集到全面详实的习惯法一手材料，还能通过细致观察当地民众生活的点点滴滴、用心体会当地文化的丰富内涵来揭示当代中国习惯法背后的意义与价值。当然，通过"融入对象""融入生活""融入文化"的方式来"融入田野"，只是在笔者看来的用好田野调查方法来研究当代中国习惯法的一种方式，远不能涵盖当代中国习惯法田野调查方法的方方面面，只能说是笔者在该方法论领域的一次初步的探索。

---

〔1〕 费孝通：《个人·群体·社会———一生学术历程的自我思考》，载《北京大学学报（哲学社会科学版）》1994年第1期。

习惯法田野调查现场观察的思考

高其才

一、习惯法田野调查现场观察的意义

"田野"，《现代汉语词典》释为"田地和原野"。[1]田野调查"扎根到中国社会现实的水土之中，摸清中国社会现实中各种力量跃动的脉搏"。[2]调查研究就是要了解实际的情况，获取第一手的材料，通过发现事实、重现现场、复现过程，了解事实的全貌与真相，为科学研究提供可分析的基本素材。[3]习惯法研究十分突出田野的地位，[4]重视田野调查在习惯法研究中的重要意义。习惯法研究的中国化需要多做田野调查、实证研究。[5]在习惯法田野调查时，我

---

〔1〕 中国社会科学院语言研究所词典编辑室编：《现代汉语词典》（第5版），商务印书馆2005年版，第1350页。

〔2〕 周飞舟：《将心比心：论中国社会学的田野调查》，载《中国社会科学》2021年第12期。

〔3〕 房宁：《政治学为什么需要田野调查》，载《华中师范大学学报（人文社会科学版）》2021年第1期。

〔4〕 习惯法可从国家法与非国家法两个角度进行认识。本文从非国家法意义上界定习惯法，认为习惯法是独立于国家制定法之外，依据某种社会权威和社会组织，具有一定的强制性的行为规范的总和。参见高其才：《中国习惯法论》（第3版），社会科学文献出版社2018年版，第3页。

〔5〕 高其才：《法社会学中国化思考》，载《甘肃政法学院学报》2017年第1期。

尽可能在田野现场进行现场调查即参与式观察（Participant Observation）。我到所观察对象的社群和相关习惯法活动中去，在参与具体习惯法事件、习惯法活动中进行观察、调查，了解其具体过程和规范，理解其内在的习惯法意义。

现场观察为一种与实地研究相联系，调查者在自然场所进行直接的观察。它是人类学和民族志研究中最常用的研究方法，也应该是法人类学、法社会学调查和研究中最常用的研究方法。日常生活中涉及大量隐性法知识，这些实际有效的规范潜移默化而成，往往无法言说，调查者通过观察人们的社会行为了解隐含的法意和法义。现场观察是全面、深入地描述某一特定的习惯法规范、习惯法运行、习惯法秩序、习惯法文化现象，它预先没有具体的理论假设，也很难通过其他方法获得资料，因此需要在调查、研究领域内部进行长期的观察，从大量的现象中概括出研究对象的主要特征，分析其法意义建构和行为互动方式，理解真实的习惯法世界。

在我三十多年的习惯法田野调查中，我曾经在广西金秀参与现场观察"做社"（祭社）、村老村主选举和"众节"、修庙、集体建校、祭祖、度戒、互助建房、嫁男的结婚、纠纷调解等习惯法事件和案件。在贵州锦屏，我参与观察祭树、摆古节、尝新节（包括祭桥、斗牛、民歌比赛等）等习惯法事件。在浙江慈溪，我参与观察捐会（合会）、土地调换、订婚、结婚、分家、丧葬等习惯法事件。在江西寻乌，我参与观察案件审理、集中执行、纠纷调解、张公赖公巡游等法活动。在甘肃东乡等其他地区，我也参与观察过开斋节、袖内捏手指买卖交易惯例等与法相关的活动。通过这些现场观察，我对我国的习惯法规范、习惯法运行和习惯法秩序有了实际的感受。

我喜欢在习惯法田野现场参与观察的感觉，现场为我呈现鲜活的规范情景，带来蓬勃的秩序活力，展示个案的独特魅力，感受浓郁的生活气息，体验强劲的社会脉动，留下深刻的第一手印象和温暖的人间情怀，为习惯法思考提供了基础。

我个人理解，习惯法田野调查现场观察的田野现场为一个自然场景，真实而客观，非人为安排、无人力干预、远生硬造作，洋溢出天然性、自然性。田野现场为一个生活场景，它是民众日常生活的呈现，是民众围绕生存和发展而展开的种种关涉衣食住行的活动，充满着烟火味。田野现场为一个社会场景，是一定社会群体的成员基于某种利益、需要而形成的人与人之间关系的体现，反映着社会交往，彰显了社会功能。田野现场为一个生动场景，活泼不僵化，杂乱不呆板，多彩不单调，充满生命活力。从某种角度看，只有通过对田野现场的细致观察，习惯法调查和研究才有现实价值和学术意义。

二、习惯法田野调查现场观察的特点

习惯法田野调查中的现场观察几乎适用于法社会学各个领域的研究。运用现场观察方法可以描述发生了什么、所涉及的人或物、事发的时间和地点、发生的过程和原因等调查者、研究者所关注的问题，即回答何时、在什么地方、对哪些对象、采取哪一种或几种方式、根据什么规范、按照什么程序以及如何发生、为什么发生等问题。现场观察方法尤其适用于研究人类习惯法规范、习惯法秩序所体现的社会文化背景，从局内人而非局外人的视角研究事件、案件或者活动的发展过程、规范形态、人与事件的关系等。

现场观察要求调查者真正进入被观察的场域，被视为这个观察场景中的一分子，从观察的场景内部进行感受、了解，表现出内部视角的特点。如我曾经参加浙江慈溪、广西金秀等地某一对新人的婚礼，在婚礼筹备和进行过程中帮忙、参与各种事务，从中观察婚姻成立的实质性规范和程序性规范，进行习惯法描述和总结。调查者在进行现场观察时，往往非为单纯的调查者而游移于事外，而是置身其中的一员，在参与具体事务中进行观察调查。

习惯法田野调查中的现场观察往往为非结构式观察、无结构观察，并不一定有明确目标、具体问题、确定范围，并按照事先准备观察计划以及合理设计来进行观察，没有标准化特征，不具有可控性。在对调查对象不甚了解的情况下，调查者需要针对田野现场的情况进行观察。有的习惯法事件如突发性纠纷尤其需要随机应变、及时调整观察预案。

现场观察既有调查者与被观察者的直接接触的直接观察方式，调查者凭借自己的感官进行的观察；也有调查者与被观察者没有直接接触而仅有间接接触的间接观察，主要为利用一定的仪器或其他技术手段作为中介对观察对象进行考察。当然，我基本上运用直接观察方式，眼睛看，耳朵听，嘴巴聊，手上记，盖对技术设备和手段把握不了使然。

在一些不涉及特殊内容、特殊群体、特殊情境的调查、研究中，通常会公开调查者的身份，进行公开性的现场观察。这一方式的好处是告知被调查者并表明研究者身份，以期获得非正式渠道的理解或正式渠道的合作，不过，其局限在于被调查者一旦得知自己受到调查者的关注，可能会在被观察的过程中有意改变自己的言行，在一定程度上影响现场观察的准度。而在针对某些如涉嫌违法犯罪的群体、边缘化的特殊群体等特定的调查、研究情境，则可能进行隐蔽性的现场观察，不一定公开调查者的观察身份。

习惯法田野调查中的现场观察常常是在"没有先入之见"的情况下进行这种调查的，它为获得社会实际的真实法事实提供了最好的方法；它更容易靠近被调查者、接近因果关系的本质、了解潜在关系的真相；它不破坏和影响观察对象的原有结构和内部关系，因而能够获得有关较深层的结构和关系的材料。

不过，我们需要注意到习惯法的现场观察花费时间较长、需要大量的人财物的投入、必须依靠被调查者的理解和支持，也可能受到被调查者中"小群体"或"小团体"的误导和心理抵制等而在调查初期难以有力开展，或者可能导致阶段性研究结果受到一定影响和误导。同时，利用感觉器官收集资料，易出现"观察者偏差"；由于研究者主观因素如处理不当易影响观察的客观性；并且所得到的资料往往缺乏信度即缺乏可靠性；作为一种研究方法，其程序是不明确的，它的观察是无系统的，它的资料是难以用数量表示的，它的研究成果是无法重复的。调查者对此需要有清醒的认识。

三、习惯法田野调查现场观察的进入

习惯法田野调查中的现场观察首先存在观察现场的问题。调查者事先需要确定观察的现场，选择合适与恰当的观察现场，及时进入现场进行观察调查。

由于条件所限，不能长时间留在田野调查点，我以往观察的现场大多是由当地的朋友、熟人即人类学所称的报道人告知的，有事件、有活动时到达现场进行观察。某些观察的事件如结婚、盖房等通常提前确定了时间、地点和形式，调查者已经去过当地并请当地朋友代为留意后，当地朋友知悉这些习惯法事件、习惯法活动后及时告诉调查者，调查者就可以在事件、活动开始前的一二日到达现场，进行现场观察。如我在广西金秀的 2007 年 10 月 30 日农历十月二十一覃盘的结婚和 2018 年 3 月 17 日农历二月初一帮家屯村老村主选举、浙江慈溪的 2010 年 11 月 13 日农历十月初八戚周订婚和 2010 年 11 月 10 日为农历十月初五陈沈结婚都是由当地的朋友告知而赶去现场观察、调查的。我体会，在田野调查点要结识当地村组干部、教师、退休官员等人士，他们比较了解当地情况，信息较为通畅。与他们建立联系后经常问问最近有没有什么事，及时了解有关信息以便赶赴现场观察。不过，在 20 世纪 80、90 年代，受到通讯的限制，当地朋友告诉我有关消息极不方便，以至错过了不少现场观察的机会，这是比较可惜的。

我的习惯法调查经历中，有的现场观察恰好是我在附近进行田野调查时无意中知悉而去现场观察。如 2013 年 10 月我在广西金秀县调查时，在跟当地朋友聊天时他们告诉我 20 日有村子要进行度戒。我喜出望外，马上调整调查计划，于 10 月 20 日至 22 日到长垌乡滴水村田盘新屯现场参与式观察山子瑶度戒。[1] 这种现场观察的机

---

〔1〕 田盘新屯为山子瑶村屯，仅有 13 户、60 人。这次为度戒和打冷斋（开亡灵）一起进行，规模较大，前后持续 4 天。共有来客近千人，后勤服务人员共有 127 人，总计花费在 5 万元以上。这次共有 9 位度戒，其中 6 位为同时度师、度道，单独度师的有 3 位；22 位道公、16 位师公参与。度道主要仪规包括喝帅、金真引教、制五龙法水、制沙净水、起鼓读资亡（开始做道场法事）、起道场、制邮包发文牒、打米包、洗手吃斋、上印（将参加做道场的全体道公的名字及其基本情况上报天庭请审查）、括章、道公度戒、行朝、安龙、罢坛、赎禾魂、拉龙等。度师主要仪规包括喝帅（度戒者喝经过师傅点化过的法水）、请帅（请赵、邓、马、关四帅）、点神位（安排各神的座位）、动鼓（开场仪式）、安帅（给阴间兵马安营扎寨）、上功曹（师公跳功曹舞）、斋主敬酒、斋主拜香火福神、招兵（请天兵天将来保护神坛，跳招兵舞）、收灾收难（插有小幡的 6 个秧箩上放酒杯，围着 6 个秧箩转圈跳，后跳公鸡舞）、起师度戒、训诫、翻云台、架天桥、招龙解秽、过表文、跳三教、跳川光、送香火福神、送瘟神、跳花王、还愿、青灯筵、合牒［师傅给徒

会比较少遇到，并不多见。

我有极个别观察的现场则是相关人士有意识安排的。这样的现场观察是就我时间方便而专门安排的，完全是为了配合我进行田野调查。这种观察的现场是相关方面和人士基于对我和我的田野调查的理解而所做的大力支持。深度的信任、良好的沟通、事先的表达，这些都是进入这类现场得以观察的关键因素。

四、习惯法田野调查现场观察的准备

确定进行现场观察后，习惯法田野调查者需要提前进行一定的准备，如就这一主题查阅相关的文献，检索相关的资料，了解学术界的有关研究情况，进行一定的理论储备和思考。

更重要的准备为拟订现场观察的田野工作计划。这一计划应当包括现场观察的时间、地点、环境、事件、主题、人物、过程、程序、规范、结果等以及参与式观察的调查者及其分工、照相机摄像机等设备和物资、交通、住宿等。计划要尽可能地细致、详细、全面。

在准备时，调查者需要认真拆解将要观察的现场元素，认真思考此次现场观察的具体任务和主要目的，建立一定的假设。如有可能，调查者可询问熟悉者，对将要参与观察的事件做初步的了解，以便确定关键人物、关键环节等重点方面，设定调查的预期目标。

如观察现场为调查者不熟悉的场合，一定要提前通过询问等各种方式提前熟悉了解。如果有条件，最好提前去相关的场合进行预观察，熟悉相关观察现场的环境，不至于在陌生的场合一无所知、手足无措，也可以发现在准备过程当中的疏忽、缺漏。

如是原先已经到过、较为熟悉的环境，调查者则宜回忆以往调查的情况，回顾现场的若干细节，找回熟悉感，深化所准备的计划。当然，这种熟悉的现场可能是以前进行过观察的地方，但是观察的

(接上页) 弟发《阴阳二牒书》、一支毛笔、一节硬墨，意为成师；由师娘给徒弟端给他一个烧过徒弟头发有头发灰的香炉，徒弟叩拜以示敬意]。打冷斋（开亡灵）也有一定的仪规。在打冷斋（开亡灵）和度道、度师过程中，道公、师公依照固有规范和程序，运用鼓、锣等响器，通过训诫、念经、跳舞等方式，在时而严肃时而热烈的气氛中向度戒者传授戒律和法术，完成打冷斋（开亡灵）和度戒。

主题和内容可能有所不同，被观察者也可能不是原先的人，仍然存在陌生的问题。如我在浙江蒋村进行了多年的田野调查，现场观察也有很多次，但是除了有一户家庭为多次观察对象外，其他的多为首次观察，每一次都面临得到被观察对象的理解、信任、配合和支持的问题。蒋村是熟悉的，但是具体观察的捐会、订婚、结婚等现场依然是陌生的，同样有一个详细准备问题。

需要注意的是，再完备的计划也不可能与现场的实际进程完全一致，需要有灵活应变心理，留有一定的弹性空间，适时进行一定的调整。

准备虽不可能全部齐全但尽可能充分，这是习惯法田野调查现场观察重要的前期工作，是现场观察的基础。

五、习惯法田野调查现场观察的内容

习惯法田野调查的现场观察常常是在"没有先入之见"的情况下进入田野现场的，但这并非漫无目的，调查者以纠纷解决、婚姻成立规范等某一习惯法主题开始观察，并随着调查的进行而逐渐清晰。

进入观察现场后，调查者首先需要注意现场的空间，如城市、乡镇还是村落；平原、山区还是水乡；居住区域的中心还是边缘；室内还是室外、一处室内还是多处室内、一处室外还是多处室外；了解清楚室内可能做什么，室外又有什么安排，从而对观察的习惯法事件、习惯法案件、习惯法活动的发生处所即地理环境、建筑结构等有清楚的把握。

同时，调查者需要弄清楚观察现场的人物，分清主要人物与次要人物，了解各自的职责、权利与义务，确定他们分别在习惯法事件、习惯法活动中的地位以及相互关系，观察他们之间的决定、支配关系。

特别关键的是，习惯法田野调查者在现场观察时须根据主题紧盯习惯法事件、习惯法活动的基本过程和进展，了解习惯法事件、习惯法活动中人们行为的规范依据和具体表现，观察习惯法事件和习惯法活动的发展方向和前后关系，关注习惯法规程、仪式与结果

的关联，探索本源于民众社会生活的一般情形。[1]

总体而言，调查者在现场观察需要确定观察的内容、重点和时间顺序，处理好参与其中与全面观察的关系，安排好单纯眼观与个别访谈的关系，协调好观察与记录的关系，以免手忙脚乱、顾此失彼。

在现场，调查者需要与被观察者一起行动，在密切的相互接触中倾听和观看他们的言行。调查者需要确定自己跟随观察的主要人物，以其的活动为重点进行全程观察。

总体而言，进入田野现场进行观察，目标在于对习惯法事件、习惯法活动形成清楚的把握，对习惯法事件、习惯法活动发生的条件、逻辑和意义以及习惯法在社会中的功能进行深入考察，对习惯法运行的实际有真切的质性把握。[2]

六、习惯法田野调查现场观察的记录

在习惯法田野调查的现场观察过程中，调查者需要及时进行记录。

我以往的现场观察主要是通过笔在笔记本上随时记录观察到的有关情况，并辅以拍照。近些年处理拍照、摄像之外，也用录音笔进行记录，有时候为方便则记在手机的"文件传输助手"部分。用笔记录的主要是时间、地点、人物身份、事件或活动内容、访谈等。记录的主要是事实，也有部分为自己的感想和提醒自己的备忘录。我个人体会，田野现场参与式观察时记录时一定要注重事实优先，着重记录当时现场到底发生了什么、详细记录所见所闻，而主要不是我当时想了哪些。

根据田野现场的情况，记录需要见缝插针，及时记录。时间不充裕时，记录尽量简明扼要，有时可用自己明白的关键词、缩略语、符号等。

---

〔1〕 邬定伸：《民法精神新诠——以民法基本原则为视角》，载《北华大学学报（社会科学版）》2021 年第 2 期。

〔2〕 王启梁：《法学研究的"田野"——兼对法律理论有效性与实践性的反思》，载《法制与社会发展》2017 年第 2 期。

在现场观察的每天晚上，调查者在结束一天的观察后，要利用体验和记忆还清晰的时候，进行全面记录、回顾和反思，对全天的观察进行梳理，将事实全面、完整、具体地记载下来。如果是多人一起进行调查，相互之间就具体事实和感受进行交流。晚上的总结需要将事实补充完整，并进行一定的思考，为之后的全面分析提供基本框架和初步结论。绝对不能因为白天观察的劳累而在晚上草草记录，更需要避免不做记录。

调查者对当天现场观察所获的文字材料、照片、视频等也要进行记载和一定的整理，以便于日后较为方便的分析、使用。

七、习惯法田野调查现场观察的难度

由于我通常为一个人独自而非团队进行习惯法田野调查，在现场观察时就会面临现场两点或两点以上同时进行时而我只能观察一点的问题，存在现场观察的遗缺等困难。

不少习惯法事件、习惯法案件或者习惯法活动，内容复杂，关系多样，人物众多，许多场景是同时进行，这要求调查者有足够的人力进行现场观察者或者多点来回观察，否则就会顾此失彼，对调查的完整性、全面性产生影响。

如我曾经进行浙东蒋村结婚观察时，其中有些环节是男方、女方同时进行，如凌晨的"享先（享仙）"祭祀，是男方家、女方家约好时间后同时但分别进行。有的是男方或者女方家同时进行，如新郎到女方家"亲迎"即迎娶新娘时，同时女方家在进行准备火熜内的物品等。

按照当地习惯法，新郎到女方家"亲迎"即迎娶新娘时，其中一位伴娘手提内放打火机等物的一只铜火熜。[1]到新娘家后，新娘家放爆竹迎接。之后新娘家招待新郎和迎亲队伍吃茶。同时，新娘家的一位姑姑接过新郎伴娘手上的火熜。新娘家的五六位女性长辈就在新娘家一楼一个房间内开始准备火熜内的物品。她们先将新郎

---

[1] 在蒋村，旧时新娘坐花轿时，其座位下要放只火熜，火熜内燃炭火，随新娘到夫家。到了夫家后，送轿的男子（压轿者）会从火熜内点着一袋烟，称"接香火"。

家火熜内的物品取出，再将已经准备好的物品放入新郎家、新娘家的两个火熜。这些物品包括年糕（寓意年年高）、馒头（寓意发达）、打火机（寓意红红火火）、盘蚊香（寓意香火延续）等。与此同时，新郎手捧鲜花上新娘家二楼迎请新娘时，伴娘将房门紧闭进行"拦门"。六位伴娘后将门打开，手拉手阻拦新郎进入，要求新郎5秒内说出新娘手机的第1、3、5、7、9、11位的数字，没有完成就要求红包拿来；要求新郎5秒内说出对新娘的十个亲热称呼，新郎方的两位伴娘耳语新郎帮忙，没有完成又要求拿红包来。[1]准备火熜内的物品和新郎迎请新娘是同时进行的，我在现场观察时是在新娘家的一楼、二楼来回观察，还算没有漏掉，对婚姻成立习惯法的具体仪礼、程序能够完整了解。

这就要求调查者在进入习惯法田野进行现场观察时，对法事件、法活动有基本的了解，明确观察的主要场景和时间安排，尽力克服困难。考虑到在许多农村地区本地习惯法依然是村民行为的社会规范，矛盾纠纷的解决需要当地社会有威望、熟悉本地风俗的人。[2]调查者就需要依靠作为乡村领袖的乡土法杰提供调查意见和建议。[3]

八、习惯法田野调查现场观察的遗憾

进行习惯法田野调查的现场观察，调查者的融入始终是个问题。也许调查者永远无法融入现场，因习惯法田野调查的观察者既被视为熟人，也被视为他者。融入问题，既有天然的局限，调查者这个外来者的他者身份是绝对的、无法变更的；也有调查者的认知、能力、经验等自身因素的限制。了解现场、理解现场所发生的一切，这始终是有难度的，也存有遗憾。需要习惯法调查者的不断努力、孜孜以求！

由于教学要求而极难调课等原因，我有些田野调查观察因时间

〔1〕 离开女方家，女方送亲时媒人手拿两只火熜，再放入新郎、新娘坐的汽车内，接亲到男方家时随新郎去迎亲的两位伴娘一人拿一只铜火熜进男方家。

〔2〕 池建华：《传统农业乡村社会治理的探索与创新——以山东费县"3+4"农村治理保障体系为例》，载《贵州大学学报（社会科学版）》2019年第4期。

〔3〕 王丽惠：《作为乡村领袖的"乡土法杰"》，载《学术交流》2015年第11期。

问题无法全部观察完,这是非常遗憾的。如我于 2013 年 10 月 20 日至 22 日参与式观察广西金秀田盘屯度戒活动时,因 24 日必须到学校上课,我只能在 22 日晚上结束观察,不得不提前离开现场,23 日一早离开金秀返回北京。又如我 2018 年 7 月参与式观察广西金秀六仁屯三年一大做的"做社(祭社)"时,前后时间为 17 日至 19 日三天,也因为时间安排问题不能观察完而非常不舍地于 18 日晚上离开现场,没能观察 19 日的活动。观察的不完整对习惯法田野调查有影响甚至有严重影响。调查者要尽力保障观察的连续性、持续性和完整性。

关于习惯法田野调查观察,我最大的遗憾是时间有限,不可能长时间在田野进行现场观察。有时候想想如果有一年时间不上课,一直待在某一县市,看是否能够更完整地进入习惯法现场,更能够看到一些习惯法事件、观察一些习惯法现象、理解一些习惯法规范、深入探讨习惯法秩序、全面思考习惯法文化。这应该是一个较理想的安排,可惜比较难实现。

习惯法研究中的参与观察法

马　敬*

一、引言

近年来习惯法研究成果不断问世，为当代中国法学研究注入了新的活力，这也是多元社会背景下，学术研究更需要多元化的内在要求。但在面对这些丰硕研究成果的同时，我们也要注意到当前研究中存在的"瓶颈"问题，"如介绍性作品较多，原创性著作较少；一般性调查、研究较多，深入性思考较为欠缺；应景性文章较多，独立性调查、探讨较为薄弱；片段式讨论较多，持续性研究较少"。[1]如何突破这一研究瓶颈，走出少数民族习惯法研究的困境？面对这一问题，正如张文显教授所指出的，目前应"冷静地去了解和认识习惯法以达致对习惯法的理解应该是当前习惯法研究的主要任务"。[2]因此，要真正了解、认识进而理解习惯法，需要研究者本着严谨务实的态度，运用一系列科学的研究方法来进行研究。其中，参与观察法是社会科学领域内质的研究方法中一种典型的研究方法，非常

---

*　马敬，回族，法学博士，西北师范大学法学院副教授。

〔1〕　高其才：《法社会学中国化思考》，载《甘肃政法学院学报》2017年第1期。

〔2〕　张文显：《我们需要怎样的习惯法研究？——评高其才著〈瑶族习惯法〉》，载《法制与社会发展》2011年第3期。

适合在习惯法研究中运用。在当前各学科之间的交叉研究越来越受重视的情况下，将参与观察法运用于当代中国习惯法的研究当中，可以突破目前研究面临的诸如研究资料单一化、研究结论同质化等问题。

二、参与观察法与习惯法研究

（一）社会科学研究领域中的参与观察法

参与观察（participant observation）是社会科学研究领域中"质的研究"（qualitative research）的核心方法，[1]是研究者深入到所研究对象的生活背景中，在实际参与研究对象日常社会生活的过程中进行的观察。[2]

参与观察法作为一种科学的研究方法最早确立于 20 世纪初。英国著名的法人类学家，功能学派的创始人布罗尼斯拉夫·马林诺夫斯基（Bronislaw Malinowski）于 1915 年至 1918 年间在太平洋西南部的特罗布里恩群岛（Trobriand Islands）以当地土著居民为研究对象进行了长期田野调查研究。在与当地人共同生活的过程中，他学习当地的语言、信仰、风俗习惯和社会交往方式，参与到部落活动中去，用自己客观敏锐的学术眼光观察并记录下许多珍贵的研究资料。在其随后写成的法人类学经典著作《原始社会的犯罪与习俗》一书中，他提出了参与观察的研究方法，"即通过对正在实际生活中发挥作用的习俗规则的直接观察来从事研究"。[3]此后，其他社会科学研究领域的学者们也不断丰富与完善着参与观察的研究方法，形成了一套较为独特的方法论。研究者们在自然的环境下与研究对象进行互动，了解他们对于事物的真实看法，理解他们行为活动的逻辑，

---

〔1〕 质的研究，即指以研究者本人作为研究工具，在自然情境下采用多种资料收集方法对社会现象进行整体性探究，使用归纳法分析资料和形成理论，通过与研究对象互动对其行为和意义建构获得解释性理解的一种活动。参见陈向明：《质的研究方法与社会科学研究》，教育科学出版社 2000 年版，第 12 页。

〔2〕 范明林、吴军编著：《质性研究》，格致出版社、上海人民出版社 2009 年版，第 120 页。

〔3〕 ［英］马林诺夫斯基：《原始社会的犯罪与习俗》，原江译，法律出版社 2007 年版，第 83 页。

忠实记录获得的研究资料并加以整理、归类，在深入分析这些研究资料之后进行理论建构。

采用参与观察法研究的经典学术作品还有美国芝加哥学派社会学家威廉·富特·怀特（William Foote Whyte）的《街角社会》。作者于 1936 年至 1940 年在美国波士顿市的一个意大利人贫民区进行了实地研究。他作为被研究对象："街角帮"中的一个成员，参与到研究对象生活的环境当中，观察这些出没于街头巷尾的意大利裔青年每天的生活状况、他们组织的内部结构以及他们同其他组织，如非法团伙和政治组织之间的关系。他在掌握大量真实记录资料的基础上，进行了深入的分析，最后总结出该社区的社会结构及各组织之间相互作用的方式等研究结论。

国内较早采用参与观察法研究的著名学术作品中最具代表性的是费孝通先生的《江村经济》，他在这部成书于 20 世纪 30 年代的作品中，详细、客观、系统地描述和分析了"江村"这一中国南方农村的经济体系和社区结构，是公认的研究社会变迁中农村社会经济和制度变化的代表作。高其才教授等所著的《乡土司法》则是一部典型的以参与观察法获取研究资料，全面分析研究我国人民法庭的学术著作。该作品以"局内人"的视角从法庭概况、法庭法官、法庭运作三方面对位于华北平原的杨村人民法庭进行了详细地实证分析，探讨了在社会变迁中，人民法庭基层司法的变化以及其本身在社会变迁中的功用并对中国本土语境下"乡土司法"这一概念进行了详细阐述。

（二）参与观察法与习惯法研究

习惯法研究是一种交叉学科的研究，它跨越了法学、民族学、人类学、社会学等社会科学的研究领域。因此，除传统的法学研究方法外，习惯法的研究方法也需要运用人类学、社会学等学科的研究方法，如参与观察法、功能分析法、谱系调查法等。

美国学者丹尼·L. 乔金森（Danny L. Jorgensen）认为参与观察法特别适用于四类研究对象——人们知之甚少的现象；局内人（insiders）和局外人（outsiders）的观点存在着严重分歧；在局外人看

来模糊不清的现象；不为公众所知的现象。[1] 显然，将习惯法作为研究对象，运用参与观察法对其进行研究非常符合上述四个标准。首先，习惯法作为社会团体、社会组织的内部规范，外部人知之甚少；其次，对于习惯法的规范作用，作为团体内部成员的"局内人"和相对"局外人"的态度与观点存在一定分歧；再次，从"局外人"角度来看，习惯法是如何调整团体内部关系，规范成员行为的现象并不清晰明确；最后，习惯法是千百年来民众在生活实践中形成的，世代相传并为内部成员所信守的习惯法。对于社会公众而言，一些习惯法的内容超越了一般的"常识"，闻所未闻甚至带有一些神秘主义的色彩。

因此，在习惯法研究中，广泛运用参与观察法来获取真实可信的研究资料，认真整理分析以"局内人"角度观察到的团体内部事实，细致了解探究处于相应文化和社会背景下当代中国习惯法的本质，对于提升整体研究水平，丰富研究内容，突破研究困境具有重要的意义。

三、参与观察法在习惯法研究中的运用

在习惯法研究中，参与观察法作为一种科学的研究方法应当遵循一定的研究步骤。社会科学研究中参与观察法的实施步骤一般主要包括：选择研究场域；进入研究场域；与研究对象建立并维持良好的关系；观察与记录研究资料；整理与分析研究资料等。

（一）选择研究场域

运用参与观察法研究习惯法，首先要解决的问题就是研究场域（research settings）的选择。研究主题确定之后，就要选择合适的研究场域。例如以某个少数民族的习惯法作为研究主题，研究者第一个需要考虑的问题就是如何从若干个该少数民族聚居生活的区域中选择一个最具代表性的地区，其次再从这一地区中决定具体的村寨。对此，研究者需要进行全方位、多角度的综合考量，既要考虑到当

---

〔1〕〔美〕丹尼·L. 乔金森：《参与观察法》，龙筱红、张小山译，重庆大学出版社2009年版，第2页。

地的基本情况（历史、地理、宗教等），也要考虑到研究者的自身条件（时间、精力、经济等），还要考虑研究者在当地是否能建立一定社会关系以便于开展研究等因素。

此外，习惯法的研究场域中还存在着公开的场域（open settings）和封闭的场域（closed settings）之分。封闭的场域是需要经过允许才可以进入的，例如在研究宗教寺院习惯法时，寺院就是一个相对封闭的场域。研究者要进入寺院进行参与式观察，必须取得寺院管理者的同意。如果无法取得寺院管理者的许可，研究者就无法进入这个研究场域，自然不能继续研究。因此，研究场域的选择合适与否是关系到利用参与观察法研究习惯法的重要一环。如果研究场域选择不当，不仅会给研究工作带来困难，而且很可能使后续工作无法顺利展开，最终导致研究失败。

（二）进入研究场域

研究者选择好确定的研究场域之后，接下来需要考虑的则是如何进入这个场域。在进入场域之前，首先需要做一些相应的准备工作。例如研究者应当了解当地少数民族的基本社会结构、人际交往方式和人们的行为规范等。特别是研究如果涉及一些敏感问题时，研究者应当在正式进入场域之前去当地进行一个初步调查，以判断该研究是否可能。

其次，研究者需要同研究场域的"守门员"进行接触。"守门员"指的是"那些在被研究者群体内对被抽样的人具有权威的人，他们可以决定这些人是否参加研究"。[1]具体到习惯法研究中，研究场域的"守门员"往往就是"族老""寨老""乡贤""活佛""阿訇"等权威人物，取得这些权威人物的信任是调查得以顺利进行的保障。

最后，研究者还要注意进入研究场域的方式。如果研究者取得了权威人物的许可，能够自然而然地进入社会群体中开始参与观察当然是一种非常理想的状态，可是这在有些情况下并不容易实现。

---

〔1〕 陈向明：《质的研究方法与社会科学研究》，教育科学出版社2000年版，第151页。

例如权威人物出于对研究的顾虑，担心研究结果会不利于本群体，进而可能出现其为研究者进入设置障碍，甚至拒绝进入等情况的发生。在此种情形下，研究者可采取逐步进入的方式，从简单的调查访问开始，随着权威人物和研究对象信任度增加再逐步展开研究。此外，在特殊情况下，研究者也可通过隐蔽的方式进入场域中，隐瞒自己的真实身份和目的开展研究。这种进入方式虽具有研究者开展活动自由和不引人注目等优势，一旦身份暴露，可能会激起当地人们的不满，使得研究不得不中断甚至终止，因此在实践中一般并不提倡通过隐蔽方式进入研究场域。

（三）与研究对象建立并维持良好的关系

研究者进入研究场域后，为了获得真实的研究资料，必须与研究对象建立良好的人际关系，以取得对方信任，便于后续研究的展开。少数民族地区有自己独特的风俗习惯、人际交往模式和行为逻辑等。因此，研究者首先要对自己有一个准确定位，尽量消除与研究对象之间的隔阂，成为"局内人"。例如研究者应当尊重当地的风俗习惯，参与他们的活动，尽量学习并熟悉他们的地方方言、民族语言等。同时，我国各地的民众大多性格直爽、爱憎分明，研究者就更应该表现出一种谦虚、谨慎、真诚的态度以取得他们的信任，进而使其不排斥研究者进入到他们的生活当中。此外，进一步争取到当地权威人物的支持，使他们理解这项研究对于群体的积极意义也是一种有效的策略。

另外，运用参与观察法的研究是一项长期的工作。研究者与研究对象建立起良好的关系之后，维持这种关系就变得更加重要。研究者要与形形色色的研究对象进行互动，观察他们的一言一行。有些研究对象的合作态度可能从一开始的热情变为冷淡，也有些则可能从冷淡转为热情，甚至有些研究对象可能会讨好研究者并希望给他提供相应的回报等。在这种情况下，研究者就需要谨慎对待每一个研究对象以维持良好的关系。例如可以通过为研究对象提供一些不需回报的帮助来拉近彼此之间的距离。这种帮助必须是适度的，为研究者力所能及之事，否则反而会对研究起到相反的作用。至于如何对待索取报酬的研究对象，美国法人类学者埃德蒙斯·霍贝尔

（E. Adamson Hoebel）的观点也许会有所启发，即"为获得金钱酬报而想讨好调查者的人或许是有用的，但他提供的'事实'必须小心谨慎地把握"。[1]

（四）观察与记录研究资料

研究者在研究场域中最重要的工作就是观察与记录研究资料。在习惯法研究中，当研究者以"局内人"的身份参与当地民众的日常生活及活动时，需要制定好观察计划，确定观察的内容、范围、时间、地点、方式等。

在开始实施观察之后，研究者首先要注意进行全方位观察，尽量充分运用自己的视觉、听觉等能力来感知周围环境中发生的一切。例如，研究者要研究婚姻习惯法中关于婚礼的规范，那么就需要在观察婚礼时，先对婚礼现场的整体环境有一个较为具体的了解。研究者可以在现场周围闲逛，观察前来参加婚礼的有哪些人并同他们攀谈，以及感受婚礼现场的整体气氛等。在对整个环境有一个全方位的感性认识之后，接下来就需要将观察重点逐渐聚焦到研究者的真正关心之处，如开始细致观察婚礼中的规范如何影响人们行为以及其中每个角色分别所具有的权利义务等问题。

研究者在进行观察时，一定要高度重视研究资料的记录工作。参与观察法作为一种质的研究方法，其要求尽可能将所有发生的事情记录下来，保留大量事件的细节来为将来理论建构提供素材。传统的记录方法主要依靠研究者的个人记忆力和纸笔等书写工具记录。现代化的影像设备出现后，为研究者记录研究资料提供了巨大帮助。研究者可以通过摄像机捕捉到常人很容易忽略的细节，这样能够在将来的研究报告中对研究现象进行重构性"深描"，使读者有身临其境之感。还是以婚礼为例，许多地方的婚礼中所表现出的传统的仪式、专门的语言、固定的行为乃至特殊的器物、服饰中都存在大量具有规范含义的细节问题。如果研究者不能将这些细节完整记录下来，挂一漏万，而只是从不完整的研究资料中去推导结论，这样得

---

〔1〕［美］E. A. 霍贝尔：《初民的法律——法的动态比较研究》，周勇译，中国社会科学出版社 1993 年版，第 47 页。

出的结论往往并不一定符合真实的情况，而且还很有可能是一个错误的结论。

（五）整理与分析研究资料

研究者在收集到大量的研究资料之后，就需要对资料进行整理和分析。研究资料的整理工作应当及时进行，避免成为纯粹的资料堆积而使研究者无处下手，以及时过境迁后研究者的记忆和感受被时间冲淡，再去整理资料难免会出现选择归类上的偏差。及时地整理也可以使研究者能尽早地梳理资料，发现遗漏和欠缺可以及时补充。研究者在整理收集到的有关习惯法的资料时，应当严格将资料的内容一字不落地整理出来并按照一定的标准进行编号分类，标上页码便于将来分析时查找。怀特在写作《街角社会》的过程中就按照一定标准，通过建立目录索引的方法来整理他收集到的各种资料。[1]此外，研究者除了应当将研究对象的言语行为整理出来之外，还可以整理出他们的特殊情感表达方式，如他们在交谈或行为时流露出来的表情、态度等内容。这些表情和态度往往会比言语表达更为有力，更能使读者感受到他们对人对事的真实情感。

研究资料的整理工作完成之后就需要研究者对资料进行归类和做进一步深入分析。根据之前资料的编码将资料区别开来，从中寻找彼此之间的联系，进一步浓缩提炼，将资料中涉及研究内容的部分关联起来，在它们之间建立相对应的关系，为将来理论建构和最终作品的形成奠定基础。例如在研究某一财产所有权习惯法时，研究者就要从整理出来的该财产所有权习惯法资料中，对有关财产的概念、财产的标准、所有权的意识、财产的占有权以及使用权等内容进行归类，然后进一步深入分析，将这些资料关联起来，建立起它们之间的对应关系，总结出该所有权习惯法的基本内容、特征、功能以及实效等内容。

参与观察法在习惯法研究中的顺利实施还有赖于研究者在实践中逐步积累起来的调查技巧和个人经验。当研究者熟练掌握这一方

---

[1]　[美]威廉·富特·怀特：《街角社会——一个意大利人贫民区的社会结构》，黄育馥译，商务印书馆1994年版，第396页。

法之后，往往能事半功倍，获得大量真实可信的研究资料。此外，运用参与观察法研究习惯法的田野调查是一个长期过程。有学者认为在国内调查与西方学者到国外调查不同，"调查的时间相对于国外学者的调查而言，可以大为缩短，没有必要非要一年以上常住村寨"。[1]的确，因各方面因素的制约，目前国内的研究者很难持续常住进行田野调查，但是这并不意味着通过运用参与观察法等方法来研究习惯法是一个短期的过程。相反，正如前文所述，这种研究仍然需要一个长期的过程，需要研究者仔细观察、忠实记录、系统研究。只有在充分了解和掌握习惯法研究资料的基础之上，才可以提出相应研究对策和建议。

四、总结与思考

参与观察法作为社会科学研究领域中一种质的研究方法，对于当代中国习惯法的研究具有积极意义的同时也可能存在一定局限性。

（一）参与观察法对习惯法研究的积极意义

首先，参与观察法能够尽量避免研究者在研究习惯法的过程中将自己的主观看法强加于研究对象。这种没有"先入为主"的研究方法，能够为研究者提供较为真实无误的研究资料，很大程度上避免了研究材料的扭曲和变形。例如，对于藏族"赔命价""赔血价"习惯法的研究中，研究者如果没有真正到当地去观察了解当地的实际情况就匆匆提出国家法应当吸纳这一习惯法，然后通过刑事附带民事诉讼来加以解决的对策。可实际上这种对策在当地民间很难实现。在当地民间如果产生类似纠纷，人们往往首先强调的是民事部分的赔偿，而后才是刑事部分。造成这种状况的根本原因当地自然条件恶劣、资源稀缺、人口稀少。与其只是惩罚凶手，牧民宁可多获取些财物。因为在这种严酷的环境下，积累财富的过程是极其艰难的。[2]中国幅员辽阔，各地区间社会、经济、文化发展水平差异

---

〔1〕　周相卿：《法人类学理论问题研究》，民族出版社 2009 年版，第 111 页。
〔2〕　相关讨论可参见刘艺工、张鹏飞：《关于藏族习惯法当代发展的几个问题》，载高其才主编：《当代中国少数民族习惯法》，法律出版社 2011 年版，第 142 页。

较大，情况十分复杂。如果研究者没有切身感受到各地的种种实际情况，观察到习惯法的具体事实，而只是凭自己的主观看法加以判断，那么自然难以得出科学的结论。

其次，参与观察法有利于研究者在研究习惯法的过程中尽量将自己融入研究对象的群体之中，以"局内人"的角度来观察研究，真正理解少数民族习惯法的作用。研究者如不长期坚持进行田野调查，便无法对当地的社会结构、行为规范等有一个深刻的理解。例如，在对回族习惯法里有关"尼卡哈"婚礼仪式的研究中，[1]如果研究者没有进入到具有特定民族文化背景的群体中并以"局内人"的角度去体会、观察该仪式的具体程序、参加人的类型、主持者和双方家庭的权利和义务等，就很难真正理解该婚姻习惯法对于规定夫妻双方权利义务，规范婚姻家庭秩序，进而维护回族社区稳定的作用。

最后，参与观察法有助于研究者在对习惯法的研究中获得更为真实、立体、丰富的信息和资料。研究者通过运用参与观察法来关注的是处于自然状态下的、真实的、立体的研究对象。在这种情况下，研究对象不会明显感觉到自己处于一种被观察和研究的环境下，也不会刻意隐瞒自己对事物的观点和看法。但如果调查方式太过于正式，使他们意识到自己正在被观察和研究时，则会出言谨慎，隐藏自己的观点和看法。例如，在实际调查中可能出现研究对象在得知研究者要对自己进行访谈后，特意穿上平时不怎么穿的民族传统服装以示郑重并在谈话中刻意强调对传统习惯的尊重，但却回避甚至隐瞒在实际生活中人们是否仍然固守习惯法等问题。此外，研究者在参与观察的过程中，无论是纠纷解决还是婚丧嫁娶，都可以亲身参与到民众的日常生活中。研究者通过这样长期观察收集到的资料是丰富且立体的，既能在不经意间就获得丰富的实物资料，也能在细致观察中获得立体的信息资料。通过参与观察法的运用，研究者既可以真正理解习惯法究竟是如何影响并规范着人们的行为的，又可以切身感受到在社会变迁过程中，习惯法如何应对并产生着哪

---

〔1〕 尼卡哈（Nikah），系阿拉伯语音译，意为证婚词。

些变化等问题。

（二）参与观察法在习惯法研究中的局限性

参与观察法作为一种质的研究方法，在实际运用中也有着其自身难以克服的局限性。首先，研究者扎根于某一群体之中，观察范围的有限性决定了其收集到的资料也仅限于该群体，而无法像量化研究那样可以大范围普遍撒网，通过调查问卷等方法全面收集材料。例如研究者只能参与观察到某一个或数个村寨的情况，对于其他村寨的情况则无法详细了解，难以用数量去衡量，其研究结果也是无法重复的。其次，参与观察法受主观因素的影响较大。研究者在参与观察的过程中，有可能会不知不觉地融入当地的社会环境中，受到各种因素影响，进而在判断、分析问题时一定程度上丧失客观性和中立性。这一点对于研究习惯法的研究者来说表现更为明显，容易从一名尽力保持客观中立的"参与观察者"变为失去敏锐性、过于想当然的"非参与观察者"，即完全的参与者。最后，参与观察法比较依赖于研究者的个人能力和技巧。研究者在进行参与观察时必须适应不同民族文化背景造成的环境差异，如果研究者个人能力和技巧不足以使他融入当地民众的生活当中，那么研究就难以继续顺利开展下去。因此，对于研究者来说，具备一定的技术训练和知识储备是非常必要的。

习惯法对于构建和维持社会秩序具有重要的作用。研究当代中国习惯法究竟如何在国家法框架内塑造社会秩序等问题，就必须回到习惯法所存在的客观社会文化背景中去，通过运用参与观察法等一系列科学的研究方法来认真观察习惯法的实际运行状况，深入探讨习惯法的价值和意义。相信通过研究者们的不断努力，必定能使当代中国习惯法研究形成一个科学的研究范式，进而突破目前的研究瓶颈问题，产生更多具有学术价值的作品，真正走向学术上的繁荣。

访谈法在习惯法调查中的运用

王　琦　李子仪*

一、引言

在习惯法的调查中，访谈法是一种基本的研究方法。它能够提供深入的信息和洞察力，促进对习惯法的理解和分析。

访谈法广泛运用于各种类型、各个区域的习惯法调查中。调查者与习惯法事件的当事人和相关者等进行广泛的访问、谈话，在面对面详细询问、深入交流的基础上，了解习惯法规范及其效力，理解习惯法意识及其意义。

本文在分析访谈法的基础讨论之后，主要就习惯法调查中访谈法的具体要素、访谈法的运用程序进行初步探讨，以抛砖引玉，引起学界对此的进一步重视。

二、访谈法的基础讨论

（一）访谈和聊天的区别

与访谈法相对的是日常生活中的聊天，聊天虽然也是一种交流

---

　　* 王琦，法学博士，广州商学院法学院讲师，中南大学法学院博士后研究人员；李子仪，广州商学院法学院本科生。本文为司法部国家法治建设与法学理论研究重点项目"内在性视域下法治乡村的建设路径研究"（19SFB1002）的阶段性成果。

方式，但与访谈法在调查中的应用有着明显的区别。有学者认为："访谈法是研究者通过与研究对象进行口头交谈的方式来收集对方有关心理特征和行为的数据资料的一种研究方法。"[1]下面从两方面对访谈和聊天的概念进行界定。

第一，目的和结构上存在差异。访谈是一种有目的性的交流方式，研究者通过提前拟定问题或主题，有针对性地引导对话，以获取特定的信息和见解。访谈通常具有明确的目标和结构，研究者需要运用专业的技巧和方法，以确保对话的深入性和有效性。相比之下，聊天更加随意和自由，没有明确的目的和结构，更多的是为了轻松地交流和社交互动。

第二，参与者的角色和关系上存在差异。在访谈中，研究者通常扮演着主导的角色，他们提出问题、引导对话，并积极倾听和记录受访者的回答。访谈的目的是获取特定的信息和见解，研究者需要保持客观和中立的立场，以确保对话的质量和准确性。而在聊天中，参与者之间的角色更加平等，更多的是双方的互动和交流。

（二）访谈法的理论基础

第一，访谈法是建立在诠释学、建构主义的基础之上的。"主张在研究过程中，研究者要把访谈作为一种'言语事件'，主动对这种言语事件进行分析、归纳和研究，诠释和建构言语事件的意义，从而揭示出深层次的意义，而不仅仅是停留在问题的表面上。"[2]诠释学强调对社会行为和言语事件的解释和理解，认为人们的行为和言语具有多样的意义和解释。建构主义则强调个体和社会的互动，从而构建社会现实和法秩序。访谈法通过对访谈对象的言语事件进行深入分析和解读，进而揭示出习惯法现象、问题的多样性和复杂性。

第二，访谈法在实证研究中得到了广泛应用。通过访谈法，访谈者可以与访谈对象建立融洽的关系，进入他们的日常社会生活世

---

〔1〕 孟慧：《研究性访谈及其应用现状和展望》，载《心理科学杂志》2004 年第 5 期。

〔2〕 党登峰、王嘉毅：《浅析教育研究中的访谈法》，载《教育评论》2002 年第 2 期。

界，理解他们的观念和建构意义。访谈法还可以通过收集第一手资料和运用适当的方法进行诠释。访谈者与被访谈者在融洽的氛围中建立相互关系，被访谈者可以通过倾诉和形体语言表达自己的观点和想法。[1]这种亲密的交流可以帮助访谈者获取更真实和深入的访谈数据，从而进行更准确和全面的分析和解读。

（三）访谈法的应用价值

第一，灵活性强，有利于深化研究。访谈法允许访谈者灵活地提出问题，深入挖掘访谈对象的内在动机、意义和影响因素。通过与受访者的对话，访谈可以了解到他们的思考过程、决策依据和行为动机，深化对访谈对象的理解和解释，从而为研究提供新的思路和方向。

第二，全面搜集资料，进行深入了解。访谈法能够获取第一手资料，通过访谈可以直接与受访者进行交流和互动，获取他们的观点、经验和见解。相比于其他数据收集方法，访谈可以提供更加全面和详细的信息，帮助研究者深入了解研究对象和问题的多个方面。访谈法获得信息的方式与观察法获得观察信息的方式是不同的。在研究者采用观察法进行调查时所得到的信息往往只涉及人的外在的方面，如人的行动、表情等。而当访谈者采用访谈法进行调查时，所得到的信息往往更多地涉及人的内在方面，如人内心的想法、看法等。对于人的了解不能仅仅局限于行为也不能仅仅局限于言论，而应该"听其言，观其行"，把研究对象的言谈和行动互相印证，对比观察。[2]

第三，细化研究，增加结论的客观性，适用性强。访谈法适用于各种研究的主题和对象，深入了解受访者的思想、态度和行为，从而对研究问题进行更加细致和全面的分析。通过与受访者的互动，获取到更多的细节和背景信息，从而增加研究结论的客观性和准确性。

---

〔1〕 参见刘红宇：《教育研究中访谈调查的语境应用——基于方法与实践的探讨》，载《教书育人》2011 年第 27 期。

〔2〕 参见颜玖：《访谈法在社会科学研究中的应用》，载《北京市总工会职工大学学报》2002 年第 2 期。

（四）访谈法的局限性

虽然访谈法是一种深入了解个体观点和经验的重要方法，但在使用访谈法进行研究时，研究者需要认识到以下几个局限性：

第一，主观性强。访谈结果受限于访谈者的解读能力和经验，因此具有一定的主观性。访谈者在访谈过程中可能会对受访者的回答进行解读和理解，从而对结果产生一定的影响。此外，研究者的个人偏好和观点也可能对访谈结果产生影响。因此，在使用访谈法进行研究时，访谈者需要保持客观和中立的态度，尽可能减少主观因素的影响。

第二，样本规模有限。访谈法需要投入大量时间和精力进行调查和整理数据，因此样本规模通常较小。相比于问卷调查等大规模数据收集方法，访谈法的样本规模有限。这可能导致研究结果的代表性和普遍性受到一定的限制。因此，在使用访谈法进行研究时，研究者需要在样本选择上进行合理的抽样，以尽可能保证研究结果的可靠性和有效性。

第三，受访者代表性不足。由于访谈法依赖于个别受访者的观点和经历，因此可能无法代表更广泛的人群。受访者的选择可能受到时间、地点、个人意愿等因素的影响，从而导致受访者的代表性不足。此外，受访者的回答也可能受到社会期望、个人记忆和主观评价等因素的影响，从而可能无法完全反映真实情况。因此，在使用访谈法进行研究时，研究者需要在受访者的选择上进行合理的考虑，尽可能保证受访者的代表性和多样性。

因此，研究者在使用访谈法进行研究时，需要认识到访谈法的主观性强、样本规模有限和受访者代表性不足等局限性，并采取相应的措施来减少这些局限性的影响。例如，研究者可以通过多次访谈、多角度观察和与其他数据收集方法的结合等方式来增加研究结果的可靠性和有效性。只有充分认识到访谈法的局限性，并在研究设计和数据分析中加以考虑，才能更好地利用访谈法进行研究，获得准确和全面的研究结果。

（五）访谈的注意事项

1. 学术态度

第一，端正态度，客观全面深入。研究者在进行访谈时应该摒弃主观偏见和个人情感，以确保研究结果的客观性。尽可能地收集和分析多样的访谈数据，以获取全面和准确的信息。同时，深入了解访谈对象的背景和观点，以便更好地理解他们的意见和经验。通过保持客观、全面和深入的态度，更好地把握法律与社会关系的复杂性和多样性。

第二，尊重受访者。研究者应尊重受访者的权益和个人隐私。在进行访谈时，研究者应确保受访者的参与是自愿的，并保证访谈过程中的互动是平等和尊重的。研究者应事先向受访者说明研究目的和方法，并取得他们的同意。在访谈过程中，不对其进行任何形式的歧视或侵犯。同时，研究者应保护受访者的个人隐私，不泄露其个人信息和访谈内容，建立起良好的研究关系，获得更真实和有意义的访谈数据。

2. 访谈能力

第一，开阔的视野和清晰的问题意识。开阔的视野可以帮助研究者更好地理解研究问题的背景和相关领域的理论框架，从而提出有针对性的问题。清晰的问题意识可以帮助研究者明确自己的研究目标和需要探讨的问题，从而引导受访者进行深入的思考和回答。在访谈过程中，访谈者需要根据自己的研究目标，提出具体、明确的问题，以使受访者提供有价值的信息和观点。

第二，良好的沟通和随机应变能力。良好的沟通能力可以帮助访谈者与受访者建立良好的互动关系，建立信任和共鸣，从而促使受访者更加愿意分享自己的观点和经验。访谈者积极与受访者进行对话和交流，深入了解受访者的观点和思考。此外，还需要具备随机应变的能力，能够根据受访者的回答和反应进行灵活的调整和应对。有时候，受访者可能会提供出乎意料的回答或表达困惑，研究者需要能够适时地调整问题或解释，以确保访谈的顺利进行。

3. 访谈关键

第一，语言平实、主题明确。访谈者在进行访谈时应使用平实易懂的语言。这样可以确保受访者能够理解问题的含义，并明确访谈的主题和目的。避免使用过于专业化或复杂的术语，以免造成受访者的困惑或误解。通过使用平实易懂的语言，访谈者可以更好地与受访者进行有效的沟通，获取准确的信息。

第二，让受访者充分表达看法。访谈者应鼓励受访者自由发言，不干预或打断他们的回答。这样可以让受访者充分表达自己的看法和经验，从而获取真实和详细的信息。访谈者通过开放性的问题和适当的追问来引导受访者的回答，但应避免对受访者的回答进行过多的引导或干预。

第三，恰当把握敏感问题。访谈者在访谈中可能会涉及一些敏感问题。在处理这些敏感问题时，需要恰当地把握时机和方式，避免带来不适或困扰。访谈者可以通过提前建立信任关系、尊重受访者的隐私和感受等方式来处理敏感问题，以确保获取相关信息的同时不伤害受访者的权益。

第四，注意问题的层次性和逻辑连贯性。访谈者在设计问题时应注意问题的层次性和逻辑的连贯性。问题应该从整体到细节，逐步深入，层层递进。这样可以最大程度避免受访者困惑或回答不准确。访谈者可以事先准备好问题的顺序和结构，以确保访谈过程的流畅和有效。

第五，恰当使用录音设备。为了确保访谈过程的准确记录，访谈者可以使用录音设备。然而，在使用录音设备之前，需要事先征得受访者的同意，并保证录音设备的使用不会干扰访谈的进行。录音设备可以帮助访谈者准确记录受访者的回答和观点，以便后续的分析和解读。

三、访谈法的具体要素

在进行习惯法调查时，运用访谈法需要确定访谈的必要性可行性和目的、确定访谈项目、确定访谈对象、确定访谈时间和地点、确定访谈记录方式、建立访谈关系、设计访谈提纲、制定访谈计划、实施访谈、处理访谈结果、分析访谈结果、撰写访谈报告。

（一）确定访谈的必要性、可行性和目的

1. 确定访谈目的

确定访谈目的是进行访谈研究的第一步，它对于习惯法调查的有效性和准确性具有重要意义。在确定访谈目的时，需要考虑研究的目的、信息需求和研究对象等因素，以确保访谈的目标与研究问题紧密相关。

第一，研究目的。研究目的是确定访谈的整体目标和作用。在习惯法调查中，研究目的可能包括了解特定习惯法现象的原因和影响、探索习惯法的运作机制、分析习惯法的社会功能等。

第二，信息需求。信息需求是确定访谈中所需信息和数据的关键，研究者可能需要获取关于习惯法的具体情况、习惯法参与者的观点和态度、习惯法的社会意义等方面的信息。通过明确信息需求，可以在访谈中有针对性地提问，从而获取与研究问题相关的详细信息。

第三，研究对象。在习惯法调查中，研究对象可能包括法律专家、法律从业者、习惯法参与者等。通过确定研究对象，研究者可以选择合适的访谈对象，从而获取与研究目的和问题相关的信息。如研究者可能希望了解某一习惯法的具体权利义务。

2. 确定访谈的必要性

确定访谈的必要性是评估访谈在研究中的重要性和价值，以决定是否采用访谈方法。在确定访谈的必要性时，需要考虑以下几个方面：

第一，数据获取。访谈可以提供深入、详细和个性化的数据，帮助研究者深入了解研究对象的观点、经验和态度。在习惯法调查中，研究对象往往是具有复杂社会背景和多元观点的个体或群体。通过访谈，可以与受访者进行面对面的交流，进而深入了解他们的习惯法观念、感受和行为动机。这种深入了解可以帮助访谈者更好地把握研究对象的内在动因和行为逻辑，从而更准确地解读和分析研究对象的行为和社会现象。

第二，问题解答。访谈可以帮助回答研究中的关键问题，提供实证证据和支持。在习惯法调查中，研究者通常关注的是习惯法与社会之间的相互作用和影响。通过访谈，研究者可以直接询问受访者对于习惯法的理解、应用和评价，从而获取关于习惯法施行和社会反馈的事件、案例。这些可以帮助研究者进一步验证和支持研究假设，深化对习惯法与社会关系的理解。

第三，研究质量。访谈可以提高研究的质量和可信度，增加研究结果的可靠性和有效性。在习惯法调查中，访谈者常需要面对复杂的社会现象和多元的研究对象。通过访谈，与被访者建立起信任和合作的关系，从而获得真实、准确的研究数据。此外，访谈还可以帮助研究者深入了解研究对象的背景和环境，从而更好地把握研究对象的行为和社会现象。这种深入了解可以提高研究的质量和可信度，强化研究结果的可靠性和有效性。

3. 确定访谈的可行性

确定访谈的可行性是进行访谈研究的重要环节，它对于访谈的顺利进行和有效性具有重要意义。在确定访谈的可行性时，需要评估资源需求、访谈对象的可接受程度和访谈环境等因素，以确保访谈能够顺利进行。

第一，资源需求。资源需求是评估访谈所需资源的关键。在习惯法调查中，访谈可能需要耗费大量的人力、物力和财力资源。访谈者需要评估自身和研究团队的能力和资源情况，确保能够满足访谈的需求。例如，如果研究者和团队人手不足，可能需要考虑合作或招募更多的研究人员；如果时间和经费有限，可能需要合理安排访谈的时间和范围，以确保资源的有效利用。

第二，访谈对象的可接受程度。访谈对象的可接受程度是评估访谈可行性的重要因素。在习惯法调查中，访谈对象可能包括法律专家、法律从业者、习惯法活动参与者等。研究者需要评估访谈对象对访谈的接受程度和合作意愿，以确保能够获得真实和有效的信息。例如，如果访谈对象对访谈持消极态度或不愿意透露相关信息，研究者可能需要采取适当的沟通和引导策略，以增加访谈对象的合作性和信任度。

第三，访谈环境。访谈环境的评估也是确定访谈可行性的重要考虑因素。访谈环境包括访谈的时间、地点和设备等方面。访谈者需要评估访谈所需的环境条件，以确保访谈的顺利进行。例如，如果访谈需要在特定的时间和地点进行，研究者需要提前与访谈对象协商并安排好访谈的时间和地点；如果访谈需要使用特定的设备或工具，研究者需要确保设备的可用性和操作的熟练度。

（二）确定访谈项目

访谈项目即访谈者应了解哪一方面的问题，明确要探讨的问题和主题，以指导访谈的进行。访谈项目的确定对于习惯法调查具有重要意义。以下是习惯法调查中确定访谈项目的一些常见内容。

第一，习惯法调查意识。访谈者可以了解个体或群体对习惯法的认知、态度和行为，探讨习惯法意识形态的形成和演变，以及习惯法观念对社会行为的影响。例如，访谈者可以通过访谈进而了解公民对于习惯法的理解和遵守情况，探讨习惯法对于社会秩序的作用。

第二，习惯法行为。在访谈过程中，访谈者可以了解民众、法官、律师等对习惯法行为的看法和体验，探讨习惯法发挥功能的过程和影响因素。例如，访谈者可以通过访谈了解法官对于彩礼纠纷等因习惯法引起的纠纷的认识和解决思路，探讨国家法律工作者对习惯法行为的态度。

第三，习惯法意义上的正义和公平。访谈者可以了解社会成员对习惯法意义上的正义和公平的理解和评价，探讨习惯法对社会公平和正义的作用和限制。例如，通过访谈了解社会成员对于习惯法的权利保障和公平程序的看法，探讨习惯法对于社会公正和国家法律效力的影响。

第四，习惯法与国家法律变革。通过访谈，可以了解习惯法对国家法律变革的影响和反馈，探讨习惯法的适应性和可持续性。例如，通过访谈了解习惯法对于社会公正和法治建设的影响，探讨习惯法在国家法律变革中的作用和局限。

第五，习惯法教育。通过访谈，访谈者可以了解习惯法教育对法意识形态的塑造和传递，进而探讨习惯法教育的目标和效果。例如，访谈者可以通过访谈了解习惯法教育对于公民的法律意识和法律素养的培养情况，探讨习惯法教育在社会中的作用和影响。

第六，习惯法文化和社会认同。了解不同文化背景下的习惯法观念和社会认同，探讨法文化的多样性和交融。例如，访谈者可以通过访谈进一步去了解不同文化个体或群体对习惯法的理解和评价。

在习惯法调查中，以上访谈项目的确定可以通过多种方法进行支持和验证。理论支持方面，访谈者可以借鉴相关的习惯法理论，如法多元主义理论、法文化理论等，以指导访谈项目的确定和分析。实证研究方面，可以通过实地调查和案例分析等方法，收集和分析访谈数据，以验证访谈项目的有效性和可行性。案例分析方面，访谈者可以选择具有代表性的案例，通过访谈法收集相关当事人的意见和观点，以深入理解案例背后的习惯法问题。

（三）确定访谈对象

确定需要访谈的个体或群体，选择合适的访谈对象以获取所需信息。

第一，目标群体。首先需要明确研究的目标群体。根据研究的具体问题和目的，可以选择不同的目标群体，如民众、乡村干部、法官、律师等。确定目标群体有助于研究者更加精准地了解特定群体不同的观点、经验和态度。

第二，专家。在习惯法调查中，专家的意见和见解具有重要的参考价值。法律专家可以是法学领域的权威学者、法官、律师等，他们对法律制度、法律实践和法律问题会有深入的理解和研究；也可以是民间社会的习惯法专家。通过与专家的访谈，可以获得专业的观点和深入的见解。

第三，受访者。受访者是指直接参与研究问题的人员，他们的经验和观点对于研究的深入了解非常重要。在习惯法调查中，受访者可以是事件的当事人、知情人等。通过与受访者的访谈，可以了解他们对习惯法规范、习惯法实践的看法、经验和态度。

第四，多样性和代表性。在确定访谈对象时，需要考虑到多样性和代表性。多样性指的是选择不同背景、不同经验和不同观点的访谈对象，以获得全面和多角度的信息。代表性指的是选择能够代表目标群体的访谈对象，以确保研究结果的可靠性和推广性。

第五，可接触性和合作意愿。在确定访谈对象时，需要考虑他们的可接触性和合作意愿。可接触性指的是能够联系到并邀请参与访谈的对象，确保能够顺利地进行访谈。合作意愿指的是访谈对象愿意参与访谈并提供真实和有效的信息。

在确定访谈对象时，研究者需要综合考虑以上因素，并根据研究的具体问题和目的做出合理的选择。通过合理选择访谈对象，进而获得丰富、深入和具有代表性的信息，以支持习惯法调查的目标和议题。

（四）确定访谈时间、地点

确定访谈时间和地点是为了确保访谈的顺利进行和有效性。访谈时间和地点的选择对于访谈对象的参与度和信息的真实性具有重要影响。

1. 访谈时间的选择

第一，灵活性。考虑访谈对象的时间安排和可用性，选择灵活的时间段，以便访谈对象能够方便参与访谈。例如，可以选择在工作日的非工作时间或周末进行访谈，以避免干扰正常工作和日常生活。

第二，时机的重要性。考虑研究问题的时效性和相关事件的发生时间，选择合适的时机进行访谈。例如，如果研究问题与某个具体事件或法律改革有关，可以选择在事件发生后或改革实施后进行访谈，以获取相关的观点和反馈。

第三，长期跟踪。通过选择多个时间点进行访谈，获取更全面和深入的信息，了解访谈对象在不同时间段的观点、经验和态度的变化。首先，长期跟踪访谈可以帮助研究者深入了解法律社会现象的演变和变化过程。通过多个时间点的访谈，可以观察到访谈对象在不同时间段的观点和态度的变化，从而揭示出法律社会现象的发展趋势和影响因素。其次，长期跟踪访谈可以帮助研究者探索法律社会现象的复杂性和多样性。实证研究也证明了长期跟踪访谈在法律社会学研究中的有效性。例如，一项关于家庭暴力的研究选择了多个时间点对受害者进行访谈，发现受害者在不同时间段的经历和感受有所变化。这项研究揭示了家庭暴力问题的复杂性和多样性，即法律社会现象的复杂性和多样性，为相关政策和干预措施的制定提供了重要的参考。

2. 访谈地点的选择

第一，私密性和舒适性。为确保访谈对象能够放松并自由地表达观点和经验，研究者应选择私密和舒适的访谈环境。例如，可以选择安静的会议室、访谈者的家或访谈对象熟悉的场所进行访谈。这样的环境可以帮助访谈对象感到安全和舒适，从而更愿意分享自己真实的观点和经验。

第二，地点的便利性。地点的便利性也是一个重要的考虑因素。访谈者应考虑访谈对象的地理位置和交通便利性，选择离其工作地点或居住地较近的地点进行访谈。这样可以减少访谈对象的时间和交通成本，提高他们参与访谈的意愿和便利性。通过选择便利的地点，可以更容易地与访谈对象进行沟通和安排访谈时间，从而提高访谈的效率和质量。

第三，文化适应性。如果研究对象具有特定的文化背景或社会身份，可以选择与其文化背景和社会身份相符合的地点进行访谈。这样可以增加访谈对象的参与度和信息的真实性，更好地理解和尊重他们的文化价值观和社会背景，从而获得更准确和有意义的访谈数据。

（五）确定访谈记录方式

确定访谈记录方式是为了准确、全面地记录访谈内容，以便后续分析和研究。访谈记录方式的选择对于研究结果的可靠性和可比性具有重要影响。

第一，笔录记录。笔录记录是最常见的访谈记录方式之一。在访谈过程中，可以使用纸笔或电子设备，将访谈对象的回答和观点逐字逐句或简略地记录下来。笔录记录可以保留访谈对象的原始表达和语言特点，有助于后续的详细分析和解读。

第二，录音记录。录音记录是一种将访谈内容以音频形式记录下来的方式。通过使用录音设备，可以准确地记录访谈对象的语言表达和语调变化，避免因主观因素而导致的信息丢失或失真，并且可以提供后续分析和研究的便利性。

第三，视频记录。视频记录是一种将访谈内容以视频形式记录下来的方式。通过使用摄像设备，可以记录下访谈对象的语言表达、面部表情、身体语言等多种信息，提供更加全面和细致的访谈信息，有助于深入理解访谈对象的态度、情感和非语言表达。

第四，笔记和摘要。除了直接记录访谈内容外，还可以在访谈过程中进行笔记和摘要的记录。通过记录关键观点、重要细节和研究者的观察，更好地理解和分析访谈内容。其作为访谈记录的补充，可以提供更加全面和深入的信息。

在确定访谈记录方式时，需要考虑研究的目的、问题和访谈对象的特点。同时，还需要考虑研究者的技能和资源可用性。不同的访谈记录方式各有优劣，研究者需要根据具体情况进行选择，并在记录过程中保持客观、准确和完整。

（六）建立访谈关系

建立访谈关系是非常重要的一步，它直接关系访谈的质量和有效性。建立访谈关系即指研究者与访谈对象之间建立起一种信任和合作的关系，以促进更加开放、真实和深入的访谈。

第一，互信和尊重。建立访谈关系的基础是互信和尊重。访谈者需要表达对访谈对象的尊重和关注，以建立起互信的基础。可以通过认真倾听、尊重访谈对象的观点和经验，以及对其隐私和权益的保护来实现。

第二，透明和明确目的。访谈者需要向访谈对象清楚地说明研究的目的、问题和预期结果，以确保访谈对象对研究的理解和期望一致。透明和明确的目的有助于建立起共同的研究框架和合作意愿。

第三，非指责性和保密性。访谈者要明确向访谈对象说明访谈的非指责性和保密性。非指责性意味着访谈对象的回答和观点不会对其产生负面影响或追责。保密性意味着研究者将保护访谈对象的隐私和个人信息，不会将其透露给第三方。

第四，开放和灵活的访谈环境。创造一个开放和灵活的访谈环境，以鼓励访谈对象自由表达观点和经验。这可以通过友好和亲切的态度、适当的沟通技巧和灵活的访谈方式来实现。

第五，双向交流和反馈。建立访谈关系需要研究者与访谈对象之间的双向交流和反馈。研究者应该积极倾听访谈对象的意见和反馈，及时回应其关切和问题，以建立起积极的互动和合作关系。

（七）设计访谈提纲

设计访谈提纲是为了引导访谈的方向和内容，确保访谈的系统性和一致性。访谈提纲的设计对于获取准确、详细和有针对性的信息具有重要影响。

第一，研究目的和问题。访谈提纲的设计应该与研究的目的和问题相一致。研究者需要明确访谈的目标是什么，希望从访谈中获取哪些信息。根据研究问题的不同，访谈提纲可以涵盖习惯法调查的各个方面，如习惯法意识、习惯法规范、习惯法效果等。

第二，主题和子主题。访谈提纲应该包含主题和子主题，以引导访谈的内容和流程。主题是研究问题的核心，而子主题则是主题的具体细分。通过明确主题和子主题，以确保访谈的全面性和深入性。

第三，开放性和封闭性问题。访谈提纲中可以包含开放性和封闭性问题。开放性问题是指让访谈对象自由表达观点和经验的问题，以促进深入的讨论和思考。封闭性问题是指提供选项或限定范围的问题，可以获取具体和可比较的信息。在设计访谈提纲时，需要平衡开放性和封闭性问题的使用，以获取全面和具体的信息。

第四，逻辑和顺序。访谈提纲应该按照逻辑和顺序进行组织，以确保访谈的连贯性和流畅性。根据主题和子主题的关系，将问题按照逻辑顺序进行排列。同时，还可以根据访谈对象的特点和访谈过程中的发展，灵活调整提纲的顺序和内容。

第五，灵活性和开放性。访谈提纲的设计应该具有一定的灵活性和开放性。根据访谈对象的回答和观点，灵活调整提纲的内容和顺序。同时，还需要给访谈对象足够的空间和自由，以便他们能够自由表达观点和经验。通过设计访谈提纲，可以在访谈过程中有条不紊地引导访谈，确保获取到准确、详细和有针对性的信息，从而达到习惯法调查的研究设想。

（八）制定访谈计划

制定访谈计划是为了确保访谈的有序进行和高效完成，访谈计划的制定对于研究的顺利进行和数据的质量具有重要影响。

第一，确定访谈目标和问题。在制定访谈计划之前，研究者需要明确访谈的目标和问题。访谈目标是指希望从访谈中获得的信息和结果，而访谈问题是指用于引导访谈的具体问题。通过明确访谈目标和问题，可以确保访谈计划的针对性和有效性。

第二，确定访谈对象和样本。访谈计划需要明确访谈对象和样本的选择。研究者需要确定访谈对象的特征和背景，以便选择合适的访谈对象。同时，还需要确定访谈样本的大小和组成，以保证访谈的代表性和多样性。

第三，确定访谈方式和时间。访谈计划需要确定访谈的方式和时间安排。访谈方式可以选择面对面访谈、电话访谈或在线访谈等，根据研究的需要和访谈对象的可行性进行选择。时间安排可以根据访谈对象的可用性和研究进度进行合理安排，以确保访谈的顺利进行。

第四，确定访谈地点和环境。访谈计划需要确定访谈的地点和环境。访谈地点可以选择研究者的办公室、访谈对象的工作场所或其他合适的场所。环境要求可以包括保证访谈的私密性和安全性，以及提供舒适和无干扰的访谈环境。

第五，确定访谈记录和分析方式。访谈记录可以选择笔录记录、录音记录或视频记录等方式，根据研究的需要和资源的可行性进行选择。分析方式可以选择基于内容分析、主题分析或语言分析等方法，以深入理解和解读访谈数据。

（九）实施访谈

实施访谈是习惯法调查中获取信息和数据的最重要环节。在按照访谈计划进行访谈时，研究者需要依次提问访谈对象，并记录其回答。

第一，创建良好的访谈环境。在实施访谈之前，研究者需要创造一个良好的访谈环境。这包括选择合适的访谈地点，确保私密性和安全性，提供舒适和无干扰的环境。研究者还应该与访谈对象建立良好的关系，表达对其的尊重和关注。

第二，按照访谈计划依次提问。在实施访谈时，研究者需要按照访谈计划中的问题依次提问访谈对象。问题可以根据访谈的主题和子主题进行组织，以引导访谈的内容和流程。研究者应该确保问题的清晰和易于理解，以便访谈对象能够准确回答。

第三，倾听和观察。在访谈过程中，研究者需要倾听访谈对象的回答，并观察其非语言表达和情绪变化。倾听是指认真聆听访谈对象的回答，不打断或干扰其表达。观察是指注意访谈对象的面部表情、姿态和语气等非语言信号，以获取更全面和准确的信息。

第四，记录访谈数据。在实施访谈的过程中，需要记录访谈对象的回答和观察到的信息。记录可以选择笔录记录、录音记录或视频记录等方式，根据研究的需要和资源的可行性进行选择。记录应该准确、详细和客观，以便后续的数据分析和解读。

第五，灵活调整和追问。在实施访谈时，需要灵活调整和追问问题，以深入探索访谈对象的观点和经验。灵活调整是指根据访谈对象的回答和观察到的情况，调整问题的顺序和内容。追问是指在访谈过程中进一步追问和探索访谈对象的回答，以获取更多的细节和深入的理解。

（十）访谈结果处理

访谈结果的处理是为了对访谈数据进行整理、分析和解释，以获取有关习惯法现象和问题的深入理解。处理访谈结果的过程需要综合考虑数据的质量、可靠性和可比性等因素。

第一，访谈数据的整理和归类。研究者需要对访谈数据进行整理和归类。这包括将访谈记录转录为可读的文本，对文本进行标注和编码，以便后续的分析和解释。研究者可以使用专门的软件工具来辅助数据整理和归类的过程。

第二，数据的质量和可靠性检查。在处理访谈结果之前，研究者需要对数据的质量和可靠性进行检查。这包括检查访谈记录的准确性、完整性和一致性，以确保数据的可信度和可用性。如果发现数据存在问题或疑问，研究者可以与访谈对象进行进一步的沟通和核实。

第三，数据的编码和分析。一旦访谈数据整理完毕并通过质量检查，研究者可以进行数据的编码和分析。编码是将数据进行分类和标记的过程，以便后续的分析和解释。可以使用主题编码、内容编码或语言编码等方法，根据研究的需要和问题进行选择。分析是对编码数据进行统计、比较和解释的过程，以获取有关习惯法现象和问题的深入理解。

第四，数据的解释和呈现。研究者需要对数据进行解释和呈现。解释是对数据进行深入理解和解读的过程，以揭示习惯法现象和问题的内在意义和关联。研究者可以使用理论框架、概念模型或案例分析等方法，对数据进行解释和理论化。呈现是将数据和解释结果以适当的形式展示给读者和法学界的过程，可以使用文字、图表、图像或多媒体等手段进行呈现。

（十一）访谈结果分析

访谈结果分析是习惯法调查中对访谈数据进行解读和分析的重要步骤。通过对访谈结果的分析，可以深入理解访谈对象的观点、经验和态度，从而回答研究的问题和达到研究的目标。

第一，数据整理和归纳。在访谈结果分析之前，需要对访谈数据进行整理和归纳。这包括将访谈记录转录为可分析的文本，整理和编码访谈数据，以便后续的分析和解读。研究者可以使用软件工具或手工方法进行数据整理和归纳。

第二，主题分析。主题分析是一种常用的访谈结果分析方法，用于识别和分析访谈数据中的主题和模式。研究者可以通过读取和标记访谈数据中的关键词、短语和句子，识别出重复出现的主题和模式。然后，研究者可以对这些主题进行分类、比较和进一步的解释，以达到对研究问题的深入理解。

第三，内容分析。内容分析是一种定量化的访谈结果分析方法，用于统计和分析访谈数据中的特定内容和变量。研究者可以根据研究的需要和访谈数据的特点，选择合适的内容分析方法，如频率分析、关联分析或情感分析等。通过内容分析，研究者可以获取访谈数据的统计信息和趋势，以支持研究的结论和推断。

第四，交叉验证和比较。在访谈结果分析中，研究者可以通过交叉验证和比较不同访谈对象的回答，以增加数据的可靠性和有效性。交叉验证是指比较不同访谈对象在相同问题上的回答，以检验其一致性和差异性。比较是指比较不同访谈对象在不同问题上的回答，以获取更全面和多样化的观点和经验。

第五，解释和解读。在访谈结果分析中，研究者需要对访谈数据进行解释和解读，以回答研究的问题和达到研究的目标。解释是指对访谈数据进行解释和理解，以揭示其中的意义和关联。解读是指将访谈数据与相关理论、文献和实证研究进行对比和联系，以获取更深入和全面的理解。

(十二) 撰写访谈报告

撰写访谈报告是习惯法调查过程中对访谈结果进行总结、分析和呈现的重要环节。访谈报告的撰写需要综合考虑研究目的、访谈数据和相关理论框架，以提供对习惯法现象和问题的深入理解。

第一，报告的结构和组织。访谈报告应该具有清晰的结构和组织，以便读者能够理解和跟随报告的内容。报告可以包括引言、研究背景、研究目的、研究方法、访谈过程、访谈结果、分析和解释、结论和建议等部分。研究者可以根据研究的需要和论文要求进行适当的调整和组织。

第二，访谈结果的呈现。在撰写访谈报告时，需要将访谈结果进行呈现。这可以通过引用访谈对象的回答、提取关键信息和观点，以及使用适当的引用和例证来实现。访谈者可以使用直接引语或间接引语的方式呈现访谈结果，以保持数据的准确性和可信度。

第三，数据的分析和解释。在访谈报告中，研究者需要对访谈结果进行分析和解释。分析是对访谈数据进行统计、比较和归纳的过程，以揭示数据的模式、趋势和关联。解释是对分析结果进行深入理解和解读的过程，以揭示法律社会现象和问题的内在意义和关联。研究者可以使用相关的理论框架、概念模型或案例分析等方法，对数据进行解释和理论化。

第四，结论和建议。在访谈报告的结尾部分，需提出结论和建议。结论是对研究问题的回答和总结，以回顾研究的主要发现和结果。建议是进一步研究、政策制定或实践改进的建议，以促进习惯法领域的研究进展。

第五，报告的语言和风格。在撰写访谈报告时，要注意报告的语言和风格。报告应该使用准确、简明和客观的语言，避免使用模糊、主观或歧义的表达。还应注意报告的逻辑和连贯性，以确保读者能够理解报告的内容。

四、访谈法的运用程序

在习惯法调查中运用访谈法，通常遵循开场白、提问、倾听、记录、回应、收尾等程序。

（一）开场白

开场白是访谈的第一步，它的目的是建立与被访者的良好关系，使其感到舒适和信任。在考虑开场白时，研究者应考虑到被访者的背景和特点，选择适当的语言和方式进行交流。

（二）提问

提问是访谈的核心环节，它的目的是获取被访者的观点、经验和态度等信息。在制定提问时，研究者应遵循以下原则：明确问题的目的和意义、避免主观偏见、使用开放性问题和封闭性问题结合的方式、避免双重否定和复杂的语言等。"在遵守访谈的原则的基础上，我们还应当根据所提问题的不同类型和所处的不同环境、不同的访谈的对象采用不同的方式、运用相应的技巧进行访谈。"[1]

第一，开放性问题与封闭性问题。开放性问题与封闭性问题是访谈中常用的两种问题类型。开放性问题通常以开放的方式提问，让被访者自由发表意见和观点，有助于获取详细和丰富的信息。例如，在调查习惯法的社会影响时，可以使用开放性问题询问被访者对习惯法案件的看法和体验。封闭性问题则是通过提供选项或要求简短回答的方式，获取具体和明确的信息。例如，在调查习惯法规范时，可以使用封闭性问题询问被访者是否曾经遇到习惯法问题，并提供选项供其选择。

第二，抽象型问题与具体型问题。抽象型问题通常涉及理论、概念或宏观层面的议题，有助于获取被访者的观点和理解。例如，在研究习惯法涉及的权力关系时，可以使用抽象型问题询问被访者对权力的理解和看法。具体型问题则更加关注具体的经验、事件或

---

〔1〕 王萌：《浅谈访谈法中的提问技巧》，载《现代教育科学》2006 年第 10 期。

行为，有助于获取详细和具体的信息。例如，在研究习惯法纠纷时，可以使用具体型问题询问被访者是否曾经遇到过习惯法纠纷，并询问其对纠纷解决的评价。

第三，清晰型问题与含糊型问题。清晰型问题与含糊型问题也需要在访谈中进行区分。清晰型问题是指问题表达清晰明确，被访者容易理解和回答的问题。这种问题有助于获取准确和具体的信息。例如，在调查习惯法现实效果时，可以使用清晰型问题询问被访者对习惯法存在意义、作用的评价。含糊型问题则是指问题表达模糊或不明确，需要被访者进一步解释或澄清。这种问题有助于引发被访者的思考和深入讨论。例如，在调查习惯法事件解决者的能力时，可以使用含糊型问题询问被访者对能力、水平和责任的理解和看法。

第四，一般性问题和追问性问题。一般性问题通常是广泛的、开放的问题，用于引导被访者自由表达观点和经验。例如，在调查习惯法正义时，可以使用一般性问题询问被访者对正义的理解和评价。追问性问题则是在被访者回答后，进一步追问细节或深入探究的问题。这种问题有助于获取更具体和详细的信息。例如，在研究习惯法纠纷解决过程时，可以使用追问性问题询问被访者在解纷过程中的考虑因素和权衡。

（三）倾听

倾听是访谈中至关重要的环节，它的目的是理解被访者的观点和感受，并给予其充分的表达空间。在倾听时，研究者应保持专注和耐心，避免打断和干扰被访者的表达，同时运用非语言沟通技巧，如眼神接触和肢体语言等。

（四）记录

记录是访谈过程中必不可少的环节，它的目的是准确记录被访者的回答和表达。在记录时，研究者应使用合适的工具，如录音设备或笔记本，同时注意记录的准确性和完整性，避免遗漏重要信息。

（五）回应

回应是访谈中与被访者互动的环节，它的目的是对被访者的回答和表达进行适当的反馈和澄清。在回应时，研究者应遵循尊重和客观的原则，避免过多的干预和引导，同时提供必要的解释和补充。

（六）收尾

收尾是访谈的最后一步，它的目的是结束访谈并与被访者告别。在收尾时，研究者应感谢被访者的参与和合作，并提供必要的联系方式，以便后续的沟通和补充。

同时，在访谈中需要注意除了言语行为，还有非言语行为，如动作、面部表情、眼神、人际距离等，这些都可提供言语行为无法提供的信息。[1]

五、结语

访谈法在习惯法调查中具有重要的运用价值。访谈者可以深入了解习惯法现象、社会因素对习惯法的影响，揭示习惯法的功能和社会效果。访谈法可以帮助研究者获取个体的观点、经验和态度，从而更好地理解习惯法在社会中的运作和影响；深入了解习惯法实践中的各种因素，如习惯法对象、习惯法规范等，以及这些因素对个体和社会的影响；揭示习惯法的社会效果，如习惯法对社会公正、权力关系和国家法律变革的影响。然而，访谈法也存在一定的局限性。访谈法受访谈对象的主观性和记忆偏差的影响，访谈对象可能会受到自身观点、经验和记忆的影响，从而在访谈中提供有偏差的信息；受访谈对象的回忆能力和表达能力的限制，访谈对象可能无法准确回忆过去的经历和观点，或者无法清晰地表达自己的观点和经验。此外，访谈法还受到研究者主观解读和偏见的影响，研究者可能会在访谈过程中对信息进行选择性的解读和呈现。在未来的研究中，可以进一步探索访谈法与其他研究方法的结合使用，以提高研究的可靠性和有效性。如可以结合问卷调查、观察和文献分析等方法，以获取更全面和多角度的研究数据。此外，可以采用多个时间点的访谈，进行长期跟踪和追踪研究，以了解访谈对象的变化和发展。通过结合不同的研究方法，可以更好地理解习惯法现象的复杂性和多样性，提高研究的可靠性和有效性。

---

〔1〕 参见杨威：《访谈法解析》，载《齐齐哈尔大学学报（哲学社会科学版）》2001年第4期。

习惯法调查中的座谈会方法
——以旧村改造中的村规民约调查为对象

于明清　黎毅斌

一、引言

村规民约作为一种习惯法，在旧村改造背景下，[1]对不同人员身份认定、补偿分配等有着重要影响。2020 年 11 月 4 日、11 月 11 日，我们课题组分别到广东省广州市黄埔区新龙镇人民政府、黄埔区城市更新局召开座谈会，围绕"黄埔区旧村改造法律难点问题与对策"听取镇政府工作人员、驻村书记、村民代表、律师、黄埔区城市更新局工作人员、黄埔区政法委工作人员等的意见。旧村改造中拆补方案中关于不同身份人员的不同补偿方案与村规民约有关，包括村规民约中对外嫁女、上门女婿、离异再婚的非本村村民的子女、本村非婚生子女、未婚但已入户人员等人身份认定的规定，村规民约还与"钉子户"的处理、祖屋的处理有关，所以村规民约的内容及其适用、旧村改造过程当中因村规民约而引发的法律纠纷、

---

〔1〕 2020 年 6 月 30 日下午，广州黄埔区召开决胜三年完成旧村拆迁任务工作推进大会。按照《广州市黄埔区、广州开发区决胜三年完成旧村拆迁攻坚任务工作方案》，到 2022 年底，黄埔区将完成 66 个重点旧村改造项目的签约拆迁，拆除房屋合计 3278 万平方米。

村规民约与国家法律之间存在的冲突为这两次座谈会的一个重点内容。

召开座谈会是我们进行旧村改造中的村规民约调查和研究中的一种主要方法。我们通过召开座谈会，与被调查者面对面交流，掌握村规民约的实际情况，广泛收集相关材料。座谈会在旧村改造中村规民约的调查研究中有着重要作用。

基于此，有必要通过我们在旧村改造中的村规民约调查来探讨习惯法研究中座谈会的意义、分析习惯法研究中座谈会的性质、介绍习惯法研究中座谈会的准备、阐明习惯法研究中座谈会的召开以及思考习惯法研究中座谈会的效果，这对进一步全面认识习惯法调查和研究方法有着一定的意义。

二、习惯法调查中座谈会的意义

根据《现代汉语词典》的解释，"座谈"意为"不拘形式地讨论"[1]，顾名思义，"座谈会"意即不拘形式地讨论的会议，会议围绕某些议题，尽可能让被调查者畅所欲言以获取研究资料。通过召开座谈会对习惯法进行调查和研究，有利于了解真实情况，有利于促进相互交流，有利于形成统一认识。

（一）有利于了解真实情况

召开座谈会需要调查者与被调查者、被调查者之间面对面交流，通过座谈会中的面对面交流，调查者可以倾听被调查者的发言，也可以分析被调查者的语气、语调，观察被调查者的神情、肢体动作，从而进行综合考虑，更加真实、准确、从多角度了解被调查者对习惯法的真实想法，获得更有价值的研究资料。例如，在运用座谈会方法对旧村改造中的村规民约进行调查和研究时，可以通过观察参加人员发言时的神情、语气、肢体动作等判断其对村规民约的认识和对村规民约的态度，如果某些参加人员的发言前后矛盾，则其对村规民约的认识可能不足，其提供的资料可能不准确；如果某些参

---

〔1〕 中国社会科学院语言研究所词典编辑室编：《现代汉语词典》（第7版），商务印书馆2016年版，第1759页。

加人员在提及部分村规民约时情绪激动，则其可能对这部分村规民约持反对意见。相较于问卷调查而言，座谈会方法为调查者与被调查者提供了面对面交流的机会，能更直观地观察被调查者，便于了解真实情况，提高研究资料的可靠性。

（二）有利于促进相互交流

通过召开座谈会的方式，能使调查者与被调查者之间、被调查者相互之间深度交流，通过深入的讨论，从多个不同的角度考察不同主体对习惯法的看法，从而对习惯法的内容和适用情况有全面的认识。例如，在运用座谈会方法对旧村改造中的村规民约进行调查和研究时，通常会邀请村干部、村民代表等数人，他们对村规民约的认识不一，有的人对村规民约持赞同态度，有的人持反对态度。在座谈会召开的过程中，随着讨论的深入，参加人员的不同意见均会被表达，这些不同的意见可能是相互补充的，可能是相互冲突的，在座谈会中，人们通过讨论表达不同意见，这有利于调查者从不同角度了解村规民约。

（三）有利于形成统一认识

座谈会上，与谈人各自发表见解，不同的想法汇聚，相互碰撞出智慧火花，能够集思广益，产生富有创意、切实可行的"金点子"，并达成一致意见，形成统一认识，也能够减少执行阻力，让村规民约得以顺利执行。如旧村改造中外嫁女是否应纳入拆迁补偿对象，不同村的村规民约有一定的区别。在座谈会进行过程中，也有人对现有村规民约的规定不太赞同，但通过无利益关系的习惯法研究人员作为第三方介入，其发表的意见站在公正的立场，可信度有所增强，往往容易形成共识。旧村改造中的村规民约一旦得到普遍接受，往往能够取得事半功倍的效果。

三、习惯法调查中座谈会的性质

在进行习惯法调查时，召开座谈会为定性研究方法之一，属于无结构访谈方法，为互动性强的研究方法。

（一）座谈会属于定性研究方法

在社会学的研究方法中，定性研究与定量研究相对，定量研究强调通过测量和计算对事物进行描述，而定性研究则注重对事物的真实意义进行深入分析。如果说定量研究解决"是什么"的问题，那么定性研究解决的就是"为什么"的问题。[1]召开座谈会属于定性研究方法，座谈会参加人员对所提问题进行发言、展开讨论，说出自己对习惯法的观点，通过这种方法获得的研究资料，主要用于研究人们对习惯法的理解，而不是对习惯法进行数据统计，定性研究比定量研究更能揭示习惯法的重要意义。在运用座谈会方法对旧村改造中的村规民约进行调查和研究时，定性研究方法的性质就体现得非常明显，通过召开座谈会，从各方的交流中得出对村规民约的理解。

（二）座谈会属于无结构访谈方法

无结构访谈与结构访谈相对，结构访谈强调按照事先设计好的问卷和规定的程序，就固定的问题进行提问，而被调查者的回答大体也是固定的，例如，只回答"是"或"否"，或者从几个给定的选项中选择。无结构式访谈则注重访谈的自由性，只需围绕某个主题进行讨论即可，不限于固定的问题和答案，有助于调查者获得更为深入的研究资料。座谈会属于无结构访谈方法，召开座谈会时，被调查者的发言是相对自由的，就相关问题可以自由发言，主持人还可以就有价值的问题进行追问。在运用座谈会方法对村规民约进行研究时，虽然需要准备提纲，但提纲只是方向性的，不像问卷调查一样将问卷发给被调查者，让其按照既定的问题填写答案，座谈会方法的自由度高一些，允许自由讨论，必要时还可以进行追问。

（三）座谈会属于互动性强的研究方法

由于座谈会涉及多方主体一起开会，所以呈现出互动性强的特点，包括调查者与被调查者之间的互动，调查者对被调查者进行提问，被调查者进行回答等。也包括被调查者之间的互动，被调查者针对相关问题进行的讨论。在运用座谈会方法对旧村改造中的村规民约进行调查和研究时，将不同身份、对村规民约持不同意见、受

---

〔1〕 风笑天：《社会研究方法》（第 5 版），中国人民大学出版社 2018 年版，第 13 页。

村规民约不同影响的人集中到一起，可以增加他们之间的互动交流，从而使调查者获得更真实、更有价值的研究材料。

四、习惯法调查中座谈会的准备

确定采用座谈会的方法后，调查者需要提前根据旧村改造中村规民约的调查主题进行一定的准备，包括确定座谈会的议题和议程、确定参加人员、时间和地点、提前了解参加人员的情况以及提前布置会场。

（一）确定座谈会的议题和议程

座谈会虽是一种无结构访谈方法，但不意味着其是漫无目的的闲谈，要召开座谈会，必须确定座谈会的议题。例如，在运用座谈会方法对旧村改造中的村规民约进行调查和研究时，首先要明确座谈会的主题是对村规民约当中可能影响身份认定、利益分配的内容进行探讨。围绕这个主题，要进行一定的前期调查，从而总结出座谈会需要讨论的具体问题，例如，需要具体讨论村规民约中对于外嫁女、上门女婿等身份的认定以及补偿数额的规定，据此进一步整理出具体的座谈会提纲，在座谈会召开时，按照提纲上所列的问题进行提问并引导讨论。

确定座谈会的议题之后，还需要确定座谈会的议程。包括确定座谈会环节的数量、座谈会环节的顺序、每个环节讨论的内容、每个环节的时长、每个环节的发言人、座谈会的总时长等，只有制定出合理的议程，才能推动座谈会顺利进行。

（二）确定参加人员、时间和地点

确定了座谈会的议题和议程后，还需确定座谈会的参加人员、座谈会的时间和地点。

为了座谈会能顺利进行，座谈会参加人员数量一般不宜超过十人。座谈会参加人员包括两个部分，一部分是调查者，另一部分是被调查者。调查者方面，需要根据调查者的分工确定调查者的人选，调查者大体可以分为主持人和记录人，主持人应当具备一定的亲和力、善于与人沟通交流的能力，能够快速与被调查者建立良好的互动关系，而记录人则应具备良好的倾听和记录能力，能及时记录和总结各方的发言。如果调查者和被调查者之间存在语言不通的问题，还应配备翻译人员。至于被调查者方面，应根据所研究的内容选择合适的被调查者。例如，在旧村改造背景下的村规民约调查时，被调查者的选择应考虑两个因素：其一，考虑对村规民约的熟悉程度，基于这方面的考虑，可优先选择村干部、村中长者等熟悉村规民约的人参加座谈会。其二，考虑受村规民约影响的程度，可以邀请受村规民约影响大、对村规民约有不同意见的人参加座谈会，例如，因村规民约规定而在旧村改造中少分配利益的外嫁女。这样有利于从各方听取关于村规民约的不同意见，了解和掌握人们对村规民约的全面而真实的想法。

确定了参加人员以后，还需要确定座谈会的时间和地点。座谈会的时间、地点的选择，应当以方便被调查者为原则，充分考虑各被调查者的时间，不宜妨碍被调查者正常的工作和生活。例如，在对旧村改造中的村规民约调查和研究中，由于被调查者大多是村民，都住在村里，所以可以将座谈会的地点定在村委会。确定了时间、地点后，需要提前通知各被调查者按时参会。

（三）提前了解被调查者的情况

在座谈会召开前，调查者需要对被调查者的情况进行了解。包括了解每个被调查者的年龄、性别、职业、身份、健康情况、家庭关系、个人性格等，对被调查者有一定的了解，有利于在召开座谈会时有针对性地提问和交流。例如，在对旧村改造中的村规民约调查和研究中，对熟悉村规民约的被调查者，可以多问关于村规民约来龙去脉、前后联系的问题，对于对村规民约持不同意见的被调查者，可以多问其反对的理由。根据被调查者的不同情况进行提问和引导，有助于更深入、准确地了解情况。

（四）提前布置会场

在座谈会召开前，需要提前布置会场，包括打扫卫生、调试会场设备、调试幻灯片、布置横幅，以及安排好各参加人员的座位、摆放名牌、摆放会议手册、准备必要的文具和茶歇等。

五、习惯法调查中座谈会的召开

在座谈会召开的过程中，为了保证座谈会的顺利进行，需要注意座谈会的开场、座谈会的提问与讨论、座谈会的控制以及座谈会的记录四个方面的内容。

（一）座谈会的开场

座谈会开始时，主持人首先应当进行简要的自我介绍，并对其他参加人员进行介绍。随后说明本次座谈会的目的，介绍本次座谈会的主题、流程和注意事项，使被调查者清楚此次座谈会到底需要解决什么问题、要做什么事。在正式开始提问与讨论前，主持人可以与被调查者寒暄，拉进与被调查者的距离。例如，在对旧村改造中的村规民约调查和研究中，座谈会开始时先对座谈会的基本情况进行介绍，让被调查者知晓座谈会的议题与议程，然后就本村的基本情况与被调查者进行交流，拉近与被调查者的距离，方便后续的提问与讨论。

（二）座谈会的提问与讨论

与被调查者建立起良好的互动关系后，主持人可以根据事先准备的提纲进行提问，提问时应做到语言简洁、语速适中，先从简单的问题开始提问，提问时先提出一个问题，然后由被调查者进行发言、讨论，在发言、讨论的过程中，如果发现有价值的地方，主持人应适当进行追问，待一个问题结束后，再进入下一个问题，而不是把准的所有问题一次性抛出，让被调查者回答。例如，在对旧村改造中的村规民约调查和研究中，座谈会主持人可以先从本村关于外嫁女身份是如何规定的这一简单的问题问起，待被调查者回答后，再听各方对这一规定的讨论，是否存在对该规定的不同理解，适当时追问其理由及相关问题以引导其给出更有价值的答案。这里要注意的是，提问时不应带有倾向性，例如，不应问"你是否赞成对普通村民能分得 120 平方米的房子而外嫁女只能分得 80 平方米的房子这种不平等的规定？"由于提问时已经定下了"不平等"的基调，被调查者在回答时，或会隐瞒自己内心的真实想法。

（三）座谈会的控制

在座谈会进行过程中，为了防止座谈会陷入失序状态，应当对座谈会进行适当的控制。具体包括对内容的控制、对争执的控制以及对时间的控制。

在内容控制方面，座谈会的提问与讨论是按照既定的议题和议程进行的，虽然为了更好地掌握被调查者对习惯法的真实想法，在座谈会过程中可以适当拓展和追问，但要注意对座谈会内容的控制，才能保证座谈会目的的顺利达成。例如，在对旧村改造中的村规民约调查和研究中，在座谈会上，除了讨论外嫁女身份认定的问题外，还需讨论上门女婿身份认定、非集体经济组织成员继承的祖屋、钉子户的处理等问题，不宜只讨论一个方面。另外，在讨论过程中容易离题，例如，在讨论"非本村人带着孩子与本村人再婚，孩子身份如何认定、能否分房？"时，可能会变为对某村民私生活的讨论，这种情况需要及时纠正，使讨论的重心回到旧村改造中的村规民约本身。

在对争执的控制方面，因为受邀的被调查者身份不同、立场不同、对村规民约的理解不同，所以在讨论的过程中，容易产生矛盾、发生争吵甚至是肢体冲突，在这种情况下，要注意对争执进行控制，避免发展为更大的冲突。例如，在对旧村改造中的村规民约调查和研究中，各方可能会对村规民约的规定有不同理解，获利者和失利者可能会在座谈会上发生争执，为了避免事态升级，主持人应当及时调和气氛、转移话题、安抚情绪，避免矛盾激化，保证座谈会能和平、顺利进行。

在对时间的控制方面，对于每个问题的提问与讨论，应当按照既定议程操作，如果某个问题讨论的时间过长，要及时提醒切换话题，否则会影响后续议程。例如，在对村规民约的研究中，各方可能会就某问题一直争论不休，此时需要及时停止并切换话题。

（四）座谈会的记录

召开座谈会的目的不是朋友聚会闲聊，而是收集研究资料，所以在座谈会召开过程中，会议记录十分重要。在座谈会过程中，记录人应当认真倾听并准确记录，记录时应条理清晰，能准确记录被调查者发言的要点、被调查者间的争议以及各自的理由，有条件的可以在得到被调查者允许的前提下进行录音。座谈会结束后，应当及时对会议记录进行整理和总结，梳理出有价值的研究资料，以便后续研究使用。

六、结语

召开座谈会是习惯法调查、研究中的一种常用方法，对于习惯法的调查、研究有着重要意义，因此我们在运用座谈会方法进行习惯法调查和研究时，应当做好座谈会召开前的准备以及把控好座谈会的召开，及时记录和总结，通过座谈会获得相关的客观真实的资料。

诚然，我们也应看到座谈会方法的局限性，座谈会方法毕竟是一种定性研究方法，可能会由于参加人员数量有限，无法获取能全面代表所有群体观点的数据。基于此，要对习惯法进行全面的调查、研究，不宜仅限于运用座谈会方法，应当运用多种研究方法，这样才能获得更好的研究效果。

习惯法研究中的问卷调查

潘香军

一、引言

问卷是调研中收集资料的一大工具，在形式上以问题表格呈现，用于测量人们的行为、态度和社会特征。[1]这种研究方法被广泛运用于社会科学的研究之中。习惯法来源于生活，生长于实践，需要学者对生活现象的留意、对社会百态的感知、对事实与规范的观察，问卷调查的方式便是把这些感性认知转化为科学研究的过程。作为社会科学中重要的研究方法之一，问卷调查在习惯法乃至法社会学领域尚未得到足够的重视。现阶段，参与式观察、深度访谈等方法在习惯法主题的研究中往往占据着主导地位，但是我们不能忽视问卷调查所具备的优势。对习惯法研究中问卷调查的意义、方法、内容、难点进行探讨，不仅能够发掘问卷调查的研究旨趣，还有助于在习惯法领域形成清晰完整的方法论图景，对于研究者正确认识问卷调查大有裨益。

二、习惯法研究中问卷调查的意义

长期以来，我国习惯法研究十分重视参与式田野观察法，通过

---

〔1〕 参见风笑天：《社会学研究方法》（第 2 版），中国人民大学出版社 2005 年版，第 160 页。

事实发掘与过程深描的方式，了解规范在实践中的具体运作形态。这是一种个案的、特殊的、微观的分析方法，它固然能够在田野中捕捉到一些细节，但在规模化、一般化和数量化的研究中却显得力不从心。问卷调查则能够弥补这一局限性，拓展习惯法研究的疆域。

问卷调查能够助推习惯法研究从个案到规模、从具体到一般的转变。我国习惯法种类繁杂、内容丰富，存在依靠宗族家庭而形成的宗族习惯法，也有根据地缘关系形成的村落习惯法，还有基于业缘形成的行业习惯法与行会习惯法，更有多种因素交织而成的少数民族习惯法等。[1] 欲通过田野调查去了解历史与当代各个地区不同领域的习惯法，需要投入极大的时间、精力与金钱成本，但采用问卷调查的方式则能更为迅速、高效地掌握大致的情况，得到初步的判断结论。同时，正是因为"十里不同风，百里不同俗"，习惯法形态各异、千差万别，习惯法的研究容易遭致普遍性与一般性的诘问。针对该问题，问卷调查的目标群体既可以限定在某个地域内，也可以采用分层抽样的方法，根据不同的阶层、职业等标准进行区分和比较，从而尽可能地囊括多样化的受众群体。大量数据支持下的研究试图克服小部分人群、小样本观察下代表性不足的难题，使习惯法研究能够具有一定的普适性和推广意义。在形式方面，问卷调查主要以封闭性问题为主，相比于个案的观察思考与长时间的场景浸润，问卷调查更能够以精炼的问题与便捷的方式，获得目标群体对习惯法的态度与认知情况。这些优势同样使习惯法的调查研究能够覆盖更多的地区、更宽的领域与更长的时间跨度，因而更加规模化、系统化和一般化，可提高研究的效率。

问卷调查有利于实现习惯法研究从质性到量化的转变。当前的习惯法研究大多停留在质性研究的阶段，是学者置身于田野中参与、交流、感受、对话之后所进行的叙事和提炼，依赖的是深刻的洞察力。然而，问卷调查本质上是一种实证的方法，它有着与自然科学方法类似的逻辑程序和内容结构，与抽样、统计分析之间存在着内

---

〔1〕 参见高其才：《中国习惯法论》（第3版），社会科学文献出版社2018年版，第11页。

在的关联。[1]问卷调查的逻辑和性质能够为研究者提供相对精确的数据，这些数据的获得成为开展研究的基础和支撑。一方面，对于问卷结果数据进行描述分析，通过样本数量、选项百分比的呈现，可以更加直观地展现出人们对于习惯法的形成原因、影响因素与运行状况等方面的不同认识。另一方面，建立在问卷数据收集基础之上的数据清洗、模型搭建与回归分析，关注到了各个变量之间的因果关系或相关性，揭示藏于现象背后的关系。例如，在测量人们是否更愿意使用习惯法解决纠纷时，受教育程度、年龄、性别、职业、经济收入水平、是否有过诉讼经历等变量的回归显著性能够为研究主题提供解释。此外，问卷设计中的半封闭式问题或开放式问题也避免了调查中的僵化，增加了回答的丰富程度和可能性，使问卷在获取定量研究结论的同时，也能部分地关照到定性描述。

三、习惯法研究中问卷调查的方法

问卷调查要讲究方式，否则容易流于形式，影响研究结论的准确性。习惯法研究中问卷调查的具体方法应包括扎实的前期准备工作、科学的结构设计、有针对性的分发回收以及详实细致的分析。

问卷调查首先需要具备强烈的问题意识，明确问卷的目标。习惯法作为法社会学中的一个极其庞杂的主题，汇聚了无数个子课题，然而并非每一个研究主题都与问卷调查的方式相适配，尤其是一些案件或活动的发展过程、人类社会法秩序所体现的社会文化背景都适宜以田野现场观察的方式进行考察。[2]因此，欲采用问卷的方式进行习惯法的调研，必须明确调研的主题，判断主题与问卷法的匹配程度。研究目的是侧重过程描述还是数据分析、习惯法的核心范畴、习惯法所涉的范围大小、所测量的对象是否能够被量化等均可以成为判断的依据。不过，研究者预先进入田野之中熟悉情况、观察访谈、发现问题，也能够提高问卷设计的质量。同时，在准备

---

[1] 参见风笑天：《方法论背景中的问卷调查法》，载《社会学研究》1994年第3期。

[2] 参见高其才：《法社会学田野现场观察的思考》，载《北华大学学报（社会科学版）》2023年第3期。

阶段还需要检索、阅读相关主题的文献，不仅要对习惯法领域的既有研究进行回顾、发现新问题，还需要串联起习惯法研究的理论脉络，把握好当代习惯法中的法事实和法规范，由此在之后的问卷设计中才能将题目所探求的真实情况与理论相互照应，并在问卷中实现与先前研究者之间的对话。

当明确选题和研究目标后，问卷调查即进入问题设计阶段，这是研究中的关键一步，直接决定着是否能够达到测量目的、形成科学的数据来源。在设计过程中有许多细节问题容易忽略，例如，法社会学调查问卷设计中经常容易出现双重意义问题、含糊不清的问题、逻辑关系问题、措辞表达问题、抽象性问题、诱导性问题、敏感性问题和无意义问题等。[1]习惯法研究中的问卷调查也应避免上述问题。具言之：

第一，问卷必须界定清晰、防止歧义。好问题的标准之一是所有回答者能用一致的方式理解问题，这种理解与研究者所要表达的方式是一致的，同时能够与受访者可接受的答案类型一致。[2]因此，研究者不仅应在引导语中进行概念的界定和问卷的介绍，还需要在每一个题干和选项中明确内容、表达精准，防止被调查者对概念和其他词句产生歧义。例如，针对农村地区开展的习惯法调查，可以以习惯、风俗、习俗、村规民约等词汇代替习惯法一词，以防超出被调查者的理解范围。

第二，问卷必须具有逻辑，纵向上层层递进，横向上并列排布。这就意味着，问卷的设计应聚焦于一个主题，并将这个大问题切割为细小的分支。换言之，问卷的结构应通过分级目录的形式展开，在每一个子部分的目录里，再进行分级展开、抽丝剥茧，设置的选项、提问的题干、该部分的子目录均和研究的主题密切相关，如此一来才能使问题设定具有深度，测量的结果较为深入。在问题的内部，既需要确保题干与选项之间的逻辑对应关系，杜绝一问多答或

---

〔1〕 高其才：《法社会学》，北京师范大学出版社 2013 年版，第 306 页。

〔2〕 ［美］弗洛德·J. 福勒：《调查问卷的设计与评估》，蒋逸民等译，重庆大学出版社 2010 年版，第 2~3 页。

多问一答的现象，还应当保持各个选项之间的并列关系，这同样可以采取分类的方式展开。例如，研究法官在审判过程中适用习惯法的考量因素时，可以初步将影响因素分为个人层面与国家层面，不同层面的因素之间泾渭分明，从而避免选项之间的相互交叉或包含与被包含。

第三，问卷设计必须精细化，一个细节的失误可能会导致整个题目的无效。设定答案时，应当尽可能考虑到受访者的不同情况，不能一概而论。问卷中会存在跟部分受访者相关而与另一部分受访者不相关的问题，这就需要灵活使用关联问题。[1]例如，调查某一个具体习惯法的适用情况时，不应将问题止步于人们是否使用、遵循该习惯法，还应当设置习惯法适用的频率、次数等关联问题，而数量的设置也必须具有合理的梯度间距。由于研究者的有限理性，选项还有可能无法穷尽所有情形，因此可以在答案中设置"其他"一栏，给被调查者提供更多的回答空间，增加问卷答案的多样性。在处理程度问题时，李克特量表通过五点等距法，将态度分成强烈赞同、赞同、中立、反对、强烈反对五种类型。[2]相比于同意、不同意与中立的三等分法，李克特量表通过更加精细的划分，更加严谨、客观地了解到被调查者的态度，这一方法在评估人们对习惯法的作用、运行效果、满意度、重要程度等方面具有优势，可避免问卷调查的颗粒度不足问题。

问卷实施阶段，由于问卷的准确性与回收率与被访者之间息息相关，在问卷发放前需要确定目标群体，将不符合调研目标的受众排除在外，并根据不同的被访对象采取差异性的设计和发放方式，使问卷更具针对性。例如，调查基层的纠纷解决习惯法时，由于基层法官和乡镇行政工作人员的行为模式和关注重点不完全相同，针对两类群体的问卷便应作出区分。需要注意的是，必须站在受众的角度，考虑被调查者是否能够理解问卷的含义、是否具有回答的能

---

〔1〕［美］艾尔·巴比：《社会研究方法》（第11版），邱泽奇译，华夏出版社2018年版，第253页。

〔2〕Likert, "R. A Technique for the Measurement of Attitudes", 140 *Archives of Psychology*, pp. 1~55 (1932).

力和意愿。比如，调查少数民族地区习惯法时，可以考虑另附一份方言版本的问卷；在农村地区开展习惯法的调研时，既可以发挥乡贤、村干部的权威，为得到村民们的配合，还要考虑到村民的受教育情况和互联网普及率，在智能手机使用率较低的地区应采用纸质问卷的形式进行发放。在大规模的问卷实施之前，还可以选定被调查者中的小部分群体，对问卷实行一次预调查，从而发现问卷中可能存在的缺陷并进行修订，节省问卷调查的成本。

在回收问卷、整理数据结果、剔除无效信息后，研究者需要对问卷进行全面细致的分析。根据调研的目的，问卷分析也存在两种典型形式：一是对研究对象在某方面的属性、水平所进行的客观评定；二是对被调查者的基本看法和观点进行解释，具有主观倾向性。[1]问卷分析的关键在于找准对应的分析方法。在涉及具体数额时，往往采用客观的数理分析。例如，在研究某一地区婚约中彩礼返还的习惯法时，可以以彩礼返还数额作为因变量，以当事人婚姻状况、共同生活时间长短、子女抚育情况、是否存在过错、是否生活困难、民族构成、年龄、收入、当地经济发展（GDP）等调查结果作为自变量，探究不同变量之间的相关关系。然而，在研究婚姻制度中的订婚、结婚与离婚习惯法的过程，或者研究人们对于习惯法的态度和意识时，问卷结果中的数量和百分比可以作为辅助性的工具，而描述性、阐释性的分析方式则更为可靠。

四、习惯法研究中问卷调查的内容

学界通过问卷调查的方式，广泛探索了习惯法的客观规范和不同群体对于习惯法的主观态度。习惯法研究中的问卷调查涉及了纠纷解决习惯法、刑事习惯法、民事习惯法、法律意识与文化、习惯法与国家法的关系以及习惯法在司法审判中的适用等方面。但值得注意的是，并非所有主题都与问卷调查完美契合。因此，本部分将在爬梳既有研究的基础上，尝试归纳出何种类型的习惯法研究更适

---

〔1〕 参见朱红兵编著：《问卷调查及统计分析方法——基于 SPSS》，电子工业出版社 2019 年版，第 2 页。

合使用问卷调查法。

在使用问卷调查的方法研究习惯法主题的文献中，纠纷解决习惯法占据了半壁江山，这些问卷生动展示了习惯法在纠纷解决中的运用。首先，问卷调查能够凸显出习惯法运用过程中的主体差异性。对通辽市科尔沁某村的问卷调查显示，发生刑事纠纷时，31%的蒙古族居民受访者会优先寻找本民族有威信的人进行解决。[1]部分地区存在专门解决纠纷的主体，如对仫佬族人回收的 152 份有效问卷结果表示，多数人会请"冬头"按习惯法裁决家族内部成员之间的各种纠纷，"冬头"一般由村干部与房族老人担任，"冬头裁决"能够有效化解矛盾，但人们对裁决的公正性存疑。[2]其次，通过问卷调查，可以了解纠纷解决的根据，厘清习惯法在纠纷解决中发挥的功能，例如，瑶族的石牌即为纠纷解决的重要依据。学者对金秀大瑶山地区十个村屯的问卷调查发现，乡村生活中形成的传统纠纷往往并不复杂，新石牌中大多存在相近具体的纠纷解决规定。[3]随着国家政权在基层地区的渗透，纠纷解决的依据在新时期还会以村规民约等形式展现出来。而在民族宗教地区，由于宗教的影响力，宗教教义精神也会成为调整人们行为的习惯法。对甘孜藏区的问卷资料显示，绝大多数人认为藏传佛教教义发挥着更为重要的作用，藏族传统道德次之，宗教和以乡规民约为主要内容的习惯法依然举足轻重。[4]最后，纠纷解决的方式和程序也时常作为问卷调查的组成部分之一。学者通过问卷的方式进一步印证，相比国家司法程序，人们更容易接受以习惯法为依据进行调解。[5]此外，出于对乡村关

---

〔1〕 王丹：《蒙古族刑事习惯法在当代的适用及调适研究》，载《云南民族大学学报（哲学社会科学版）》2019 年第 3 期。

〔2〕 徐合平：《仫佬族习惯法实施现状调查与思考——以纠纷解决方式之"冬头裁决"为对象》，载《中南民族大学学报（人文社会科学版）》2013 年第 5 期。

〔3〕 参见周世中、全莉萍：《瑶族新石牌及其在构建和谐社会中调整功能探析——黔桂瑶族侗族习惯法系列调研之八》，载《山东大学学报（哲学社会科学版）》2007 年第 5 期。

〔4〕 参见王玉琴、德吉卓嘎、袁野：《藏族民间调解的脉动》，载《西藏大学学报（社会科学版）》2011 年第 4 期。

〔5〕 参见王玉琴、德吉卓嘎、袁野：《藏族民间调解的脉动》，载《西藏大学学报（社会科学版）》2011 年第 4 期。

系的维护和对传统习惯的遵从，轻微人身伤害案件、过失犯罪案件、涉及隐私的案件以及未成年人犯罪的刑事案件中，加害人与受害人也时常寻求以和解的方式解决纠纷，而非向司法机关寻求救济。[1]

民事习惯法方面，习惯法的调查集中于婚姻家庭制度中。问卷的内容可以涵括婚约、婚姻缔结、解除、财产分割与子女抚养的行为模式，并从中总结出婚姻家庭习惯法的特点或是存在的问题。[2]问卷还能反映出当代婚姻家庭习惯法中的变迁。譬如，对喜德县以及西昌市的 165 份调查问卷显示，凉山彝族地区承认家支外婚、民族内婚、等级内婚和姨表不婚等传统习惯法的同时，也呈现了一定程度的松动。在对问卷数据进行相关性分析后可知，这种松动受到教育程度、贫困情况、政治属性与年龄等因素的影响。[3]此外，还有学者以婚姻家庭制度中某一具体习惯作为切入点，通过问卷调查发现当地的订婚习惯、婚约解除及赔偿、彩礼的数额、来源、归属、回赠、性质、债务偿还、返还习惯、彩礼纠纷解决的方式，以及人们对待高额彩礼、天价彩礼的支持反对态度，不但能够了解婚约彩礼习惯法的规范及实施情况，而且可以为习惯法与国家制定法之间的协调提供事实上的理据。[4]

刑事习惯法方面，不少以问卷调查作为研究方法的文献聚焦于刑事和解制度，尤其注重探究少数民族地区对于刑事和解的处理方式。对宝山村彝族村民、普罗村傈僳族村民以及施八村的藏族村民进行问卷调查可知，对宗教神灵（毕莫）的信仰、家支关系的存在、

---

〔1〕 参见赵琪、邓建民：《乡村地区刑事和解探析——以四川石棉彝族地区为例》，载《河北法学》2010 年第 1 期；苏永生：《中国藏区刑事和解问题研究——以青海藏区为中心的调查分析》，载《法制与社会发展》2011 年第 6 期。

〔2〕 相关文献可参考刘艺工、刘利卫：《关于甘南藏族婚姻习惯法的实证分析》，载《法制与社会发展》2009 年第 6 期；于君刚：《凉山彝族婚姻习惯规范的法文化思考》，载《贵州民族研究》2014 年第 8 期；阿依古丽·穆罕默德艾力：《新疆少数民族婚姻家庭的法律问题探析》，载《西北民族研究》2011 年第 4 期。

〔3〕 王卓、张伍呷：《凉山彝族婚姻制度的松动与走向研究——兼析彝族贫困代际传递的原因》，载《西南民族大学学报（人文社科版）》2018 年第 3 期。

〔4〕 参见康娜：《婚约彩礼习惯与制定法的冲突与协调——以山东省为例》，载《民俗研究》2013 年第 1 期；蔡华、何长英：《凉山彝族婚嫁"高额彩礼"问题研究》，载《民族学刊》2022 年第 3 期。

德古的权威以及村委会的介入构成了刑事和解制度形成的原因。不论是彝族习惯法中的死给、藏族习惯法中的赔命价，还是傈僳族的刑事和解制度，均能够积极调节各方权益得失，合理修复社会关系，取得了较为良好的影响，并且和解后不太可能引发当事人到国家机关上访、报复对方等行为。[1]不过，也有学者基于对甘南藏族自治州夏河、玛曲两县 4 个行政村的 46 户家庭问卷调查指出，传统赔命价虽然受到青睐，但程度已有所减弱，人们开始倾向于利用司法渠道解决命案纠纷，对司法的期待可能会动摇对传统刑事习惯法的坚守。[2]此外，对刑事习惯的了解情况、适用情况以及习惯法的威慑性与被调查者的受教育水平、年龄以及刑事案件的种类具有较强的关联性。高龄被调查者、教育水平较低者对习惯法更为熟知，而杀人、放火等一些严重的刑事案件由国家制定法解决为主，盗窃罪依然按照彝族刑事习惯法处置。[3]

在习惯法所彰显的文化与意识层面，既存在对习惯法伦理观念的调研，也不乏人们对习惯法态度模式的实证研究。伦理观的考察集中于生态习惯法上，在对西藏、青海、四川、甘肃四个省份的藏族聚居农、牧区以及半农半牧区的居民发放 220 份问卷后得知，垃圾处理、挖山取石、水资源开发等受到了神山信仰与神湖崇拜的习惯法文化影响，但是现代化进程中藏族神、人与自然一体的生态伦理观也正在发生变迁。[4]类似的观点还能在土家族习惯法伦理观中得以验证。对武陵山片 23 个区市县、863 份有效问卷的抽样调查中，以 SPSS 统计软件为辅助进行百分比统计、平均值、标准差及相关性分析，可以发现习惯法伦理的内容在减少，规范效力在降低，强制

---

〔1〕 曲丰亮：《民族地区刑事和解初探——以云南迪庆少数民族地区为样本》，西南大学 2011 年硕士学位论文。

〔2〕 熊征：《藏区"赔命价"认同现状调查——基于个体行动的视角》，载《西北民族大学学报（哲学社会科学版）》2014 年第 4 期。

〔3〕 参见杨庆花：《论彝族刑事习惯法与国家法的关系——以宁蒗拉伯乡为例》，华中科技大学 2017 年硕士学位论文；樊纪兰：《大方县彝族刑事习惯法研究》，贵州民族学院 2011 年硕士学位论文。

〔4〕 参见常丽霞、袁峥嵘：《藏族生态伦理观的当代变迁——生态习惯法文化的视角》，载《西南民族大学学报（人文社会科学版）》2017 年第 6 期。

性在弱化。[1]在对待习惯法态度的剖析上，针对不同群体的问卷调查可以反映出，身份差异所带来的对习惯法认可程度的区别。甘肃地区 291 份有效问卷显示，少数民族群众一般对习惯法有着强烈的认同感。[2]与之相反，调查法官对习惯法的概念认知、识别情况与适用理念后，问卷数据显示，基层法官对习惯法的态度是谨慎而克制的，更多地选择坚持实证法学的观念。[3]因此，不同群体对习惯法展现出了迥异的认知，民族群众采取的是肯定和认同的观点，村委会存在既无奈又矛盾的心理状态，基层政府一方面否定那些违反国家制定法的习惯法，另一方面又对其中可以吸纳的要素给予重视，司法机关则对习惯法产生了反感与回避的态度。[4]

在习惯法与国家法的关系上，问卷调查的方式凸显了习惯法与国家制定法之间的冲突与调适。首先，问卷调查通过对事实进行测量描述，展现民事习惯法与国家法之间的不一致。根据于民族地区某自治县内的三个乡所作的问卷调查，在国家法定婚龄之前结婚的青年男女占 36%，体现出了民族习惯法与国家法的不同秩序体系。[5]其次，问卷调查能够通过人们面对不同规范之间冲突时的状态和选择，来衡量刑事习惯法与国家法之间互纳共存的可能性。以青海涉藏地区的调研为例，在风俗习惯与国家法律冲突时，选择遵循风俗习惯的占 45%，而选择遵守法律的占 48%。[6]还有学者以问卷调查法揭示出，广西民族地区民众认为民族习惯法与刑事和解制度间存在冲突，需要协调，但同时也有近四分之一的民众支持二者

---

〔1〕 周忠华、黄芳：《土家族现代习惯法伦理观念调查研究》，载《原生态民族文化学刊》2019 年第 2 期。

〔2〕 虎有泽：《民族地区法制建设探析——来自甘肃省积石山县的田野调查》，载《贵州社会科学》2013 年第 12 期。

〔3〕 张斌：《法官如何思考民间法：基于泰安市基层法院实地调研的分析》，载《山东大学学报（哲学社会科学版）》2012 年第 5 期。

〔4〕 侯斌：《少数民族习惯法的历史与现状》，载《云南民族大学学报（哲学社会科学版）》2008 年第 2 期。

〔5〕 参见刘顺峰：《论民族法学研究中的局限及可能进路——以民族习惯法为分析对象》，载《广西民族大学学报（哲学社会科学版）》2015 年第 2 期。

〔6〕 陈晓枫、徐惠东：《论民族地区治理现代化中传统权威与现代法律权威之互洽——以青海涉藏地区为例》，载《青海社会科学》2020 年第 6 期。

共生发展。[1]最后，在习惯法与国家制定法的力量博弈中，问卷调查的结果显示，部落组织的复兴及其与当地村委会和基层政权之间的复杂关系、政府与司法机关的权威性等因素对习惯法产生了深远的影响。[2]

在习惯法的司法适用中，早在 2008 年，广东省高级人民法院民一庭课题组便在全国范围内回收了 548 份调查问卷，探究民俗习惯在审判中的运用情况，根据数据归纳出习惯法一般被运用于调解阶段，本地年龄较大的法官、基层人民法院运用较多，民事领域的运用频率远高于刑事领域，尤以传统民事法律关系为主等适用特点。[3]随后，学者在对四川省甘孜州地区回收的 296 份有效问卷后，分析了藏族习惯法的司法适用特征，同样提到在庭前调解、诉讼调解等判决以外的机制中，法官适用习惯法的倾向更大，适用方式一般是作为裁判的参考而非裁判依据，甚至 72.9% 的被调查者认为习惯法并不会最终被写入裁判文书。虽然有 45.8% 的被调查者认为习惯法司法适用的效果佳、当事人满意，但习惯法的举证程序以及习惯法的查明机制尚不完善。[4]

根据前述梳理可知，习惯法研究中问卷调查的适用领域广泛，而这些主题之间也会产生一定的交汇融合，问卷中常常既涉及习惯法事实，又牵扯具体的规范运行情况，还可能关注人们的态度和意识。习惯法调查是一项复杂艰巨的工程，有必要对既有研究进行反思，提炼出与问卷调查法更贴合的主题内容。

第一，相较于习惯法的本体论或演进理论，习惯法规范在当前实践中的运行样态更适合问卷调查法。习惯法作为一种规范人们行为的活法，与民众日常生活密不可分，适宜采用问卷法进行研究的

---

[1] 参见蒋巍：《刑事和解与因俗而治：民族地区刑事司法问题实践研究》，载《黑龙江民族丛刊》2019 年第 6 期。

[2] 参见后宏伟：《藏族习惯法回潮及其原因探析》，载《甘肃政法学院学报》2017 年第 4 期。

[3] 广东省高级人民法院民一庭、中山大学法学院：《民俗习惯在我国审判中运用的调查报告》，载《法律适用》2008 年第 5 期。

[4] 周世中、周守俊：《藏族习惯法司法适用的方式和程序研究——以四川省甘孜州地区的藏族习惯法为例》，载《现代法学》2012 年第 6 期。

习惯法应该是当下的而非历史的，是动态的而非静止的，是实践的运作形态和具体内容而非产生的学理或形成的渊源，这也是为何问卷调查经常出现在通过习惯法解决纠纷的研究中。纠纷在人类社会中不可避免，而习惯法恰如其分地发挥着定分止争的作用，关注纠纷解决习惯法的制度外观和内在构造、行动者的行为逻辑和策略，能够避免对规范的泛泛而谈。[1]在这类习惯法的研究中，问卷调查能够以具体事实或纠纷为依托，结合人们的行为举止，发掘那些在习惯法中发挥了实质性作用的内容，探究它如何影响社会秩序。

第二，相较于习惯法研究中对于事件发生过程的叙述，问卷调查更能把握到应用习惯法后的结果状态。换言之，问卷调查并不擅长讲述故事的经过，而是更多地着眼于人们的行为结果与习惯法的适用效果。譬如，在研究调解习惯法时，调解的方式、调解的效力、调解的结果等确定性要素均能通过问卷镜像复现，然而权利纷争的过程、调解的话语模式、不同主体在调解流程中的角色分化难以被问卷关注。在习惯法司法适用的研究中同样得以体现。由于判决本身具有既判力，以判决书中对习惯法的认可和论证作为基础资料，以审判的法官作为被调查的对象，结合法官自身的学识、年龄、性别、经历等，调查审判工作中涉及习惯法适用的案件数量、适用方式、适用频率、适用效果、适用限制等可视化的指标，能够对习惯法在裁判中的实践成效和运用模式有更深刻的体察。但是法官如何在习惯法的司法适用中进行法律解释、演绎推理、漏洞填补与利益衡量等过程机理则相对难以把握。

第三，相较于人们对于习惯法的主观感知和丰富的内心活动，对习惯法有关的事实描述和数据累计更适合问卷调查，也即与习惯法相关的文化、信仰、精神、意识等抽象维度的测量难度更大，而具象的现实表现与客观状况更容易测量。以分家习惯法为例，问卷调查能够清晰地展示出分家的时间节点、分家的人员构成、分家的具体数额和比例分配、分家协议的效力和违约情况等。依照问卷所

---

〔1〕 高其才主编：《当代中国纠纷解决习惯法》，中国政法大学出版社 2019 年版，第 3 页。

得数据，研究者可以大致了解当地分家的程序规范和实体规范。虽然问卷也可以对人们的感受和评价进行粗浅的测量，但是暗含于分家习惯法背后的传统伦理、宗族文化、家族关系、性别权力以及人与人之间隐晦的情感表达和交往状态，均无法通过问卷的形式勾勒出来。同样地，面对少数民族在刑事案件中频繁适用的和解习惯时，研究者也无法仅通过几个简单的选项设置，便清楚知晓民众对国家司法的准确态度，而对于国家正式法和习惯法之间的冲突，民众的心态也时常模棱两可、反复无常。此时，以访谈的形式对被调查对象进行解释追问，使相对粗线条的问卷被更加细腻的对话所填充，研究者才能在对话过程中体悟到被调查者的感情与意向。

五、习惯法研究中问卷调查的难点

既有的习惯法研究中虽然使用了问卷调查的方式，但调查的信度、效度、科学性和精确性值得进一步推敲，这是因为问卷调查的研究方法本身存在难度。它并不像想象中的简便易行，不是通过设计几道简单的问题、发放回收便能实现习惯法研究的目的。问卷调查的难点在于问题的有限性、被访者的局限性、结果的复杂性。

第一，有限的问题可能难以实现问卷调查的测量目标。问卷的问题设计是习惯法研究中的重要一环，高质量的问题能够提升问卷的可读性和回收率。然而，如果问题的数量过多、内容深入，易给被调查者造成填写的困扰，尤其是在调查边缘地区或少数民族地区习惯法时，当地群众的文化水平可能并不高；但如果内容精炼浅显，又无法在有限的问题内获得更多的信息。因此，习惯法研究中问卷调查的问题设计需要克服两大困难：一是问题流于表面，未针对某一具体的习惯法或者某种态度观点进行深入挖掘，导致最终问卷质量不高，不具有创新性，得到的结果均是一些老生常谈、众所周知的常识，失去了问卷调查的意义；二是问题的形式固定，难以对话交流。由于问卷大多以封闭性选项为主，很多情况下缺乏研究者与被访者之间的及时释明和反馈，在测量某一习惯法的客观形态和运行状况时具有用武之地。但是，研究者可能与调研地区的距离较远，缺乏当地的生活文化背景，未摸清该地区的风俗习惯，导致对人们主观态度的把握不到位。如何通过有限的客观问题和少量的主观问题，探察到人们内心深处细微的想法，将主观的认识以数据的方式揭示，是研究者必须面对的挑战。

第二，被调查者的局限也可能会削弱问卷调查的科学性。如何找到最合适的被调查者，说服他们配合问卷的填写和研究的推进，在回答问题过程中真诚地表达自己的想法，是问卷调查的又一大难题。确定目标群体和进行问卷投放时，学者提出可以依托行政结构权威的方式，在当地职能部门的协助之下，借助地方人脉关系，顺利找到被访者，这可增进被访者的信任，减少拒访率。[1]然而，即便是存在"引路人"，也未必能保证答案的真实性。一方面，普通的被调查者很有可能没有充足的耐心仔细阅读和回答所有问题，或是考虑到问题的敏感性，随意勾选答案，从而导致研究者无法回收到高质量的问卷结果。另一方面，部分被调查者还可能会刻意隐藏想法，反而具有一定的误导性。以习惯法司法适用的主题为例，法官在填写调查问卷时，出于其职业道德、内心准则以及其他因素的考量，可能会以相对审慎克制的态度回答问题，不一定会选择向调查者袒露真实的观点。这就可能会导致收集的结果与事实存在偏差，问卷效度较低。而在问卷的回收数量上，学界不少以问卷调查方法研究习惯法的文献收集的问卷数量较少，不乏仅根据三四十份问卷进行分析的研究，这些研究很有可能会以偏概全，仅窥见冰山一角而武断下结论。

第三，问卷的结果一般是不规整的，有赖于科学的分析方法、条理清晰的总结和准确的语言表达来呈现研究过程和结果，这也对研究者提出了较高的要求。具体而言，问卷结果的描述剖析需要处理好表象与实质的关系、个人与社会的关系。在表象与实质之间，应当通过问卷中的数据统计，考察这些冰冷数字背后的实质内涵。在研究民俗习惯司法运用时，学者在问卷中设计了一些案例题，这种结构将直白的观点选择转化为了具体情境中的行为模式选择，又

---

〔1〕 江立华、陈雯：《结构—能动性干扰：问卷调查精度的局限性分析》，载《统计与信息论坛》2011年第8期。

通过对行为的研判总结出一般性的规律。例如，通过法官是否在清明节强制执行欠款的回答，得出民俗习惯司法运用必须符合日常情理的结论。[1]在个人与社会的关系上，问卷调查依旧面临着代表性不足的质疑。问卷结果的分析不能止步于个体，社会调查所面对的不应该是孤立的个人，否则，调查结果只是一种"叠罗汉式"的生硬叠加，无法描绘出浑然一体的鲜活世界。[2]比如，虽然各民族的刑事和解习惯法存在差别，但在习惯法的理论搭建、权威地位、实际运用、实施效果等方面，或许存在一定的相似性。因此，由回答问题的个体推及群体再到社会的过程中，对问卷结果的分析既要避免浅尝辄止，又要防止过度演绎。

六、正确认识习惯法研究中的问卷调查

纵观学界既有的习惯法研究，问卷调查的方法和内容并非一成不变。回顾已有成果，反思方法理路，能够不断推动问卷调查方法的迭代更新，便于在后续研究中关注重点、克服难点、找准支点。研究者必须正确认识、认真对待习惯法研究中的问卷调查，明确问卷调查的前景与方向，同时也要警惕对问卷技术的盲目迷信和单向依赖。

一方面，问卷调查法崭露出了一些新趋势。虽然在当前的研究中，问卷调查面临着各种挑战，但是未来习惯法研究中问卷调查法有望得到重视，问卷的设计和实施技术将愈发成熟，应用的范围也将更为广泛。其一，问卷设计和发放的技术不断创新，提高了习惯法研究中问卷使用的精确度和可信度。例如，在测量人们对于习惯法适用的满意度时，可以借鉴政治学中的虚拟情景锚定法，减少评价尺度偏差；[3]列举实验法、随机化回答技术等有利于减轻被调查者面对"社会在场"的压力；以空间单元代替行政区划作为抽样单

〔1〕参见公丕祥主编：《民俗习惯司法运用的理论与实践》，法律出版社2011年版，第130、253~258页。

〔2〕参见黄盈盈、潘绥铭：《问卷调查的"过程控制"——论主体构建视角下调查方法的整合》，载《社会科学战线》2010年第6期。

〔3〕参见刘小青：《降低评价尺度偏差：一项政治效能感测量的实验》，载《甘肃行政学院学报》2012年第3期。

位的方法可以降低抽样成本。[1]其二，专业的调查机构开始活跃在学术研究的舞台上，提供方法和数据的支持。一些高质量的问卷调查不能仅依靠单一的研究团队完成，需要共同体之间的深度合作，与信息工程专业人员、政府以及行业部门的合作促使研究者的调查诉求得以变现。[2]中国家庭追踪调查（China Family Panel Studies，CFPS）和中国综合社会调查（Chinese General Social Survey，CGSS）中就涉及了少部分法律领域的数据。其三，越来越多的学者能够熟练运用包括问卷调查在内的各种研究方法，习惯法研究中的问卷调查方法与其他研究方法相互配合、相得益彰，实现复杂问题的研究。习惯法的主题宽泛宏大，涉及刑事、民事、农村、城市、少数民族、汉族、司法、民间等各个方面，同时又兼具法社会学与法人类学等跨学科交叉的特质。学界开始对不同学科的方法论进行移植和运用，将问卷调查、田野观察、半结构或无结构化访谈、座谈、民族志等多种研究方法结合。例如，问卷所收集的数据可以运用经济学的方法进行显著性分析，或结合计算机编程等技术提高数据处理的精度；问卷中的文本意见可以结合扎根理论进行分析；访谈与问卷的结合则能够使研究者在问卷设计的前期更好地聚焦现象，把握好问题的深度和广度，拉近与被调查者之间的距离。

　　另一方面，面对令人眼花缭乱的社会科学研究方法，研究者必须保持清醒的头脑和理性的态度，以审慎、客观的立场对待习惯法研究中的问卷调查。首先，我国拥有悠久的历史、固有的社会结构、独特的发展道路，法社会学研究必须重视我国社会秩序、社会规范、社会结构。[3]基于我国特殊的历史道路与社情民意，加之问卷调查法自身存在的局限性，问卷调查难以涵盖习惯法研究中本土的元素、多元的内容、立体的主题，在理论贡献上也相对薄弱。虽然问卷能够帮助研究者了解一些刑事习惯法、民事习惯法规范，但是在当地

〔1〕 严洁：《政治学研究中的抽样调查：难点、问题与方法创新》，载《政治学研究》2018 年第 3 期。

〔2〕 臧雷振、徐榕：《方法论危机下的问卷调查：挑战、变革与改进路径》，载《社会学评论》2023 年第 2 期。

〔3〕 高其才：《法社会学中国化思考》，载《甘肃政法学院学报》2017 年第 1 期。

的社会背景、文化传承、人际关系、习惯法与国家制定法冲突与互动背后的实质要义等方面难以深入解释和挖掘。有学者曾指出，关系作为我国社会中一种典型的文化要素，在问卷设计和研究模型中操作难度大，中国文化中的关系人也不是一般的相识，而是指熟人，因此需要将这一概念的本土化关怀和社会网络的普适性理论相结合。[1]其次，从事习惯法研究的人员往往是法学、人类学等学科背景，长期接受质性方法的训练，缺乏数理统计方面的熏陶，导致研究者无法克服设计、实施和分析中的偏误，可能影响研究结果的真实性和科学性。即便是对实证主义计量法信手拈来的研究者，也有可能陷入假设检验的套路中，即未进行科学严谨的问卷评估，仅仅从一个毫无相关假设设计的问卷中抽取了某些自己感兴趣的变量，或者对先前的变量排列组合、强行分析。[2]如此一来，便会丧失问卷调查的意义，也无法为之后的研究提供可用的经验。最后，人类普遍存在着"心理二重区域"的现象，这也同样反应在中国人的心理状态上。对于被调查者而言，人们愿意公开的自我部分占比较小，在问卷中采用一套官方话语体系，不愿诉出真实。[3]此外，被调查对象的代表性、多元性、层次性都会影响数据来源的可靠性和说服力。因此，对于习惯法中的问卷调查的先前结果需要以批判性的视角看待，对问卷调查方法的应用也要秉持着严谨理智的态度。

七、结语

问卷调查的方法在习惯法的研究中具有一定的价值，它以自身独特的性质引导着研究者探索广袤的习惯法世界。科学总是寻求重大而富有成效的工作，是不全面的，法学也无法独善其身，发现活法需要观察法、访谈法、地理学、民族学、实验法等多种方式。[4]

---

〔1〕 参见边燕杰、李路路、蔡禾：《社会调查方法与技术：中国实践》，社会科学文献出版社2006年版，第9~10页。

〔2〕 参见黄盈盈、潘绥铭：《社会学问卷调查的边界与限度——一个对"起点"的追问与反思》，载《学术研究》2010年第7期。

〔3〕 参见郭淑华：《现代社会调查真实性所面临的挑战》，载《社会》2003年第5期。

〔4〕 参见［奥］欧根·埃利希：《法社会学原理》，舒国滢译，商务印书馆2022年版，第589~604页。

习惯法研究的方法也是无止境的，但需要说明的是，任何一种方法都并非包治百病的灵丹妙药，方法仅是手段，而非目的。问卷调查与其他研究方法均需要遵守社会科学研究的伦理要求，需要研究者投入大量的精力与耐力，需要清晰的逻辑、科学的思维、扎实的训练。问卷调查虽然能够一定程度上弥补其他方法的缺憾，但也存在自身的局限和实施的困境。根据研究问题开具药方、对症下药，各种研究方法相辅相成、灵活运用，方能在无限与未知的领域中接近真相、发现本质、解释现象、解决窘况，创造习惯法研究的知识增量。

跨境关联企业混同用工劳动争议调查问卷的设计

李沁霖*

一、引言

为收集统计数据、归纳提炼出具体问题，在习惯法调查和研究中，问卷调查被广泛使用。然而，在实际应用的过程中，设计一份调查问卷并收集到有效的调查数据，并非易事。受到调查问卷设计过程中调研者个人学识、研究观点等主观因素和问卷分发、回收过程中的各种客观因素影响，部分问卷调查获得的数据并未能达到研究预期。在先前的研究中，笔者曾多次采取问卷调查的方式开展研究，所收集的调研数据为后续的研究提供了一定的实证支持。

在《粤港澳大湾区发展规划纲要》实施过程中，粤港澳大湾区内各地劳动争议仲裁机构在开展业务的过程中取得了一定成效，但仍面临争议解决差异问题。为此，2023 年，我所在的课题组受广州市某单位委托，对粤港澳大湾区内跨境关联企业混同用工劳动争议开展研究。为更好地发掘粤港澳大湾区中跨境关联企业混同用工劳动争议立法及司法中存在的法律问题，课题组决定在粤港澳大湾区开展实地调研。

* 李沁霖，广州商学院法学院讲师。按照学术惯例，本章中的部分地名、人名、机构名称为化名，特此说明。

为便于调研数据的获取，在调研计划制定的过程中，我制定了问卷调查与访谈相结合的计划，以访谈结果作为问卷调查设计和调整的基础。在开展问卷调查以前，课题组成员先进行了一轮的访谈，旨在对于粤港澳大湾区内跨境关联企业混同用工劳动争议的立法、司法现状形成初步认识，为调查问卷的设计提供实践支撑。访谈的对象包括课题委托单位负责人、在粤港澳大湾区内从事劳动争议解决的律师以及企业法务等3人。在与委托单位负责人进行访谈的过程中，笔者了解到，此次的研究命题属于前瞻性研究。目前，委托单位及其上级单位对此类案件的处理并不多，但随着粤港澳大湾区合作的不断深入，他们预期，此类案件定将不断增加。因此，委托单位希望通过预先对此课题进行研究，对潜在风险进行披露并制定相应的防范措施。在与律师及企业法务的访谈过程中，他们反映目前虽然粤港澳大湾区跨境劳动争议的发生尚不多见，但是境内企业混同用工的现象并不罕见。此次访谈给了我们两点启示：其一，在问卷设计上，应当在问题设置时，首先对未处理过或不了解粤港澳大湾区和跨境劳动争议解决的受访者进行筛选，他们的回答对我们的研究帮助或许十分有限；其二，在问卷发放过程中，有针对性地在粤港澳大湾区从事劳动争议解决的相关部门一线工作人员、高校研究人员、企业法务任务及律师群体中发放问卷，减少无效数据对于统计结果的影响。

本文中，我将以所在项目组在粤港澳大湾区对跨境关联企业混同用工劳动争议研究过程中进行问卷调查的经历为例，浅谈习惯法调查问卷的设计与体会。[1]以期为其他在法社会学研究中希望采取问卷调查作为调查形式的学者提供一些经验和启示。

---

〔1〕 在法社会学研究中，当研究者选择使用调查问卷时，至少需考虑在调查问卷的设计、发放、调整、回收及数据分析的过程中如何进行妥善安排，以确保调查问卷的有效性。因本研究在开展过程中适逢广州市新冠疫情管控，故调查问卷的发放及回收受到不可抗因素的影响。在本次研究中，对问卷结果最大的影响因素为调查问卷的设计及调整阶段，故本文主要对该阶段的细节及笔者在此期间的体会进行叙述。

二、调查问卷的设计与调整

（一）调查问卷的设计

本次问卷的设计是在前期研究的基础上进行的，通过法社会学的研究方法进行设计和调整。

匿名填写的调查问卷。关于调查问卷是否采取匿名形式，在调查问卷设计过程中，课题组曾经产生过争论。最初，笔者认为应当采取实名形式设计调查问卷。笔者的理由是，这样可以更好地收集调研信息，也为后期进行回访提供素材。但一起工作的课题组成员则认为，应当采取匿名。她的理由是，本次调查问卷的受访者多为粤港澳大湾区内各地人民法院、劳动争议仲裁委员会的法官、仲裁员，身份较为敏感。因此，如以实名方式进行问卷，他们在填写问卷时多少会有所顾虑，导致无法收集到有效的信息。基于此，我们最终讨论决定采用匿名调查问卷，并设置开放问题，单独收集愿意进行访谈的受访者的信息。

为便于全面获取调研数据，本次调查问卷采取半开放的方式进行设计。即，针对主要的调查问题，采取封闭选择题的方式进行，受访者直接在设定好的问题选项中进行选择、完成问卷的填写。同时，在最后设置主观开放题，收集受访者针对粤港澳大湾区跨境劳动争议解决机制构建的想法、其他意见及受访者的联系信息，[1]为后续进一步的研究提供支持。

本次调查问卷共设计 3 个模块，13 个问题。第一个模块为信息收集部分（问卷第 1 至 4 题），帮助课题组快速确认经办过跨境劳动争议的机构及后续可以访谈的机构。第二模块是针对跨境劳动争议解决的问题（问卷第 5 至 8 题），收集受访者经办的跨境劳动争议的情况，以及他们对设立专门机构（如粤港澳大湾区联合调处平台）处理粤港澳跨境劳动争议的态度。第三模块针对跨境关联企业混同用工劳动争议的问题，收集受访者对于此类案件处理过程中存在的

---

〔1〕 此处个人信息的收集仅针对有意愿后续愿意配合课题组进行现场/电话访谈的受访者，属于自愿填写部分。

立法、司法问题的意见。

一些调查者为了吸引更多的受访者填写调查问卷，会选择在问卷填写后给予适当的问卷奖励，如购物券或小礼物等。本次调查问卷并未采用问卷奖励，一方面，因为问卷的发放对象包括公务人员，发放奖励或将给他们带来麻烦；另一方面，本次问卷调查的主题较为明确、受访者的范围也较为有限，仅通过给予奖励扩大问卷范围，也难以获得更多有效的数据。

(二) 调查问卷的调整

调查问卷进行中的访谈。在调查问卷进行一轮以后，结合在问卷中发现的问题，再次对在问卷中明确表示愿意接受访谈的受访者开展访谈。本轮访谈主要是针对受访者在调查问卷中的回答及问卷设计本身，课题组旨在通过本轮访谈，发现新问题以及调查问卷在设计和发放过程中存在的不足，及时对调查问卷进行调整。

本次调查问卷共进行了三轮的发放，其中，在第一轮问卷发放后，结合收集的调查结果和访谈结果，课题组发现第一轮的调查问卷在设计中仍存在不足，故进行调整后重新发放。

本次问卷设计过程中，在第一轮问卷发放并回收后，针对受访者回答情况，对于问卷中涉及受访者反映的经办涉港/澳案件主要的困难部分的问题，笔者进行了调整，删去该问题，改为直接针对涉港/澳案件专门机构设立、《统一区际冲突法》对解决跨境关联企业混同用工劳动争议的价值等更为具体的问题。这一调整是在分析第一次调研中获取的结果后进行的。课题组在统计第一次调研的结果时发现，大部分的受访者在未处理过此类案件的情况下，对于经办涉港/澳案件存在的实际困难往往缺乏真实的体会。因此，在填写调查问卷时，往往选择"未经办过/其他"这一选项或者凭借直觉进行选择，[1]与实际涉港/澳案件的处理情况存在一定的偏差，影响调查结果的有效性。因此，我希望通过将问题具体化，让受访者直接对具体的问题进行回答，便于其进行作答的同时，也便于受访者针对

---

[1] 此处所指的直觉，主要是指法律职业工作者在长期工作中形成的对于法律的感知和认识。

相关问题进行检索。

三、问卷设计的体会

关于调查问卷的质量标准，高其才提出了"妥切性"的标准。[1] 首先，调查问卷的研究目标应当具备妥切性，调查问卷的设计者需考虑如何设计才能使得回答者相信其所填写的调查问卷具备相应的科学价值和社会意义。其次，调查问卷中的问题对于研究目的应当具备妥切性，只有这样，才能通过调查问卷获得真实的回答。最后，调查问卷中的问题对于具体调查对象应当具备妥切性，既在问卷设计过程中应当根据调查对象的不同，单独设计不同的调查问卷，或者至少根据调查对象的不同设计不同的问题。如以妥切性的标准来审视本次调查问卷的设计，这次调查问卷的设计是不够成熟的，在研究目标、问题与研究目标的对应、调查对象等方面存在不妥切问题。

（1）研究目标不妥切。在本次研究过程中，调查结果显示，回答者在填写过程中并未能完全关注调查问卷的研究目标，甚至部分回答者在填写问卷过程之前对于研究对象跨境关联企业混同用工劳动争议的了解十分有限。对于这部分受访者而言，完成问卷的填写或是出于与设计者的人情关系，或是基于完成一定的工作任务，[2] 其所作的回答对粤港澳大湾区跨境关联企业混同用工劳动争议的解决中的研究价值和现实价值缺乏内心确信。对此，笔者认为如时间与条件允许，调查者可在进行调查问卷前对调查对象和调查意义进行简单的介绍，尤其是在现场发放的调查问卷中，由调查者直接进行口头介绍，帮助受访者迅速了解整个调查课题。针对直接在线发放或通过中间方代为发放的课题，可在调查问卷的介绍部分对调查问卷的研究目标、对象、价值等进行简单介绍，引起受访者对调查问卷的兴趣和重视程度。

---

〔1〕 参见高其才：《原野识法：法社会学田野调查方法札记》，中国政法大学出版社2024年版，第114~115页。

〔2〕 问卷发放的过程中，我们曾通过周围的同学、同事的社交网络并在一些单位的负责人的帮助下对调查问卷进行发放。

（2）问题与研究目标的对应不妥切。虽然本次调查问卷是采取匿名的方式进行的，回答者除自愿披露个人信息外，无需在调查问卷中填写个人信息。但是，仍产生了对研究目标不妥切的问题。这个问题主要是由于跨境关联企业混同用工劳动争议这一研究主题在问卷调查时发生较少，即使是在粤港澳大湾区从事劳动争议处理的司法部门工作人员和律师，也少有涉猎。同时，在填写调查问卷时，较少有人会为了填写问卷特地进行文献检索。背景知识的缺乏使得回答者无法回答针对性、专业性较强的问题，导致调查问卷部分问题的结果质量不佳。这一问题在此类前瞻性较强的课题进行调研时往往是无法避免的。笔者认为，或许可以从问卷的设计和受访者的选择两个层面进行调整。首先，在问卷设计时，调查者本身即应当对研究对象有充分的了解，这一了解不仅仅是理论知识上的了解，还包括司法实践工作中的了解，确保在问题设计时更重视问题设计的逻辑和研究目标的实现。其次，在调查对象的选择方面，在调查计划设计时即应当提前做好筛选，思考"谁在收到问卷后会给出满意的答案""他们在问卷调查中希望看到什么样的问题"。

（3）调查对象不妥切。在本次调查问卷填写过程中，回答者的职业身份包括：大学教师、法官、检察官、律师、粤港澳大湾区各地市劳动争议仲裁委员会仲裁员及工作人员、法务人员等，调查对象分布广、所处的行业多。但是，在本次调查问卷的设计过程中，我并未针对不同的职业（如区分法官、律师和劳动争议仲裁委员会仲裁员）和不同地域（如广东省和香港特别行政区、澳门特别行政区）设计和使用不同的问卷。这个问题，主要是由调查者经验及调查成本导致的。

对于无法单独针对调查对象设计、发放单独的问卷的情形，其中一种解决路径是设计不同的问题逻辑以区分不同的调查对象。在填写调查问卷时，受访者可自己根据不同的身份背景、情况选择进入不同的问题版块。即使在同一问题中，也可根据不同的回答区分不同的调查对象。如，在对粤港澳大湾区跨境劳动争议解决中证据制度进行研究时，审判机关、律师及企业在取证、质证、认证和证据采纳中遇到的问题是明显不同的，相同的问题自然无法全面收集有效的调查数据。

四、结语

在习惯法研究中开展问卷调查并不简单，尤其是要做好一次问卷调查更非易事，其中一个重要环节就是问卷的设计。调查问卷中，问题设计的过细将导致问卷过长、问题过多，使得受访者感到厌烦，不认真填写问卷；问题设计得过于宽泛、过少，又无法获取有效的调研数据。因此，对于从事习惯法调查和研究的学者而言，度的把握是设计一个好的调查问卷的关键。

习惯法调查中的个案调查

高其才

一、引言

个案为个别的、特殊的案件或事例，为某一事件相关信息的总和。个案调查为对单个对象的特定行为或问题进行了解和探析。[1]在习惯法调查中，需要充分重视个案调查，对特定的效果法规范、特定的习惯法行为、特定的效果法秩序进行个别的、具体的调查和了解。

我自己在习惯法调查中，非常重视个案调查，调查基本上以个案为主，围绕个案进行习惯法调查和思考。

我于 2015 年出版的《习惯法的当代传承与弘扬——来自广西金秀的田野考察报告》（中国人民大学出版社）为来自广西金秀的田野考察报告；2018 年出版的《村规民约传承习惯法研究》（湘潭大学出版社）是以广西金秀瑶族为对象；2018 年出版的《通过村规民约

---

[1]　有人认为个案调查运用的是个案研究方法。个案研究方法是追踪研究某一特定的社会文化活动的一种科学研究方法，尤指对某一个体、集体或群体在较长的时间段里进行持续观察和深入调查，全面了解其行为的发展变化过程，进而认识和分析其行为动因和规律的研究方法，亦称案例研究法、个案历史法。参见许春清：《论民族法学之"个案研究方法"》，载《西北民族大学学报（哲学社会科学版）》2015 年第 2 期。据学者观察，个案调查、研究进入社会科学研究方法体系已有近二百年的历史，一般将 1829 年法国社会学家利普雷（ Frederic LePlay）开展的家计调查视为个案研究的雏形。参见曾东霞、董海军：《个案研究的代表性类型评析》，载《公共行政评论》2018 年第 5 期。

的乡村社会治理》（湘潭大学出版社）是在田野调查的基础上对当代锦屏苗侗地区村规民约功能的研究；2021年出版的《生活中的法——当代中国习惯法素描》（清华大学出版社）是以个案形式呈现的当代中国习惯法素描；2022年出版的《当代中国习惯法的承继和变迁——以浙东蒋村为对象》（中国政法大学出版社）为以浙东蒋村为对象的田野调查和思考。

在乡土法杰方面，我主编的《乡土法杰》丛书除了一辑之外，对象均为个人，至今访问了六位。包括《桂瑶头人盘振武》（高其才，中国政法大学出版社2013年版）、《洞庭乡人何培金》（高其才、何心，中国政法大学出版社2013年版）、《浙中村夫王玉龙》（高其才、王凯，中国政法大学出版社2013年版）、《滇东好人张荣德》（卢燕，中国政法大学出版社2014年版）、《陇原乡老马伊德勒斯》（高其才、马敬，中国政法大学出版社2014年版）、《鄂东族老刘克龙》（高其才、刘舟祺，中国政法大学出版社2017年版）等。

我的这些习惯法调查及成果，有以广西金秀这样的一个县域为个案对象，有以蒋村这样的一个村为对象；具体而言则多以一个案件、一个事件、一位个人为个案对象。我主要通过对个案调查展现习惯法的主题和魅力。

二、个案调查特点

关于习惯法调查中的个案调查，我在《习惯法的当代传承与弘扬》的"导言"中，我有以下的看法：

3. 以个案活动为对象。本书的调查、讨论主要以金秀瑶族的各种习惯法活动为主要对象，如"做社"、互助建房、"众节"、打茅标、结婚、丧葬、度戒、立石牌、"泼粪"、"挂红"、"烧香赌咒"等活动。我尽可能通过多种方式获取金秀的各种习惯法方面的活动消息，想方设法及时到达活动现场，亲身参加具体的习惯法活动，观察个案活动的整个过程，访问个案事件的当事人和旁观者，通过具体个案思考瑶族习惯法的当代意义。

在《"乡土法杰"缘起》中，我的认识也类似：

我选择生活在中国社会底层的在世乡土精英列入本系列作为传主。他们现在或生活在农村，或生活在城镇，正直、热心、善良、能干、自信是他们的共同特点。他们非常熟悉乡土规范，广泛参与民间活动，热心调解社会纠纷。他们是乡村社会规范的创制者、总结者、传承者，是草根立法者、民众法学家。他们作风正派，办事公道，能力突出，影响深远，口碑良好。这些人是一些有着独特个性、富有担当、充满活力的人。他们给人以温暖，给社区带来温情，让弱者有安全感。他们是平凡人，自然也有自身的缺点和不足。这些有血有肉的乡土法人深受固有规范的影响，身上流淌着华夏儿女的血液，他们的所思所为系维着中华文明的根脉。本系列力求表达民间社区法人的独特人生、民间智慧者的法事生活、特定社区的秩序维持、中国普通人的文化情怀。

综合以上的认识，我认为习惯法调查中的个案调查有这样四方面特点：

首先，鲜活、生动。在习惯法视域下，个案调查的对象为一件件案件、一个个事例、一位位人士，为现实习惯法生活中实际发生的现象和确实出现的人物，具有形象性。这些是活生生的事件、活生生的当事人，事件有因有果，人物有血有肉，呈现出生动、鲜活的形态。在习惯法调查的个案调查中，重点关注的是具有实际效力的习惯法规范，是生活中民众所实际遵循的习惯法。个案表现出一种"活力"，个案调查要了解、表达和理解这种活力。

其次，具体、直观。习惯法调查中的个案调查围绕具体的个案而展开，个案调查的方式具有独特性。个案调查的个案是特定的、确定的客观实在，非为抽象、笼统的存在。个案调查的方式针对个案的特点而确定。习惯法调查者有目的地就个案事实进行调查，主要通过现场的参与式观察和非参与式观察进行，通过直接接触得到感性认识，重在亲临个案现场以获得第一手材料和现场感受，进而进行理性思考和理论概括，这显现了个案调查者的能力。

再次，微观、细节。进行习惯法调查的个案调查时，调查者重视细节、关注微观，逐步展开调查，调查过程具有渐进性。在个案调查时，调查者由小到大、由细至粗、从微达全，观察个案发生、发展的全过程，发现起关键作用的细小环节，把握个案决定性的方面，完整地呈现个案的来龙去脉、前因后果，呈现个案的魅力。

最后，详细、深入。习惯法调查的个案调查因对象确定、内容明确而可做深入观察、深度访谈、深刻交流，个案调查的结果具有深度性。个案调查能够围绕具体的个案进行详细的、全面的了解，详细描述某一具体习惯法对象的全貌，了解习惯法事件发展、变化的全过程，由表及里、由外而内、由事而理地描述个案的习惯法内容和习惯法意义，透彻地分析个案体现的习惯法运行，揭示个案蕴涵的习惯法价值，展现个案的影响力。[1]

习惯法调查中的个案调查的最大优势是可以对调查对象全面、深入、系统的调查研究，既可历史地也可现实地弄清楚调查对象的来龙去脉，又可以追踪其发展变化的情况，掌握其规律，全面、具体、深入地把握个案的全貌。

三、理解个案调查

对习惯法调查中的个案调查，需要从个别与一般、部分与整体、具体与抽象、客观与主观等方面进行思考，全面理解个案调查，为实际进行个案调查奠定基础。

（1）个别与一般。个案为个别，个案调查虽为个别调查实则体现一般，因此习惯法调查中的个案调查具有代表一般的意义，具有一定的代表性。[2]

---

〔1〕 学者们对个案研究特点的归纳虽各有侧重，但一般均强调研究范围的整体性、研究内容的深入性、研究方法的综合性、研究视角的双重性。参见张勤：《近代司法研究的个案方法及其运用》，载《国家检察官学院学报》2019 年第 4 期。

〔2〕 任何一项社会科学的研究，都免不了受两个基本问题的"诱惑"：一是求"真"，就是探寻生活中真实的社会存在；二是求"全"，生活的真实若不能说明社会全体的脉络和逻辑，自然就不是"社会"科学的。对求"全"的渴望，常常使个案研究陷入"代表性问题"的困境。参见渠敬东：《迈向社会全体的个案研究》，载《社会》2019 年第 1 期。其实个案不是统计样本，所以它并不一定需要具有代表性。个案调查、研究实质上

个案调查能够发现个案这一单个的具体事物的个性，揭示个案的特殊性，展现个案的丰富性，呈现法规范和法秩序的多样性。任何一般都是个别的一部分、一方面或者本质的方面，而不能包括个别的全部；任何个别都不能完全进入一般，个别比一般更丰富。因此习惯法调查的个案调查在描述、探究习惯法个案的个性的同时，也在表达习惯法现象的一般特征、共同特点和本质属性，体现寓于法个案之中的习惯法的一般特性。

虽然个别的东西是现实的具体事物，个别不能全部被一般所包括，任何一般只是大致的个别，但是任何个别一定与一般相联系，纯粹的个别是没有的。故习惯法个案与习惯法一般是相互依存，进而是相互蕴涵的。从习惯法个案可以知悉习惯法一般，认识习惯法一般离不开习惯法个案，两者不可分割。我们可以认为习惯法的多样性和统一性具有辩证关系，习惯法的个别和一般、习惯法的普遍和特殊、习惯法的共性和个性在某种意义上是一致的、相等的，由此习惯法调查中的个案调查在把握习惯法的一般规律方面具有特殊意义。

不过，习惯法调查者需要注意到，作为个别和特殊，个案对象虽然可以在一定程度上反映一般，但个案调查主要是调查研究"个别"、"这一个"和"特殊"问题的解决方法，故此，不能简单地用解决个案问题的方法去解决"面"上的问题。习惯法调查中的个案调查只能为解决"面"上问题提供一定的借鉴。[1]

（2）部分与整体。部分是指组成有机统一体的各个方面、要素及其发展全过程的某一个阶段。整体是指由事物的各内在要素相互

（接上页）是通过对某个（或几个）案例的研究来达到对某一类现象的认识，而不是达到对一个总体的认识。至于这一类现象的范围有多大、它涵盖了多少个体，则是不清楚的也不是个案调查、研究所能回答的问题。参见王宁：《代表性还是典型性？——个案的属性与个案研究方法的逻辑基础》，载《社会学研究》2002 年第 5 期。

〔1〕个案调查、研究如何摆脱微观场景的限制，迈向宏大景观？即如何走出个案？在个案调查、研究的发展史上，研究者对这个问题有四种应对方法，分别是超越个案的概括———类型学的研究范式、个案中的概括———人类学的解决方式、分析性概括以及扩展个案方法。参见卢晖临、李雪：《如何走出个案——从个案研究到扩展个案研究》，载《中国社会科学》2007 年第 1 期。

联系构成的有机统一体及其发展的全过程。个案调查为对习惯法部分的调查，但习惯法部分为法整体的一个构成，因此习惯法调查中的个案调查具有一定的典型性，在把握法整体方面具有积极价值。个案调查和研究，既是通过个性研究来寻找共性（即典型性），又是通过个性研究来揭示个案的独特性。个案调查和研究因而具有典型性和独特性的双重属性。[1]

个案调查是通过对作为部分的习惯法的了解来展现整体习惯法的样貌。习惯法个案作为部分是习惯法整体中的某个或某些要素。世界上的一切事物、一切过程都可以分解为若干部分，整体是由它的各个部分构成的，它不能先于或脱离其部分而存在，没有部分就无所谓整体。据此习惯法个案反映习惯法整体。因此习惯法的个案调查是在了解组成整体的习惯法部分的基础上理解习惯法整体，通过描述习惯法个案、分析习惯法个案来认识习惯法整体。

就通常情况而言，部分制约整体，关键部分的功能及其变化甚至对整体的功能起决定作用。由之，习惯法调查的个案调查有助于理解习惯法个案的特点和功能，探讨对习惯法整体有着关键意义的习惯法部分，进而认识整体的习惯法。我们可以认为习惯法的可分性和统一性具有辩证关系，习惯法的部分与习惯法的整体不可分割、相互影响。通过习惯法调查的个案调查，理解习惯法现象的部分并通过习惯法部分探究习惯法整体所呈现的特有属性和特有规律。

（3）具体与抽象。具体为特定的、明确的事物或状态，抽象是从众多的具体事物中抽取出共同的、本质性的特征，而舍弃其非本质的特征的过程。习惯法调查中的个案调查是对具体案件、事件、人物等习惯法现象的了解，是进行习惯法抽象、提出习惯法理论的基础。个案调查所呈现的详实性，使习惯法调查在进行由多样至一元的理论抽象方面具有特殊价值。

一般而言，抽象不能脱离具体而独自存在，抽象是人们在具体实践的基础上，对丰富的感性材料通过去粗取精、去伪存真、由此

---

〔1〕 王宁：《代表性还是典型性？——个案研究的属性与个案研究方法的逻辑基础》，载《社会学研究》2002 年第 5 期。

及彼、由表及里的加工制作，形成概念、判断、推理等思维形式，以反映事物的本质和规律。[1]习惯法调查中的个案调查针对具体的习惯法规则、习惯法运行、习惯法纠纷等进行详细调查，形成感性的具体的习惯法的认知，在此基础上进行同类概括、综合思考、理论分析，从中提取出公共的、本质的特征，提炼出一般的习惯法概念。个案调查是区分开习惯法的偶然的、现象的方面和习惯法的必然的、本质的方面，并形成关于习惯法整体认识的前提。习惯法调查的个案调查有助于对多样的、复杂的法习惯现象进行抽象，对习惯法现象的内在联系做出深刻、全面的解释，总结出习惯法的基本特性和根本规律，将具体的习惯法与抽象的习惯法相连接，形成统

---

　　[1]　能否将个案调查、研究中的发现推论到总体，形象地说，就是能否突破只见"树叶"不见"森林"的局限，使个案走向全体，成为个案调查的研究者必须直面的问题。如何走出困境，据曾东霞和董海军两位学者的梳理和整理，目前大致有三种不同的观点。第一种观点是个案研究的代表性无涉论，认为个案研究所从属的人文主义方法论决定了其并没有代表性的属性。在无涉论者看来，个案研究不应追求一般化即可外推性。如吕涛所指出的那样，作为一种实证研究，个案研究不是要走出个案，而是要回到个案事实本身。[参见吕涛：《回到个案事实本身——对个案代表性问题的方法论思考》，载《兰州大学学报（社会科学版）》2016年第3期。]第二种观点是个案研究代表性分类论，认为应该从个案研究的多种类型出发来讨论个案研究的代表性问题，不同类型的个案研究的代表性问题不同，应分情况分析。个案研究可以分为涉及代表性问题和不涉及代表性问题，持这种观点的学者有王宁等。涉及代表性问题的个案研究，其样本应具有某一类型现象的共同本质、特征、属性和变量，能够成为某一类型现象的典型，即具有"类型代表性"，通过将该个案的情境与所要外推的其他同一类型个案的情境进行比较，实现个案研究发现的外推。（参见王宁：《个案研究的代表性问题与抽样逻辑》，载《甘肃社会科学》2007年第5期）在这里，所选的样本具有某一类型现象的典型，也即该样本对于所代表的类型具有较大程度的代表性。由此通过典型性样本的选用，在一定程度上缓和了个体和总体、特殊和一般之间的紧张，代表性困境得到一定程度的缓解。第三种观点是代表性超越论，强调通过部分来认识整体的合理性，从一般化意义上来看待代表性问题，希望走出个案或者超越个案。在具体路径上，超越论者有不同的主张。一种主张可称为个案类型学意义推广，个案不仅能说明自己，也能说明与它属于同一类型的其他个体。至于个案和其他个体是否属于同一类型，即是否具有同质性，由研究者或读者进行判断。由于社会世界异质性的加剧，对于异质性个体，则可以通过个案和异质性个体之间的比较，既求同又求异，实现个案研究更大范围与更高层次的外推。另一种主张，以王富伟为代表，尝试进行"关系个案研究"。该主张以现实是关系性的存在为前提，认为关系是内在的，事物并非孤立存在和自我驱动，而是在关系中得以生成，个案与整体相互生成，都是关系性存在。参见王富伟：《个案研究的意义和限度———基于知识的增长》，载《社会学研究》2012年第5期；曾东霞、董海军：《个案研究的代表性类型评析》，载《公共行政评论》2018年第5期。

一的习惯法体系。[1]客观上分析，当调查者从整体的、历史过程的角度去分析个案时，就必定会超越个案本身而延展到更大范围的问题上去。萧凤霞曾经在一个与历史学家对话的场合说："历史学可能透过一些事件来关注大问题和结局。和历史学比较，人类学同样是看一点、一个事件，但焦点则落在这个事件到底是怎样一层层做成的。事件、地区和那些点，目的不是用来组织研究题目，它们其实是我们用经验来解构的研究对象。"[2]显然，习惯法调查中的个案调查也具有这样的特性。

我们需要注意到，作为个案的习惯法案件、习惯法规范，也许的确是"历史碎片"，但每一块碎片中都包含了整体的历史，它们不仅仅是习惯法的，也不仅仅是区域社会的。因为社会、历史的层累作用，因为社会的系统性和文化的流动性，习惯法之外的、跨区域、跨时代的因素存在于每一个个案中。习惯法调查中的个案调查所调查的个案以及个体的经历、选择、行动、情感和表达都是在长期的社会过程中，由经济、社会、文化环境共同塑造、层累、转化的结果。我们面对的挑战是，怎样将这些隐藏在个案之中的社会过程从法社会学角度解读出来，或者反过来说，只有我们解读出蕴含于个

---

[1] 刘志伟和孙歌在《在历史中寻找中国：关于区域史研究认识论的对话》中曾经就"普遍性"这个似是而非的概念提出批判，认为这基本是一种"迷信"。参见刘志伟、孙歌：《在历史中寻找中国：关于区域史研究认识论的对话》，大家良友书局有限公司2014年版，第29页。孙歌在《历史与人：重新思考普遍性问题》一书中，进一步批评了前述由个案通过抽象概括获得所谓"普遍性"的研究理路。她说，"我们所习惯的普遍性知识感觉，其实是一个没有被追问也经不起追问的东西"，如果用概括的方法，我们得到的永远只能是"被扩大的特殊性"。而且这些所谓的"共性"往往是最浅表的知识，是最不需要讨论的。相似性把我们引向不同对象之间可以共享的问题，但是一旦进入这样的问题，相似就不重要了，重要的是差异。对普遍性的追求，其目的是在于达成理解，而寻找共性并不是达成真正理解的办法，寻找"关联"性才是。孙歌在这里提供了一个关于"求同存异"的新理解："求同"的目的是更好地理解"异"。参见孙歌：《历史与人：重新思考普遍性问题》，生活·读书·新知三联书店2018年版，第1~60页。杜正贞：《州县司法档案研究中的个案与普遍性问题》，载《史学月刊》2023年第1期。

[2] [美]萧凤霞等：《区域·结构·秩序——历史学与人类学的对话》，载《文史哲》2007年第5期。

案中的、带有普遍性的社会过程时，我们才真正读懂了个案。[1]

（4）客观与主观。客观是指不依赖于人的意识而存在的一切事物，主观是指被人的意识所支配的一切。习惯法调查中的个案调查围绕真实或真实的客观习惯法现象进行，为一种主观认识活动，具有某种程度的主观性。

个案调查中，调查者是客观存在的，调查和思考也是客观存在的，所以客观是个案调查这一人为活动即主观存在的基础；没有客观的调查，主观的思考就不会存在。主观表示为人所认为的或者是人所认识到的，这是主观的基本含义，对应的范畴是人的思考；主观还可以表示人为的或受人为影响的，这是主观的广义（含义），对应的范畴是人的行动（广义的，包括思考和狭义的行动）。因此，习惯法调查中的个案调查是一种人的行动，属于扩展后的主观的范畴。调查者通过个案调查主观地认识客观的习惯法现象，并能动地完善法制度和改变习惯法世界。在习惯法调查的个案调查中，客观本身与主观的关系不是对立的，两者是相互依存、能动作用的关系。

在个案调查中，主观是认识的主体即调查者，客观是认识的对象即法。主观决定于客观，但是习惯法调查者的主观不是为认识客观的习惯法而认识，而是为了在一定程度上去改变客观的习惯法为人类的美好生活服务，不是为认识客观习惯法而认识，有其特定的目的。由认识能力的局限性所决定，个案调查的调查可能符合客观的习惯法，也可能不符合或不太符合客观的习惯法。习惯法调查者应当按照习惯法的本来面目去调查、去考察，尽可能不加个人偏见地进行调查，但完全没有主观色彩的个案调查是不存在的。与抽样调查相比，习惯法调查中的个案调查不是客观地描述大量样本的同一特征，而是主观地洞察、思考影响某一习惯法个案的独特因素。

四、个案调查关键

习惯法田野调查中的个案调查涉及调查目的、调查对象、调查

---

〔1〕 参见杜正贞：《州县司法档案研究中的个案与普遍性问题》，载《史学月刊》2023 年第 1 期。

内容、调查步骤、调查方式、调查结果等方面，其中发现个案、调查个案、分析个案为调查的关键，习惯法调查者需要千方百计发现个案、千辛万苦调查个案、千真万确分析个案。

（1）千方百计发现个案。个案调查的前提为发现合适的个案，需要习惯法调查者通过各种方式多种途径、依靠多个信息来源千方百计去发现。有的个案如订婚、结婚等有确定的举行时间，调查者事先可以知悉而按时进行田野调查。有的个案如纠纷等可能偶发，习惯法调查者无法事先掌握，需要在个案发生后及时了解并到现场进行调查。个案的发现有的为调查者在调查现场时所获知，通过访谈、座谈或旁听、闲聊方式了解，也通过查阅档案、通告、报告、总结等书面材料时发现。调查者不在调查现场时可能通过翻看微信朋友圈等途径知道，也可能由朋友、熟人等专门告知。发现个案重在及时，尽可能第一时间到达现场进行法社会学田野调查。

（2）千辛万苦调查个案。知悉个案后，如果是有确切时间的个案，习惯法调查者可以做些准备，提前谋划，做好充分的准备，如查阅调查对象的日记、文件、自传、著作等文献资料，查阅有关事件的历史记载如会议记录、地方志、档案等资料。如有突发性的个案，调查者需尽快了解情况，迅速进入个案调查状态。习惯法调查者要千言万语做工作，以诚动人，打消对方的顾虑，并抓住关键问题、围绕主要环节展开走访、了解。在访问谈话时，调查者要耐心细致地听取对方的谈话，灵活地做好记录，并注意及时引导对方的谈话；要适时引出新的话题，注意在谈话中发现新的线索。习惯法调查者尽量争取与被调查者同吃、同住、同劳动、同参与，从而搜集对方的行为特征、处事方式、生活习惯、个人爱好、观念看法、心理特征、精神状态等方面的资料。既可以进行实地观察，也可以当面随时询问，还能进行自由甚至尖锐的交谈，调查者能够通过各种方式进行个案调查。个案调查需要克服各种困难，解决面临的挑战，利用各种有利力量和有用资源。调查个案重在取得个案当事人和相关人士的信任，习惯法调查者才能够全方位地获得个案的信息和相关材料。

（3）千真万确分析个案。在基本掌握个案情况后，习惯法调查者需要总结个案，对习惯法个案进行全面的分析和细致的解读，探讨其发生的经济社会背景，揭示其具体作用和基本特点，讨论其社会影响和习惯法效力，展现其发展趋势和未来走向。对个案进行调查后做深入探讨、分析性概括，有助于习惯法的探索性研究，发现重要变项，拟定假设或建立理论。习惯法个案调查进行分析性概括，旨在说明个案调查的魅力不在于要像大规模抽样调查那样用样本的结论推断总体的特征，不在于样本选择的代表性或典型性，而在于其辅助理论建构的力量。[1]分析个案重在妥切，习惯法调查者需要从实际出发进行理论说明。

习惯法调查者在分析个案时，要注意核实，确保资料的准确性和真实性，做到千真万确。对个案调查所获资料进行整理与分析时，要对资料进行必要的分类，抓住重点和核心。同时，在分析资料时要处理好习惯法的个别与习惯法的一般、习惯法的部分与习惯法的整体的关系，既把个案调查的资料放在客观对象的总体中去考察，又要在习惯法的个案中揭示习惯法的总体的性质、特质，从而得出个案调查的正确结论。在对个案的解释、分析中，习惯法调查者需要穷尽某个特定情形或是事件的所有原因，了解习惯法事件、案例之所以发生的所有因素。[2]

由上可知，相比其他研究方法，习惯法调查中的个案调查客观上要求调查者具有较高的素质和能力。在习惯法调查和研究中，个案调查的应用比较广泛，涉及的领域极广，没有专门的法学知识和丰富的社会实际经验的调查者，很难深入细致地进行个案调查，既无法顺利进行个案调查，更难弄清法运行、发展的规律，因而很难得出正确的结论。

同时，习惯法调查中的个案调查较为耗费时间，不可控性因素比较多，需要调查者留有充足的时间安排。

---

〔1〕 卢晖临、李雪：《如何走出个案——从个案研究到扩展个案研究》，载《中国社会科学》2007年第1期。

〔2〕 ［美］艾尔·巴比：《社会研究方法》（第11版），邱泽奇译，华夏出版社2018年版，第19页。

五、结语

习惯法的世界是具体的、特定的，习惯法调查中的个案调查正由对个案的调查、了解而理解习惯法、认识习惯法、把握习惯法。

习惯法调查中的个案调查，具有鲜活、生动、具体、直观、微观、细节、详细、深入等特点。调查者需要从个别与一般、部分与整体、具体与抽象、客观与主观等方面进行思考，全面理解习惯法调查的个案调查，为实际进行个案调查奠定基础。发现个案、调查个案、分析个案为习惯法调查中个案调查的关键，调查者需要千方百计发现个案、千辛万苦调查个案、千真万确分析个案。

论习惯法研究中个案的典型性

——以英华公司规范与劳动秩序为对象

柳海松[*]

一、引言

在习惯法研究中，选择适当的个案和采用适当的研究方法对典型个案开展研究与理论的建构具有同等的重要意义。习惯法研究中的典型个案同社会学研究中的典型个案一样，"虽说表面上只是一个'点'，但无论就其自身各要素发生的内在关联，还是与外部世界建立的多向度的关联来说，都会形成点点连接的'线'的关系。而这些不同关系，在组成一种链条式的社会逻辑机制时，便会伸展到更为扩展的其他社会面向中去，从而与其他机制产生联动作用，形成一个'面'。由此，社会不同领域的交错互生，会进一步呈现为一种立体的社会结构，映照出社会全体的图景"。正是典型个案所具备的这种功能，满足了习惯法研究可以"依照点、线、面的构成次序，逐一描绘出个案所能承载的诸社会面向，清理编织社会的经纬"。[1]

---

[*] 柳海松，法学博士，湖北民族大学法学院讲师，主要从事法理学、法社会学研究。本文系司法部国家法治建设与法学理论研究项目《法治社会建设中的城市习惯法研究》（21SFB2002）的阶段性研究成果。

〔1〕 参见渠敬东：《迈向社会全体的个案研究》，载《社会》2019 年第 1 期。

何为习惯法研究中个案的典型性、如何判定习惯法研究中的个案具有典型性，以及采用何种研究方法对典型性个案展开研究则是极为重要的问题。在习惯法研究中，鲜有对这些问题的系统性分析。笔者于2013年至2017年期间在清华大学攻读法学博士学位，在博士论文撰写过程中，选择恰当的个案是笔者完成博士论文的重要环节。通过对社会学和人类学研究成果的借鉴和对我的田野考查的总结，〔1〕笔者对习惯法研究中个案的典型性问题积累了一些思考。本文将结合笔者在博士论文中对公司规范与劳动秩序的研究中，选择英华公司作为典型个案为例来展开习惯法研究中个案典型性问题的分析。〔2〕

二、何为习惯法研究中个案的典型性

从中文字义看，"典型性"是"典型"的性质，是"典型"的本质含义。在《现代汉语图解词典》中，作为名词的"典型"意指

---

〔1〕 在社会学和人类学的研究中，个案的典型性问题是一个经典的问题，它与个案的代表性问题构成研究者必须加以说明的两个问题。个案的典型性方面的研究成果颇丰，国外研究如，〔美〕W. V. O. 蒯因：《从逻辑的观点看》，陈启伟等译，中国人民大学出版社2007年版；〔美〕艾尔·巴比：《社会研究方法》（第11版），邱泽奇译，华夏出版社2018年版；〔美〕克利福德·格尔茨：《文化的解释》，韩莉译，译林出版社1999年版；〔美〕罗伯特·K. 殷：《案例研究：设计与方法》（中文第2版），周海涛主译，重庆大学出版社2010年版；〔法〕迪迪埃·法桑、阿尔邦·班萨主编：《田野调查策略——民族志实践检验》，刘文玲译，商务印书馆2020年版等。国内研究如，风笑天：《社会研究方法》（第5版），中国人民大学出版社2018年版；范明林等编著：《质性研究方法》（第3版），格致出版社、上海人民出版社2024年版；费孝通：《社会调查自白》，北京出版社2017年版；王宁：《代表性还是典型性？——个案的属性与个案研究方法的逻辑基础》，载《社会学研究》2002年第5期；卢晖临、李雪：《如何走出个案——从个案研究到扩展个案研究》，载《中国社会科学》2007年第1期；陈涛：《个案研究"代表性"的方法论考辨》，载《江南大学学报（人文社会科学版）》2011年第3期；王富伟：《个案研究的意义和限度——基于知识的增长》，载《社会学研究》2012年第5期；张立昌、南纪稳：《"走出个案"：含义、逻辑和策略》，载《教育研究》2015年第12期；董海军：《个案研究结论的一般化：悦纳困境与检验推广》，载《社会科学辑刊》2017年第3期；渠敬东：《迈向社会全体的个案研究》，载《社会》2019年第1期；吴康宁：《个案究竟是什么——兼谈个案研究不能承受之重》，载《教育研究》2020年第11期；风笑天：《个案的力量：论个案研究的方法论意义及其应用》，载《社会科学》2022年第5期等。

〔2〕 英华公司全称英华精密塑胶模具（苏州）有限责任公司，由香港英合控股集团公司于2009年4月出资设立，公司位于江苏省苏州市高新技术产业开发区。根据学术研究惯例，本文中的公司名称和人名均进行了化名处理。

"具有代表性或概括性的人或事件", "文艺作品中塑造出来的个性和共性相统一的艺术形象"；作为形容词的 "典型" 意指 "具有代表性的"。对 "典型性" 的解释是, "泛指事物的普遍意义、代表性"。[1]学界对个案典型性的界定多在国内外的社会学、人类学研究中。如罗伯特·K.殷在《案例研究：设计与方法》中提出, 要分析研究对象的控制范围、程度, 他在区分普遍现象、反常现象和未知现象三种共性类型的基础上, 提出了集中性、极端性和启示性三种相对应典型性。[2]费孝通先生在对自己的研究进行回顾与反思时, 多次使用典型这个概念。他认为个案即典型, "国外所称的 '个案研究' 大体相似于典型调查"。[3]还有学者在对个案的代表性与典型性进行区分的基础上界定了典型性。如王宁认为, 典型性指的是 "个案是否体现了某一类别的现象（个人、群体、事件、过程、社区等）或共性的性质", "典型性不是个案 '再现' 总体的性质（代表性）, 而是个案集中体现了某一类别的现象的重要特征"。[4]渠敬东也有相似的认识, 他认为, 典型性是 "作为某一现象之共性的最大程度的体现"。[5]

社会学、人类学的研究给了我们一定的启示, 任何典型个案既处于具体的时间和空间之中, 又超越于具体的时间和空间, "一个好的个案, 肯定不是限于此时此地的, 它或者有深刻的历史印记, 或者反映现时代的某种气质。更为典型的个案, 则会成为一个社会运行和变迁的缩影, 像莱布尼茨说的 '单子' 那样, 是一个能动的、不能分割的精神实体, 反映着整个世界。理论上讲, 任何个案都具有一定的扩展性, 处在绵延的时空之中, 是历史和现实纵横两向的交织点, 历史的延续和变迁, 现实中的时代精神、政策走向、制度

---

〔1〕　参见说词解字辞书研究中心编：《现代汉语图解词典》, 华语教学出版社 2017 年版, 第 276 页。

〔2〕　参见［美］罗伯特·K.殷：《案例研究：设计与方法》（中文第 2 版）, 周海涛主译, 重庆大学出版社 2010 年版, 第 100 页。

〔3〕　参见费孝通：《社会调查自白》, 北京出版社 2017 年版, 第 16 页。

〔4〕　王宁：《代表性还是典型性？——个案的属性与个案研究方法的逻辑基础》, 载《社会学研究》2002 年第 5 期。

〔5〕　渠敬东：《迈向社会全体的个案研究》, 载《社会》2019 年第 1 期。

规则以及习俗民情，都会注入到此时此地的社会中。"〔1〕因此，本文认为，所谓习惯法研究中个案的典型性，指的是作为习惯法研究对象的法现象所呈现的日常性和内生性。

三、如何判断个案具有典型性

习惯法研究中的典型个案是"活生生"的法现象，这些对象是"这里"，"'这里'有着浓郁的烟火味，它可能是杂乱的、粗俗的，但是这是真实的生活，反映着中国人的七情六欲，表达着中国人的喜怒哀乐"。〔2〕通俗来说，就是作为典型个案的法现象的"存在"具有"日常性"。据于此，我们大致可以从法规范运行的场域是否具有日常性和法规范的运行是否具有内生性这两个方面来初步判断个案是否具有典型性。

（一）法规范运行的场域要具有日常性

自 20 世纪 80 年代以来，中国社会正发生着深刻的转型。在社会工业化、市场化、城镇化的进程中，各种新型组织生长出来，并逐渐发展成熟。这些组织，特别是各种类型的公司已经成了现代社会的细胞，数以亿计的社会成员被有序地组织在了一起，〔3〕它们在维护社会经济秩序、有序组织公司内部的生产经营等方面发挥着不可替代的作用。英华公司经过十数年的探索，逐步形成了一套适应

---

〔1〕 渠敬东：《迈向社会全体的个案研究》，载《社会》2019 年第 1 期。

〔2〕 高其才：《法社会学中国化思考》，载《甘肃政法学院学报》2017 年第 1 期。

〔3〕 2019 年第四次全国经济普查结果的统计数据显示，2018 年末，全国共有法人单位 2178.9 万个。其中，东部地区拥有法人单位 1280.2 万个，占 58.8%；中部地区 492.9 万个，占 22.6%；西部地区 405.8 万个，占 18.6%。按机构类型分，企业法人单位 1857 万个，占 85.2%；机关、事业法人单位 107.5 万个，占 4.9%；社会团体 30.5 万个，占 1.4%；其他法人 183.9 万个，占 8.4%。企业法人单位中，内资企业 1834.8 万个，占 98.8%；港、澳、台商投资企业 11.9 万个，占 0.6%；外商投资企业 10.3 万个，占 0.6%。内资企业中，国有企业 7.2 万个，占全部企业法人单位的 0.4%，私营企业 1561.4 万个，占 84.1%。从业人员情况如下。2018 年末，全国法人单位从业人员 38 323.6 万人。其中，第二产业的从业人员为 17 255.8 万人，第三产业的从业人员为 21 067.7 万人，个体经营户从业人员 14 931.2 万人。按行业分，法人单位从业人员数量位居前三位的行业是：制造业 10 471.3 万人，占 27.3%；建筑业 5809.1 万人，占 15.2%；批发和零售业 4008.5 万人，占 10.5%。按区域分，东部地区法人单位从业人员 21 621.0 万人，占 56.4%；中部地区 9309.2 万人，占 24.3%；西部地区 7393.4 万人，占 19.3%。

现代劳动密集型工业生产和管理的生产组织形式和科层体系。

1. 英华公司的生产组织形式具有典型性

公司的业务范围决定了它的生产组织形式。英华公司主要从事精密模具设计、制造、五金标准件制造、注塑成型及组装配套等业务，这决定了其生产组织形式属于劳动密集型，这种生产组织形式在当代中国工业生产中具有典型性。

（1）英华公司在职员工具有相当的规模。截至 2015 年 12 月 1 日，英华公司有在职员工 2208 人。其中，中央控制区员工人数 105 人，一厂员工人数 851 人，二厂 714 人，三厂 538 人。在几个基本生产部门中，模具车间员工人数 412 人，装配车间 404 人，印刷车间 380 人，PC 板生产车间 220 人，注塑车间 118 人。[1]

（2）英华公司在职员工人员结构复杂。就员工性别比例来看，公司男性员工总人数 682 人，女性员工总人数 1526 人，分别占员工总人数的 31% 和 69%。男女员工比例在不同的生产部门有很大的差距，例如，模具车间女性员工总人数是 218 人，占车间总人数的 52.9%；男性员工 194 人，占车间总人数的 47.1%。PC 板生产车间女员工总人数 178 人，占车间总人数的 80.1%，男员工总人数 42 人，占车间总人数的 19.1%。而在注塑车间里，女员工 28 人，占车间总人数的 23.7%；男员工 90 人，占车间总人数的 76.3%。[2]

就员工文化程度来看，小学文化程度 22 人，初中文化程度 948 人，高中文化程度 815 人，大专文化程度 241 人，本科以上学历 182 人，分别占公司总人数的 0.9%、42.9%、36.9%、10.9%、8.2%。[3]

就员工籍贯来看，除美国籍员工 3 人、加拿大籍员工 2 人和香港籍员工 5 人外，公司员工来自全国 18 个省、自治区和直辖市。其中位列前三的是江苏、安徽和四川三省，分别有 597 人、322 人、218 人。

---

〔1〕 数据来源：《英华公司 2015 年 11 月员工花名册》。
〔2〕 数据来源：《英华公司 2015 年 11 月员工花名册》。
〔3〕 数据来源：《英华公司 2015 年 11 月员工花名册》。

2. 英华公司内部具有成熟的科层体系

完善的科层体系是较为成熟的工业企业的一个典型特征。在英华公司里，中央办公区是英华公司的最高决策中心、研发中心、技术支持中心和公司事务协调中心。直接生产部门主要设置在三个工厂内。在英华公司一厂中设有模具车间、PC 板生产车间、注塑车间；二厂中设有装配车间、二次加工车间两个生产制造车间；在三厂中设有印刷车间和治具维修车间。间接生产部门又称辅助生产部门，它是在产品的生产制作过程中起辅助作用的生产和行政管理单位。

基于上述部门的设置，英华公司设置了相应的职能部门。如在英华公司的各个工厂中都设有经理室、生产计划部、生产管理部、品质管理部、技术管理部、仓库管理部、包装管理部、培训管理部、安全保卫部等主要间接生产部门。各部门根据部门的生产性质也构建了完整的组织结构。以二厂装配车间为例，装配车间设有办公室、生产班组、治具室、培训科等班组和科室。各个班组和科室根据岗位职责的需要还会进一步地设置若干个职能部门。例如，在生产班组中，往往设置组长、多能工、小组长和操作岗位等职能岗位。

(二) 法规范的运行要具有内生性

公司劳动秩序的生成很大程度上取决于公司内部法规范的运行是否具有内生性。就公司规章制度的生成来说，法规范的运行具有内生性的公司，其规章制度很大程度上来源于公司的经营和管理规律。公司规章制度客观地体现了对公司劳动过程的各个阶段、每一个细节的规定。可以说，公司规章制度几乎是整个劳动过程的再现，它很大程度上就是人们日常的工作方式。从这个意义上说，公司规章制度虽然是人为设计的产物，而实际上却是人们对某种工作方式的发现，"当它第一次被正式宣布为法律时，它并不是被'制造'出来，而是被'发现'出来"。[1]也可以说，"这些规则是社会事实、社会中起作用之力量的结果，不能被认为是独立、分离于它们正生

---

〔1〕 ［英］彼得·斯坦、约翰·香德：《西方社会的法律价值》，王献平译，中国法制出版社 2004 年版，第 55 页。

效于其中的社会，正如，波浪的运动不可能被计算——倘若不考虑其中它们移动的因素"。[1]它还是植根于公司劳动过程本身，而非借助于外在的、人为的力量，"它自身就是目的——它就属于那个整体，渊源于那个整体，本身就是那个整体"。[2]

英华公司于 2010 年先后通过了 ISO9001：2008，SGS，ISO13485：2003，ISO14001：2004 体系认证。在 ISO 体系建设的过程中，建立了体系完整、内容全面的公司规章制度。

作为英华公司的母公司，香港英合控股集团公司在 1996 年成立之初就制定了《员工手册》。2009 年，在英华公司的成立时，公司依据《劳动法》《江苏省外商投资公司劳动管理办法》等法律法规和公司《员工手册》重新制定适用于英华公司的《员工手册》。

在《员工手册》的基础上，制定了公司各部门的职责权限制度，如《模具车间职责权限》[3]《装配车间职责权限》[4]《注塑车间职责权限》[5]《品质部职责权限》[6]等规章制度。

为了塑造公司形象、提升员工素养，公司在《员工手册》的基础上制定了《工作时间与休息休假制度》；[7]为了保证公司安全生产、安全教育资金投入和使用，制定了《安全生产投入管理程序》[8]等规章制度。

---

[1] ［奥］尤根·埃利希：《法律社会学基本原理》，叶名怡、袁震译，中国社会科学出版社 2009 年版，第 81 页。

[2] ［德］斐迪南·滕尼斯：《共同体与社会——纯粹社会学的基本概念》，林荣远译，商务印书馆 1999 年版，第 287 页。

[3] 英华公司《模具车间职责权限》，文件编号 SZYH-TOL-309，2010 年 1 月 1 日生效。

[4] 英华公司《装配车间职责权限》，文件编号 SZYH-RTB-404，2010 年 1 月 1 日生效。

[5] 英华公司《注塑车间职责权限》，文件编号 SZYH-PRD-310，2010 年 1 月 1 日生效。

[6] 英华公司《品质部职责权限》，文件编号 SZYH-QMD-118，2010 年 5 月 1 日生效。

[7] 英华公司《工作时间与休息休假制度》，文件编号 SZYH-WTR-206，2010 年 4 月 1 日生效。

[8] 英华公司《安全生产投入管理程序》，文件编号 SZYH-SMI-224，2014 年 11 月 1 日生效。

为了提升公司劳动者的工作技能和工作积极性，公司制定了适用于各个车间的技能培训和技能考核制度，如《培训申请制度》[1]《内部培训签到制度》。[2]同时，公司还配套建立了《安全生产投入管理程序》，[3]以此保障在公司劳动过程中的安全生产及相关事务所需资金的投入和使用。

为了规范劳动者的劳动行为，促成劳动过程的规范化、标准化和协调化，公司根据各个产品的功能制定了相应的《作业指导书》。例如《钱箱（00-104777-000W）作业指导书》[4]等作业指导制度。

为了保证公司各项劳动规章的有效实施，维持公司劳动秩序，公司制定了《员工奖惩纪律管理办法》[5]《安全生产奖惩管理程序》[6]《仓库管理程序》[7]《产品检验管理程序》[8]《不合格品控制程序》[9]等规范性文件。

四、采用何种方法对典型性个案展开研究

在习惯法的研究中，为了真正回到典型个案本身，理解真实的法世界；或者说，为了让田野对象尽可能地"自我呈现"，让研究者"接近研究对象所处的实际环境"，[10]选择合适的研究方法就是很重

---

[1] 英华公司《培训申请制度》，文件编号 SZYH-HRM-208，2014 年 1 月 20 日生效。

[2] 英华公司《内部培训签到制度》，文件编号 SZYH-HRM-209，2014 年 1 月 20 日生效。

[3] 英华公司《安全生产投入管理程序》，文件编号 SZYH-HRM-206，2014 年 1 月 20 日生效。

[4] 英华公司《钱箱（00-104777-000W）作业指导书》，文件编号：SZYH-WI-31482，2014 年 6 月 19 日生效。

[5] 英华公司《员工奖惩纪律管理办法》，文件编号 SZYH-RPD-229，2011 年 7 月 1 日生效。

[6] 英华公司《安全生产奖惩管理程序》，文件编号 SZYH-PSM-206，2014 年 1 月 20 日生效。

[7] 英华公司《仓库管理程序》，文件编号 SZYH-LOG-202，2011 年 6 月 8 日生效。

[8] 英华公司《产品检验管理程序》，文件编号 SZYH-QAE-203，2013 年 11 月 12 日生效。

[9] 英华公司《不合格品控制程序》，文件编号 SZYH-QAE-201，2011 年 5 月 31 日生效。

[10] 参见［美］罗伯特·K. 殷：《案例研究：设计与方法》（中文第 2 版），周海涛主译，重庆大学出版社 2010 年版，第 13 页。

要的了。在公司劳动秩序研究中，通过前期的调查，笔者得出了一个初步判断，即在英华公司的劳动过程中，日常工作井然有序的状态与公司内部标准工时制度的有效运行有着直接的关系。于是，后来的资料搜集和调查工作主要围绕着标准工时制度及其运行从四个方面进行，一是主要围绕工作时间搜集与之相关的制度性文本；二是搜集对标准工时制度遵守和违反的案例；三是对具体案例的访谈；四是通过作者的参与性观察对标准工时制度在运行过程中生成的秩序状况进行记录。因此，笔者主要采用了田野调查法、延伸个案方法、文献分析方法以及规范分析方法对英华公司这个典型个案进行系统的研究。

（一）田野调查方法

对于田野调查研究方法的应用，西蒙·罗伯茨早已指出："社会科学的一个核心问题已逐渐得到承认，即在任何研究中，无论是有意识还是无意识，观察者都倾向于将被考察的材料对象放到自己的概念和制度框架中去，并且在这样做的时候，对材料对象会有所扭曲。当他们试图理解和描述的主题位于一个异质文化中的时候，该危险非常明显；当被观察的社会安排与我们自己的观念——有一种表面上的相似性的时候，这种风险将可能是最大的。"[1]而且在研究过程中，还容易出现"外部的观察看不到它们本身，只能看到它们的象征性表现形式"的问题。[2]高其才教授就田野调查方法中最常用的研究方法——现场观察——的应用也有过警示，他指出："由于现场观察预先没有具体的理论假设，也很难通过其他方法获得资料，因此需要在调查、研究领域内部进行长期的观察，从大量现象中概括出研究对象的主要特征，分析其法意义建构和行为互动方式，理解真实的法世界。"[3]因此，为了获取研究的资料，笔者努力深

---

〔1〕［英］西蒙·罗伯茨：《秩序与争议——法律人类学导论》，沈伟、张铮译，上海交通大学出版社 2012 年版，第 6 页。

〔2〕［美］塔尔科特·帕森斯：《社会行动的结构》，张明德、夏遇南、彭刚译，译林出版社 2012 年版，第 861 页。

〔3〕高其才：《法社会学田野现场观察的思考》，载《北华大学学报（社会科学版）》2023 年第 3 期。

入了"田野"对象。一方面，深入"田野"内部进行了长期的观察。习惯法田野调查的现场观察，是"调查者到所观察对象的社群和相关法活动中去，在参与具体法事件、法活动中进行观察、调查，了解其具体运行，理解其内在的功能和意义"，是"全面、深入地描述某一特定的法规范、法运行、法秩序、法文化现象"。[1]另一方面，对田野对象进行了参与性调查和对特定人员进行了访谈。通过参与车间劳动，观察在劳动过程中发生的事实，力图做到"掌握第一手材料，重视以材料说话"。[2]除此之外，为了最大程度地避免忽视相关事实，我在调查中尽可能地减少了在观察、访谈、参与中的主观化和形式化，以期"完整记录今天中国社会的社会秩序现状"，"避免以价值判断影响对中国社会规范事实的掌握"。[3]

具体来说，笔者在公司规范与劳动秩序的研究中，除了采用部分二手文献资料外，所用的资料主要来源于作者在田野对象进行的实证调查。在五次近百天的田野调查工作中，[4]调查范围涵括了田野对象三个工厂中的绝大多数部门，[5]尤其重点选择了在英华公司中具有典型性的注塑车间和装配车间作为田野对象，以使得田野工作能达到一定的深度；在田野调查期间，我对来自这些不同部门的31

---

〔1〕 高其才：《法社会学田野现场观察的思考》，载《北华大学学报（社会科学版）》2023 年第 3 期。

〔2〕 高其才：《建设中国法社会学》，载《中国社会科学报》2016 年 9 月 28 日。

〔3〕 高其才：《建设中国法社会学》，载《中国社会科学报》2016 年 9 月 28 日。

〔4〕 这些调查包括：2014 年 5 月 5 日至 5 月 11 日，笔者第一次在英华公司进行的调查；2014 年 10 月 13 日至 10 月 18 日在二厂装配车间进行的田野调查；2015 年 2 月 2 日至 2 月 15 日为期两周的田野调查，其中，2 月 3 日至 2 月 7 日在公司二厂装配车间进行白班工作调查，2 月 9 日至 2 月 15 日在一厂模具车间进行了夜班工作的调查；2015 年 11 月 18 日至 2015 年 12 月 18 日进行了为期 30 天的田野调查，其中，11 月 18 日至 21 日在二厂装配车间进行白班工作的田野调查，11 月 23 日至 12 月 18 日主要在装配车间、一厂注塑车间和三厂印刷车间展开夜班工作的田野调查；2016 年 9 月 5 日至 9 月 30 日，笔者在英华公司进行了第五次田野调查，在这期间，9 月 5 日至 9 月 17 日分别对装配车间和注塑车间的白班工作进行了田野调查，9 月 19 日至 9 月 30 日对装配车间、品质部的夜班工作进行了田野调查。

〔5〕 包括英华公司一厂的模具车间、PC 板生产车间、注塑车间，二厂的装配车间、二次加工车间，三厂的印刷车间等直接生产部门，还包括生产计划部、生产管理部、品质管理部、技术管理部、仓库管理部、包装管理部、培训管理部、安全保卫部等间接生产部门。

名员工就遵守公司标准工作时间制度的情况进行了 43 人次的访谈,[1]在访谈中形成了大量的文字资料,这些通过访谈形式形成的资料是呈现英华公司法秩序状况最为重要的资料。

(二) 延伸个案方法

每一个具体个案都是在特定的情境中生成的。因此,为了弄清楚公司法秩序形成的完整过程,不仅需要对个案本身进行调查,还要将个案生成的情境纳入调查的范围,也就是说,需要把个案的前因后果纳入调查的范围。如前所述,在我进行过访谈的 21 件案例中,其中包括 15 件是因违反公司标准工时制度而受到通报批评或处罚的案例,6 件是因在遵守公司标准工时制度而受到表彰和奖励的案例。除此之外,另外 22 人次的访谈涉及的是日常考勤中发生的问题、就餐时间的遵守中发生的问题、因加班时间安排而产生的问题、对岗位操作流程的遵守中产生的问题、休息休假问题,还有在部门工作衔接方面产生的问题等。笔者在对这些个案的访谈中形成了大量的文字资料。通过延伸个案方法,能较为完整地发现标准工时制度在运行过程中的细节,这对解释公司劳动过程的有序化有着重要的意义。

(三) 文献分析方法

文献分析方法是习惯法研究中对典型性个案进行分析必不可少的研究方法。一方面,如前所述,英华公司通过 ISO 体系建设,制定了体系完整、内容全面的与标准工时制度直接或间接相关的规章制度。而且,在英华公司十数年的经营管理中,围绕标准工时制度的运行产生了大量的案例,公司保存了丰富的文档资料。我在 2014 年 5 月至 2016 年 9 月期间调查搜集的这些资料是分析英华公司劳动方面规范与秩序形成机制的重要资料之一。另一方面,研究者们已经从法学、社会学、人类学、历史学和管理学等学科的角度直接或间接地对这一主题开展了研究,形成了一大批资料详实、论证严谨的研究成果,我的研究也在一定程度上参考了这

---

〔1〕 其中包括对 2014 年 5 月 5 日至 2016 年 9 月 30 日期间发生的 140 件案例中的 21 件案例的当事人的访谈。

些资料。

具体来看，在田野工作期间，作者所搜集的英华公司制定的绝大部分与标准工时制度直接和间接相关的制度文本、[1]围绕标准工时制度的运行而形成的具体案例、通过访谈获得的资料，以及对在参与性调查中切身经历的记录是本项研究所采用的核心资料。其中，具体案例来源主要包括两个方面，调查期间以前发生的案例和调查期间发生的案例。[2]这些案例包括因为遵守公司或部门标准工时制度而给予的"奖励"和因为违反标准工时制度而作出的"处罚"。[3]这些案例涉及除公司中央控制部门以外的绝大多数部门。

（四）规范分析方法

在各种法学研究方法中，规范分析方法是常用的方法，通过这一方法一定程度上能发现法规范的运行效果。在英华公司里，存在着内容全面、体系完整的有关标准工时制度的规章制度。笔者的博士论文以标准工时制度为切入点，客观展现了标准工时制度在运行过程中所形成的公司劳动过程有序化状况，这一过程即是标准工时制度作为公司里最重要的法规范如何实现由"应然"到"实然"的过程。

五、结语

自改革开放以来，公司已经成了我国社会的基本社会组织之一，公司实质上就是这样一种人类群体，"他们在相互的关系中决定承认某

---

〔1〕 直接体现英华公司内部标准工时制度的制度文本有《员工手册》，以及在《员工手册》的基础上制定的《工作时间与休息休假制度》《培训申请制度》《内部培训签到制度》，公司根据各个产品的功能而制定的各类作业指导制度文本，如《钱箱作业指导书》。与标准工时制度间接相关的制度文本主要有《人事部职责权限》《模具车间职责权限》《装配车间职责权限》《注塑车间职责权限》《品质部职责权限》，还有为了保证公司各项规章制度有效实施而制定的《员工奖惩纪律管理办法》《安全生产奖惩管理程序》《仓库管理程序》《产品检验管理程序》等制度文本。

〔2〕 在搜集到的 248 件案例中，有 108 件属于 2014 年 5 月 5 日前发生的，其余 140 件是在 2014 年 5 月 5 日至 2016 年 9 月 30 日期间发生的。

〔3〕 这些"奖励"和"处罚"主要以《奖励提报单》和《员工过失单》的文本形式体现出来。其中，《奖励提报单》78 件（2014 年 5 月 5 日前 49 件，2014 年 5 月 5 日至 2016 年 9 月 30 日 29 件），《员工过失单》170 件（2014 年 5 月 5 日前 67 件，2014 年 5 月 5 日至 2016 年 9 月 30 日 103 件）。

些规则为其行为的规则，而且至少大体上实际地依此而行为"。[1]不同类型的公司在长期的劳动实践中逐渐形成了符合自身实际需求的规章制度，其内容全面、体系完整，涉及公司劳动过程的各个方面、各个领域。

笔者的英华公司规范与劳动秩序研究主要围绕回答下述问题展开论述。即，公司内部的法规范在运行中形成了什么样的法秩序状态？公司劳动过程的这种法秩序状态形成的内在机制是什么？进一步地，公司劳动过程中的这种法治实践对当前中国社会法治秩序建构有着什么样的经验和借鉴？其中，探寻形成公司劳动过程有序化的规范性因素是核心问题，因为只有揭示出公司劳动过程法秩序形成的内在机制才能真正回答公司劳动过程有序化的深层次原因。而要回答这一个问题，通过对公司规章制度这一公司内部的法规范在运行过程中所形成的法秩序状态进行深度的观察和分析是一个有效的途径。为了达至这一目的，对作为公司规章制度核心组成部分的标准工时制度在公司劳动过程中的运行状况的深度观察和分析就成为解答上述问题的切入口。笔者最终以苏州英华公司为典型个案，以在英华公司规章制度中具有核心地位的标准工时制度为切入点，分析了英华公司中的标准工时制度在运行中实现公司劳动过程有序化的现实状况，进而揭示出公司这一基层组织之法秩序形成的内在机制。英华公司劳动过程中的这一法治实践是公司依法治理的典型，也是中国法治社会建设的重要组成部分，它既为当前中国法治社会建设提供了经验借鉴；也通过公司劳动过程中依公司规章制度治理的理论总结，丰富了中国特色社会主义法治理论和基层治理理论。

需要注意的是，在典型个案的识别中，尤其要注意避免"典型"个案最不典型的现象。[2]另外，习惯法的研究，要能经受住求

---

〔1〕 ［奥］欧根·埃利希：《法社会学原理》，舒国滢译，中国大百科全书出版社2009年版，第42页。

〔2〕 对这种现象的分析可参考折晓叶、陈婴婴有关"项目进村"个案的分析（折晓叶、陈婴婴：《项目制的分级运作机制和治理逻辑——对"项目进村"案例的社会学分析》，载《中国社会科学》2011年第4期）；也可参考渠敬东对"个案研究的特质及其典型性问题"的分析（渠敬东：《迈向社会全体的个案研究》，载《社会》2019年第1期）。

"真"和求"全"这两个基本问题的"诱惑"。由于不能脱离观察者所依赖的视角，因此，那种追求对法现象绝对"真"和"全"的认识是做不到的；欲从普遍性的预设前提和单纯从结构出发去推断法现象的真实面目，或者从个体局部出发来映照真实的法现象的图谋都会让我们远离法现象本身。我们能做到的是，需要"从社会变迁的关节点出发，通过个案研究来捕捉促发社会变化的原初动力和反馈机理"[1]，通过"具体精微的个案发现，渗透到社会潜层的那些隐秘之处"。[2]

总之，习惯法的研究，需要通过合适的研究方法对经由科学、客观判断选择出来的典型性个案的分析，形成对某一法现象相对详细和全面的认识；进一步地，达到对一类法现象性质的深入了解。

---

〔1〕 肖瑛：《从"国家与社会"到"制度与生活"：中国社会变迁研究的视角转换》，载《中国社会科学》2014 年第 9 期。
〔2〕 杨善华、孙飞宇：《"社会底蕴"：田野经验与思考》，载《社会》2015 年第 1 期。

习惯法调查研究中社会科学实验方法的运用

——基于一次上會钱会模拟实验

岳东舟

一、引言

习惯法作为非成文法的一种重要形式，长期以来在社会治理、文化传承以及司法实践中扮演着举足轻重的角色。习惯法不仅是一种历史现象，也是一种现实社会规范，在实际生活中对个体行为和社会秩序产生着深远的影响。[1]在习惯法的调查研究中，传统文献分析法和田野调查法发挥着重要的作用，其能够为研究提供丰富的资料和信息，但在揭示习惯法的深层次结构、运行机制以及社会影响等方面仍显不足。

20 世纪初期以来，在不同学科研究方法相互借鉴的背景下，社会科学开始初步借鉴自然科学实验方法。21 世纪以来，实验研究方法广泛使用于社会科学中，在政治学、经济学、管理学和社会学的研究中发挥着重要的作用。[2]社会科学实验作为一种实证研究方法，

---

〔1〕 参见高其才：《习惯法的当代传承与弘扬——来自广西金秀的田野考察报告》，载《法商研究》2017 年第 5 期。

〔2〕 参见臧雷振、滕白莹、熊峰：《全球视野中的社会科学实验方法：应用比较与发展前瞻》，载《广西师范大学学报（哲学社会科学版）》2021 年第 5 期。

近年来在法学研究中逐渐受到重视。在习惯法的调查研究中，可以通过精心设计的实验控制及模拟真实场景等方法，观察和分析习惯法在不同情境下的运用和效果。习惯法调查研究中社会科学实验的运用能够克服传统调查研究方法的局限性，通过对实验事实的收集与分析，更为直观化地观察习惯法的实际运用，得出实验结论。

本文将采取社会科学实验方法中的准实验法，[1]立足于一次真实的上賨钱会模拟实验，旨在探讨习惯法调查研究中社会科学实验的运用。"上賨"作为一种盛行于云南地区的金融互助方式，有着较为严格的运行机制和规则，在民间借贷中发挥了重要的作用。本文将运用社会科学实验的方法模拟上賨钱会的运行过程，观察和分析参与者的行为选择、互动关系以及规则遵守情况，呈现社会科学实验方法在习惯法调查研究中的应用过程，并根据实验结果总结本次实验的效果和存在的不足。

二、实验目的

社会科学实验具有明确具体的认识目的，以及严密的操作步骤及可控的实验环境。社会实验在其认识目的的基础上，通过一系列的实验获取实验事实，根据实验事实得出实验结论。本次实验通过实地现场实验的方法，将随机化原则和田野工作的基本理念相结合，模拟出上賨钱会的特定场景，尽可能接近地模拟钱会的成立及运行全过程，保证实验物理环境及研究情境的真实性。

"賨"是民间用以缓解家庭资金不足或物资匮乏而组建的临时性的轮转互助储金会或轮转储蓄信贷组织。参与者自愿组合，定期拿出一定数量的"賨金"，由賨友们根据需要轮流使用，以达到解危济困、共渡难关的目的。位于云南省大理白族自治州洱源县邓川坝的回族、白族、汉族等族群将至今活跃于生活中的賨通俗称为"打賨"

---

〔1〕 准实验法又称为类实验法，相较于标准实验法而言，准实验法可以不设置实验对照组，仅以实验组自身为对照，对所收集的实验事实进行分析，因为较为灵活，也可以最大程度上还原真实的实验场景。目前社会科学研究中大多数实验设计均属于准实验。

或"上賨"。[1]"賨文化"是当地非常重要的一种文化形式，并且也展现出了强大的生命力。[2]费孝通先生在《乡土中国》一书中的《血缘和地缘》中也提到了"云南乡下有一种称上賨的钱会，是一种信用互助组织"。[3]作为一种特有的轮番提供信贷的活动，钱会的存在为急需要用钱的成员提供了极大的便利，在农村民间借贷中发挥着重要的作用。本次实验将重点聚焦于钱会的实际运行情况，探究其得以维系的现实基础和规则遵守情况，并且根据实验结果对参与者的行为进行分析。

（一）探究钱会成立与维系的现实基础

在钱会中，钱会的发起人成为"会首"，钱会的参加者成为"会众"。钱会成立的最重要的目的是解决会首没有钱但急需要用钱的情况。钱会就是会首动用大家的力量来把钱凑在一起，以解决燃眉之急。所以在通常的情况下，会首一般是第一个拿钱的，在拿钱的位次上存在优先性。所以从钱会成立的目的上看，主要是出于解危济困、共渡难关的目的。文化传统中的"互助""共享"观念也促进了钱会的形成。钱会作为一种民间自组织形式，承载了民间互助、风险共担的功能，为经济弱势群体提供了一种互助机制。

本次实验的目的之一是通过模拟钱会的成立和运行，深入探究钱会成立与维系的现实基础，更准确地把握钱会在社会经济生活中的地位和作用，并理解其运作背后的深层次逻辑。实验将聚焦于模拟钱会的成立过程，研究其成员间信任关系的建立机制、资金的筹集和管理方式，以及规则制定和执行过程。在模拟钱会运行的过程中，实验将关注钱会如何应对各种挑战，如成员间的资金流动问题、可能出现的违约风险，以及作为会首所面临的管理、协调难题等。通过处理这些模拟情境，可以深入了解钱会的运作机制，以及其在

---

〔1〕 李红春、金杰：《嵌入经济互动的族群流动与文化建构——藏彝走廊"化賨"与"打賨"的经济人类学解析》，载《云南社会科学》2015年第6期。

〔2〕 其他地区如浙江慈溪也存在类似组织。参见罗昶、高其才：《当代中国捐会习惯法与关系——以浙江省慈溪市附海镇蒋家丁自然村为对象的考察》，载《现代法学》2010年第1期。

〔3〕 费孝通：《乡土中国 生育制度 乡土重建》，商务印书馆2011年版，第76页。

实践中如何有效应对和解决这些问题。

（二）研究钱会运行规则的遵守情况

钱会作为一种特殊的经济组织形式，其有效运行依赖于成员对既定规则的严格遵守。规则不仅是钱会内部秩序的保障，更是其稳定性的基础所在。因此，探究钱会成员对运行规则的遵守情况，对于理解钱会的运作机制、理解习惯法在日常生活中所发挥的作用具有重要意义。钱会规则组遵守的情况，一方面取决于规则本身的设计，是否能在一定程度上约束参与者的行为；另一方面，会首能否充分发挥其作用，也在钱会运行过程中至关重要。

本次实验将根据传统钱会的运作方式，设置较为详细的规则，在全体参与者同意的基础上，根据确立的规则运行钱会。在钱会运行中，全面观察成员在资金互助、风险控制等各个环节的行为表现。实验将特别关注成员是否严格按照规则进行资金的筹集、使用和管理，以及在遇到特殊情况时，他们如何权衡个人利益与钱会整体利益，是否选择遵守规则。此外，本次实验还将考察钱会内部的管理机制是否健全有效，能否有效预防和纠正成员的违规行为。

（三）分析钱会参与者的行为与选择

钱会作为一个集体性的经济组织，其运作过程深受参与者行为与选择的影响。参与者对规则的遵守程度、资金互助的意愿、风险控制的态度等，都直接关系到钱会能否持续运行下去，并最终实现互助的目的。

参与者在钱会运行过程中所展现出的行为和做出的选择，都是钱会成功运行并且发挥其经济互助职能的关键。实验将观察参与者是否积极履行互助义务，按照规则提供和接受资金支持。同时也将观察参与者是否严格遵守钱会的收支规定，确保资金的合理流动和使用，以及在面临潜在风险时的反应和决策。这些行为和参与者的选择在一定程度上体现参与者对互助精神的认同程度，面对资金压力时的应对策略，以及在平衡风险与收益时的权衡和取舍。

三、实验过程

社会科学实验研究的对象是现实中的人，这也决定了影响社会科学实验的结果的因变量通常是个体或群体的价值、偏好、态度、意识和行为。社会科学实验虽然具有较为清晰的认识目的，但其实验过程仍然存在不确定性和探索性。但是实验区别于其他研究方法的重要特征在于可以进行有效的干预，干预体现在实验的设计和对实验制度规范的创造性建构。[1]实验的设计既要模拟实验发生的真实场景，也要在研究对象选择、实验规则设立等方面进行充分考量。

本次上簪钱会的实验过程分为成立钱会、确立规则、运行结果三个方面。在成立阶段，笔者选择了与自己关系较为密切的三位朋友，明确了钱会的宗旨与目标，确立了钱会的组织基础；在规则确立阶段，经过钱会成员协商一致，确立本次钱会运行的规则；在运行结果阶段，参与者严格根据规则运行钱会，并得出最终的实验结果，收集本次实验事实。

（一）成立钱会

在成立钱会时，会众往往与会首有着亲密的关系。会众的选择对于钱会来说十分关键，这是钱会能否顺利进行的关键因素。在浙江省慈溪市附海镇庙西村蒋家丁自然村也存在着钱会的形式叫做捐会。捐会的会首、会众一般存在较为亲近的关系，会首在亲朋好友关系中组织捐会，会众基于与会首和会众的亲友关系而参加捐会，捐会习惯法以此为基础进行规范。[2]费孝通先生也提到，他调查了参加簪的人的关系，看到两种倾向，第一是避免同族的亲属，第二是侧重在没有亲属关系的朋友方面。[3]相较而言，关系比较亲近的朋友是较好的选择。如果选择亲戚的话，涉及钱上的往来可能会破坏亲戚之间的关系，当然选择朋友也存在这样的问题，但是关系之间的负担在多数情况下会小于亲戚。

钱会作为一种民间金融互助方式，是一个朴素简单的临时或长期组成的经济互助合作小团体，且多在收入不高，互相了解，并且

---

〔1〕 参见俞鼎、李正风：《论"社会实验"的特征及其伦理建构路径》，载《自然辩证法通讯》2022年第11期。

〔2〕 罗昶、高其才：《当代中国捐会习惯法与关系——以浙江省慈溪市附海镇蒋家丁自然村为对象的考察》，载《现代法学》2010年第1期。

〔3〕 费孝通：《乡土中国 生育制度 乡土重建》，商务印书馆2011年版，第76页。

讲信用的亲友、同事和熟人中，经人发起，有人附和，并自觉自愿临时或定期组合起来，进行小额金融互助活动的组织。人数多为 4 人、6 人或 12 人，时间多在一个季度、半年或一年。

基于这样的认识，本次模拟钱会选择了三位关系亲近的朋友。笔者本人作为会首发起这次钱会，笔者的三位朋友周沐然、韩靖轩、田甜作为会众参加。[1]三人均为笔者的本科同学，其中两人在北京读研，一人在重庆读研，均与笔者有着较为紧密的关系。在钱会成立之初，参与的四个人建立了一个微信群，笔者将钱会的介绍和相关的规则发到了群里，在参与者对规则无异议之后正式开始了本次的钱会。作为一次模拟实验，笔者希望参与者用最真实的状态来参加本次钱会，融入实验所模拟的场景，完全代入到参与者的角色中，按照内心最真实的想法做出选择。

表 1 钱会成员表

姓名	职责	学校	专业	与会首的关系
岳东冉	会首	清华大学	比较法与法文化	-
周沐然	会众	北京师范大学	刑法	朋友、理律杯队友
韩靖轩	会众	中国政法大学	经济法	朋友、辩论队队友
田 甜	会众	西南政法大学	经济法	朋友、本科舍友

（二）议订规则

根据钱会的成立情况，本次钱会参与者为 4 人。首先，由发起人召集自觉自愿参加本期上賓的其他 3 个人，一起商定本期每人每月缴纳的金额和缴纳的日期。按照大家的平均经济收入水平和各自的承受能力，定出具体缴纳的统一、固定金额和日期。

例如，每月每人缴纳 100 元，就当即如数缴纳这第一个月的上賓款 100 元，4 人就是 400 元。为避免互相谦让，或都想先拿第一个月的情况，一般采用抽签或掷骰子的办法决定各个月由谁拿钱。抽到或（掷到）第一个月的就先拿，抽或（掷到）第二个月的就下个

---

〔1〕 按照学术惯例，本文中的人名进行了化名处理，特此说明。

月拿，以此类推。以后每个月定期、定时集中并缴纳上賨款 100 元及 400 元，交给下一个人拿。这就保证了每个月都有一个人拿到 400 元，其中包括自己的 100 元。拿钱的人要安排好各自计划的用度。在四个月之后，每个人都拿过一次 400 元，再重新轮替或重新组合。

钱会要保证在每次固定缴纳上賨款的时间成员都要按时到，并且都缴纳相应的金额。如果成员们每一次都到，那么最后参与者每人都不会出现多拿钱或者少拿钱的情形，钱会的目的就可以圆满完成。这是钱会最理想的状态，但是在实际运行过程中，有可能出现某一周某一个人没有来的情形，如果不来的人越多，那钱会可能会出现倒会的情形，钱会就不能正常地维系下去。在本次钱会中，钱会共运行四周，每周成员都拿出 100 元，这样钱会预期的效果为四周结束后，每人都可以拿到 400 元。

本次钱会开始的时间为 2020 年 11 月 28 日，结束的时间为 2020 年 12 月 19 日。钱会每个人拿钱的顺序通过掷骰子来确定，最终根据点数的大小，确定了韩靖轩第一周拿钱，周沐然第二周拿钱，田甜第三周拿钱，作为会首的笔者最后一周拿钱的顺序。钱会中拿钱的顺序代表着风险的大小，第一个拿钱的风险最小，他的诚信和对钱会规则的遵守对于钱会的运行至关重要。之后每个人的风险呈现递增的趋势，存在着已经拿钱的人不按照规则继续付钱的可能。在顺序确定方面，按照民间钱会运行的规则，往往是会首作为第一个拿钱的人，因为从钱会成立的目的来看是解决发起人一时的经济困难而成立的，这样也有利于钱会持续地运行下去。

表 2　钱会拿钱顺序

姓名	点数	顺序
韩靖轩	6	第一周
周沐然	5	第二周
田　甜	3	第三周
岳东冉	2	第四周

为了最真实地还原钱会情形，规则约定了每周六晚上 8 点在北

京市枫蓝国际商场见面，并且要求参与者用现金进行支付。由于田甜在重庆，所以规则约定她通过微信转账给笔者的方式参加。具体而言，由笔者替她垫付现金，在她拿钱的第三周，其余三人先将现金都给笔者，笔者再统一转账给她。从本次钱会的规则来看，规则在实际履行的过程中将会面临一定的困难。首先，在电子支付泛滥的时代，参与者几乎拿不出现金。所以在钱会开始的时候，参与者每人都按照钱会的规则准备了一定金额的现金。其次，交易方式为线下，且每周都是在统一的时间和固定的地点。尽管在地点选择上选了离中国政法大学和北京师范大学都比较近的枫蓝国际商场，但是参与者每周都要抽出固定的时间参加钱会，这对参与者之间的情谊也是一个巨大的考验。毕竟关系、面子、人情也是有负担的，这种负担包括日常关心、心理牵挂、地位弱低、事务往来等，这种负担主要是一种精神上的负担、感情上的负担，在某种程度上这种负担甚至重于经济负担。[1]

本次模拟上實钱会规则

发起人：岳东冉

参与者：韩靖轩、田甜、周沐然

固定金额：100 元（纸币）

固定时间：每周六晚上 8 点

固定地点：北京市枫蓝国际商场

参加方式：

岳东冉、韩靖轩、周沐然线下参加

田甜线上参加：在第一周、第二周、第四周为岳东冉微信转账，由岳东冉为其垫付纸币。第三周由岳东冉代收纸币，并微信转账给田甜

开始时间：2020 年 11 月 28 日

---

〔1〕 罗昶、高其才：《当代中国捐会习惯法与关系——以浙江省慈溪市附海镇蒋家丁自然村为对象的考察》，载《现代法学》2010 年第 1 期。

结束时间：2020 年 12 月 19 日

顺序规则：掷骰子，点数大者先拿钱

从本次模拟钱会的规则上来看，整体约定较为简单，仅仅是对实际履行规则的说明，对于出现不遵守的情形没有进行规定。这为日后履行情况出现的问题埋下了伏笔。对于钱会内容的规定，应该考虑更加周延，但是介于成员之间本身存在的亲密关系，在钱会规则的议订上也需要考虑这一因素。

但是在履行的规则方面，并没有针对不履行的行为做出相关的规定，也没有对于交付的形式，比如"书面形式""需要签字"等做出具体的规定。之所以没有进行如此详细的规定，是因为笔者在议订规则时，认为参与者一定会每周都来，并且每个人都会按照规则付钱。由于参与者都是笔者非常亲密的朋友，如果还采取如此复杂的形式，可能会伤了大家的感情。在笔者看来，比起规则的束缚，彼此之间信任的感情基础才是最好的规则。但是事实证明，这样的做法明显缺乏实验的经验，在没有规则的情况下，各种问题也会相继出现。

（三）运行结果

作为一种互惠性活动，钱会中賨友们对社会资本的追求，在化賨中似乎可解读为个体试图获取有利的人际关系或动员值得信任的社会关系去解决所面临问题的一种能力的展现，互惠和信任是其中不可或缺的构成要件。[1]由于钱会的成立具有一定的感情的基础，因此在履行的过程中彼此之间的信任和自觉性是重要的因素。

钱会成立之初，往往是由于会首急需用钱，其他的会众都是来帮助会首的。所以就信任和自觉的因素来说，包括会首的信任和会众的信任两方面的因素。会首作为钱会的发起人，在钱会成立之初就肩负着把这个钱会维持下去，并且不能让钱会倒会的职责。并且由于会首往往是第一个拿钱的，所以会首的信用至关重要。会首不

---

〔1〕 郝士艳、和颖：《纳西族"化賨"文化的合理性及现实意义》，载《学术探索》2013 年第 9 期。

仅要保证之后每一次都来，而且要让其他的成员都能够按照规则来履行。除了会首的信用之外，其他的参与者也要有足够的信用，尤其是拿钱顺序比较靠前的已经拿到钱的人。如果发生了一次有成员没有来，钱会就可能会出现信任危机。如果像这次钱会没有规定不履行的后果，成员之间再缺乏信任和自觉性的话，钱会一定会出现倒会的情形。

　　本次钱会的实际履行情况较为复杂，发生了一些意想不到的状况。第一周的时候，所有的参与者都来了，田甜也通过微信转账给笔者，笔者也为她进行了垫付。韩靖轩作为第一周拿钱的人，拿到了400元。第二周，第一周拿钱的韩靖轩没有来参加钱会，只有笔者和周沐然到了，而且这周田甜也没有给笔者转钱。笔者作为会首，在韩靖轩没有来的情况下，若不给田甜先行垫付，那钱会可能在第二周就倒会了。因此笔者为田甜垫付了100元，加上笔者自己的100元和周沐然的100元，第二周拿钱的周沐然同样拿到了300元。对于韩靖轩不来的行为，笔者和周沐然都感到吃惊，同时也有些愤怒。因为韩靖轩是第一周就拿钱的，但是在第二周就不来了，这是非常不负责任的行为。这周钱会之后，笔者给韩靖轩私发了信息，韩靖轩表示是因为有事情所以不来，但是缺周沐然的钱她会补上。在这周星期三的时候，田甜把笔者先行垫付的100元微信转账给了笔者，这减少了这次钱会笔者的损失。在第三周周六的上午，笔者在群里再次提醒韩靖轩，让她本周来参加并且把周沐然的钱还给他，韩靖轩当时回复说这周一定会来参加。但是到了第三周，只有笔者和韩靖轩到了，周沐然没有来参加本次钱会。而韩靖轩以此为理由，说将会在第四周的时候把钱还给周沐然，所以这周拿钱的田甜只拿到了300元。钱会马上就要进行到第四周，笔者在群里提醒了周沐然第四周一定要来，周沐然表示临近期末学业繁忙，第四周一定会来。到了第四周，每个参与者都来了，这周轮到笔者拿钱，虽然每个人都拿出了100元，但是按照钱会的规则，田甜因为第三周周沐然没有，少拿了100元，所以田甜找周沐然索要，周沐然说是因为韩靖轩少给了自己100元，应该找韩靖轩要，韩靖轩直接表示自己没钱，只有100元，这100元要不给笔者，要不笔者和田甜平分。大家在群里各种争论，场面非常混乱，最后笔者和田甜各自拿了 50 元，本次模拟上赛钱会也以这样的实验结果而结束。

表 3　实际履行情况

姓名	实际履行情况	盈亏情况
岳东冉	四周均在	-50
田　甜	四周均在	-50
韩靖轩	第二周没来	+100
周沐然	第三周没来	——

四、实验结论

社会科学实验方法通过严格的实验设计获得实验事实，通过对实验事实的分析得出实验结论，在因果推断的过程中，一般会形成两种路径，即"由果及因"和"由因及果"。目前大多数的研究会放在后者，通过实验事实分析实验最终的结果。[1]本次研究采取准实验的方法，侧重于通过在实验组内分析前后变化而得出实验结果。

本次实验结果表明习惯法规则的强制性和参与者的自觉性并存，规则在钱会运行中发挥了重要的作用，但是即使在没有外部强制力的情况下，部分钱会参与者仍然具有一定程度的自觉性，即参与者对习惯法规则的认同和内化。但是不可否认的一点是，参与者在行为选择中会考虑到习惯法规则所带来的潜在风险和收益，从而调整其行为。这也表明了习惯法对于个体行为的引导和约束作用，并反映了习惯法在社会交往中的重要地位和功能。实验也揭示了钱会会首在实践中的局限性，如其权威性受到质疑、行为偏好的个体差异等。

（一）习惯法规则设定的强制性与自觉性

钱会的产生和运作一定程度上是文化的产物。比如在赛文化盛

---

〔1〕 参见臧雷振：《社会科学研究中实验方法的应用与反思——以政治学科为例》，载《中国人民大学学报》2016 年第 5 期。

行的纳西族，纳西族的一些民间习俗和乡规民约都体现了"有福同享，有难同当"的互助意识。纳西人社会是一个人际交往非常密切的社会，养成了"一人有难，大家相帮"的风气，并以"努美又有"（nvlmei yel ye，纳西语意为"心心相印，团结互助之意"）而著称。[1]在上赕钱会中，赕友们自觉意识到自己与群体之间的关系，在化赕中与其他赕友和谐相处，不断地交流思想和情感，从而对化赕群体产生了归属感和认同感。[2]这样强烈的认同感和自觉性，建立在文化的基础上。这种文化的烙印已经深深印在了每个人的性格当中，所以每个人会发挥互助的精神去帮助别人，这是自觉性很重要的来源。

民间钱会在运行过程中，在规则当中会写"会款当面点清，按期付会，不能拖欠，望共同遵守""请各位恪守信用，不得拖欠，按时交纳会金"，[3]但是不会写如果有人无法给付会金时的后果。在民间的习惯法中，会首对整个钱会负责，如果发生会众由于经济困难无法支付会金情况时，会首就要按照习惯法先行填付，保证不倒会，以免影响自己的信用、能力和社会评价。而会众从自己的信用角度考虑，即使借债也要及时准备好会金按时交付。[4]

本次钱会的规则设立只规定了具体的履行方式，但是没有规定不履行的后果和相应的惩罚。但是否需要有强制性的规则，则是一个需要进一步讨论的问题。民间的钱会在履行方面的表述多为宣誓性的，并没有实际的惩罚效果，所以钱会的维系最终还是落在了靠信任、感情、自觉自愿来进行维系。这种惩罚不是法律意义上的惩罚，而是习惯法意义上的惩罚。如果没有按时履行，影响的是这个人在当地的声誉等，可能带来别人的孤立或者是负面的评价，这在

---

〔1〕 柳娥、刘永功：《"化赕"与纳西族文化自觉》，载《西南边疆民族研究》2012年第1期。

〔2〕 和颖：《丽江纳西族化赕的文化解释》，载《西南民族大学学报（人文社科版）》2008年第4期。

〔3〕 罗昶、高其才：《当代中国捐会习惯法与关系——以浙江省慈溪市附海镇蒋家丁自然村为对象的考察》，载《现代法学》2010年第1期。

〔4〕 罗昶、高其才：《当代中国捐会习惯法与关系——以浙江省慈溪市附海镇蒋家丁自然村为对象的考察》，载《现代法学》2010年第1期。

熟人社会中是非常严厉的惩罚，所以在实际的环境中，潜在的惩罚要远远比纸面意义上的规定更加有效果。

钱会之所以在农村地区发挥着重要的作用，除了文化意义上的自觉之外，最重要的他们有一整套习惯法的规则在约束着他们，这是规则之外的规则。基于良好的关系，钱会得以成立，而钱会的维系和顺利进行的背后都代表着个人的信誉，一旦有人不履行，他可能承受的是他所在群体的负面评价。所以钱会倒会的情形会很少，即使出现，会首也会负责到底，通过卖房子或者找其他的继任者来继续还钱，这是道义的体现。这是习惯法上超越一般规则的规则。这样规则的存在，是一种价值观的体现，这有别于现代社会下以自己为利益核心的观念，强调的是在更久远的关系中，自己做法所带来的潜在的影响。这是另外一种利益衡量，包含了除了钱之外的其他被认为更加重要的因素。

（二）参与者行为选择背后的风险意识和利益权衡

钱会成立的目的是解决会首的经济困难，实现互帮互助。钱会的成员之间都有着深刻的感情纽带，有着深厚的信任基础。从民间钱会的运行来看，会首作为钱会的发起者，因其出于急于拿钱的目的而会选择首次拿钱，而首次拿钱的人是基于他人的信赖和感情，一般来说出于道义和情感维系的目的，第二次不来的概率应该会小很多。本次钱会在履行顺序方面，为了避免互相谦让，或都想先拿第一个月的情况，采用了掷骰子的办法决定各个月拿钱的顺序，而并未让会首第一个拿钱，这在一定程度上削弱了钱会的信赖基础。

在这次钱会的模拟中，暴露出了明显的信任危机。笔者基于对朋友们的信任，制定了较为简单的规则。而笔者的朋友们也在守信和失信间不断地徘徊。对比于民间的赛钱会，赛的信誉、互助、友爱起到了民间结社的作用，其友爱互助的目的已经超出了经济来往的目的。在本次钱会中，一旦出现一个人不按时交钱的情况，剩余的参与者会本能计算自己的利益得失，往往会做出让自己损失最小化的决定。一般而言，由于钱会本身所具有的基于信任的维系基础，在一定程度上会让参与者弱化利益的考量，而更关注信誉和互助的目的，参与者之间的彼此信任，是钱会运行中较为重要的因素。

本次钱会的参与者都是法学专业的硕士研究生，在对规则的理解上有着天然的优势。他们习惯于借贷合同的书面形式，在换另外一种形式的借贷方式之后，每个人都产生了一定的对于利益衡量计算的心理。这在一定程度揭示了当跳出特定的文化环境，以信任为核心的关系会产生一定的危机。其实钱会的形式仍然还存在于农村地区，并且发挥着巨大的作用。这也反映出了在熟人社会，彼此之间的信任和连接要远远强于其他。不同的时代和不同的社会就有不一样的规则，不同的处理事情的方法。现代社会下做事情越来越讲究章法，慢慢冲淡了人与人之间紧密的关系，继而出现信任的危机。经济往来是主要因素，友爱互助才是次要的因素。

（三）钱会会首作用的发挥与局限性

从钱会运行的过程来看，比规则更重要也更难掌握的是人的因素。人情、面子、信任、自觉这些复杂的因素，都影响着钱会的运行，甚至决定了钱会最终的走向。而在这一系列复杂的因素中，会首也就是本次钱会的发起者和组织者，既需要协调参与者的关系，也需要在关键时刻发挥作用。会首的作用在钱会的成立和维系等各个方面都非常重要，尤其是出现成员不履行的情况下，按照民间习惯法的规定，为了不出现倒会的情形，会首应当进行垫付，会首对钱会应当承担无限的责任。

从钱会成立的目的来看，就是为了解决会首急于用钱的问题。会首作为钱会中最早的利益获得者，需要在满足自身利益的前提下，也保证参与者的利益。在这个过程中，当参与者出现可能倒会的行为时，会首应该发挥"强协调"的作用，既需要提示成员履行规则，也需要明确自己的态度，揭示守约与不守约背后所代表的价值。但是会首发挥自己作用的同时，也面临着一定的局限性。会首的决策可能受到个人情感、偏见或利益冲突的影响。由于会首通常是基于个人关系或信任圈子来组建钱会的，因此在决策过程中可能难以做到完全客观和公正。这可能导致某些参与者因为与会首关系亲近而获得更多的利益，从而引发其他参与者的不满和矛盾。

五、实验反思

传统的习惯法研究多侧重于田野调查，田野调查基于真实的情境而展开，具有一手性、客观性。社会科学实验方法通过获取实验事实的方法对习惯法进行研究，可以通过实验情境的创设和一定的人为干预，更有针对性地探究习惯法的规范逻辑和重要作用。而在实验对象选择、规则制定方面，既有对已经存在的习惯法规则的借鉴，也有研究者个人的想法和对某一研究因素的考量。两种研究方法各有优劣，可以相互借鉴，相辅相成，不断完善习惯法的研究。

本次实验运用准实验的方法模拟上赍钱会的运行过程，实验较为完整地展示了钱会从成立到运行的全过程，笔者既是实验的发起人，也是实验的参与人。本次实验说明了在习惯法研究过程中，运用社会科学实验的方法，可以有针对性地研究习惯法的某一具体问题。但本次实验过程在实验周期、实验设计和实验事实分析上也存在一定可以继续优化的空间。

（一）社会科学实验方法在习惯法研究中的适用性与局限性

在习惯法研究中，社会科学实验方法的适用性分析显示了其潜力和优势，特别是在考虑到习惯法作为一种复杂的社会现象时。钱会提到了习惯法作为一种复杂的社会现象，其形成、演变和影响因素多样，这为研究者带来了挑战。在这种情况下，相较于传统的田野调查方法，社会科学实验方法能够提供更加严格和可控的实验环境，从而更好地观察习惯法的形成、运行以及对个体和社会的影响。

社会科学实验方法能够提供对习惯法行为的直接观察和记录，而不受自我报告等因素的影响，从而为研究者提供了更加客观和真实的事实基础。通过观察参与者在模拟的习惯法情境中的行为反应，可以更加深入地理解习惯法形成和运作的机制，从而为法律实践提供理论指导和实证支持。

尽管社会科学实验方法可以为习惯法研究提供重要的视角和工具，但研究者在设计和解释这类研究时需要考虑到其特有的局限性。习惯法的性质决定了其深深植根于特定的文化和历史背景中，这使得实验过程不能完全置于这样的背景之下，一定程度上影响实验的结果和最终的结论。而且即使能够在特定环境中通过实验方法得到一些结论，这些结论的普遍性和可转移性也是一个问题，实验结果可能无法广泛推广到其他文化或法律环境中。

（二）实验设计的严谨性和科学性评估

社会实验设计的严谨性和科学性评估是确保研究结果可靠性和有效性的关键步骤。首先，必须确保研究假设的明确性和可验证性，这意味着实验设计应建立在清晰、可验证的研究假设之上，以便在实验过程中进行验证和检验。其次，在选择实验参与者时，应符合研究对象的特点，并进行适当的随机分配或匹配，以确保实验结果的可比性和可信度。同时，操作程序的有效性和一致性也是评估实验设计严谨性的重要方面，操作程序应具有可重复性和一致性，以减少实验结果受到操作变量的影响。

本次实验设计在样本选择上存在一定的局限性，可能没有充分考虑目标群体内部的多样性，如不同的社会经济地位和文化背景。此外，实验中可能未能充分控制所有影响习惯法实施和参与者行为的变量，这包括但不限于身份背景、经济状况和文化认同等因素。钱会的准实验设计在实施随机化时面临挑战，由于参与者之间存在预先的社会和经济联系，完全的随机化几乎是不可能的。这种选择偏差可能影响实验的内部有效性，使得结果难以解释。同时，由于钱会作为一个动态发展的经济互助形式，短期的实验可能无法充分捕捉到其长期效应和变化，进而影响研究的深度和质量。

（三）实验事实的收集与分析方法优化

社会科学实验的数据收集方法显著不同于传统的问卷调查或实验室记录，这主要体现在它对实验事实的依赖上，特别是通过观察参与者的行为来进行实验事实记录。在社会科学实验中，尤其是在应用准实验的模拟方法时，观察实验成了一种核心的事实收集方式。研究者不仅需要记录参与者在特定习惯法情境下的行为反应，还需精确捕捉这些行为所反映的深层行为和心理动因。

在进行钱会这类准实验时，研究者通过详细观察参与者如何在设定的实验环境中互动、决策以及反应，来收集关键的实验事实。这种方法允许研究者从自然行为中获得实验事实，从而增强研究的现实适用性和结果的真实性。然而，这种观察依赖的事实收集也面临诸多挑战。参与者可能会出于各种原因而未能准确反映他们的行为，例如在不同的社会和文化背景下可能会以不同的方式表达同一行为，增加了实验结果分析的复杂性。

六、结语

通过准实验方法模拟钱会的运行过程，本文不仅提供了对钱会这一传统借贷互助形式的另一种理解视角，还展示了社会科学实验方法在习惯法调查研究中的应用潜力。这一方法论的运用为进一步理解社会和文化动因背后的复杂机制提供了新的视角。尽管面临诸如实验事实收集的随机性和结果的普适性等挑战，但是通过更精细化的实验方法和深入的跨学科研究，能够更全面地理解习惯法，以及习惯法的实际运用过程和巨大作用。这不仅将丰富我们对习惯法本质的认识，还将推动社会科学研究方法的创新和发展，为多元的法律体系的构建提供理论与实践的支持。

附录：钱会参与者感受

一、韩靖轩的感受

刚开始参加钱会的时候，我觉得是一件很简单的事情，但是实践是检验真理的唯一标准，参加了才知道钱会的运营实属不易。在我看来，钱会的维系是情感、性格和个人利益的衡量。我们模拟钱会的开始是摇骰子，我有幸摇到了第一个，但是第二次我有事情就没有参加，没来也没有什么心理负担。不过正式的钱会是以互助组织的形式存在的，首次拿钱的人是基于他人的信赖和感情，一般来说出于道义和情感维系的目的，第二次不来的概率应该会小很多。个人利益的出现是我没有想到的。第三次周沐然同学没有参加，这其实不符合他的性格，我后来仔细一想才明白，如果这次他不来，他至少能够保证自己没有损失。这就让钱会有了自我调节的能力。此次受损的田甜同学第四次不来其实也可以抹平其损失。在一个长期持续的过程中，钱会的每个参与者都可以通过参会以逃避支付，最终使自己没有损失，第一个参与者不可能永远在先拿钱。但是一旦钱会变成了衡量个人收益与损失的过程，钱会就丧失了互帮互助和融资的价值。而正是因为道义和感情的存在，钱会才能够长久地持续运营下去。

二、周沐然的感受

很高兴受东冉的邀请参与这个活动，在参加活动之前，我花费了大量的时间来了解"上赉钱会"的由来，并仔细阅读了东冉精心制定的模拟"上赉钱会"规则。

我先简单说一下我参与模拟"上赉钱会"的过程。根据掷骰子的情况，在岳东冉、韩靖轩、田甜和我共4个人中，我是第二周拿钱的。第一周，我缴纳了100元，其他三位也都如约各自缴纳了100元，这周的共400元由韩靖轩保管。第二周，该轮到我拿钱了，但那天晚上韩靖轩没有来，算上我只来了三个人，所以我只拿到了300元（含自己出资的100元）。第三周，由于临近期末、学业繁忙，加之上周少收了100元，略有情绪，最主要的还是担心这周来的人更少，况且我已经在上周收到了300元，不妨这周先不参加，随后再打听一下这周大家的参会情况，再决定第四周是退出还是继续参加。所以这周末晚上，我就找个理由推辞了。后来听东冉和我说，这周只有我没来，其他三人都来了，当时我略有愧疚，心想，那下周无论如何我也得参加了。第四周，我如期缴纳了100元，但由于第二周韩靖轩少交了100元，第三周我少交了100元，这周我们再相聚时，分钱的场面有些混乱不堪、十分尴尬。

之前只是在纸面上了解了"上赉钱会"的来源及运作，但通过这次切身参与，深有感悟。我最大的感受就是"上赉钱会"的正常运行必须以亲友间的信任为核心。尽管每周100元的数额对我们来说并不算多，但在参加的过程中，我还是略微算了算成本与收益。原本打算一直坚持到最后一次，绝不缺席，但自从第二周韩靖轩没来参加时，我少得到了100元，我便开始考虑下周会不会还有人不来参加。说得更直接一些，第二周我少拿了100元十分不甘心，并产生了莫不如第三周我也不来，这样自己就也少交了 100 元的念头，也算是民法意义上的"自助"行为吧。其实，如果把每周 100 元换成每周 1000 元，这样一个月就是 4000 元，数额还是比较大的，朋友间的信任与否便更加凸显。通过切身的参与，我也更深入理解了"上賨钱会"在古代民间融资中的重要价值，但其运行的基础一定是熟人之间的信任，而且每个参与者都要讲诚信，一旦有其中"一环"不讲诚信，则会滋生整个群体间的信任危机，加大全体参与人员互相"猜忌"的程度，进而会造成整个"上賨钱会"运行的失败。

三、田甜的感受

受好友岳东冉的邀请，此次钱会我以线上方式参加，基于我们四个参与者的关系，参加前我觉得钱会的开展应该会很顺利，但事实情况是只有第一次确实如此。第一次大家都按照规则各自缴纳了 100 元，根据我们掷骰子的结果，由韩靖轩进行保管，但第二次就有我意想不到的事情发生，第一次拿钱的韩靖轩在第二次竟然没有出现，想到第三次才轮到我拿钱，我担心类似情况的再次发生而使我的利益受损，因此这一次我并没有及时转钱给岳东冉。第三次终于轮到我拿钱，这一次韩靖轩来了周沐然却没有来，我心生不快，但好歹还能拿 300 元，到此我没赚却也没亏。想到韩靖轩和周沐然的行为，第四次我本也不想去了，但是最后一次拿钱的岳东冉前三次一直都在，而且还信任我帮我垫付，心中过意不去还是参加了。这次周沐然也来了，我就想让他代我缴纳此次的 100 元，但周沐然说韩靖轩也欠他 100 元，我去找韩靖轩，她却说这次她只出 100 元，如此相互推诿让我很是失望。

参加完此次钱会感想如下：其一，这样的互助集资以亲友间的相互信任为基础，确能很好地发动大家参与，也能够使小钱通过融资发挥更大的作用，设想极好。起初我就是抱着这样的期待参加钱会；其二，信任关系是钱会的基础，但信任关系在钱会的运行中要不断经过个人利益的审度，而且熟人之间还会碍于情面使钱会缺乏有效监督，最终使钱会"成也信任，败也信任"，在参加钱会的过程中我因为朋友的背信失望不已，自己也在守信与背信间不断徘徊。

四、岳东冉的感受

这次宝贵的实践想法来自高其才老师课堂上对于费孝通先生《乡土中国》中《血缘和地缘》这一篇的讲解，这是我第一次听到了上寮钱会这个概念，才了解到了民间这种独特的钱会形式。高老师当时问我觉得组织这样一个钱会并顺利完成是否为一件困难的事情，我当时非常自信地说："一点儿都不困难。"于是在这般自信之下，我开始了这次模拟钱会的实践。而实践中出现的各种问题，是我之前完全没有想到的，随着钱会的进行，我越来越可以理解为什么高老师会说这件事情并不简单。

为了还原最真实的钱会场景，我和我的小伙伴们约定了线下交易，并且每个人都准备纸币，而在西南政法大学的田甜无法线下参加，则通过线上给我转账，我进行垫付的方式来完成交易。参加钱会的三个小伙伴都是我亲密的朋友们，大家彼此之间也非常熟悉，因此我认为完成只有四周的钱会，只需要每周都来并且按照顺序支付 100 元是一件非常容易的事情，但实际的情况却非常糟糕。四周的时间里，只有两周四个人都到了，剩下两周的时间都缺了一个人。在最后一周，大家又开始算自己的利益是否得到了平衡，每周都来的我和田甜，竟然成了亏损的两个人。最遵守规则，最自觉的两个人结果各自亏损了 50 元，这确实是让人难以预料的结果。在最后一周的钱会，大家开始了关于这次钱会的各种争论，每次都来的田甜在谴责没有来的韩靖轩和周沐然，并且向周沐然要缺的 100 元，周沐然则说是因为韩靖轩的没来在先他才选择不来，他害怕自己的利益受到损害，第一周拿钱但是第二周就不来的韩靖轩则说自己确实没钱。微信群中场面非常混乱，我觉得我的这些小伙伴们变得陌生起来，和我之前认识的他们都不一样。所以在争论快要结束的时候，我问大家所呈现的是否是最真实的状态？我一度认为这些朋友们戏太多，存在表演的嫌疑。但是大家的回答都是肯定的。大家说在钱会成立的最开始，我就告诉他们按照内心最真实的想法去参加，在利益面前，每个人都免不了计算。如果做一个假设，钱会运行的时间更长，每个人支付的金额更大，可能场面会更加混乱不堪。最后大家反思了出现问题的原因，一致认为从钱会成立开始，规则是不够优化的，如果可以增加对于不来的成员的惩罚，可能效果会更好。这是对于规则的反思，但是如果大家都可以自觉，也无需这样的规则。

　　在收到每个人的感想后，我很庆幸大家都有不一样的收获。作为本次钱会最大的恶人，韩靖轩说"第一个参与者不可能永远在先拿钱"，田甜说"自己也在守信与背信间不断徘徊"，周沐然说"'上寳钱会'的正常运行必须以亲友间的信任为核心"。这些深刻的感悟，已经远远超出了法学对于规则的理解，这就是法社会学的魅力之所在吧。

城市治理中的习惯法研究：论题与方法

一、问题的提出

当代中国法学研究的制度文本主要包括国家法律、党内法规、社会规范三类。[1]习惯法是民间社会自发形成的内生性秩序，属于社会规范范畴的制度文本，其一直以本土化法律知识形态呈现。习惯法依托于特定的小共同体逐步生成，在相当长的历史时期内约束着人们的婚姻、家庭、债务和交易等活动。不仅如此，习惯法还被《民法典》确认为一种重要的法律渊源，被赋予"法的确信"内涵。作为国家法律之外的社会治理规范，习惯法在实践中普遍存在，并自 20 世纪 80 年代以来一直为学者们所关注。

从学术史层面观察，中国法学界关于习惯法的研究主要从如下三个方面展开：一是规范法学视角下习惯法基础理论研究，主要涉及习惯法的概念和特点、习惯法的治理功能、习惯法的法源地位、

---

* 陈寒非，法学博士，首都经济贸易大学法学院副教授。
〔1〕 黄文艺：《建构中国法学自主知识体系的路径方法》，载《光明日报》2023 年 9月 1 日。

习惯法的司法适用、习惯法与国家法的互动关系等。[1]二是法文化视角下中国传统习惯法及其资料整理研究，主要基于历史文献资料研究中国传统社会的习惯法类型与运行，涉及中国宗族习惯法、村落习惯法、宗教寺院习惯法、行业习惯法、行会习惯法、秘密社会习惯法、少数民族习惯法的内容和作用。[2]三是本土资源视角下当代中国习惯法田野实证研究，主要以田野调查的方法考察当代中国少数民族习惯法、乡村习惯法的内容和实践，探寻当代中国传承与弘扬习惯法的具体路径，进而挖掘和利用当代中国法治建设的本土资源。[3]回溯学术史不难发现，既有习惯法研究主要呈现出如下三个特点：一是从空间上来看，主要聚焦于乡村、边疆和民族地区习惯法，以至于人们往往习惯性地将习惯法与老少边穷地区勾连起来；二是从时间上来看，主要聚焦于传统习惯法研究，当代习惯法研究则多以个案形式出现；三是从内容上来看，主要聚焦于习惯法的基础理论问题，习惯法的田野研究有待进一步纵深拓展。

本文认为，目前习惯法研究所形成的固有范式，使其逐步陷入"内卷化""碎片化""边缘化"的窠臼，以至于不少学者指出当代习惯法研究面临着难以突破的"瓶颈"。如学者们仍然将习惯法视为边缘地带独有的法文化现象，而对城镇空间和新兴行业则无解释力；

---

〔1〕 参见高其才：《试论农村习惯法与国家制定法的关系》，载《现代法学》2008年第3期；田成有：《论国家制定法与民族习惯法的互补与对接》，载《现代法学》1996年第6期；李可：《论习惯法的法源地位》，载《山东大学学报（哲学社会科学版）》2005年第6期；吴大华：《论民族习惯法的渊源、价值与传承——以苗族、侗族习惯法为例》，载《民族研究》2005年第6期；陈景辉：《"习惯法"是法律吗?》，载《法学》2018年第1期；雷磊：《习惯作为法源?——以〈民法总则〉第10条为出发点》，载《环球法律评论》2019年第4期。

〔2〕 20世纪90年代开始，高其才教授率先利用民族地区社会历史调查资料研究习惯法。参见高其才：《中国习惯法论》（第3版），社会科学文献出版社2018年版；高其才：《瑶族习惯法》，清华大学出版社2008年版。法制史学者则运用清代档案史料等研究习惯法问题。可参见梁治平：《清代习惯法》，广西师范大学出版社2015年版；李力：《清代法律制度中的民事习惯法》，载《法商研究》2004年第2期。

〔3〕 参见苏力：《法治及其本土资源》（第4版），北京大学出版社2022年版，第3~24页。习惯法田野调查方面的代表性文献，可参见高其才：《习惯法的当代传承与弘扬——来自广西金秀的田野考察报告》，中国人民大学出版社2015年版；陈金全主编：《西南少数民族习惯法研究》，法律出版社2008年版。

又如分析框架仍以"法律多元主义""内/外生性秩序""大、小传统""国家与社会"等西方式理论为主，缺乏足够的理论自觉；再如所得出的一般性结论仍然局限于"构建国家法与习惯法的良性互动机制"方面，无法为中国法治建设提供更有针对性的理论建议。因此，在铸牢中华民族共同体意识、乡村巨变转型以及城镇化进程加快发展的背景之下，习惯法研究范式急需同步转型，在传承中华优秀传统文化和构建中国法学自主知识体系的系统性工程中发挥其应有的功能。鉴于此，本文认为，区别于以往习惯法研究范式，新时期习惯法研究应从时间、空间和内容上进一步拓展。具体而言，从时间层面而言，应重点研究"当代"中国习惯法实践；从空间层面而言，应拓展研究当代中国城市治理场域中的习惯法；从内容层面而言，应重点研究城市习惯法的基础理论、主要类型以及社会治理功能等。

　　一种可能的质疑在于，如果将小共同体式的"熟人社会"作为习惯法生成的前提，那么当习惯法面向城市"陌生人社会"时是否还会生成一种具有"法的确信"的习惯规则？笔者认为，这个问题的本质涉及我们对"习惯法"的理解。目前关于"习惯法"有两种不同倾向的定义：一是地方性规范论，即将习惯法视为乡村共同体内部成员在长期生活和劳作过程中所形成的一套地方性规范，且主要在一套关系网络中予以实施[1]；二是行为规范强制论，即认为非国家法意义上的习惯法是"独立于国家制定法之外，依据某种社会权威和社会组织，具有一定的强制性的行为规范的总和"[2]这两种定义各有侧重，前者突出习惯法的共同体属性，后者突出习惯法的行为规范属性。显然，事实上，我们可以在两种定义的基础上予以综合界定，将习惯法视为共同体内部形成的具有"法的确信"的强制性行为规范。从此定义出发，我们能够从习惯法角度理解城市社会治理共同体中普遍存在的非国家法意义上的行为规范，如城市社区规约、企业员工行为规范、消防自治规约、高校管理规范、互联网平台规则和行业规范等。这些习惯法极有可能会影响抑或是延伸成

---

〔1〕　参见梁治平：《清代习惯法》，广西师范大学出版社 2015 年版，第 1 页。

〔2〕　高其才：《中国习惯法论》（第 3 版），社会科学文献出版社 2018 年版，第 3 页。

为制定法的一部分，正如党的十八届四中全会决定所指出的，应"发挥市民公约、乡规民约、行业规章、团体章程等社会规范在社会治理中的积极作用"，[1]进而提升城市社会治理法治化水平。

二、城市治理语境下习惯法研究的必要性

随着城镇化的快速推进，城市人口和经济规模迅速扩张，城市治理问题一度成为学者们重点关注的议题。如果我们将习惯法视为城市治理共同体的内部规范，那么只要有城市治理共同体的存在，就会有城市习惯法存续的空间。城市治理的复杂性，使其不可能仅仅依靠单一的国家法规范进行治理，而是同时并存习惯法等多元规范。中国城市化进程并未挤压消解人们形成的习惯意识和习惯做法，每一项习惯（包括新创造的习惯）的背后都对应着特定的权利，这也是研究城市习惯法的重要前提。

(一) 城市化的乡村特质需要习惯法研究

城市实质上就是人类的化身。在村庄向城市过渡的过程中，城市从一开始便表现出一种延续至今的两重性特点，即城市"把最大限度的保护作用和最大程度的侵略动机融合于一身，它提供了最广泛的自由和多样性，而同时又强行推行一种彻底的强迫和统治制度"。[2]城市化两重性特点表明，城市化实际上是权力改造固有习俗和文化的过程。根据芒福德的说法，城市的基本使命就是贮存文化、流传文化和改造文化，通过"化力为形"的方式将无形的习俗力量转化为有形的物质载体，并依托制度文明、观念引领、科技创新等方式实现文化权能。在此过程中，城市在化除一部分村庄文化自给自足消极面的同时，也保留了村庄文化中的共同体规范要素，人们将其在村庄共同体时期形成的习惯法自然延伸到城市社会中，并与城市的权力化生活对抗、融合。因此，在早期城市发展过程中，

---

〔1〕《中共中央关于全面推进依法治国若干重大问题的决定》（2014年10月23日中国共产党第十八届中央委员会第四次全体会议通过），载《中国共产党第十八届中央委员会第四次全体会议文件汇编》，人民出版社2014年版，第51页。

〔2〕［美］刘易斯·芒福德：《城市发展史——起源、演变和前景》，宋俊岭、倪文彦译，中国建筑工业出版社2005年版，第51页。

习惯法一直都是城市自治法的重要组成部分。在中世纪后期的欧洲，特别是当市议会所制定的法律不完善时，市民在长期生活中形成的各种习惯和城市法院的判例在城市法中的地位更为凸显。根据汤普森的研究，直至 18 世纪英国社会转型时期，失去保护的平民仍然诉诸传统和习惯来捍卫自身权利，从而发展出独特的平民文化，此即为英国工人阶级兴起的先声。[1]

中国城市发展呈现出欧亚农业社会城市发展的层级性结构规律。从区域体系理论模式观察，城市的形成受到自然地理区域、关键性资源、交通运输便利性、农业生产强度、市场依附性以及城市化的层级制度等因素的影响，总体上包含着"以镇和市为连接点的本地和区域体系的层级"，[2]处于中心地最高层级的大都市也会向下延伸到农村集镇。在此层级结构下，中心地和市场之间存在着紧密的关联性，最低一级中心地即为基层集镇（基层市场），当基层市场向中间市场、中心市场发展时，中心地同步向上发展成为中间集镇、中心集镇、地方城市和地区城市等不同类型。[3]对于处于中间地位的集镇而言，其在受到市场体系影响的同时，还会受到行政体系的影响，后者集中表现出中国传统城市的政治、军事职能（基于国家治理和安全之目的设置的行政区划体系）。宋代以后中国城市工商业日渐繁荣，使城市职能逐渐向经济职能方向缓慢发展，在中华帝国后期以市场为中心发展出一些自发成长的、不规则型的、采用街巷制及商业街形式的城市。[4]新中国成立至改革开放前，中国的城市化主要由政府推动，城乡二元区隔限制了农村人口向城市的流动，农业人口占中国总人口的绝大多数。改革开放以后，城市化主要由国家、集体、个体、企业和外资等多种力量共同推进，市场化改革

---

〔1〕 参见［英］E. P. 汤普森：《共有的习惯：18 世纪英国的平民文化》，沈汉、王加丰译，上海人民出版社 2020 年版，第 18~24 页。

〔2〕 ［美］施坚雅主编：《中华帝国晚期的城市》，叶光庭等译，中华书局 2000 年版，中文版前言第 2 页。

〔3〕 参见［美］施坚雅：《中国农村的市场和社会结构》，史建云、徐秀丽译，中国社会科学出版社 1998 年版，第 10 页。

〔4〕 参见庄林德、张京祥编著：《中国城市发展与建设史》，东南大学出版社 2002 年版，第 163 页。

打破了户籍壁垒，大量农村劳动力在农业中退出并在城乡、地区和产业间流动，一些农村人口进入城市成为新市民。

从城市发展史可以看出，对于中国这样一个农业大国而言，其城市化发展主要以农村为基础。无论是历史上以集市为纽带发展而成的集镇城市体系，还是晚近市场经济体系下乡村变城市的城镇化过程，中国的城市化都带有鲜明的乡村底色，城市文化并未完全脱离乡村文化的影响，市民之间行事规范仍保留乡村共同体成员之间交往的人情关系特点，村庄秩序本身就嵌在城市秩序之中。对于进城完成城市化的农业人口而言，血缘和地缘共同体仍是维系城市关系的重要纽带。学者谭同学研究的各大城市普遍出现的湖南娄底新化数码快印行业就是亲缘、地缘与市场互嵌的结果，[1] 而当代城市大市场中常见的"同乡同业"，既依赖亲缘，更依赖基于方言亲近感的地缘拓展社会关系网络，其中"文化亲密"是"同乡"聚集资源、降低成本并赢得市场竞争的核心机制。这种"有限差序"嵌入城镇化和大市场并与现代性相结合，使得农民嵌入城镇后的社会关系网络仍然具有一定程度的乡土特性。[2] 无怪乎有学者指出，虽然改革开放后中国城市"常住人口"已经超过了总人口的半数，但城市"常住人口"的比率并不能简单等同于"城市化"的程度，"后者归根结底是要体现为社会的市民（citizen，又译'公民'）化的"。[3] 因此，中国城市化的乡村特质就决定了城市治理中法理社会与礼俗社会并存格局，社会治理共同体内部的习惯法规范将会长期存在，城市习惯法是城市治理的重要规范依据，这就要求我们必须重视城市治理中的习惯法。

（二）习惯法研究有助于提升城市治理水平

相较于乡村治理场域的同质性小共同体，城市治理场域人口数

---

〔1〕 参见谭同学：《亲缘、地缘与市场的互嵌——社会经济视角下的新化数码快印业研究》，载《开放时代》2012 年第 6 期。

〔2〕 参见谭同学：《有限差序的社会结合及其现代性转化——基于新化数码快印"同乡同业"的思考》，载《南京农业大学学报（社会科学版）》2020 年第 5 期。

〔3〕 秦晖、金雁：《田园诗与狂想曲：关中模式与前近代社会的再认识》（第 3 版），江苏凤凰文艺出版社 2017 年版，序言。

量规模较大，具有复杂多元的社会结构体系，社会异质性程度也较高。[1]城市场域的人口高度密集、高流动性、社会复杂多元等特点给城市治理带来了巨大的挑战，引发诸如环境污染、资源短缺、人口贫困、社会不平等、犯罪与公共安全危机等城市治理难题。全面提升城市社会治理水平，需要不断创新城市治理模式，特别是要注重运用城市治理场域中存在的多元社会规范进行系统治理、依法治理、综合治理、源头治理以及精细化治理。

目前城市治理模式大体可类型化为朴实的治理模式（organic regime）、工具性的治理模式（instrumental regime）以及象征性的治理模式（symbolic regime）三种类型。其中，朴实的治理模式主要出现在具有同类人口和强烈地方归属感的小城镇和郊区，它们的主要目标是维持现状；工具性的治理模式则关注那些由城市政府和工商业集团的政治伙伴关系所指出的特定目标；象征性的治理模式出现在正经历急速变化的城市当中，这些变化包括大规模的复兴运动、重大的政治变革、试图转变公众对自己城市的观念的形象运动等。[2]在当代中国城乡转型背景下，这三种理想类型的城市治理模式同存于中国式城市治理实践，彰显了转型期中国城市治理的高度复杂性。传统城市治理模式主要表现出行政区域化、层级单一化、利益部门化、信息割裂化以及治理方式单一化等特点，而城市本身的社会结构以及治理风险使得传统治理模式难以有效运作（容易导致"碎片化治理"），此时急需转向"整体性治理"（holistic governance）。整体性治理要求各类治理主体从社会整体性视角解决问题，控制克服传统官僚制下简约及孤立解决问题的弊端[3]，打破部门主义、各自为政、阶层壁垒以及身份区隔[4]，以提升社会主体共同参与基层社

---

〔1〕 参见陶希东：《全球超大城市社会治理模式与经验》，上海社会科学院出版社2021年版，第10~12页。

〔2〕 ［英］约翰·伦尼·肖特：《城市秩序：城市、文化与权力导论》，郑娟、梁捷译，上海人民出版社2015年版，第316~317页。

〔3〕 See Andrew Dunsire, "Holistic Governance", *Public Policy and Administration*, 1990, 5（1）：4~19.

〔4〕 高建华：《区域公共管理视域下的整体性治理：跨界治理的一个分析框架》，载《中国行政管理》2010年第11期。

会治理的活力。与整体性治理中的社会治理主体协同相适应，城市社会治理所适用的社会规范也应是多元化的，因为不同的社会治理主体所形成和遵循的社会规范不一致，社会治理主体会根据具体的事件和场景选择运用包括法律和习惯法等共同体内部规约。

虽然城市治理规模大、复杂程度较高，但城市内部仍然由一个个小共同体组成，这些小共同体内部的治理规则就是习惯法。习惯法曾在中国城市治理史上发挥过重要作用，是中华优秀传统文化的重要组成部分。"人民群众的习惯从来都不是固定的"，特别是在城镇化巨变加速的今天，一些传统的习惯被人们自觉废除了，但一些新的、适应现代市场经济和城市治理需要的习惯或行业习惯已经或正在形成，这些新的习惯法会满足人们的生活预期，有效弥补制定法的僵化和不足，同时也会使得城市治理领域的法律更富有生命力。[1]法律不可能事无巨细地延伸到城市空间的每一个角落，刚性的法律治理方式也并不一定适用于所有城市治理场域。因此，当前提升城市治理水平需要充分发挥人民群众的创造性和自治性，通过创造性转化运用习惯法有效预防和化解城市治理中的矛盾纠纷和治理难题。更为重要的是，通过城市习惯法治理可以有效解决城市法律治理方式的"悬浮"问题，打通城市治理的"最后一公里"，弥补公共治理资源的短缺，节约行政治理成本。鉴于此，当前有必要重视城市习惯法在城市治理中的作用，进而提升城市治理法治化水平。

三、当代中国城市习惯法研究的主要论题

随着当前中国城镇化进程的日益加快，城市治理问题日益呈现出交叉性、整合性和动态性特征，传统法学的规范研究范式难以涵盖城市治理领域中的新问题和新动态。在此背景下，一些学者提出一种立足新兴交叉领域的领域法及领域法学（Theory of Field Law）研究范式。此研究范式是"以问题为导向，以特定经济社会领域全部与法律有关的现象为研究对象，融经济学、政治学和社会学等多

---

〔1〕 参见苏力：《当代中国法律中的习惯——一个制定法的透视》，载《法学评论》2001 年第 3 期。

种研究范式于一体的交叉性、开放性、应用性和整合性的新型法学学科体系、学术体系和话语体系"。[1]领域法学研究范式具有问题导向和交叉研究特性,可有效弥补传统习惯法研究中学科议题单一化问题。基于城市社会主体的多元、交往的频繁、关系的复杂等因素,城市习惯法呈现出多样性、开放性、自治性和客观性特点。因此,在复杂的城市治理场域,迫切需要以综合的领域法学视角来研究城市习惯法问题,进而概括、总结并提炼城市习惯法的基本类型。有学者将城市习惯法分为"组织与人员习惯法、民事活动习惯法、商事活动习惯法、社会交往习惯法、秩序维持习惯法、纠纷解决习惯法"等类型,[2]本文以此为基础按照城市习惯法形成的内在规律将其分为传统习惯法与新型习惯法两大类,前者系传统习惯法在城市中的转化,后者则是城市场域特有的习惯法。

(一)城市治理中的传统习惯法论题

由于中国城市化具有明显的乡村特质,人口的城市化并未完全消解传统共同体的痕迹,乡土社会治理逻辑及其习惯规范仍然在一定程度上延伸至城市社会治理共同体中。因此,如果人类秩序的形成依托于国家正式法和民间非正式法,那么则意味着无论是城市还是乡村,习惯法规范都为人们生活提供了一种行之有效的行为规范。既然如此,传统习惯法在城市治理中还将继续存在,其厚植于中华优秀传统法律文化土壤,支配着城市公民的思想观念和行事方式。一般认为,传统习惯法论题主要包括婚姻习惯法、丧葬习惯法、交易习惯、环境保护习惯、纠纷解决习惯等,这些传统习惯法伴随城市化的发展而进入城市治理空间,其形式有所创新和发展。

第一,城市治理中的婚姻习惯法。婚姻习惯法是传统习惯法研究中的一个关键性论题,既有研究一般以某个少数民族或村落为研究对象,探讨其通婚范围、婚龄、婚姻形式、婚姻缔结与解除等环节中的习惯法规则,作为地方"小传统"中的标志性规范。例如,

〔1〕 刘剑文:《论领域法学:一种立足新兴交叉领域的法学研究范式》,载《政法论丛》2016年第5期,第8页。

〔2〕 参见高其才主编:《当代中国城市习惯法》,中国政法大学出版社2020年版,导言第4页。

有学者研究苗族婚姻的传统缔结方式、同宗同姓不为婚、姑舅表优先婚的婚姻习惯以及寨老、理老处理婚姻纠纷的习惯。[1]又如有学者研究彝族婚姻习惯法中民族内婚、家支外婚的血亲原则以及宗族家支规范。[2]再如有学者探讨了浙江慈溪蒋村的订婚习惯，指出订婚"过书"仍是婚姻成立的必要程序，且相识与媒人规范、订婚程序规范、彩礼规范等为订婚的主要规范。[3]根据笔者观察，在城市化进程中传统婚姻习惯法并未消失，而是以新的形式呈现。例如，彩礼源于我国古代婚姻习俗中的"六礼"，是我国婚嫁领域的传统习俗，有着深厚的社会文化基础。随着中国婚姻家庭从传统向现代转型，传统婚姻习惯法中的彩礼规则却仍然为人们所遵守。最高人民法院曾特别就彩礼返还问题出台了一系列司法解释，[4]以调整婚姻缔结过程中因彩礼返还习惯引发的纠纷。在最高人民法院、民政部、全国妇联联合发布的四起涉彩礼纠纷典型案例中，明确处理涉彩礼纠纷严禁借婚姻索取财物、充分尊重民间习俗以及坚持以问题为导向三项基本原则。[5]上述司法解释及司法解释性质文件普遍适用于农村和城市中的彩礼纠纷。易言之，无论是农村还是城市，订婚送

---

〔1〕 参见陈金全、郭亮：《黔东南苗族婚姻习惯法及其社会价值》，载《民俗研究》2005 年第 5 期。

〔2〕 参见张晓蓓：《彝族婚姻家庭习惯法特征》，载《贵州民族学院学报（哲学社会科学版）》2006 年第 3 期。

〔3〕 参见高其才、罗昶：《传承与变异：浙江慈溪蒋村的订婚习惯法》，载《法制与社会发展》2012 年第 3 期。

〔4〕 如最高人民法院《关于适用〈中华人民共和国婚姻法〉若干问题的解释（二）》（2017 年）第 10 条第 1 款规定了彩礼返还问题。最高人民法院《关于适用〈中华人民共和国民法典〉婚姻家庭编的解释（一）》沿袭了上述规定。该条对彩礼返还规定的条件非常严格，仅在未办理结婚登记（司法实践还要求"且未共同生活"）、办理结婚登记但确未共同生活或者彩礼给付导致给付人生活困难情况下才支持返还的请求。司法实践中涉及彩礼返还类纠纷主要凸显在两类案件：一是已经办理结婚登记且已共同生活，但是共同生活时间较短；二是仅按当地习俗举办婚礼即共同生活但未办理结婚登记。针对这两类案件，最高人民法院出台《关于审理涉彩礼纠纷案件适用法律若干问题的规定》（法释［2024］1 号），进一步明确彩礼范围以及上述两种情况下的彩礼返还规则，在充分尊重民间彩礼习惯的基础上予以规制。参见王丹：《新形势下彩礼纠纷的司法应对》，载《中国应用法学》2024 年第 1 期，第 133 页。

〔5〕 参见《最高人民法院、民政部、全国妇联联合发布四起涉彩礼纠纷典型案例》（2023 年 12 月 11 日）。

彩礼仍是一个普遍习俗，且城乡彩礼现象的差别并不十分明显。[1]
习惯规则的可能区别在于，在城市"高房价"影响下，城市婚姻中
的彩礼更趋多元化（包括金钱、房产等在内）。既有实证研究表明，
城市房产对婚姻缔结起到了一定的促进作用，特别是"拥有住房对
男性较女性结婚概率的影响更大、作用也更为显著"[2]。

第二，城市治理中的祭祀习惯法。作为中国丧葬文化的重要组
成部分，纸钱蕴含着丰富的文化内涵，表明中国传统文化对于生前
与死后的阴阳境遇的一种观念想象。据考证，大约自魏晋南北朝开
始，纸钱这种特殊钱币符号开始取代真钱随葬逐渐登上历史舞台，
久之演变为一种民间丧葬祭祀习俗，折射出中国传统幽冥观念。[3]
换言之，烧纸钱习惯是幽冥观念的物化升华体系，"整个升华体系的
意图在于使宇宙恢复活力从而服务于人类的目的，该目的与维持仪
式之秩序的标准相一致"。[4]目前烧纸钱习惯在多地城市存在，一
般在特定的时间节点（如清明节、中元节或寒衣节）焚烧，地点往
往选择在十字路口，而且在烧纸之前会用粉笔划一个留有进出通道
的圆圈，预示着已逝先人领取焚化纸钱的通道。针对露天焚烧纸钱
行为所造成的环境污染和消防隐患等问题，北京、天津、西安、锦
州及长春等地政府曾明令禁止城区街头露天烧纸钱行为，[5]倡导文
明祭扫，深化丧俗改革，但效果并不明显。原因在于，这种习惯法

---

〔1〕 参见康娜：《婚约彩礼习惯与制定法的冲突与协调——以山东省为例》，载《民俗研究》2013年第1期。

〔2〕 胡明志、陈卓：《为结婚而买房：城市房产与婚姻缔结》，载《中国经济问题》2022年第5期。

〔3〕 参见冉凡：《祭品与祥物——纸钱与传统丧葬风俗心态谫论》，载《广西民族学院学报（哲学社会科学版）》2004年第4期。

〔4〕 ［美］柏桦：《烧钱：中国人生活世界中的物质精神》，袁剑、刘玺鸿译，江苏人民出版社2019年版，第105页。

〔5〕 如《北京市大气污染防治条例》第61条、《北京市文明行为促进条例》第16条均明确规定，禁止在道路、居民区及其他公共区域焚烧、抛撒丧葬祭奠物品。又如，《天津市民政局关于继续做好"寒衣节"乱烧纸钱防控工作的通知》（2011年10月17日）、《锦州市人民政府关于城区内禁止烧纸祭祀的通告》（锦政发〔2017〕4号）、《西安市民政局、西安市文明办、西安市公安局等关于清明节文明祭扫禁止在城市道路及非指定地点焚烧纸钱污染环境的公告》（2016年3月20日）等地方规范性文件也对此予以禁止。

本就植根于乡土中国及其孕育的祖灵崇拜文化，随着城市化和人口流动进入到城市治理场域，受到城市公共空间的扩大和挤压，使原本属于私人空间的行为暴露于公众视野。此时如果简单地通过行政命令禁止，则会产生适得其反的效果（如一些地方演变为具有博弈色彩的"游击烧纸"）。[1]因此，我们在研究解决城市街头烧纸钱行为时，应兼顾传统习惯和城市治理两端，在尊重民间祭奠习惯的同时保障城市的环境和安全。

第三，城市治理中的物权习惯法。物权习惯法是民事习惯法中的重要内容。物权缓和主义认为，物权法定原则的"法"应包括制定法和习惯法。作为人类产权历史上最古老的规则之一，先占习惯是物权习惯法中最为常见的规则。有学者研究了广西金秀瑶族自治县六巷乡的"打茅标"的物权习惯法，特别是在号地开荒涉及的土地等不动产的先占取得方面，习惯法效力明显。[2]在城市治理场合，先占这一源自自然法的物权习惯仍是产权取得的最重要方式。例如，城市公共停车位、公园中的休闲娱乐设备、公共图书馆自习设备、城市公共交通上的座椅等城市公共资源中均存在先占现象，不过这种先占并不指涉所有权原始取得，而仅仅意味着公共资源使用权的先行占有。制度经济学提出"潜产权"概念来解释这种现象，认为"潜产权"是"还没有被正式认可但是实际上存在的权利"，其基本特征是"某个主体实际上拥有某些权利，人们一般不否认或默认它，但是法律或规则上并没有确认它；而且如果人们真要计较并拿规则去衡量就可以否认它；而如果不计较，则随着时间的推移或其他条件的变化，有可能被人们认可并正式规则化"。[3]当人们默认这种实际上拥有的权利时，也就赋予了习惯所具有的"法的确信"要素。此外，在城市房屋交易中，一些房屋交易中介机构专门

〔1〕 参见丁睿：《"街头烧纸"考验城市智慧》，载《瞭望东方周刊》2023年第18期；张宇：《"十月一送寒衣"须防火》，载《北京日报》2023年11月13日。
〔2〕 曹义荪、高其才：《当代中国物权习惯法——广西金秀六巷瑶族"打茅标"考察报告》，载《政法论坛》2010年第1期。
〔3〕 参见黄少安、王怀震：《从潜产权到产权：一种产权起源假说》，载《经济理论与经济管理》2003年第8期。

制定关于"凶宅"的认定规则以及交易规则（通常将其认定为"房屋瑕疵"），从而形成极具城市房屋交易特色的习惯法，[1]以至于司法实践中出现了支持"凶宅"诉求与不支持"凶宅"诉求的两种相反判决方向。[2]

以上所论属于传统习惯法在当前城市治理中的具体形态，其伴随着城市化进程而进入城市治理场域，依托新的治理环境实现了创造性转化。除此之外，城市治理中传统习惯法还有多种类型，如城市治理中的交易习惯法、纠纷解决习惯法、丧葬习惯法等。城市中的人们在开展民事活动时会遵循正式的城市管理法律法规，但与此同时也会发展出一套非正式的民事习惯规约，前者会对后者挤压和形塑，而后者也会影响到前者的规则设定。未来城市治理中还将不断产生新的习惯法，习惯法伴随着城市治理的转型而不断"生长"。

（二）城市治理中的新型习惯法论题

城市治理中既有形成于乡村共同体的传统习惯法遗留，同时也有城市治理共同体形成的特有的新型习惯法。这些特有的新型习惯法依托于城市特定的社会经济条件，其形式和内容不同于传统习惯法。随着城市不断发展，城市习惯法也随之丰富发展，主要表现为类型的增加和内容的扩张，特别是以人工智能、大数据、云计算、物联网、区块链等为代表的现代信息技术的兴起给城市习惯法增添了新的内容。当前在研究城市治理问题时，应重点关注城市治理场域中的新型习惯法，从而为充分发挥城市习惯法的社会治理功能寻求规范基础。

第一，城市治理中的单位习惯法。随着改革开放后城市社会管理体制由"单位制""街居制"向"社区制"发展，[3]城市治理单元呈现出"单位""街居""社区"三者并存的局面。虽然"单位

---

〔1〕 参见陈耀东、张瑾：《"凶宅"的法律限定及其交易纠纷的法律适用》，载《河北法学》2007 年第 10 期；尚连杰：《凶宅买卖的效果构造》，载《南京大学学报（哲学·人文科学·社会科学）》2017 年第 5 期。

〔2〕 参见韦志明：《"凶宅"类案件中的法律论证评析》，载《法学评论》2015 年第3 期。

〔3〕 参见何海兵：《我国城市基层社会管理体制的变迁：从单位制、街居制到社区制》，载《管理世界》2003 年第 6 期。

制"与市场经济体制之间存在着矛盾，但是其在共同体及其精神培育方面有着特殊的意义，现代社会职业团体（单位）已成了人们行为的决定性因素。[1]在城市治理中，形成了一种以单位组织为节点的"新单位制"，充当了国家治理纵向结构和横向结构的"制度节点"的作用。[2]城市社会劳动分工的精细化使人们的工作更为专业化，最终"摧毁或者改变以往社会中建立在家庭纽带、当地协会、文化、等级与地位之上的社会与经济机制，代之以一种建立在工作和职业利益基础之上的机制"[3]。以这种新机制为基础形成各类职业团体（单位），进而产生职业团体内部的行为规则。因此，即使在后单位制时代，"单位"仍是城市治理的重要单元，其共同体属性产生了诸多习惯法"节点"。单位习惯法本质上属于业缘习惯法范畴，单位在管理过程中形成了内部独有的规则，这些规则支配着人们的行为。例如，某公司制定的员工行为规范是公司员工的基本行为准则，也是员工从事各项生产经营活动的基本依据，在公司持续要求和推进下成为员工普遍遵守的习惯规则（自治理规范）。除了企业之外，政府机关、事业单位、社会组织等单位内部也有一些管理性规范，这些规范同样具有习惯法属性，属于城市单位"节点"社会中特有的习惯法类型。

第二，城市治理中的社区习惯法。如果说单位是城市治理的"节点"，那么社区则是城市治理的"切面"。城市社区既是单位制解体后国家为了解决城市社会整合和社会控制问题自上而下构建的国家治理单元，又是社区居民公共参与的地域社会生活共同体。目前城市社区建设呈现出行政和自治两种导向，亦形成了行政型社区和自治型社区两种治理模式。尽管居民自治仍属于政府主导型自治，[4]

〔1〕 参见周建国：《单位制与共同体：一种可重拾的美德》，载《浙江学刊》2009年第4期。

〔2〕 参见李威利：《新单位制：当代中国基层治理结构中的节点政治》，载《学术月刊》2019年第8期。

〔3〕 ［美］罗伯特·E. 帕克等：《城市——有关城市环境中人类行为研究的建议》，杭苏红译，商务印书馆2016年版，第20页。

〔4〕 参见徐勇：《论城市社区建设中的社区居民自治》，载《华中师范大学学报（人文社会科学版）》2001年第3期。

但在行政型社区向自治型社区发展过程中，城市社区自治模式日益彰显，由此形成了一些自治性规范。例如，社区居民（社区居委会）在自我管理、自我教育、自我服务的过程中形成了一些自治性规范（如居民公约、环境卫生规约、垃圾分类条例等），业主及业主委员会等主体在参与社区管理的过程中形成了一些自治性规范（如居民互助规约），物业服务企业在维护社区环境和秩序的过程中也形成了一些管理性制度（如停车位租赁和使用制度）。这些自治规范具有习惯法特性，成为社区居民日常行为的重要准则。2023 年 6 月，笔者在北京丰台区某小区调查发现，该小区业主委员会为了解决停车难问题，在听取全体业主意见的基础上结合本小区的实际情况制定了《停车规约》，根据业主用车规律实现小区内停车位资源的共享式分配。又如上海市黄浦区发布《住户守则》（2023 版），[1]指导社区依法制定村规民约、居民公约，平衡社区利益、解决居民矛盾，引导住户有序自治，是城市习惯法的重要创新和发展。

第三，城市治理中的行业习惯法。城市治理共同体除了单位、社区之外，还有基于共同行业属性形成的行业协会，行业协会共同体的形成纽带是行业关系。在这种无形的空间单元中，共同体内部成员之间基于统一的行业规范形成了高度的身份认同，通过赋予行业协会社会公权力进而构造出统一的行业秩序。因此，行业共同体内部的管理规范和行业准则构成了城市习惯法的重要组成部分。一般而言，行业习惯法可分为四类：一是作为"小宪法"的基本组织规范，如行业协会章程等；二是行业协会共同体成员的行为规范，

---

[1] 该《住户守则》的诞生和普及经历了自下而上的实践提炼和自上而下普及推广两个过程。早在 2017 年，半淞园路街道耀江花园居民区为了破解社区治理顽症、解决人民群众急难愁盼问题，运用法治思维，通过基层民主协商程序，制定应用了 1.0 版《住户守则》，被誉为上海首个城市版"村规民约"。此后黄浦区各社区、居民区相继制定自治规约。据统计，截至 2023 年 7 月，全区共有各类自治规约 244 个，其中老旧小区 16 个、公房小区 73 个、商品房小区 126 个、商居混合型小区 9 个，还有为解决专项问题的自治规约 20 个。自从制定《住户守则》后，车停哪里、遛狗牵绳多长、群租如何整治等问题都有了公认的处理办法，许多小区治理难题迎刃而解。黄浦区进一步总结提炼形成《住户守则（2023 版）》，并自上而下向全区普及推广过程。参见余东明：《全力推进基层治理法治建设——上海黄浦发布二〇二三版〈住户守则〉》，载《法治日报》2023 年 7 月 27 日。

如行规行约、会员公约、自律公约等；三是行业标准，如行业协会统一制定的行业准入标准；四是行业性惩罚和争端解决规范。[1]笔者曾于 2021 年 3 月赴江西新余市实地调查"水北商会"的运行情况，该商会制定了诸如商会章程、理事会制度、奖优助学、社会扶贫等一系列自治性规范[2]，在城市治理特别是城市反哺农村工作中发挥了积极的作用。实践中行规行约（如金融行业自律规则）还具有司法适用功能，法院将其作为理解商业领域特点的指南、作为合同解释的参考依据、作为推断案件事实的信息工具、作为商行为合理与否的评价标准以及作为判决说理的理由。[3]在"大调解"工作格局中，整合行业协会力量可有效推进行业性、专业性人民调解工作，解决特定行业、专业领域发生的矛盾纠纷，而行规行约则是行业协会参与调解时所适用的重要依据。[4]即使是在高度法律化的国际金融领域，发挥主导作用的也是一套由市场自发形成的行业性习惯规则，"作为一种私人法律技术，担保实际上就是一套法律拟制"[5]，是私人之间达成的确保市场稳定的监管方式。

第四，城市治理中的网络习惯法。随着互联网技术的发展，在城市治理空间中逐渐形成虚拟的网络共同体。网络空间虽属虚拟空间，但在频繁使用和交易中形成了一些网络规则，这些规则有些由互联网平台制定，有些则由网络用户及管理者自行制定，具有习惯

---

〔1〕 参见黎军：《基于法治的自治——行业自治规范的实证研究》，载《法商研究》2006 年第 4 期。

〔2〕 水北商会成立于 2012 年，作为联系和服务水北镇民营企业的商（协）会组织，近年来该商会积极探索"党建+商会"运作模式，引导会员企业承担社会责任。2023 年全国两会政协联组会上，习近平总书记肯定了江西省新余市水北商会带领会员企业参与"万企兴万村"行动的成效。水北商会制定了《新余市水北商会章程》《水北商会理事会会议制度》《水北商会"奖优助学"项目实施办法》《水北商会关于加快推进颐养之家标准化和规范化建设的指导意见》《水北商会助推农村颐养之家建设及补贴管理暂行规定实施细则（试行）的通知》《联络处管理制度》等一系列自治规范。

〔3〕 参见董淳锷：《商业行规的司法适用——实证考察与法理阐释》，载《清华法学》2020 年第 1 期。

〔4〕 参见《司法部、中央综治办、最高人民法院等关于推进行业性专业性人民调解工作的指导意见》（司发通〔2016〕1 号）。

〔5〕 参见［美］万安黎：《担保论：全球金融市场中的法律推理》，江照信等译，中国民主法制出版社 2013 年版，第 289 页。

法的法源属性。[1]特别是在网络信息技术迅速发展的当下，国家法律在调整网络社会关系时呈现出一定的滞后性，此时需要通过网络习惯法补充国家法的不足，并以此为基础培育形成相应的法律规范。具体而言，网络习惯法主要包括五类：一是网络道德规范，主要指通过社会舆论、内心信念和传统习惯来调整网络空间中人们行为的规范，如网络文明公约等；二是网络技术规范，主要指网络开发和使用中的技术性规范；三是网络交易规范，主要指电子商务活动主体在交易过程中形成的规范；四是网络责任规范，主要指互联网平台所制定的限制某些用户使用权限的规范；五是网络纠纷解决规范，主要指互联网平台依托平台的技术优势和保证金制度制定的纠纷解决规则。例如，日常生活实践中较为常见的网络规范有《京东开放平台交易纠纷处理总则》《微信支付用户服务协议》《微博用户服务使用协议》《天猫七天无理由退货规则》等，这些网络习惯法规制了平台和用户的行为。

四、当代中国城市习惯法研究的方法论进路

如果我们从非国家法意义上理解习惯法概念，那么城市习惯法的存在是一个客观事实。城市空间中的个体或共同体在日常生产生活实践中形成了一些内生性规范，以这些内生性规范为基础形塑出城市小共同体的内生型秩序。相较于人类学、社会学等学科对城市习惯法的研究和关注，法学学科对此却关注甚少，主要原因在于后者对规范研究方法形成了路径依赖，以至于在如何展开城市习惯法研究问题上缺乏方法论支撑。因此，本文主张应在以法律规范为中心的传统法学研究范式的基础上，引入城市社会学和都市人类学方法研究城市习惯法问题，两种研究方法的交叉与综合具有明显的社科法学属性。

（一）习惯法研究的城市社会学进路

城市社会学（urban sociology）是社会学的一个分支领域，其专注于城市的区位、社会结构、社会组织、生活方式、社会心理、社

---

〔1〕 参见杨立新：《网络交易规则研究》，载《甘肃社会科学》2016 年第 4 期。

会问题和社会发展规律等主题。[1]18 世纪工业革命以后，城市迅速扩大，使得人们对城市开展系统性探讨，如古典社会学家费迪南·滕尼斯、马克斯·韦伯、涂尔干等人的研究成果。如滕尼斯将城市描述为不同于乡村"通体社会"（community society）的"联组社会"（association society）[2]，人们的生活方式从群体转变为个体；韦伯认为西方"城市共同体"的形成，除了要有较强的工商业性格之外，还应具备防御设施、市场、自己的法庭以及至少部分的自己的法律、团体的性格、至少得有部分的自律性与自主性等五个特征，[3]而摆脱了人身依附关系的自由的市民团体是城市自治的基础；涂尔干在"机械团结"和"有机团结"框架下对城市性展开论述，现代城市的秩序特征即为基于劳动分工形成的"有机团结"。[4]此后，齐美尔认为城市的迅速变化给人们的精神生活造成了很大的紧张感，这种紧张感使得城市人精神生活具有如下特征：一是理性，与理性相结合的是货币占支配地位；二是傲慢，傲慢的本质是对事物之间的差异持冷淡的态度，漠视事物之间的差异；三是矜持，城市中的人为了抵抗他人傲慢而做出的自卫行为。[5]理性、傲慢以及矜持恰恰带来了一种不被他人干涉的自由。古典社会学关于城乡比较、城市社区、城市人精神特质等方面的研究成果为城市习惯法研究奠定了基本框架。

---

　〔1〕　参见顾朝林等编著：《城市社会学》（第 2 版），清华大学出版社 2013 年版，第 16 页。

　〔2〕　滕尼斯在《共同体与社会》一书中将社会划分为两种类型：（1）Gemeinschaft（Community）Society；（2）Gessellschaft（Association）Society。殷海光先生将其分别翻译为"通体社会"和"联组社会"。区别在于，前者是通体相关的比较小单位的、以意志协同为基础的联系密切的社区；后者是比较大单位的、无关特定人身的及由无历史关系和各不相属的片断联组而成的社会。参见殷海光：《中国文化的展望》，商务印书馆 2011 年版，第 107~108 页。

　〔3〕　参见［德］马克斯·韦伯：《非正当性的支配——城市的类型学》，康乐、简惠美译，广西师范大学出版社 2005 年版，第 23 页。

　〔4〕　参见［法］埃米尔·涂尔干：《社会分工论》（第 2 版），渠东译，生活·读书·新知三联书店 2013 年版，第 73~92 页。

　〔5〕　参见［德］G. 齐美尔：《桥与门——齐美尔随笔集》，涯鸿等译，生活·读书·新知三联书店上海分店 1991 年版，第 258~279 页。

到了 20 世纪 20 年代，芝加哥学派将城市研究推向新的高度，其中帕克的城市社会学观点对我们研究城市习惯法颇有启发意义。帕克对城市的研究主要集中在人口、邻里关系和职业三个方面，其在做城市社会学研究时坚持参与式观察，致力于做关于城市底层人、边缘人的经验研究。帕克提出人类生态学（human ecology）概念，将城市视为一个类似于动植物的生态秩序系统，认为"城市实际上根植于居民的习惯与风俗之中"[1]，其在具有一种物理机制（physical organization）的同时，还保有一种道德机体（moral organization）。帕克的学生沃斯（Louis Wirth）认为可从人口数量、居住密度以及居民与群体生活的异质性来观察城市生活的特性，分析由不同社会关系类型所决定的行为模式。如城市庞大的人口规模使得社会关系类型呈现出较大差异，而这种差异反过来使得人们容易按照语言、种族和阶级形成多样化的居民团体和帮派，这些团体和帮派内部规则的多元化给城市秩序带来了挑战，此时需要通过建立一种正式的社会控制机器来予以调整。[2]第二次世界大战以后城市社会学开始关注城市与住房问题，指出城市集体消费对维持城市资本主义的运作具有重要作用，以此为基础发展出新城市社会学，亦是继城市社会学决定论、成分论和子文化论之后的第四个理论流派[3]。

综合城市社会学早期理论以及帕克以后发展出的四支流派，城市社会学的研究内容主要包括如下六个方面：一是城市化和都市社会，即研究城市的发展、演变以及都市社会中的各类问题，如住房、环境、治安、交通等；二是社会结构及其变化因素，即探讨城市的经济结构、劳动结构、职业结构、家庭结构以及阶级和阶层结构，以及影响城市社会结构变化的社会因素；三是社会动态和变迁，即研究城市中社会关系、价值观念、文化习俗等的变化和演变过程，以及这些变化对城市社会的影响；四是社会控制和治理，即分析城

---

〔1〕 ［美］罗伯特·E. 帕克等：《城市——有关城市环境中人类行为研究的建议》，杭苏红译，商务印书馆 2016 年版，第 8 页。

〔2〕 See Louis Wirth,"Urbanism as a Way of Life", *American Journal of Sociology*, 1938, 44（1）：1~24.

〔3〕 参见郑也夫：《城市社会学》（第 3 版），中信出版社 2018 年版，第 79~109 页。

市中的社会秩序、法律制度、政府管理等，以及这些因素对城市居民行为和社会关系的影响；五是社会组织及其运行网络，即研究城市中经济、政治、文化、社区等各类社会组织，分析社会组织构成的网络系统及其运作方式；六是社会政策和城市发展，即关注城市政府和相关机构的政策制定、实施和评估，以及这些政策对城市社会的影响和发展趋势。从城市社会学框架出发有利于我们更为全面、动态以及深入地思考城市习惯法，如从社会动态和变迁角度观察城市习惯法的演进，又如从社会关系网络角度观察城市习惯法产生的社会基础，再如从社会控制角度观察城市习惯法的秩序功能等。

城市社会学进路下的城市习惯法研究已有一些成果，[1]事实证明可采用城市社会学方法论研究城市习惯法问题。城市社会学采用包括定量分析、定性研究、田野调查、社会网络分析在内的等多种方法来深入探索城市社会的结构、功能和变化规律，观察城市及其居民的社会组织、文化、行为和相互关系。从城市社会学进路研究城市习惯法时，往往需要重点关注城市居民在城市生活中形成的一系列惯例、习俗和规范，这些习惯法可能是非正式的、口头传承的规则体系，也可能是在特定社区或群体中形成的一种共识性的行为准则。因此，研究者可以运用田野调查和观察方法，定期在特定社区或场所进行观察、记录居民的行为、互动和规范，深入了解城市社区中的习俗和规范；与城市居民、社区领袖或相关从业者进行深入访谈，从而揭示城市习惯法的形成背景、演变过程和具体内容；通过查阅历史文献、民间传说、口述历史等资料，了解城市习惯法

---

〔1〕 例如，米切尔·邓奈尔对街头谋生者进行研究，认为表面上看起来这些人似乎是给城市制造了混乱和威胁，但其实际上借由在人行道上创造性地寻求生存空间，生成了一套非正式社会控制体系，维系着人行道的秩序和安全。这些非正式社会控制体系（城市习惯法）对城市治理而言具有不可替代的作用。再如麦高登（Gordon Mathews）对香港重庆大厦的研究表明，全球化背景下重庆大厦居民与国际商品、金钱、理念之间存在着错综复杂的联系，生动展现出跨国资本主义底层的交易习惯。参见［美］米切尔·邓奈尔：《人行道王国》，马景超、刘冉、王一凡译，华东师范大学出版社 2019 年版；［美］麦高登：《香港重庆大厦：世界中心的边缘地带》，杨玚译，华东师范大学出版社 2015 年版。除上述两份研究成果之外，还有"薄荷实验"出品的诸如《寻找门卫：一个隐蔽的社交世界》《生老病死的生意：文化与中国人寿保险市场的形成》《唐人街》等学术成果，这些研究成果都有关注到城市中某一个社区、群体或行业中的习惯法规则。

的历史渊源和传统文化背景；对不同城市、不同社区或不同文化背景下的习惯法进行比较分析，揭示其异同点和共性特征；分析城市社区中人际关系网络和社会组织结构，揭示习惯法的形成和传播机制。城市习惯法研究者们通过综合运用上述方法，可以深入研究城市习惯法在城市社会中的作用、功能和影响，为城市管理、社区建设和文化保护提供理论支持和实践指导。

（二）习惯法研究的都市人类学进路

都市或都市社会集人类文明之精华，几乎所有的社会科学都会有研究城市的分支，都市人类学（Urban Anthropology）和城市社会学都是研究城市生活和城市社会现象的学科，如两者都关注城市社区、社会结构以及城市居民行为及其社会关系网络等议题。因此仅从一般的研究议题层面区分都市人类学和城市社会学并无太多意义。尽管如此，两者在方法、理论和研究重点上仍存在一些不同之处。第一，在方法论上，前者通常采用人类学民族志方法，致力于深入了解城市中不同群体的文化、价值观和行为模式；后者则更倾向于使用定量方法，以研究城市居民的社会结构、社会交往网络和社会变迁。第二，在理论框架上，前者常常借鉴文化人类学的理论，关注城市中的文化多样性、社会认同和文化认同等问题，强调个体在城市环境中的生活经验和文化实践；后者则更多地关注社会结构、社会制度、社会分层等方面，借助马克思主义、功能主义等理论框架来解释城市中的社会现象和社会变迁。第三，在研究重点上，前者重点关注个体在城市环境中的生活经验、文化认同、社区建构等方面，着重微观层面的研究；后者侧重关注城市中的社会结构、社会分层、社会变迁等宏观层面的问题，关注城市作为一个整体的社会组织和运作。虽然两者之间存在差异，但在实际研究中两者通常相互借鉴、交叉运用，以寻求更为全面地理解和解释复杂的城市现象。笔者认为，城市习惯法研究中同样需要注重借鉴、交叉运用这两个学科的理论和方法。

从学科规训层面而言，都市人类学作为一个专门的学科分野，是伴随着20世纪都市研究的大潮而生的，它兼具拓展人类学传统研究方法和突破人类学传统研究领域的双重任务。都市人类学的形成过程是对传统人类学研究对象的不断拓展，旨在突破过去对异文化的研究仅仅局限于乡村的学科桎梏，其发展过程呈现为从研究"部落—无文字社会"到"乡村—农民社会"再到"城市—城市中的农民"，最后发展为"都市—城市社会"这一连续的研究谱系。[1]早在 20 世纪 80 年代，都市人类学就进入中国，经过四十余年的发展，逐步形成了中国特色的都市人类学研究范式。研究对象的转换需要研究范式的革新，传统乡村习惯法、民族习惯法研究主要运用传统人类学研究范式，而当代城市习惯法研究则需要应用新兴的都市人类学范式。都市人类学专门研究城市空间中人类的文化、社会、经济和政治生活，研究内容涵盖了城市内部的社会结构、社区生活、族群关系、居住方式、职业生涯、文化实践等方面。城市习惯法正是生活在城市空间中的人们在日常生产生活实践中所形成的规则，具体包括单位内部管理规则、社区自治规约、族群规则、职业规则、行业规则等，都市人类学需要从这些规则入手观察、理解都市人的生活及文化方式。

因此，从都市人类学的视角来观察研究城市习惯法，应重点考虑如下几个方面的议题：一是城市习惯法的文化背景。习惯法本身就是一种文化现象，传统人类学将文化现象作为其研究的重点。都市人类学关注城市中不同文化群体的生活方式、价值观和行为模式，而习惯法反映了城市中特定群体的观念和行为，因此可通过都市人类学探讨城市习惯法形成的文化背景及其对人们行为产生的影响。二是城市习惯法的社会功能。习惯法通常反映了社会成员的共同意愿和社会规范，在城市治理语境下习惯法可能发挥着调节社会关系、解决争端、维护社会秩序等功能。都市人类学可以通过研究习惯法在城市社区中的运作方式，探讨其在社会互动和社区生活中的作用。三是城市习惯法与城市社会变迁。城市是一个不断变化的社会空间，城市化进程可能影响着习惯法的形成、演变和适应。因此，可从都市人类学角度研究城市化对习惯法变迁的影响，了解城市化过程中法律文化的转变和城市社会结构的重构。四是城市习惯法与城市居

---

〔1〕 参见周大鸣编著：《现代都市人类学》，中国人民大学出版社 2023 年版，第 28 页。

民身份认同。习惯法与城市居民的身份认同、文化认同和社会归属感密切相关，因此可从都市人类学视角研究习惯法对城市居民身份认同的塑造和维护，进而探讨法律与文化之间的相互关系。总体而言，从都市人类学视角研究城市习惯法，可以深入了解城市生活中的法律文化、社会秩序和社区互动等方面，为理解城市社会的多样性和复杂性提供重要视角和理论支持。

如何运用都市人类学方法或技术展开城市习惯法研究？本文认为，可根据不同主题选择运用诸如都市微观民族志、都市宏观民族志、网络分析技术和网络民族志等方法或技术展开城市习惯法研究。第一，都市微观民族志。都市微观民族志主要根据参与观察、生活史分析、结构访谈所获得的资料展开研究，着眼于城市中不同族群或社区的文化、认知结构、生活方式以及他们与城市环境的互动关系，是研究城市习惯法时最为重要的一个方法。例如，可运用都市微观民族志观察社区生活和文化实践，关注城市中不同社区或族群的生活方式、日常实践、传统习俗等，从而理解城市习惯法的文化根基和规则内涵。[1]又如可运用都市微观民族志观察社会网络与互动关系，探讨社区内部管理者、社会组织以及居民之间的互助、合作和竞争关系等，从而理解城市习惯法的形成机理和形塑过程。[2]还如可运用都市微观民族志观察移民社区的形成、发展和文化交流，探讨移民社区内部独特的习惯法规则。[3]第二，都市宏观民族志。相较于都市微观民族志，都市宏观民族志更关注于整个城市层面上的族群间关系、文化冲突与融合、社会政治结构等方面。因此这一

---

〔1〕 都市人类学的社区研究成果较丰富，这些成果均重点关注到城市社区中的人们所形成的习惯法规则。参见［美］西奥多·C. 贝斯特：《邻里东京》，国云丹译，上海译文出版社 2008 年版；项飙：《跨越边界的社区——北京"浙江村"的生活史》（修订版），生活·读书·新知三联书店 2018 年版；朱健刚：《国与家之间：上海邻里的市民团体与社区运动的民族志》，社会科学文献出版社 2010 年版；等等。

〔2〕 参见［美］张鹂：《城市里的陌生人：中国流动人口的空间、权力与社会网络的重构》，袁长庚译，江苏人民出版社 2014 年版；［澳］杰华：《都市里的农家女：性别、流动与社会变迁》，吴小英译，江苏人民出版社 2006 年版；夏循祥：《权力的生成：香港市区重建的民族志》，社会科学文献出版社 2017 年版；等等。

〔3〕 参见［美］欧爱玲：《血汗和麻将：一个海外华人社区的家庭与企业》，吴元珍译，社会科学文献出版社 2013 年版。

方法特别适合用于观察不同族群在城市中的居住区域、聚集地点以及其在城市社会中的经济地位和政治地位等，进而分析不同族群之间习惯规则的冲突和融合问题。[1]第三，网络分析技术。网络分析技术主要是指研究人际关系的网络分析方法，通过社会网观察可以帮助我们理解个体之间的联系、社区结构、信息传播等。城市习惯法以个体之间特定的连接关系（社会网）为基础，社会网的结构、社会网的连接（包括连接强度、连接方式、连接持久性和互换性）以及社会网的功能（信息交流和社会互助功能）决定了城市习惯法的内容和运作方式。第四，网络民族志。网络民族志是一种结合民族志学方法和网络分析技术的新兴研究方法，用于分析个体和社群在网络空间中的互动和交流，主要包括在线社区研究（如微信群）、数字人类学、网络空间信息传播以及网络空间跨文化交流模式、语言使用和话题偏好等。[2]总体而言，都市人类学方法对于我们展开城市习惯法研究具有十分重要的意义。

五、结语

党的二十大报告指出，要"弘扬社会主义法治精神，传承中华优秀传统法律文化"[3]，加快推进法治社会建设。习惯法是中华优秀传统法律文化的代表，延续着中华民族经历史积淀形成的国家治理经验，新时代"两个结合"理论（特别是同中华优秀传统文化相结合）对当前中国国家治理具有重要指导意义。在城市化进程日益加快的今天，如何有效推进城市治理是一个迫切需要解决的重大命

---

〔1〕 都市宏观民族志方法可用于研究城市散居少数民族。参见马强：《流动的精神社区——人类学视野下的广州穆斯林哲玛提研究》，中国社会科学出版社 2006 年版；洪伟：《城市散居少数民族权利保障研究——以北京望京地区朝鲜族为例》，中央民族大学 2013 年博士学位论文。

〔2〕 参见赵旭东、刘谦主编：《微信民族志：自媒体时代的知识生产与文化实践》，中国社会科学出版社 2017 年版。详细的方法论介绍可参见 [美] 罗伯特·V. 库兹奈特：《如何研究网络人群和社区：网络民族志方法实践指导》，叶韦明译，重庆大学出版社 2016 年版。

〔3〕 习近平：《高举中国特色社会主义伟大旗帜 为全面建设社会主义现代化国家而团结奋斗——在中国共产党第二十次全国代表大会上的报告》，人民出版社 2022 年版，第 42 页。

题。城市习惯法"作为都市社会的规范资源，其与国家法在不同社会领域的相互博弈中此消彼长，进行功能互补与价值融合，共同构成了都市社会治理所依赖的规范体系"[1]。因此，本文认为，当前城市治理中应充分发挥城市习惯法的治理效能，这不仅可以有效预防和化解城市治理中复杂的矛盾纠纷，而且还能激活城市主体的自治能力，实现城市的精细化治理，切实贯彻"人民城市人民建、人民城市为人民"的治理理念。

如果从非国家法意义上来认识城市习惯法，那么城市习惯法实际上就是城市治理共同体所形成的具有约束力的规则。城市习惯法生存的土壤就是城市共同体，这种共同体可以是传统的共同体，也可以是单位、社区、行业乃至虚拟共同体，各种共同体内部规则就具有习惯法属性。因此，城市习惯法指的是城市共同体内部形成的非正式法律规则、行为准则和惯例，其与特定的地域、社区、职业群体或文化背景密切相关，反映了城市主体在特定历史、地理和社会环境下形成的生活方式、行为模式和价值观念。城市习惯法调整范围较为广泛，呈现出类型多样化特点，其可能是传统习惯法在城市社会中的创造性转化，也有可能是城市社会中特有的单位典章、社区共识、行业规约和网络规则等创新表达形式，涉及居住、交通、环境、行业、商业、婚姻、家庭等方方面面的问题。城市习惯法虽未被正式立法机构或法律体系所承认或明文规定，但在城市居民的日常生活中起着重要的规范和调解作用，影响着人们的行为、互动和社会秩序。城市习惯法的产生方式并非由少数社会精英主导制定，而是在城市多元主体在互动实践中形成，特别是在广大人民群众的积极参与下形成。这种有着深厚群众基础的城市习惯法可以有效弥补国家法律的不足，确保城市治理主体在处理城市问题时做到灵活高效。与乡村习惯法不同的是，城市习惯法运作离不开与政府的良性互动，政府在城市治理中需要善于运用习惯法资源，提升城市治理法治化水平。

---

〔1〕 魏小强：《法律多元视域中的都市习惯法——规范领域、规范类型与规范功能》，载《民间法》2016 年第 1 期。

　　除了传统法学的规范研究范式之外，本文认为城市社会学和都市人类学是当前城市习惯法研究的两条重要进路。城市社会学主要采用包括定量分析、定性研究、田野调查、社会网络分析在内的多种方法来深入探索城市社会的结构、功能和变化规律，观察城市及其居民的社会组织、文化、行为和相互关系。都市人类学主要采取都市微观民族志、都市宏观民族志、网络分析技术和网络民族志等方法或技术展开城市习惯法研究。城市习惯法研究的上述两条研究进路之间并非对立关系，实践中需要根据具体的城市习惯法研究议题选择适合的研究方法。相较于传统乡村习惯法、民族习惯法研究所产生的丰富成果，当前城市习惯法研究尚有待学界同仁高度重视和积极推进，为中国特色的城市治理提供规范基础，也为法治中国建设提供智识性方案，从而整体推进法治国家、法治政府和法治社会一体建设。

以网络为田野：习惯法调查中互联网的双重意象

赵健旭

一、引言

习惯法可从国家法意义上的习惯法和非国家法意义上的习惯法两方面进行理解。国家法意义上的习惯法，是指国家通过法律创制的方式将原有的社会习惯纳入国家法律。本文是从非国家法意义上理解习惯法，即相对独立于国家制定法，依托某种社会权威和社会组织，具有一定强制性的行为规范的总和。[1]习惯法生发自社会，作用于社会，习惯法研究需要着眼并立足于社会。

资料是一切社会研究的基础，习惯法研究离不开资料的收集、处理和使用。根据研究资料的类型、收集资料的途径或方法、以及分析资料的手段和技术，可以将社会研究方法区分为实地研究、统计调查、实验和文献研究四种主要类型。[2]文献研究侧重从第二手资料中挖掘事实和证据，其他研究方法则通过综合运用观察、深度访谈、结构式访谈、问卷和文献收集等方法获取第一手资料，并据

---

〔1〕 参见高其才：《中国习惯法论》（第3版），社会科学文献出版社2018年版，第XXI页。

〔2〕 参见袁方主编：《社会研究方法教程》，北京大学出版社2013年版，第102~107页。

此开展研究工作。[1]当代中国的习惯法研究，较少运用实验研究的方法，研究者一般不会在人为控制的环境中开展研究工作，而是强调在自然环境中挖掘和探索实践中的习惯法现象和问题。习惯法研究者重视对历史文献的把握，但是又不局限于文献本身，而是强调通过社会调查的方式获取更多的第一手资料。与国外研究者通常以统计调查这种相对结构化的、定量的研究方式开展的社会调查（social survey）不同，社会调查在中国主要是指实地研究（field research），这与新中国成立以来毛泽东等党和国家领导人倡导实地调查收集经验资料的理念和行动有关。[2]当代中国的习惯法研究植根于上述研究背景，本文所关心的"习惯法调查"也是在中国语境下使用"调查"的概念。

　　基于实地研究的社会调查也被国内研究者称为"田野调查"，这种研究方法是由民族学和人类学的研究方法发展而来，最初被用于研究非本族文化和相对原始的部落群体。[3]后来，随着社会研究领域不断扩张，分工愈发细致，"田野"的外延也不断拓展，田野调查的方法自然也就从原有学科外溢至社会研究的各个领域。田野调查的方法适用于涉及"实践""情节""邂逅""角色""关系""群体""组织""聚落""地方""社会世界""生活形态"以及"亚文化"等诸多议题的讨论。[4]在法学领域内，习惯法研究不像一般的法学研究那样过于强调对国家法律文本的规范分析，而是试图基于对社会实践的考察，刻画、理解并解释社会中普遍存在的规范性现象，继而在反思习惯法与国家法的互动中，洞察法治发展的逻辑。

---

〔1〕　See D. A. de Vaus, *Surveys in Social Research*, George Allen & Unwin, 1985, p. 6.

〔2〕　1961 年 3 月 23 日，中共中央发布《关于认真进行调查工作问题给各中央局、各省、市、区党委的一封信》，并附发了毛泽东《调查工作》一文，文件强调"一切从实际出发，不调查没有发言权，必须成为全党干部的思想和行动的首要准则"。2023 年 3 月 19 日，中共中央办公厅印发了《关于在全党大兴调查研究的工作方案》，要求各地区各部门结合实际认真贯彻落实，文件强调"调查研究是谋事之基、成事之道，没有调查就没有发言权，没有调查就没有决策权。"

〔3〕　参见马翀炜、张帆：《人类学田野调查的理论反思》，载《思想战线》2005 年第 3 期；袁方主编：《社会研究方法教程》，北京大学出版社 2013 年版，第 102~107 页。

〔4〕　See John and Lyn Lofland, *Analyzing Social Settings*, Wadsworth Publishing, 1995, pp. 101~113.

出于捕捉现实规范场景、体察具体社会生活的需要，习惯法研究格外强调"田野调查"的方法论作用。

传统的习惯法调查中，"田野"的核心属性乃"实地性"。研究者在确定了研究问题或现象后，试图不带假设地进入"田野"，通过观察、访谈、记录田野日志等方式，收集、梳理第一手资料。在对资料进行分析和归纳后，研究者还会进一步查阅、研读相关的第二手资料，并结合前期田野调查的结果，整理研究思路并发现新问题，然后带着新问题再次进入"田野"，如此多次循环，逐步达成对研究问题或现象的理论概括与解释。在这一过程中，研究者的"身体"几乎成了最重要的研究工具，资料的获取与理论解释的形成依赖于研究者的身体力行，"研究者置身于实地场景"成了田野调查最别致也最不可替代的元素。

基于调查资料与实地的相关度，习惯法调查过程中收集和使用的全部资料可以区分为"实地性资料"和"非实地性资料"两种类型。实地性资料强调资料收集者和使用者合一的必要性，重视"实地性"的体验与感知对于习惯法研究的独特意义。而非实地性资料，则是指研究者通过各种渠道收集的既有的、以文字形式为主的文献资料。[1]这些资料虽然可能也是从实地获取的，甚至直接来源于调查对象，但是其实研究者是否亲自去实地收集这类资料对研究结论影响不大。[2]实地性资料无疑是田野调查最关键的资料基础，但往往也需要非实地性资料的补充和印证。当代中国习惯法研究仰赖这两种类型资料的有机结合。如今，一个值得关注的现象在于，在习惯法调查的过程中，这两类资料的获取方式很大程度上都正在受到时代的重塑，其中的一个关键变量便是"互联网"。

互联网在 20 世纪 60 年代末兴起于美国，我国则于 1994 年正式接入国际互联网，截至 2023 年 12 月，我国网民规模达 10.92 亿人，

---

〔1〕 参见陈卫、刘金菊主编：《社会研究方法概论》，清华大学出版社 2015 年版，第 135 页。

〔2〕 参见周飞舟：《将心比心：论中国社会学的田野调查》，载《中国社会科学》2021 年第 12 期。

互联网普及率达 77.5%。[1]三十年来，中国已发展成为全球网民数量最多、网络基础设施规模最大的国家。当前，互联网在即时通讯、搜索引擎、线上办公等基础服务领域，网络购物、网络外卖、在线旅行、网络支付等商务交易领域，网络视频、网络直播、网络音乐、网络文学、网络游戏等网络娱乐领域，互联网政务、网约车、互联网医疗等公共服务领域等社会生活各个领域发挥着关键作用。互联网技术和应用已经渗入了社会生活的毛细血管，社会运作也因网络的作用而呈现出新的形态。

"以网络为田野"便是在互联网时代的背景下习惯法调查与互联网相遇的产物。当代的习惯法研究者是互联网社会中的研究者，习惯法研究的对象也包括互联网社会中的习惯法，"以网络为田野"的概念旨在刻画"习惯法调查"受到互联网影响甚至重塑的过程中存在的两个相互交织的意象。第一个意象是作为习惯法调查手段的互联网，即"借助网络开展习惯法田野调查"。在互联网时代，习惯法调查无需只依赖研究者的身体，甚至无法只诉诸研究者有限的知识背景和身体体验。网络构成了研究者进入田野、理解田野、反思田野"必经"的捷径。互联网技术极大突破了社会生活的时空局限和个体理性的有限性，带来了接近无限的信息累积，研究者可以借助互联网工具获取更充分的非实地性资料，与研究者在田野中获取的实地性资料形成互补，从而更好地把握与习惯法田野有关的知识信息。第二个意象是作为习惯法调查场域的互联网，即"把网络作为习惯法调查的田野"。互联网技术的广泛应用带来了社会行动的涌现与社会结构的变迁，自然也在深层塑造着当代社会习惯法本身的样态。互联网深刻改造了当代社会关系的建构模式，在中国乃至世界范围内形成了新的社会权威和社会组织，催生出全新的习惯法构造。在此意义上，网络不仅构成了研究者进入传统田野的捷径，而且构成了田野本身。习惯法研究者如果不进入网络田野展开深入调查，便难以获取关于互联网社会特有习惯法的实地性资料，更难以理解

---

〔1〕 参见中国互联网络信息中心：《第 53 次中国互联网络发展状况统计报告》，载 https://www.cnnic.net.cn/n4/2024/0322/c88-10964.html，访问日期：2024 年 3 月 22 日。

当代社会人际互动的逻辑与习惯法的运作机制。而要想进入"网络的田野",研究者也需要回应传统调查方法乏力所带来的各式挑战。

本文试图基于"以网络为田野"的双重意象,从研究方法的角度,阐明研究者如何运用互联网工具更有效、深入地推进一般习惯法调查工作的开展;并结合当前"互联网人类学"等研究在中国的发展样态和趋势,阐明网络场域习惯法调查方法的发展、挑战与应对方案。

二、作为习惯法调查手段的互联网

习惯法调查重视实地性资料的获取,但是这类资料的有效性胜在"实地",却也受制于"实地"。实地性资料通常是研究者以相对个殊化的方式,基于长期调查的经历、感知从调查对象处获取,因此存在"概括性差""可信度低""受观察者存在影响大""获取周期长""伦理问题多"等制约因素。[1]这类资料聚焦于微观个体的行动逻辑,受制于调查对象的有限呈现,难以形成对外在结构性背景的有效表达。因此,实地研究的纵深,离不开研究者对非实地性资料的获取与分析。习惯法研究者有必要并不只是从调查对象处获取所需资料,而是去收集和研读现存的、与调查对象有关的非实地性资料。这些资料有助于研究者更好地理解田野调查的背景,整理调查思路,促成对调查资料的深入把握,并在比较中发现新的问题。

传统的习惯法调查中,就离不开对非实地性资料的获取,比如与研究主题相关的报刊文章、学术论文、著作、官方统计资料、历史档案等。在互联网时代,网络已经成为社会信息传递的重要渠道,技术工具的加持极大释放了社会信息的体量,在网络上分散着越来越多的可供习惯法研究者运用的非实地性资料;不仅如此,很多传统上只能通过深入实地获取的实地性资料也已经被上传到互联网,或者可以通过网络途径获取。比如,不少村规民约、少数民族风俗可以经网络查询获取;调查对象的日记、回忆录、自传、信件也都

---

〔1〕 参见风笑天:《社会研究方法》(第 5 版),中国人民大学出版社 2018 年版,第 357~358 页。

可以转化为电子版本传输；调查问卷可以直接在互联网上发布，并借助互联网技术实现初步的统计分析；甚至访谈这类典型的实地性资料获取途径也可以通过视频会议、即时通讯等网络应用在一定程度上实现有限的替代。"身体"不再是进入田野的唯一工具，"互联网"正在成为习惯法调查中至关重要的资料获取手段。

（一）网络资料的来源

习惯法调查中，网络资料的来源主要包括四个渠道。第一，专用网络信息发布渠道。此类信息主要发布于调查对象所在共同体的官方网站以及微信公众号等自媒体平台。这些网站或平台通常承载了调查对象所在共同体的基本情况、活动信息、制度规范、联系方式等各式内容，是研究对象基于"参与者"的视角归纳、梳理的结果。研究者在开展田野调查的过程中，可以定向在站内查询，获取有关信息。第二，公共网络信息发布渠道。此类信息是与调查对象有关的，但是并非调查对象所在共同体主动发布的信息，而是源自其他网站和自媒体平台的经营者和信息发布者，这些基于"观察者"视角形成的资料可以与专用网络信息形成内容上的互补，研究者可以借助常规搜索引擎或者在特定自媒体平台上检索，获取有关资料。第三，传统纸质资料的网络表达渠道。与前两类资料直接以电子文献作为最初载体不同，不少纸质文献在互联网技术的辅助下，形成了电子版本，大量的图书、期刊、报刊、会议文献、学位论文、标准、年鉴、研究报告、档案等文献资料已经高度电子化。这部分资料的获取重在选择合适的专业数据库，并掌握学术文献检索方法，在使用上则与传统文献使用方法没有显著差异。第四，经由互联网通讯技术的资料获取渠道。以前三类渠道获取的资料主要是非实地性资料，互联网技术的广泛应用也有助于研究者经由网络获取部分实地性资料。比如，研究者可以通过开展线上访谈、召开线上座谈会、发布电子问卷等形式展开线上田野调查，这种方式虽然会限制研究者实地性的观察、感受和体认，但是作为补充调查的手段，未尝不能提升习惯法调查的效率，增进调查的持续性。尤其是在对一些互联网社区开展习惯法调查时，网络则更是成了实地性资料获取的直接渠道。

（二）网络资料的检索

以上四类不同来源的网络资料中，前三类主要是非实地性资料，资料的获取依赖研究者的"检索"，第四类则主要表现为实地性资料，资料的获取依赖研究者的"参与"。本文将在第三部分阐述通过互联网获取实地性资料的调查方法，本部分则重点阐明通过互联网获取非实地性资料时，研究者可资运用的检索、审查与使用资料的方法。

网络资料的检索主要通过常规搜索引擎和专业数据库完成。常规搜索引擎的技术原理在于，技术企业基于网页爬取、建立索引、分析和处理数据等环节，通过搜索引擎实现用户即时检索与互联网上数千亿个网页的匹配。因此，大量通过专用或公共网络信息发布渠道公开的信息都可以经由搜索引擎的检索功能获取。搜索引擎包括综合类和垂直类两种类型，综合类搜索引擎能够满足一般性的信息检索需求，垂直类搜索引擎则能够提供特定行业、地域或特定自媒体平台内部等更专业领域或更精确范围内的检索结果。不同搜索引擎的算法程序和数据处理方式有所差异，检索网页范围也有所不同，因此不同搜索引擎的检索结果之间可以形成互补。当前主流搜索引擎不仅具备文字搜索功能，还提供图片、声音等搜索路径，有助于研究者通过多种形式获取网络资料。

专业数据库一般累积了大量特定专业领域的学术信息，也是获取传统纸质资料的网络表达形式的最直接通道。就中文资料而言，中国国家数字图书馆、全国图书参考咨询联盟、中国知网、万方数据、中国社会科学文献服务系统、中国文史哲学知识中心等线上公共图书馆、数据库提供了不同学科领域的学术文献资源，此外还有一些专门的年鉴、档案数据库可以用于相对具象的习惯法调查研究。就英文资料而言，Google Scholar 和 Microsoft Academic Research 这种学术类搜索引擎汇集了不同专业数据库内的学术信息，有助于研究者一般性地把握有关领域的既有研究开展情况；Project Gutenberg, Open Library, Google books, Directory of Open Access Books（DOAB），Internet Archive, JSTOR, Library Genesis, SSRN, WOS 等专业数据库则可以提供免费或有偿的外文网络资料。

无论是常规搜索引擎还是专业数据库，都可以通过指令控制和交叉检索两种方式提升检索效率和准确度。指令控制，是指运用"布尔逻辑检索法"（运用 AND、OR、NOT 等逻辑运算符）、"位置限定检索法"（运用 SAME、Near/x 等位置限定运算符）、"截词检索法"（运用"?、*、$"等通配符）、"字段限制检索法"（运用篇关摘、关键词、篇名、全文、作者、第一作者、通讯作者、作者单位、基金、参考文献、DOI 等主题等限制键和相应代码）、"时间限制检索法"（运用时间范围与排列时序等限制键）等检索方法对检索词出现的方式、内容、位置进行控制，对检索结果进行排序，从而更全面、精准地获取网络资料。不同搜索引擎或数据库都有一些共有的指令用法，也有一些专用指令，研究者在使用前，若能先学习使用方法，再展开网络资料检索工作，可事半功倍。交叉检索，则是指运用不同的搜索引擎和数据库对同一检索词进行交叉检索。任何搜索引擎和数据库都有自身的局限性。专业数据库收录的文献资料一般局限于某一专业领域的特定文献目录，难以面面俱到。常规搜索引擎，则受到商业因素影响较大，部分搜索引擎还会受到政府审查与管制，难以确保检索结果的真实、全面、有效。因此，研究者在检索网络资料时，宜优先选取在研究地域范围内市场份额高、用户基数大的搜索引擎，并综合比较不同搜索引擎和数据库的检索结果。

（三）网络资料的审查

经检索获取的网络资料需要经过研究者的审查程序方可使用。资料审查的目的是消除资料中存在的虚假、差错、短缺、余冗等现象，从而为进一步的资料整理和分析打下基础。网络资料规模庞大，质量良莠不齐，资料审查工作较之传统资料审查难度更大。一般而言，资料审查主要在于审查资料的真实性、适用性、代表性、全面性、多样性、连续性和时效性。[1]其中最关键的是真实性和适用性审查。

真实性审查主要围绕四个方面展开。第一，研究者根据已有经

---

〔1〕 参见水延凯、江立华主编：《社会调查教程》（第 6 版），中国人民大学出版社 2014 年版，第 129 页。

验和常识进行审查。对于违反已有经验认知的材料需要摘要记录以备后期验证。第二，根据资料本身的内在逻辑进行审查。研究者需要考察资料的细节，比如，资料中的事件、人物、时间、地点、数字等内容是否精准。当同一材料中同一调查对象表述内容存在自相矛盾时，需要谨慎对待。第三，利用资料间的比较进行审查，网络资料体量大，发布主体众多，不同资料对同一信息若能形成相互印证，则该信息的真实性更高。第四，根据资料的来源与属性进行审查。一般而言，官方网站发布、引用率较高、文字形式记载、有明确责任人、以及由直接参与人形成或背书的网络资料真实性更高。通过综合运用上述四种资料真实性审查方法，对于明确丧失真实性的网络资料，研究者可以有理由地直接剔除；对于真实性存疑的资料，研究者可以暂时记录，并采用线上求证或者线下印证的方式对资料真实性展开第二次审查。线上求证，主要是指通过电子邮箱、联系电话等方式联络信息发布主体或者相关权威部门，对网络资料可信度加以验证。线下印证，是指研究者可以将网络资料中的存疑信息作为待解决问题的一部分，带着问题重新进入田野，结合新收集的各类实地性资料，对原网络资料的真实性进行再次审查。此外，直接咨询相关领域的研究者，或者采用参考文献溯源等方法，也是检验网络资料真实性的有效方法。在某一领域长期开展研究工作的专业人士对资料真实性的判断有更多经验和专业知识可循，如果网络资料参考文献本身不可信或不可考，网络资料的真实性可能就有待商榷。

适用性审查，主要是在真实性审查的基础上，审查资料对于调查研究推进的有效性。主要包括"合题"和"适度"两个方面。一方面，研究者需要考察网络资料的主题是否契合研究的现象或问题，不能离题太远。对于过度离题的资料可以直接删除或者摘要记录。另一方面，研究者还需考察资料的分量、深度、广度、集中度等因素，确认资料是否适合分析与解释。[1]除了真实性和适用性之外，

〔1〕 参见袁方主编：《社会研究方法教程》，北京大学出版社 2013 年版，第 319～324 页。

传统文献资料的收集与审查通常更侧重强调资料的代表性，资料也主要以文字形式为主要载体；但是在互联网检索技术和硬件存储能力的辅助下，研究者可以兼顾网络资料的代表性、全面性与多样性，形成更为全面的调查资料目录。此外，传统资料收集的时间点相对固定，时效性难以保证。互联网可以有效克服时空阻碍，帮助研究者获取更具连续性和时效性的资料。在充分审查和鉴别的基础上，网络资料在使用方面则与其他形式的文献资料没有本质差别，不同学科也已经形成了相对规范的资料处理和使用方法，研究者可以利用资料整理软件，对不同资料进行分类分级、汇总、编辑，供后续研究使用。

（四）网络资料的引注〔1〕

在法学领域的正式学术写作中，引用网络资料主要有三个原则：第一，网络资料只能作为纸质出版物的必要补充。如果相关内容已经在纸质出版物上发表，原则上应当引用纸质出版物上发表的文章；纸质出版物未刊载，又确有引用必要的，方可以引用互联网上的文献；纸质出版物曾经刊载但查阅不到的，可以转引互联网上的文献，但应注明转引；纸质出版物曾经刊载但读者不易查阅的，则可以在标明其正式来源的同时，提供网络链接。第二，保证网络资料来源可靠。如果多个网站都发表过同一网络文献，原则上应当引用最初发表的文献；最初发表情况难以确认的，可以引用比较权威、稳定的网站上的文献。第三，原则上不引用失效的网络资料。除非绝对必要，不建议研究者引用已经消失的网页。万不得已而引用时，研究者应当提供该网页曾经存在的证据，并如实说明该网页现已不存在。

网络文献的引注体例主要分为以下四种情形：

---

〔1〕 本部分内容主要参考了《法学引注手册》的相关规范。参见法学引注手册编写组编：《法学引注手册》，北京大学出版社 2020 年版。若研究者在其他学科期刊发表学术论文可以参考其他引注标准。比如，教育部办公厅发布的《中国高等学校社会科学学报编排规范》（修订版）（教社政厅〔2000〕1 号）、国家标准化管理委员会发布的《信息与文献 参考文献著录规则》（GB/T 7714-2015）、国家新闻出版主管部门发布的新闻出版行业系列标准，其中最为相关的是《学术出版规范 注释》（CY/T 121-2015），以及拟投稿刊物编辑部发布的引注体例规范。

1. 引注一般网络文献的体例

引用一般网络文献，需注明作者、文章名、网站名称、上传日期和网页地址等。基本格式为：鄂伦春自治旗：《鄂伦春族的传统礼仪》，载鄂伦春自治旗人民政府网，2023 年 10 月 8 日，http：//www. elc. gov. cn/News/show/341234. html。

（1）作者：来源信息没有作者，引注时省略作者。例如：《淘宝平台规则总则》，载淘宝网，2019 年 5 月 6 日，https：//rule. taobao. com/？ type = detail&ruleId = 10000210&cId = 719 #/rule/detail？ ruleId = 10000210&cId = 719。

（2）网站名称：网站名称不显著的，研究者可以在网页底部点击网站备案号，链接到全国互联网安全管理服务平台查询可知。

（3）上传日期：引用网络文献时，应当在网站名称之后、网页链接之前，注明该文献的上传日期。如果网页地址中已经标明了上传日期，可以不重复标明。网页没有显示上传日期，或者上传日期对于该文献没有意义的，引用时可以不标注上传日期。

（4）网页地址：一般采用 http：// 格式，链接信息一般不分行。

（5）访问日期：引用互联网文献，一般不要求注明"访问日期"。网页没有显示上传日期的，引用时可以标注最后访问日期；涉及动态页面，访问日期对查询结果有直接影响的，应当注明访问日期。访问日期写在网址之后。例如："规则众议院"栏目，载淘宝规则网，https：//rule. taobao. com/#/ruleHOR，2024 年 5 月 7 日访问。

2. 引注微信公众号等自媒体文献的体例

（1）引用微信公众号等自媒体上发表的文献，应当非常谨慎。没有特别需要，不宜引用；原则上，只限于引用原创文章。

（2）引用微信公众号上的文章，应当标明微信公众号名称和上传日期；由于微信公众号的链接过长，不建议标注链接。例如：高其才：《关于〈中国习惯法论〉及习惯法调查和研究的问题意识》，载微信公众号"法律人类学世界"，2023 年 11 月 27 日。

3. 引注电视节目或音像制品的体例

（1）引用电视节目，应当标明电视台和电视栏目名称、播出时间；必要时，可以标明节目主持人姓名；可能的话，标明该电视节目在互联网上的链接。例如：《数字在乡村·电商新农人》，中央电视台《乡土中国》2023 年 12 月 15 日播出，https：//tv. cctv. com/2023/12/15/VIDEM6EyuaVbQkMQB5DCEspu231215. shtml？spm＝C47996. PKl5swhvcRwS. EV9zqNONWE0F. 129。

（2）引用 CD、DVD 等介质的音像制品，应当标明其名称、制作单位和发行时间。例如：唐高纪：《中国民俗文化（DVD）》，中国国际电视总公司，2011 年。

4. 引注外文网络文献的体例

以英文、法文进行学术写作时，网络文献的引注体例与中文类似，研究者以相应语言注明作者、文章名、网站名称、上传日期和网页地址。以德文、日文进行学术写作时，原则上不引用网络文献，确需引用时，也应当比照中文引注体例标注网络文献信息。

三、作为习惯法调查场域的互联网

网络不仅是获取信息的重要渠道，还是型塑人们思维观念，影响人们行动逻辑，催生社会文化表达的重要力量。[1]互联网技术的飞速发展和广泛应用，不仅丰富了习惯法研究者获取资料的手段和途径，还推动生成了新兴的习惯法运行场域。在当代中国乃至世界范围内，网络无疑已经成为社会互动和联结的重要枢纽，基于互联网技术应用形成了大量新兴的组织形态，它们不仅彼此之间存在频繁互动，还与传统社会共同体相互交叠。[2]网络场域内部多元社会关系的形成，以及这些社会成员之间思想和行动的协调与合作，都离不开规范的作用。因此，网络社会的习惯法正日益成为具有重要作用和影响的规范性力量，是当代中国习惯法的重要表现形式。[3]在网络场域内，针对网络共同体内部的习惯法现象和问题展开深入调查和系统研究，有助于理解当代人际交往的社会语境，把握个体

---

〔1〕 参见杨国斌：《连线力：中国网民在行动》，邓燕华译，广西师范大学出版社 2013 年版。

〔2〕 参见姬广绪、周大鸣：《从"社会"到"群"：互联网时代人际交往方式变迁研究》，载《思想战线》2017 年第 2 期。

〔3〕 参见高其才主编：《当代中国城市习惯法》，中国政法大学出版社 2020 年版。

行动遵循的规范逻辑。就研究现状而言，网络场域内的习惯法调查工作尚未得到足够重视，调查方法自然也未能得到系统提炼。然而，对网络场域内其他社会现象的田野调查却已经开展了一段时间，研究者围绕这一特殊场域内的田野调查工作形成了不少方法论层面的反思，这些研究构成了在网络场域开展习惯法调查的前期研究基础。

面对网络这一新兴的社会活动场域，不少研究者主张对田野调查中的"田野"之理解应从"位置"转向"关系"，研究者不是要把注意力放在特定的研究地点或者物理空间，而是将注意力转向观察行动者所处社会关系的复杂形态，以及这些社会关系形成所依托的多元社会活动场域。[1]在此意义上，网络便成了田野调查的重要场域。在网络场域内开展田野调查固然仍需借助传统田野调查的原则与方法。但是，由于网络场域的特殊性，研究者在承继传统调查方法的基础上，不断总结网络场域的特质及其对传统调查方法的挑战，并基于各自研究问题推进的考量，提出了一些经验性的应对方案。本文试图基于既有研究，归纳在网络场域内开展田野调查的主要发展趋势，以及传统调查方法作用于这一特殊场域所面临的现实挑战，进而结合研究者提出和使用的应对策略，总结网络场域田野调查方法的经验与启示，从而为网络场域内的习惯法调查开展提供方法论层面的理论资源。

（一）网络场域调查方法的发展

根据有研究者的考据，利用网络工具在网络场域内开展田野调查可以追溯到 20 世纪 90 年代。[2]1995 年，人类学家科雷尔通过互联网、电子邮件、电话面谈等方式对一个"女同性恋咖啡馆"线上社区展开调查，观察、分析该网络场域中的人际互动，这项研究被视为开创了网络场域田野调查的先河。[3]2000 年，人类学家米勒和社会学家斯莱特合著的《互联网：一个民族志进路》展示了对互联网场

---

〔1〕 See Kevin M. Leander & Kelly K. Mckim, "Tracing the Everyday 'Sitings' of Adolescents on the Internet: A Strategic Adaptation of Ethnography across Online and Offline Spaces", *Education*, *Communication and Information*, vol. 3, no. 2, 2003, pp. 211~236.

〔2〕 参见卜玉梅：《虚拟民族志：田野、方法与伦理》，载《社会学研究》2012 年第 6 期。

〔3〕 See Shelley Correll, "The Ethnography of An Electronic Bar: The Lesbian Café", *Journal of Contemporary Ethnography*, vol. 24 no. 3, 1995, pp. 270~298.

域进行民族志研究的整体图景；[1]同年，海因出版的《虚拟民族志》一书则较为系统地阐述了对网络场域进行田野调查的可能及方法论原则。[2]

在我国，20世纪90年代末期，部分互联网企业率先开展了一些网络调查活动，随后这种研究进路在网络民意调查、市场行情调查、网络基本数据调查、敏感性问题调查等方面的应用愈发普遍，研究者通过网上问卷、网上测验、网上讨论、网络观察等方法深入挖掘网络场域内的社会现象和组织构造。[3]2005年，刘华芹出版的《天涯虚拟社区——互联网上基于文本的社会互动研究》被认为是我国理论界较早对互联网社区展开田野调查的专著。[4]此后，随着互联网应用的普及，研究者对网络场域的调查研究也展现出更大兴趣，形成了诸如互联网人类学（Internet Anthropology）、网络人类学（Cyber Anthropology）、数字人类学（Digital Anthropology）、网络社会学（Cyber Sociology）、虚拟民族志（Virtual Ethnography）等专门的研究领域。既有研究虽然较少直接以网络场域内的习惯法作为研究对象，但是不少研究其实都触及网络共同体内部的"规范性现象"，而且这些研究所使用的调查方法对于网络习惯法调查也具有启示意义。

在网络场域内开展田野调查时，研究者普遍强调要回到具体情境中，对那些具象的人和技术实践的过程进行观察、分析，并在此基础上展开文化阐释。[5]在传统的线下调查中，研究者需要长时期在"田野"中"浸染（immersion）"，唯有如此才能更好地理解调查田野中社会现象的意义。[6]其实，在网络场域内开展社会调查，

〔1〕 See Daniel Miller & Don Slater, *The Internet: An Ethnographic Approach*, Routledge, 2000.

〔2〕 See Christine Hine, *Virtual Ethnography*, Sage, 2000.

〔3〕 参见万崇华、许传志主编：《调查研究方法与分析》，中国统计出版社2016年版，第167页。

〔4〕 参见刘华芹：《天涯虚拟社区——互联网上基于文本的社会互动研究》，民族出版社2005年版。

〔5〕 参见孙信茹、王智勇：《复杂社会中的新探索：中国互联网人类学的10年研究与发展》，载《传媒观察》2023年第2期。

〔6〕 参见［美］大卫·费特曼：《民族志：步步深入》，龚建华译，重庆大学出版社2007年版；See also H. Rusel Bernard, *Research Methods in Anthropology: Qualitative and Quantitative Approaches*, AltaMira Press, 2006.

研究者也需要进入到相应的文化空间，熟悉调查对象的生活，甚至成为共同体中的一员，只有在此基础上，才能对特定共同体成员的行动逻辑和共同体运作的结构性背景与规范依据实现更好的描述与理论解释。

（二）网络场域调查方法的挑战

虽然研究者普遍认识到，网络场域本身也可以作为社会调查的田野。但是，进入线下田野的方法在进入线上田野时并不完全奏效，在网络场域内，研究者不得不面对"调查田野范围的模糊性""调查对象形象和行动的复杂性"以及"调查者角色的有效性"等问题。

1. 调查田野的模糊性

面对网络场域内普遍存在的社会联结与社会互动，研究者强调田野调查的"去空间化（despatialize）"，主张田野本身的流动性。[1]但是，这种方法论主张虽然有助于呈现网络场域社会调查的合理性，也带来了田野范围的无限扩张，导致调查工作难以聚焦，造成研究者的无效投入。为此，有必要适当限制网络田野的范围，确保调查研究的必要性与可行性，以及收集到的调查资料的重要性和有效性。为此，有研究者提出通过"社会集合体""从网络兴起""公共讨论""人数适宜""长时期频繁互动""充分的人类情感""形成个人关系网络"等要素限定网络田野的范围。在此意义上，包括网络论坛、聊天室、网络游戏、网络虚拟空间、音视频网站，以及博客、公众号等社会内容聚合平台在内的网络社会互动空间，便都成了具有研究意义的线上田野。[2]这还只是出于一般研究目的的初步限定，在具体的研究场景中，研究者还有必要结合自身研究问题或现象的性质，对"网络田野"的范围作出进一步限定，从而实现研究的聚焦。限定田野范围的问题，本来也是传统调查方法需要考虑的问题，但是传统田野之间的物理阻隔通常直接具备了范围限

---

〔1〕 参见卜玉梅：《虚拟民族志：田野、方法与伦理》，载《社会学研究》2012 年第 6 期。

〔2〕 参见［美］罗伯特·V. 库兹奈特：《如何研究网络人群和社区：网络民族志方法实践指导》，叶韦明译，重庆大学出版社 2016 年版，第 11 页；段颖：《互联网时代的田野工作与人类学研究》，载《思想战线》2023 年第 6 期。

定的效果。网络场域信息量大、涵盖范围广，不同场域相似度高、交叠现象明显，研究者抵达便捷，在此背景下，研究者有意识地限定田野的范围便具有了特殊的方法论意义。

2. 调查对象的复杂性

在网络场域内开展田野调查的最主要挑战，体现为调查对象的复杂性。

首先，是调查对象的虚实二重性。在网络场域内，研究者与调查对象通常是在陌生环境下以屏幕为媒介相遇，调查对象缺乏身体、甚至身份的直观呈现，调查对象自主提供的身份信息难以被证实，各类社会关系信息以及价值观念表达都可能是调查对象虚拟身份建构的结果。[1]这种虚拟性不仅来自调查对象的主观意向，还因为网络场域内部的行动逻辑深刻受到技术、资本、权力等隐形力量的塑造，[2]网络社会成员会对自身的人设和形象进行包装，符号表演甚至成为职业，大量人为制造的数据、虚假的身份和行动信息无疑会对研究者形成巨大干扰，这也会极大限制研究者获取资料的有效性，妨碍其对调查对象的理解。更关键的问题在于，在网络田野调查中，研究者的目标不是绝对的"去伪存真"，更不能直接否认"虚拟"信息存在的意义。研究者既要尊重和理解这种虚拟身份的象征性意涵，又要通过各式研究方法获取接近客观真实的信息，对研究对象的双重身份特质和行动逻辑同时进行深描（Thick Description）[3]与交互印证，在确保调查资料和调查结论有效性的同时，对网络场域内个体身份、行动的虚拟表达展开分析和阐释。调查对象的虚实二重性，一方面呈现了网络田野调查的难度，但同时也是对这一特定社会场域开展调查的意义所在。

其次，是调查对象的关系复杂性。在网络场域内，个体的外在身份特征一般都隐匿在头像和昵称背后，个体之间的差异以及个体

〔1〕 参见朱凌飞、孙信茹：《走进"虚拟田野"——互联网与民族志调查》，载《社会》2004年第9期。

〔2〕 参见陈伶娜：《信息"迷雾"：网络民族志研究面临的挑战分析》，载《民族学论丛》2023年第2期。

〔3〕 See Clifford Geertz, *The Interpretation of Cultures*, Basic Books, 1973, p. 12.

间的复杂关系不如现实场景那样相对固定和容易把握。而且，由于网络场域极大克服了时空阻碍，网络共同体具有重构性、交叠性和生成性等特征，调查对象并不固定地出现在一个共同体内部，个体在不同网络共同体内的行动逻辑有所差异，不同共同体之间的规范交叠现象也颇为显著。不仅如此，与传统田野调查不同，网络社会中的个体联结相对松散，[1]研究者几乎无法期待通过认识某一网络场域中的一个人就能够同所有人都建立起熟识关系。传统田野调查中"看门人"中介的缺失，加剧了研究者获取调查对象信任的难度，极大提升了进入田野的成本。但是，这种复杂的社会互动又恰是网络场域内最具理论意义的研究现象。为此，研究者在调查过程中，就需要格外关注不同个体的身份和行动差异，以及彼此之间的互动关系。在多群体互动的场景中，研究者可以通过先行观察网络共同体中的活跃参与者、领导者等特殊成员，总结共同体内部受欢迎的话题、特殊群语言、群仪式等特定元素，记录共同体的历史、冲突与重组等信息，通过分析共同体成员兴趣、观点、价值及其活动匹配度，以更好呈现共同体内部关系和外部关系，从而尽可能地理顺网络共同体所呈现的复杂社会关系结构和规范样态。

最后，是调查对象的信息载体单一性。在网络田野调查中，调查对象的信息传递渠道相对有限，研究者通常无法直接观察调查对象，而是需要以文本或媒体资料为载体获取信息。[2]因此，传统田野调查所仰赖的观察和描述，在网络场景下，就需要转化为对文本或媒体资料的分析。在场式的田野调查中，研究者可以综合运用各身体器官，观察、倾听、感受，但是在网络田野调查中，研究者只能更侧重诠释文本的意义。而且，这些文本或媒体资料往往难以实时反映调查对象的心理活动与行动姿态，盖因调查对象文本信息的形成、处理和发布之间存在时间差，所以呈现在研究者面前的资料，都是经过深思熟虑修饰过的信息和话语，研究者难以在第一时间捕

---

〔1〕 参见周大鸣：《互联网研究：中国人类学发展新路径》，载《学习与探索》2018年第10期。

〔2〕 See Christine Hine, *Virtual Ethnography*, Sage, 2000.

捉调查对象的心理、情绪、行动的细节。信息载体的差异，意味着研究者进入田野的方式、有效"参与""观察""记录"的标准与传统田野调查有所差异，调查资料的收集和分析方式也被赋予新的含义。

3. 调查者角色的有效性

在网络田野调查中，研究者的肉身不必然"到场"，而且可以在网络场域内自主开展虚拟身份建构。因此，研究者可以更灵活地在"身份"和"参与"两个维度做出不同的角色选择。根据研究者是否公开真实身份，以及研究者是否参与到网络共同体的实际互动过程中，大致可以存在潜伏者（Lurke）、间谍（Spy）、观察者（Observer）、参与者（Participant）四种不同类型的调查者形象。[1]潜伏者模式，一般是指研究者作为不公开真实身份且不实际参与网络场域社会互动的潜伏型观察者；间谍模式则是指研究者作为不公开真实身份却实际参与网络场域社会互动的间谍型参与者。观察者模式，则是以公开的真实身份进入网络场域，却不参与其中社会互动的纯粹观察者。参与者模式则是以公开真实身份的方式参与到网络场域社会互动过程中。

研究者采用不同的角色类型各有利弊。从"参与"的角度看，在间谍模式或参与者模式中，研究者的参与方法更接近传统的田野调查方法，他们可以基于长期的观察和深度的浸染，更充分地挖掘网络共同体内部真实、复杂的文化现象。但是，这种"参与"毕竟不同于传统田野调查中的参与，理想情况下的"浸染"在网络场域中几乎不可能实现。仅凭网络中的文字和媒体信息，无法反映调查对象的长期活动特征，也难以确保持续的观察过程，研究者由此所获取的信息和资料也容易流于浅表。[2]当然，即便如此，这两种模式也比潜伏者和观察者模式更具主动性，研究者对网络社会互动过

---

〔1〕　See Mucha Mkono, "Netnography in Qualitative Tourism Research", Cauthe, 2013; 亦可参见张娜、潘绥铭：《互联网定性调查方法：观察与体验》，载《河北学刊》2015年第2期。

〔2〕　参见卜玉梅：《网络民族志的田野工作析论及反思》，载《民族研究》2020年第2期。

程的直接参与有助于其感同身受地理解网络社会运作的逻辑。但是，潜伏者和观察者模式也有自身的优势，研究者由于没有实质参与网络互动，因此更容易保持相对客观的态度观察、记录和分析，不易受到参与过程中自身情绪和价值观念影响。

从"身份"的角度看，与传统田野调查相比，网络场域中的调查者身份不易被识别，不公开真实身份直接开展调查也就具有更大的可能性。然而，这种隐匿的身份特征虽然可以显著提升调查效果，却也面临研究伦理乃至侵权困境，存在身份暴露后的研究中断风险。相对而言，以公开身份开展调查研究，可以减少相关风险，而且研究者主导性往往会更强，有利于调查工作的聚焦。但是公开身份也可能提高研究者进入田野的门槛，调查资料的可信度也会降低。总之，不同的调查者身份都有各自的优势和弊端，更多研究者主张以"参与者"的角色开展网络田野调查，在身份方面，早期研究者更侧重研究伦理，随着研究不断深入，研究者愈发重视调查者身份的有效性。

(三) 网络场域调查方法的经验

1. 利用网络场域的调查优势

在网络场域内开展田野调查，不尽然是对调查方法的挑战。网络田野调查也具备传统田野调查不具备的优势，研究者有必要发挥网络调查优势，深入挖掘网络场域内各类社会现象的运作逻辑。

首先，网络田野调查成本低。一方面，在网络场域中开展田野调查可以极大降低调查成本，提高研究效率。传统田野调查强调研究者走出书斋，深入具体的实践场景；但是对于网络场域内的社会现象，研究者在"摇椅"上仍然可以完成大量的田野调查工作。[1]而且，由于网络活动具有留痕的特质，研究者可以利用这些痕迹延时了解有关信息、同时调查多个场域，从而获取更多元的研究样本和经验素材。另一方面，网络场域便于寻找目标群体，调查中断的试错成本低。传统田野调查中，研究对象的选取离不开研究者依托

---

[1] 参见卜玉梅：《网络民族志的田野工作析论及反思》，载《民族研究》2020 年第 2 期。

既有人际关系的协调，由于调查对象与研究者之间通常是相对间接地建立起关联，在调查过程中，研究对象有选择地中断研究过程的情况也时有发生，从而对研究进程造成影响。但是，在网络田野中，研究者可以借助电子计算机或移动终端，有选择地进入不同的网络共同体，积累大量调查的备选项，而毋需承担跨越物理空间的成本。即便某项研究由于特殊原因不得不中断，研究者也可以选择重新进入新的田野开展调查。

其次，网络田野调查有利于深入讨论私密、敏感话题。传统田野调查的优势之一，在于研究者可以有策略地对调查场景进行布控，进而评估调查对象在场景中的表现，以更好实现观察和访谈效果。然而，在这种特殊的场景设定下，调查对象通常有较强的戒备心，未必按照研究者的设想表达真实的心理感受。有时候，过于刻意的场景安排，反而不利于调查深入。在网络场域内开展调查研究，无论是一般的文字互动，还是隔屏相见的在线访谈，都在一定程度上保留了匿名的元素，调查对象可以有选择地隐匿部分身份信息，由此获得的安全感可以对他们做出更为全面、真实的表达形成激励。而且相对于面对面交流，以屏幕为媒介的调查方式，也可以让研究者更为轻松自然，而不必限于相对逼仄的访谈空间，调查对象在缺乏凝视的场合下更倾向参与私密、敏感话题的讨论。

最后，网络田野调查的资料形式更丰富。虽然有不少研究者指出，网络田野调查过于依赖文本这种单一载体，传统的观察、访谈也由此转变为文本分析。然而，这种情况只是在研究者初步进入田野时才成立。随着研究逐步深入，研究者与调查对象之间建立起更密切的关联，多元的技术媒介便可以在调查过程中被充分采用。研究者毋需仅通过信息、邮件这类相对简化的网络交流模式开展调查，而可以通过视频应用组织访谈、座谈，从而更全面地考察调查对象的言谈、体态、表情、声音。而且，多媒体技术的运用，还有助于研究者分阶段、有选择地进入田野，比如在前期调查阶段可以选择不开启摄像头、做出变声处理等，以更好获取信任。随着研究者逐渐取得调查对象的信任，则可以进而采用更为多元的调查形式。相比于传统的田野调查，网络调查过程的图文声影可以通过技术手段实现全面记录，有助于帮助研究者反复回顾、审查资料，借此对网络田野获得更深入的理解。

2. 应对网络场域的调查挑战

即便在网络场域内开展田野调查存在种种优势，但是，受制于调查田野、调查对象和调查者的诸多局限。在网络场域内调查而来的资料普遍存在信息真实性差、内容碎片与浅表、文本之外信息遗漏、样本不具代表性，更频繁的调查中断等系列风险。而且，如果研究者对调查过程处理不当，还可能涉及研究伦理问题。面对这些挑战，不少研究者也总结了一些网络田野调查方法的经验和启示。

首先，整合线上和线下调查。网络场域具有虚实二重性，虚构未必是问题，反而可能是理解网络场域社会互动的关键所在。因此，研究者不是要像传统调查方法那般，将虚构的内容剔除出研究范围，而是关注这种虚拟性背后的文化意义。为此，研究者调查的田野便不能局限于网络场域本身，而是要以物理空间意义上的田野作为观照。通过调查行动者线上与线下角色、关系的频繁转换，不同主体在不同空间内的互动、关联，从而实现对网络场域内社会现象的本质理解。[1] 以网络为田野，不意味着只以网络为田野，同时从线上和线下的角度，对调查对象展开全面调查，可以在保障资料真实性的同时，充分理解虚实互动中的互联网文化现象。

其次，开展多场域调查研究。网络场域内的社会关系是根据参与者的感知和行动而构建的，[2] 因此网络社会关系不会停留在一个固定领域，而是具有流动的特征。为了更好把握多元社会关系的复杂形态，深入挖掘网络社会中的规范性元素，研究者在开展网络田野调查的过程中，不宜圈定特定的"领地"，而需要沿着网络形态的社会关系，在一个网络场域停留后，根据事件或关系的导引，前往不同的场域开展全方位调查。多场域调查的方法，不仅可以更好地因应网络社会的结构性特征，还有助于克服单一样本的片面性。而

---

〔1〕 参见 [英] 丹尼尔·米勒、[澳] 希瑟·霍斯特主编：《数码人类学》，王心远译，人民出版社 2014 年版，第 24 页。

〔2〕 参见陈伶娜：《信息"迷雾"：网络民族志研究面临的挑战分析》，载《民族学论丛》2023 年第 2 期。

且，更多的样本范围与备选方案也可以有效应对调查中断的潜在风险。

再次，重视取得调查对象信任。与传统田野调查类似，取得调查对象的信任，乃研究者浸染于田野的关键。但是网络场域的社会纽带相对松弛，信任的获取更为不易。为此，一方面，研究者需要对待调查场域提前做出试验性了解，规划好自身在网络田野调查中的身份和行为习惯。在前期准备和调查开展过程中，研究者有必要认真学习特定网络共同体内部通用的网络语言、常规的互动模式等，这些前提性工作是取得信任的前提。另一方面，研究者还有必要与特定调查对象建立密切联系。即便与传统田野调查相比，网络田野调查中的"中介者"普遍缺失，但是研究者仍然可以通过与有影响力的网络共同体成员建立关联，[1]进而通过声誉机制的作用，获得更大范围的信任。此外，研究者还有必要在事前与调查对象进行充分沟通，在选题等方面尽力迎合调查对象的兴趣取向；在调查过程中，研究者需要区分公共话语与私密话语，充分尊重调查对象的知情权和隐私权，注重网络礼节，不宜过多询问对方真实身份，而是以引导的方式逐步挖掘信息。必要时，研究者可以公开自身的研究者身份，告知对方调查的目的，以及所获取的资料将被如何使用。

最后，遵循传统方法论原则。网络场域固然有其相对于物理空间的特殊性，但是二者更多的其实是共性。网络田野调查中面临的很多问题，也是传统田野调查的问题，或者只是传统问题的转化与衍生。有研究者就指出，在以互联网人类学为代表的田野调查开展过程中，变化着的是对象和具体的操作策略，在方法论层面上其实并无根本性变化。[2]因此，在传统田野调查中，研究者采用的多种保证研究资料真实性、有效性的方法，同样适用于网络田野调查。例如，通过长期进驻田野，使用多来源、多方法、多视角互证的三角检验，开展同行评议或质询以及外部评议，提前澄清研究者的立

---

〔1〕 参见张娜、潘绥铭：《互联网定性调查方法：观察与体验》，载《河北学刊》2015 年第 2 期。

〔2〕 参见郭建斌、张薇：《"民族志"与"网络民族志"：变与不变》，载《南京社会科学》2017 年第 5 期。

场与偏见，引入参与者检核，进行深描叙写、从事否定性个案分析等，实现对资料、分析、阐释和结论的验证与评估。[1]

四、结语

"以网络为田野"意在表明习惯法调查中互联网的双重意象。一方面，互联网可以成为习惯法调查的"手段"，研究者可以通过网络获取大量非实地性资料和少量补充性的实地性资料，从而增进研究者对田野的理解。这类资料的有效获取建立在研究者对网络资料来源、检索、审查和引注方法的学习和掌握基础上。另一方面，互联网也可以成为习惯法调查的"场域"，互联网是现代社会联结的重要枢纽，网络本身也就成为了习惯法的田野。在网络场域的习惯法调查中，实地性资料的获取有赖于研究者深入参与到网络互动的过程中，充分利用网络田野调查的优势，并不断积累经验以应对网络田野调查的挑战。当前的习惯法研究，尚不习惯运用互联网技术手段获取调查资料，对网络社会习惯法的创制、运行与实施也缺乏系统研究。习惯法研究的纵深离不开对"网络"的应用和理解，"以网络为田野"，是挑战，更是机遇。

---

〔1〕 参见［美］约翰·W. 克里斯韦尔：《质的研究及其设计：方法与选择》，余东升译，中国海洋大学出版社 2009 年版，第 225~228 页；陈向明主编：《质性研究：反思与评论》（第 2 卷），重庆大学出版社 2010 年版，第 129 页。

习惯法调查资料的化名表述方法

张　华[*]

一、引言

习惯法调查需要本着实事求是的原则揭示事实真相，但在运用调查资料时若公开全部真相，可能会给调查对象带来损害，损及调查对象的切身利益。

为了保护调查对象，在运用习惯法调查资料时可采用化名表述方法。所谓化名表述也即通过对田野调查资料进行去身份化处理，隐去人名、地名和组织机构名称等信息，使调查对象的隐私信息、敏感信息丧失"可辨识性"，使回答与回答者无法被对应起来。化名处理并非要掩盖、不公开事实真相，而是要通过隐去名称等方式，使后来的研究者和读者不能将回答和回答者对应起来，阻止外来人员进入调查地点进行访谈，从而实现保护研究对象隐私、维护社群内正常的生产生活秩序和社会结构之目的。目前学界对化名表述的必要性已达成基本共识。例如，风笑天教授认为，对于研究中涉及的具体人物、地点、组织、社区等应进行匿名化处理，以保护受访

＊　作者简介：张华，安徽临泉人，南开大学法学院讲师。

者利益和研究对象隐私。[1]艾尔·巴比教授指出，在"知情同意"的总原则下，社会研究应遵循自愿参与原则，确保不伤害参与者。[2]高其才教授认为："离开田野现场回来对敏感事进行具体分析和写作成文时，法社会学田野调查者必须将敏感事中的人名、地名进行化名处理，保护当事人，以免影响当事人的名誉权、隐私权，给当事人带来不必要的困扰。"[3]

既有研究成果已为调查资料的化名表述提供了方向指引，但尚未提供化名表述的具体方法。譬如，语言学、社会学、法社会学、法人类学研究者已在学术伦理层面探讨了隐私保护的重要性，认为田野调查资料的使用应注重保护隐私，[4]但尚未对作为隐私保护手段的化名方法进行专门研究。基于此，有论者认为如何采取综合"脱敏"的保护策略，将潜在的隐私伤害风险降至最低，是当下隐私保护的难题。[5]而且，既有的有关隐私保护问题的研究主要为其他学科视角，法学角度的研究十分罕见。由于缺少方法指引，实践中随意化名的情况并不少见。基于此，在既有研究已强调化名表述的学术伦理但尚未提供可操作的具体方法之基础上，从操作方法层面对习惯法田野调查资料的化名表述方法进行研究，提出具体的具有可操作性的化名表述方法指南，有重要的学术价值和意义。

在学术研究之外，国内外实务界的相关法律法规、标准规范等也为化名表述方法建构提供了重要参考。其中，在法律法规方面，根据《个人信息保护法》第73条的规定，匿名化处理包括"无法识

---

〔1〕 参见风笑天：《社会研究方法》（第5版），中国人民大学出版社2018年版，第388~389页。

〔2〕 参见［美］艾尔·巴比：《社会研究方法》（第11版），邱泽奇译，华夏出版社2018年版，第29~32页。

〔3〕 高其才：《原野识法：法社会学田野调查方法札记》，中国政法大学出版社2024年版，第94页。

〔4〕 参见卜玉梅：《虚拟民族志：田野、方法与伦理》，载《社会学研究》2012年第6期；王远新：《语言田野调查的必要性及学术伦理》，载《民族教育研究》2023年第2期；Carter Denise，"Living in virtual communities: An ethnography of human relationships in cyberspace"，*Information, Communication & Society*, 2005（8），pp. 148~167.

〔5〕 参见张培、郑欣：《知情与同意：网络民族志研究方法的伦理检视》，载《广西民族大学学报（哲学社会科学版）》2023年第1期。

别"和"不能复原"两项条件。[1]在标准和规范方面，有关匿名化处理的规范主要有国家标准《信息安全技术 个人信息安全规范》（GB/T 35273-2020）中有关去识别化处理的规范、欧盟《通用数据保护条例》（GDPR）、美国NIST发布的《个人信息去识别化》以及国际标准化组织发布的ISO 5237：2017（E）《健康信息学-假名化》等标准和报告。这些标准和规范的核心是通过数据匿名处理的方式，实现商业利益与个人利益的平衡。虽然这些规范为商业领域、计算机领域的数据处理技术规范，不属于田野调查等学术研究资料使用规范，但对于后者体系的创建和完善有着重要的参考价值和意义。

在既有研究成果已为化名表述提供方向指引的基础上，笔者基于自身习惯法研究经验，结合国内外相关法规与标准的内容，从习惯法调查资料化名表述方法的基本原则、习惯法调查资料化名表述方法的操作方法、习惯法调查资料化名表述方法的具体应用等方面，尝试总结提炼了化名表述的操作方法，在技术层面为习惯法调查资料的化名表述提供方法参考。

二、习惯法调查资料化名表述的基本原则

结合学术惯例和研究经验，习惯法调查资料化名表述方法的基本原则可被总结为知情同意原则、必要说明原则、契合地域特色原则、协调统一原则、原始数据保留原则等方面。其中，知情同意原则为社会研究的通行准则，其他原则为笔者基于自身习惯法研究经验总结而出的原则。

（一）知情同意原则

知情同意原则是社会研究者共知、共识、共认的基本伦理准则，可被适用于习惯法研究这一微观领域。该原则包括"自愿参与"和"对参与者无害"两项子原则，要求研究者尊重研究对象，使"基于自愿参与的原则而进入研究的对象，必须完全了解他们可能受到

---

〔1〕《中华人民共和国个人信息保护法》第73条第4项规定："匿名化，是指个人信息经过处理无法识别特定自然人且不能复原的过程。"

的危害"[1]。知情同意原则的底层逻辑是减少对研究对象的伤害，不能将研究对象视为攫取研究资料的工具，否则就是对康德"人为目的，而不是手段"道德戒律的背离。

根据知情同意原则，研究者在使用涉及个人信息的习惯法调查资料前应先征得研究对象同意，在此基础上做好化名处理，不能认为只要做好化名处理就可以漠视研究对象的知情权。例如，笔者于2021年7月在苏州市相城区进行有关"村民自治边界"的调研中收集到了当地村委会提供的集体土地分配方案、带有签名的分配协议等，其中涉及户主姓名、分配金额、"外嫁女"姓名及家庭住址等诸多信息。在习惯法研究中使用此类信息原则上应遵循知情同意原则，征求研究对象同意。当然，由于征求全部的相关人员同意难度较大，本文认为研究者可仅征求直接信息提供者的同意。此外，一种较为前卫的观点认为，即便是对于已在一定程度上公开的信息，研究者在使用时也应征求研究对象同意。例如，库兹奈特认为，"并不是每个在电子公告栏发布信息的人都同意自己的信息被某项研究所使用，即使是被匿名地使用"[2]。结合实践经验，本文认为，虽然知情同意原则要求征求研究对象同意，但究竟以何种方式、在多大程度上征求其同意，则并无统一标准，应由研究者自行把握，自主决定是否足够必要以至于必须征求研究对象意见。

此外，在某些情况下，调查对象可能会主动要求在调查资料中使用其真名。此时研究者必须尊重调查者意见，避免自作主张或搞家长式作风。

(二) 必要说明原则

必要说明原则要求研究者在明显之处对化名情况进行说明，让读者知晓化名情况。之所以要在显要之处对化名情况进行说明，既是长期形成的化名表述的学术惯例使然，也是为了避免引起误解。若不对化名情况进行说明，或仅在隐蔽之处对化名情况进行说明，

---

〔1〕 [美] 艾尔·巴比：《社会研究方法》（第11版），邱泽奇译，华夏出版社2018年版，第31页。

〔2〕 [美] 罗伯特·V.库兹奈特：《如何研究网络人群和社区：网络民族志方法实践指导》，叶韦明译，重庆大学出版社2016年版，第165页。

致使后来的阅读者对化名情况不知晓，那么阅读者将不可避免地对习惯法调查资料的真实性产生怀疑。

为了向阅读者表明化名情况，研究者可在研究成果的第一个化名后加一个脚注，说明习惯法研究作品进行了化名处理。脚注内容可为"遵循学术惯例，本文对部分地名、人名作了化名处理"，或"遵循学术惯例，本文对地名、人名均作了化名处理"。当然，即便在第一个脚注中说明了化名情况，部分不够细心的阅读者由于未注意脚注说明，仍可能会对习惯法研究作品的真实性产生怀疑。例如，某论文送审后，外审专家在评审意见中提到，其对文中的律所名称进行了检索，结果未能检索到该律所，进而认为研究资料不真实。为了避免这种情况的产生，研究者可根据必要说明原则，将研究对象的名称化名为英文字母而非中文名称，并在其后增加括号，以正文形式进行说明，而不只是在脚注中进行说明。通过改变化名名称、提升化名说明的显著性，能更好地避免读者对习惯法调查资料的真实性产生怀疑。

（三）契合地域特色原则

作为地方性知识的习惯法往往具有较强的地域性，其外在形式、实质内容和作用范围等方面均有着较强的本土特色。特定地区的特定类型人名是当地文化传统的体现，蕴含了当地特有的价值追求、精神理念和文化底蕴。为了契合地域特色，习惯法研究者在进行化名处理的过程中应考虑受访者所在区域和场域的特色，坚持契合当地特色的原则，彰显当地独有的命名规律和思维习惯。

契合地域特色原则可适用于人名、地名及组织的化名，其中以人名为重点。实践表明，特定地方、特定年代的特定人群的名字往往带有特殊的字号。为此，化名时可以多使用当地常用字。例如，笔者曾于 2021 年 10 月至 2024 年 4 月多次前往广东惠州大亚湾进行习惯法调查。大亚湾当地的东升村、霞新村等传统渔村渔民的姓氏主要为"苏""徐""李"等，且中老年人名字多带有"妹""娣""肽""海""洋""冲""松"等字。为了体现当地特色，使得化名具有地方性，对该地渔村老人的化名可多使用"妹""娣""肽""海""洋""冲""松"以及"苏""徐""李"等字。再如，佛教寺院僧人姓名通常为"释××",在对其进行化名时,不应采用将"释"替换为其他姓氏。当然,即便将"释"替换为其他姓氏,也并无多少实际意义。在进行化名处理时,应遵循当地特定的命名规律,在最大程度上减少使用没有地方特色的字词,避免由于化名不当而失却地方特色,使得习惯法调查资料变得平平无奇。

(四)协调统一原则

在习惯法调查资料的化名表述过程中,应重点关注不同化名间的内在关联,使得化名具有形式上的协调性和实质上的统一性。例如,若习惯法调查资料为宗族规约,则化名表述须处理好族人的辈分等问题,保持族内人员化名结果的协调性与统一性。原则上,同一宗族的族人的化名应体现辈分和角色关系,不能随机、随意化名。其中,男性族人的化名应在化名姓氏相同的基础上,在化名的双字名的首字或次字中使用相同汉字,通过名字显示辈分、辈序、派引、排行等世系次序关系。女性族人的化名应体现其所在家族、辈分等基本信息,冠夫姓的老年女性化名最好体现其冠夫姓和原本姓氏。

根据协调统一原则,为了客观彰显习惯法主体间的相互关系,还应注重避免使用有违整体性的汉字。若不遵循协调统一原则,则读者在阅读习惯法调查资料时将无法通过名称了解到人物间的关系及其辈分等基本信息。

(五)原始数据保留原则

所谓原始数据保留原则也即在化名过程中对化名情况进行记录,建立化名情况档案。虽然化名处理的目标在于使个人信息经过处理无法关联到特定个人且无法复原,但在不少情况下,化名后作者本人需要再次了解化名背后的调查对象身份,方便与访谈对象再次联络,核实已完成的调查。为此,应建立化名档案,保留调查对象真名,为后续查找研究对象的真实身份、取得更详尽资料、补正先前遗漏资料、纠正错误信息奠定基础。

若习惯法调查资料中所涉化名较少,例如全文仅对 2 位主人公进行了化名,则研究者不必建立化名档案。但在所涉化名情况较多的情况下,研究者本人难以完整、准确地记忆化名情况,则应秉承"好记性不如烂笔头"的原则,建立化名档案。例如,在《基层和美治理实现方式探究——基于大亚湾区本土社会规范的视角》这一习惯法专著中，[1]笔者团队对 211 个人名进行了化名，在此基础上建立了化名与真名一一对应的独立档案《化名情况记录》。

在建立化名情况档案的同时应当注意，除非有合法正当的理由，否则该身份档案不可公开。只有当确定研究工作已彻底结束且绝对不再需要知道研究对象的真实身份时，研究者方能把保存的可识别档案删除，使可识别信息彻底尘封箱底，从而更好地保护调查对象隐私。

总体而言，习惯法研究者在对习惯法调查资料进行化名表述时应坚持知情同意原则、必要说明原则、契合地域特色原则、协调统一原则、原始数据保留原则等基本原则，从而更好地确保习惯法调查资料化名表述方法运用的科学性、合理性和有效性。

三、习惯法调查资料化名表述的操作方法

习惯法调查资料化名表述的基本方法主要包括删除处理法、替换处理法、泛化处理法、交换处理法、干扰处理法等具体操作方法，通过采用这些方法实现习惯法调查资料的去识别化。

（一）删除处理法

习惯法研究者在使用化名方法时可将部分非关键信息删除、简化，实现保护调查对象隐私、消除习惯法调查资料可识别性的目的。为方便简称，本文将删除习惯法调查资料中非关键信息的方法称之为"删除处理法"。在各种化名表述方法中，删除处理法是最直接、最简单的化名表述方法。例如，将阿依古丽·卓玛删减为"卓玛"，以及将图片中的人名、联系方式的部分信息抹除。

以下为笔者团队于 2022 年 7 月 10 日在广东省惠州市大亚湾经技术西区街道塘尾村收集到的有关茶叙规范的《2022 年娘婶姊妹汇聚排期表》。该排期表由茶叙活动召集人朱银宝制作。该排期表由朱银宝的老伴朱佚名执笔手写完成。纸质版排期表每人一份。表中的

---

〔1〕 参见张华、李明道、高其才：《基层和美治理实现方式探究——基于大亚湾区本土社会规范的视角》，中国政法大学出版社 2023 年版，第 1~504 页。

人名采用了删除处理的方法，保留了姓，删除了名。

2022 年娘婶姊妹汇聚排期表（2022 年 7 月 10 日摄）

删除处理法能够以删除非关键事实的方式在结果上实现特定信息的一般化，使其失去特定的关联指向，避免读者联想到特定的当事人。同时，该种表述方法能够在删除非关键事实的基础上保留原始名称中的文化意蕴、基础信息。当然，相比于其他化名表述方法，删除处理法实际能适用的场景十分有限，被运用的频率不高。该方法仅可被用于删除非关键事实。

（二）替换处理法

将涉及称谓的字词替换为其他字词是实现习惯法调查资料化名表述效果的最常用、最主要方法。通过将涉及调查对象隐私的字词替换为其他字词，能有效消除习惯法作品与习惯法事实之间的逻辑关联，使得阅读者无法通过直接阅读习惯法作品的方式了解调查对象的真实称谓。常用的替换处理法包括汉字替换法和字母替换法两种类型。具体而言：

一方面，汉字替换法。通过将所欲化名的调查对象名称替换为其他汉字，能够阻断化名与真名之间的联系。采用汉字替换方式须遵循上文提及的契合地域特色原则、协调统一原则等基本原则，避免随意化名的情况。例如，惠州市大亚湾经济技术开发区西区街道塘尾村的村民为朱熹后人，在对该村村民化名时宜将其姓氏化为"朱"，名字宜体现辈分，从而更好地体现该村的血缘传统与文化特色。此外，汉字替换法的不足在于其误导性较强，读者在未注意到化名情况脚注说明的情况下，可能会将化名误认为真名并在查找真名无果后质疑习惯法调查资料的真实性。为了避免读者会错意，习惯法研究者在化名时应严格遵循前文述及的必要说明原则，让阅读者清楚、直观地了解化名情况。

另一方面，字母替换法。所谓字母替换法也即将所要匿名化处理的字词替换为英文字母、拼音字母等特殊字母。相比于汉字替换法，字母替换法不必过多考虑当地特有的命名方式、起名传统，较少受契合地域特色原则、协调统一原则等基本原则的约束。例如，前述西区街道塘尾村可以替换为"XT"。由于字母难以体现调查地点特有的文化传统和文化特色，因而字母替换法不利于习惯法作品直接、全面地展现表达效果。

总体而言，汉字替换法与字母替换法均为习惯法调查资料化名表述的重要方法，但由于汉字替换法有利于更好地展现习惯法背后的人文环境、区域特色、文化传统，因而笔者倾向于使用汉字替换法实现匿名表述之目的。

（三）泛化处理法

泛化处理法主要用于处理涉数字信息，将具体的、个别的、有针对性的数字符号进行泛化和归纳，使其成为为一般的数字，切断特定数字与调查对象之间的关联。根据泛化程度的区分，泛化处理法可被分为一般泛化和完全泛化两种类型。一方面，一般泛化也即对特定数字的关键信息进行泛化处理，使其失去现实针对性。例如，习惯法调查资料中手机号码的中间四位数字可被泛化为＊＊＊＊。另一方面，完全泛化也即将全部数字彻底进行去标识化处理，使其成为没有任何具体指向的数字符号。例如，将纠纷调解协议书中的身份证号泛化为 12345678910，将邮政编码泛化为 123456 等。相比于完全泛化，一般泛化能够在一定程度上保存原始信息，向读者传递更多消息。例如，身份证号的前 6 位数字分别代表省份、地市、县区，保留数字地址码则能够在一定程度上向读者传递习惯法主体的地址信息。

前述《2022 年娘婶姊妹汇聚排期表》中的人名可通过泛化处理法实现去识别化。笔者对《2022 年娘婶姊妹汇聚排期表》中的人名进行了替换处理、交换处理和干扰处理，对表格中的电话进行了一般泛化处理，形成了如下新表。

2022 年娘婶姊妹汇聚排期表[1]

时间	姓名	电话	备注
6 月 28 日	朱银宝	134 * * * * 8423	
7 月 11 日	朱金妭	136 * * * * 1818	
7 月 25 日	林桂花	136 * * * * 6093	
8 月 8 日	朱莲花	134 * * * * 6018	
8 月 22 日	朱容萩	135 * * * * 0733	
9 月 5 日	林梓婳	158 * * * * 9331	
9 月 19 日	邹枚妭	189 * * * * 9715	
10 月 3 日	朱　洲	136 * * * * 6113	
10 月 17 日	朱仕娣	157 * * * * 8481	
10 月 31 日	朱雨嫦	157 * * * * 3429	
11 月 7 日	朱荷梅	159 * * * * 2033	
11 月 21 日	朱全威	136 * * * * 0782	
12 月 5 日	朱盛山	135 * * * * 3063	

当然，泛化处理法亦可用于处理汉字等罗马数字之外的其它信息。例如，西区街道塘尾村可泛化表述为"西区街道某村"，前述朱银宝可泛化表述为"朱某某"。通过泛化处理，能够降低习惯法调查资料的可识别性，使得读者无法通过直接阅读文本的方式知晓真实

---

[1]《2022 年娘婶姊妹汇聚排期表》，朱力提供，2022 年 7 月 10 日。

的调查对象、调查地点。

（四）交换处理法

在特定的范围内，研究者可采用交换处理的方法，交换不同标识符，从而保持调查对象命名方式的整体特性。特别是，在对同一村庄的众多村民进行化名时，可将不同姓氏村民的名字进行替换，以保持当地起名习惯。例如，李、苏、徐为某海边渔村村民的主要姓氏，当地男性村民中大多带有海、洋、波、江等字词。在对村民李远洋、苏海波、徐江海进行化名时，可采用交换处理的方法，交换特定的字词，将三人依次化名为李波海、苏江远、徐海洋。通过交换名称中的特定字词，能够在消除化名与真名关联性的基础上保持当地命名特色，彰显当地命名文化、命名风格与文化底蕴，留存习惯法运行的文化背景。

以下为笔者团队于 2022 年 7 月 20 日在广东省惠州市大亚湾经济技术开发区霞涌街道霞新村收集到《霞新杨包庙理事会领导机构》。该名单中的人员为当地庙会习惯法的主要执行人。名单中的姓名为采用交换处理法所得的化名。

霞新杨包庙理事会领导机构

名誉会长：苏兆昌　戴海建　苏大铭　李进添

顾　　问：李永强　苏兆光

会　　长：李汉秀

副 会 长：李昭来　李　文　李博览　李贵洋　李　洋
　　　　　苏友林　苏强工　苏大盛　苏水生　苏业观
　　　　　苏洋林　李兆决　李伟光　李春旺　徐进财
　　　　　苏文生　李新财　石洋鑫　苏志平

会　　员：苏保庆　李国强　苏问罗　苏学辉　徐文治
　　　　　石兆英　苏木兵　李贵财　李　洋　李水塱
　　　　　李有财　李振华　李宇重　苏海力　李进丁
　　　　　苏选宝　石生强　苏　苟　苏干平　苏基锦
　　　　　苏海金　苏　观　苏帝泉　李帝岳　苏兆贵

李德泉　苏达周　李日锌　李　昕　李海龙

苏阳闵　苏菜全　苏天明　苏海昳　李马来

李基保　李笛望　李海燕　李日升　苏深名

理财小组：

会　　计：苏天雄

财　　务：苏海成　苏海帝　李友记　苏海侠　苏浪贵[1]

交换处理法在一定程度上是前文述及的契合地域特色原则的细化和具体化。通过运用该方法，能够在契合当地特色的基础上，彰显当地特有的命名文化和文化底蕴，使得匿名化的习惯法调查资料在最大程度上"保真"。

（五）干扰处理法

干扰处理法的关键在于改变化名指向，使化名表述指向原有调查对象之外的其他对象。通过提供"虚假"的信息，干扰处理法能在最大程度上减少习惯法调查资料的可识别性，保护调查对象隐私。例如，将实际调研地点广东省在习惯法研究成果中表述为广西省，将当事人真实年龄、案件标的额等数值以保持个体一致的方式替换为其他值，或进行系统性增减。

相较于其他化名表述方法，干扰处理法能够在最大程度上去除身份识别信息，增加化名信息转化为特定个人信息的难度。但与此同时，由于该种化名表述方法实际上是通过提供虚假信息误导读者，因而可能会导致习惯法作品的阅读者对习惯法调查的真实性、可信性产生怀疑。

总体而言，在遵循习惯法调查资料化名表述方法基本原则的基础上，习惯法研究者可通过运用删除处理法、替换处理法、泛化处理法、交换处理法、干扰处理法等具体的化名表述方法，消除习惯法中调查对象的可识别性，实现化名表述的效果。

四、习惯法调查资料化名表述方法的实际应用

习惯法调查资料的化名表述方法在不同场景中的作用方式有所

---

〔1〕《霞新杨包庙理事会领导机构》，霞新村杨包庙内墙，2022 年 7 月 20 日。

不同。其中，人名的化名应注重体现角色性格、人物关系、文化意蕴等，地名的化名应尽量在隐藏真实地名的基础上体现当地自然禀赋、历史传统等，组织机构的化名应尽量彰显该机构的性质、宗旨和作用，增加读者对习惯法生长、运行与消亡的社会背景的了解。

（一）习惯法调查资料中人名的化名表述

在习惯法调查资料化名表述的各类场景中，人名的化名表述要求最为严格。在对人名进行化名时，一方面应遵循前文述及化名表述的基本原则和操作方法，也即遵循知情同意原则、必要说明原则、契合地域特色原则、协调统一原则、原始数据保留原则等基本原则以及删除处理法、替换处理法、泛化处理法、交换处理法、干扰处理法等操作方法，从而保证化名结果的科学性与合理性。另一方面应注重在化名表述中彰显特定角色的性格特点及其在习惯法运行过程中的地位和作用。例如，在遵循前述化名原则和具体规则的基础上，可将年轻力壮的习惯法执行者化名为"保卫""文武"等名称，体现其在习惯法运行过程中的作用和担当。

以下为笔者团队在 2022 年 7 月 20 日收集到的《霞新村治安人员值班安排》，该名单由霞新村民委员会在 2017 年杨包庙会前编制。值班安排中的习惯法执行人员姓名均为化名。

霞新村治安人员值班安排

李领队、苏保卫、苏委员、苏添锋、苏洪威、李冲光
苏捌城、石海意、李城洋、苏宝安、李志勇、苏勇敢
李水旺、苏指挥、苏维海、苏雄鸿、徐文武、李渔安
苏马夫、李天辉

霞新村民委员会

二〇一七年四月十日[1]

选用合理、得当的方式对人名进行化名能在保护调查对象隐私

---

[1]《霞新杨包庙理事会、杨包真人宝诞庆典活动时间、地点、内容安排》，霞新村委会提供，2022 年 7 月 20 日。

与自由的基础上，更有效地向读者展现习惯法运行的现实社会环境和历史传统，提升习惯法作品的表达效果。

（二）习惯法调查资料中地名的化名表述

类似于人名的化名，习惯法调查资料中地名的化名方法亦须遵循前述化名表述的基本原则和操作方法。不同于人名化名，地名化名应在隐藏真实地名的基础上体现当地自然特点、历史传统等。例如，大亚湾澳头街道妈庙村已有三百多年历史，村内古建筑较多。为彰显该村历史悠久的特点，可将该村化名为"古村村"。再如，大亚湾澳头街道东升村为传统渔村，位于一座海边小岛上。该村可被化名为"渔岛村"，以体现该村的地理位置、自然特点和渔民生活模式。

以下为南边灶村现任楼栋长名单，除楼栋名称外，其中的人名与地名均做了化名处理。

南边灶村楼现任栋长名单

1. 曾恒元　一栋楼栋长　新桥村小组组长、党员
2. 陈智汇　二栋楼栋长　南边灶村联防队队长
3. 蓝铂涛　三栋楼栋长　新桥村小组副组长
4. 朱田平　四栋楼栋长　岩背村小组副组长
5. 胡青玉　五栋楼栋长　石下灶小组副组长、党员
6. 黄大宏　六栋楼栋长　热心群众
7. 陈文兵　七栋楼栋长　岩背村村小组 副组长
8. 王海斌　八栋楼栋长　 热心群众
9. 陈圣现　九栋楼栋长　岩背村小组副组长、党员
10. 陈玉洁　十栋楼栋长　金竹岗村小组副组长
11. 陈洪波　十一栋楼栋长　物业主管
12. 蓝慧慧　十二栋楼栋长　土湾村小组副组长
13. 黄周仕　十三栋楼栋长　新桥村小组党支部委员
14. 张花红　十四栋楼栋长　土湾灶村小组副组长、党员
15. 张悦妊　十五栋楼栋长　南边灶村小组副组长

16. 何晓霍　十六栋楼栋长　南边灶村小组党支部委员
17. 陈山陵　十七栋楼栋长　石下村小组正组长、党员
18. 宋加材　十八栋楼栋长　南边灶村小组副组长
19. 陈蒙曾　十九栋楼栋长　热心群众
20. 王洪　二十栋楼栋长　党员
21. 陈强　二十一栋楼栋长　土湾村小组副组长/党员
22. 陈亮　贝迪堡童话幼儿园楼栋长　办公室主任
23. 袁苏海　宝来广场楼栋长　保安队队长
24. 刘凯天　道南小学楼栋长　政教处主任[1]

就化名方法使用的必要性而言，习惯法研究中保护地名的迫切性通常低于保护人名的迫切性，由此导致在多数情况下无需在习惯法调查资料中对地名进行化名。特别是在正面描绘地方特色、宣传地方历史、提高地方知名度的情况下，往往不必对地名进行化名。

（三）习惯法调查资料中组织机构的化名表述

类似于地名的化名，习惯法调查资料中对组织机构进行化名表述的必要性通常低于对人名进行化名表述的必要性。有必要对组织机构进行化名的情况通常是，该机构希望研究者进行化名表述或该机构未能充分发挥正面作用，或其他必要情况。例如，为了避免由于言论不当而招致负面评价，民间自生机构的负责人在接受访谈时可能会要求研究者不能公开该机构的具体名称。再如，在使用秘密社会习惯法调查资料的过程中，应当对秘密社会习惯法的执行机构进行化名，避免向学界和社会公开该机构名称。

在对组织机构进行化名时，可在遵循前述习惯法调查资料化名表述原则和方法的基础上，尽量采用能彰显该组织机构的性质定位、设立宗旨和功能作用的词汇，增强习惯法作品的读者对组织机构的直观感受。例如，可将从事海洋垃圾清理工作的志愿者协会化名为"蓝海志愿者协会"。通过选择有针对性的特定字词，能够更好地提

---

[1] 《惠州大亚湾澳头街道南边灶楼栋长实操手册（试行）》，南边灶村委会提供，2022 年 7 月 6 日。

升习惯法作品的表述效果。

（四）其他信息的化名表述

除人名、地名以及组织机构名称外，身份证号、手机号码、电子邮箱、出生年月等其他重要信息也应在习惯法调查资料的表述中被化名处理，以增加化名信息转化为特定对象信息的难度，避免暴露调查对象隐私。为此，一方面，习惯法研究者须遵循前述化名表述的基本原则和操作方法，对特定信息进行删除、简化和归纳处理；另一方面，应结合具体情况对相关信息进行化名表述，强化干扰处理法的作用，实现科学、合理、有效化名的目标。

总体而言，习惯法调查资料的化名表述方法在人名化名、地名化名、组织机构化名以及其他信息化名中的具体运用方式有着较多的共性和一定的区别。一方面，各类化名工作的开展应共同遵循习惯法调查资料化名表述的基本原则与操作方法。另一方面，各类化名工作应分别有所侧重地提升化名表述效果。其中，在人名的化名表述中应注重运用体现角色性格、人物关系、命名文化的字词，在地名的化名表述中应尽量使用能体现当地自然特点、历史传统的字词，在组织机构的化名表述中应尽量使用能彰显该组织的性质、宗旨和作用的词汇，在其他信息的化名表述中可强化干扰处理法的作用。

五、总结与思考

对习惯法调查资料进行化名处理是习惯法研究共同遵循的一项基本原则。虽然学界就是否化名的问题在总体上形成了基本共识，认为应通过化名处理的方式保护调查对象的隐私，但究竟采用何种化名方法目前尚无统一观点。为了使习惯法调查资料化名表述的结果更为科学、得当以及防范随机、随意化名情况的发生，有必要在学术上进一步细化化名表述方法，建构起统一的习惯法调查资料化名表述方法体系。

基于作者自身习惯法调查研究的经验，结合学界既有研究，本文尝试将习惯法调查资料的化名表述方法总结为两个方面。一方面，在宏观的化名表述原则方面，习惯法调查资料的化名表述应当遵循知情同意原则、必要说明原则、契合地域特色原则、协调统一原则、原始数据保留原则等基本原则。另一方面，在微观的化名表述方法方面，习惯法调查资料的化名表述可根据实际情况选用删除处理法、替换处理法、泛化处理法、交换处理法、干扰处理法等具体操作方法。

各类化名表述方法的共同价值在于有效平衡调查对象保护与调查信息利用的关系。在习惯法调查资料的化名表述过程中，如何实现调查对象保护与调查信息利用的平衡是一个经典难题。"匿名信息的有效性与实用性，二者永远水火难容"[1]。化名后的信息若变得过于"干净"，则有可能导致其可信性降低，减损其利用价值；若化名结果不彻底，则调查对象的隐私与自由可能会不断受到侵扰。为了有效实现对象保护与调查信息利用的平衡，习惯法研究者必须对每一种需要化名表述的情况进行评估和判断，确定习惯法调查资料中的这些信息是否足够重要，以至于必须在公开的情况下使用；需要审慎地评估，确定是否还可运用其他材料来源；需要评估并确定是否需要因无法化名或化名无意义而放弃研究成果。唯有秉持审慎的态度，选用最为合适的化名表述方法，才有可能找寻到调查对象保护与调查信息利用的最佳平衡点，进而实现有效保护调查对象和提升习惯法作品表达效果的双重目标。

当然，在一些情况下，化名表述方法并不十分实用。例如，一个村庄只有一名村长，一个宗族只有一个族长，一个学校只有一个校长，在特定角色与特定人员存在"对号入座"式高度绑定的情况下，化名表述方法并不具有实际意义。特别是，既有研究结果表明，在大数据环境下，人们会留下大量数字化痕迹，已被化名处理的信息经过大数据的比对、提取和整合，依然可能会指向隐私主体。[2]没有任何化名方法能够实现完全匿名的效果。

---

〔1〕 Paul Ohm, "Broken Promises of Privacy: Responding to the Surprising Failure of Ano-nymization," *UCLA Law Review*. 2010, 57（6）, pp. 1701~1777.

〔2〕 参见顾理平:《整合型隐私：大数据时代隐私的新类型》，载《南京社会科学》2020年第4期；陈堂发:《私力救济中的涉"性"隐私网络公开：法律抑或伦理问题》，载《新闻与传播研究》2021年第7期。

虽然在一些情况下由于相关信息已公开等原因使得化名表述并不具有实际意义，但在多数情况下化名表述方法仍然可以使研究对象免受读者的干扰和伤害。将化名表述方法应用于习惯法研究在总体上利多而弊少，有益于更好地保护调查对象隐私和自由。基于此，习惯法调查资料的使用过程中应始终注重化名表述方法的运用。

理解方法
●●●

习惯法田野调查初探

高其才

一、引言

"田野"，《现代汉语词典》释为"田地和原野"。[1]田野通常为大片的种庄稼的田地，由此引申为乡间、农村。《国语·齐语》载："处商，就市井；处农，就田野。"《后汉书·卷六六·陈蕃传》也载："田野空、朝廷空、仓库空，是谓三空。"

在农耕文明时代，田野为人类生产、生活的唯一区域或者是主要区域，为人类生活世界的基础，呈现了村民的生存样态，展示了民众的发展状况，集中体现了人类的智慧积淀和文明累积。

从学术研究角度对"田野"进行探讨始自人类学，"田野工作"（field-work）被视为人类学的学科特征。参与田野工作意味着受过训练的学者走出书斋进行科学的实证调研。19世纪出版的《人类学观察与询问：在未开化土地上居住与旅行须知》被誉为人类学田野的经典指南。虽然当时的定位是"在未开化土地上居住与旅行须知"，但该书仍代表了人类学田野工作的基本界定。[2]在该书作者看

---

〔1〕 中国社会科学院语言研究所词典编辑室编：《现代汉语词典》（第5版），商务印书馆2005年版，第1349、1588、1350页。

〔2〕 徐新建：《人类学的多田野：从传统村落到虚拟世界（上）》，载《思想战线》

265

来，作为人类学考察对象的田野为体质的人+活态的社会+逝去的遗存。

社会学也非常重视田野。田野调查是社会学研究的重要手段，在中国社会学发展史上居于核心位置；田野调查"扎根到中国社会现实的水土之中，摸清中国社会现实中各种力量跃动的脉搏"。[1]

政治学等其他社会科学，也越来越重视田野。如政治学基于田野而构建了田野政治学这一新兴分支学科，田野政治学为主要建基于田野调查方法而构建的政治学分支学科，是田野调查方法学科化的结果。[2]

运用社会学的理论和方法研究法的法社会学也十分突出田野的地位，重视田野调查在法社会学中的重要意义。在我看来，除了以探讨法社会学中的法等为对象的理论法社会学之外，应用法社会学的讨论都直接或者间接与田野相关，无论国家法律的具体实施还是习惯法的运行都需要从田野角度进行探讨。法社会学中"活法""行动中的法"等概念都是田野中的产物，"实有法""实效法"均是从田野实践提炼而成。

不过，对法社会学田野调查进行专门探讨的作品并不多见，[3]

(接上页) 2022 年第 2 期。《人类学观察与询问：在未开化土地上居住与旅行须知》（1844年版）及《民族学调查》（1851 年版）后来被合并为一，最终形成了在欧洲人类学界不断再版、规范使用并被汉译引进的《田野调查技术手册》[英国皇家人类学会编：《田野调查技术手册》（修订本），何国强等译，复旦大学出版社 2016 年版]。

〔1〕周飞舟：《将心比心：论中国社会学的田野调查》，载《中国社会科学》2021 年第 12 期。

〔2〕白利友：《政治学的田野：概念、场域及价值》，载《华中师范大学学报（人文社会科学版）》2022 年第 4 期。关于田野政治学，徐勇的《田野政治学的构建》（中国社会科学出版社 2021 年版）可供参考。

〔3〕王启梁的《法学研究的"田野"——兼对法律理论有效性与实践性的反思》（《法制与社会发展》2017 年第 2 期）是为数不多的讨论法律研究的"田野"的作品。该文认为法律存在、运作或产生影响的所到之处就是法学研究的"田野"。进入"田野"对于建构有效的、实践性的法律理论具有重要价值。有效的法律理论指向法律实践，但并非法律实务的操作方案。其有效性来自对法律实践、制度运行逻辑等的解释，以及对法律在社会中的位置进行深入考察。其实践性则是基于对问题的理论解释、反思，为改善法制提出理论性或政策性指导，提供对法律及其运作的评估。"田野"所具有的开放性使多元的研究方法、理论、视角可以运用到具体研究中，并通过系列个案的比较来发展一般性理

对习惯法田野调查的探讨更为稀少。在总结我的田野调查实践基础上，[1]本文对习惯法田野调查的"田野"、习惯法田野调查的目的、习惯法田野调查的基础、习惯法田野调查的困难、习惯法田野调查的方法、习惯法田野调查的认识、习惯法田野调查的关键等内容进行初步探讨，以期引起学界对此的进一步关注。

二、习惯法田野调查的"田野"

我认为对习惯法的田野需要作广义的理解，田野是一个场域，也是一种方法，还是一种思维。

习惯法的田野是一个调查和研究的空间、场域。田野首先是指与文本相对的实地，即强调与法条、书本、文献相区别，可通过经验

（接上页）论。同时，田野研究使研究者之间有了可具体讨论的对象，有助于有效地进行理论辩论以实现理论的融合、建构和创新。因此，法学研究的"田野"进路并非简单的经验获得或感性体验，更不是反理论的，而是一种发展法律理论的立场。2023 年 10 月 30 日上午 11 时，在"中国知网"上，我以"法社会学　田野调查"为主题进行检索，搜到 1 篇符合要求的作品，为王旭的《法律效力的实现：一个社会选择的过程——来自法社会学田野调查的研究进路》（《岳麓法学评论》2003 年第 1 期），较为相关的一篇为我自己的《法社会学田野现场观察的思考》[《北华大学学报（社会科学版）》2023 年第 3 期]；以"法社会学　田野调查"为关键词进行检索，没有搜到一篇作品；以"法社会学　田野调查"为篇名进行检索，仅搜到王旭的前述作品。仅吴大华、尹训洋的《深入田野：探索法社会学与法人类学研究的"中国经验"——严存生教授法社会学与法人类学思想贡献的启示》（《民间法》2019 年第 2 期）等文与此主题相关。蔡华玲的《论村里庭审网上直播方式的问题研究——基于社会学田野调查在司法实践中的运用》（《云南社会主义学院学报》2014 年第 1 期）、孙冕的《法社会学视野下的乡村民间纠纷解决机制——来自田野的调查与思考》（《南京财经大学学报》2006 年第 6 期）等文与法社会学田野调查相关。另有陈虎的《法社会学实证研究之初步反思——以学术规范化与本土化为背景》（《法制与社会发展》2007 年第 2 期）、梁洪明的《实证主义之脉：从哲学到法社会学——一个方法论的检视》（《中国政法大学学报》2013 年第 6 期）、宋维志的《新中国法社会学研究 70 年》（《天府新论》2020 年第 4 期）、郭星华和郑日强的《中国法律社会学研究的进程与展望（2006—2015）》（《社会学评论》2016 年第 2 期）、郭星华和秦红增的《从中国经验走向中国理论：法社会学（法人类学）再思考》[《广西民族大学学报（哲学社会科学版）》2012 年第 5 期]、丁卫的《法律社会学在当代中国的兴起》[《法律科学（西北政法大学学报）》2010 年第 3 期] 等文从实证研究、学科发展角度的一些相关讨论。

[1] 从 1982 年寒假我在重庆进行赌博、卖淫调查开始，我在大学学习期间和从事法学教学工作以来，先后在重庆、湖北、广西、河北、贵州、浙江、四川、广东等地进行法社会学领域的习惯法、基层司法、乡村治理等主题的田野调查。

式接触而参与观察的习惯法实际场域。田野是民众生存的物理空间，是民众生产、生活的实际处所。习惯法意义上的田野为习惯法发挥功能而形成有序社会状态的社会实在，包括具体创制习惯法的社会组织、展示习惯法运行的村居、遵循习惯法行为的民众、体现习惯法作用的法秩序等。

习惯法的田野是一种方法。田野意味着到实地进行调查的一种实证研究方法，即到社区、乡村等田野实地，对习惯法实在进行观察，通过对研究对象的实际接触和调查，获取客观材料，发现习惯法事实，并从个别到一般，揭示习惯法现象的内在构成因素及因素的普遍联系，归纳出社会中的习惯法的本质属性和发展规律。

习惯法的田野是一种思维。田野同时表明了一种求实思维，即尊重客观实际，坚持一切从实际出发，而不是从书本或观念出发。习惯法强调理性思考，避免感性用事，其研究以事实为中心，重在描述、揭示习惯法事实。习惯法的思考突出求真务实，不尚空谈，讲求实效。习惯法的探索强调透过习惯法现象，追寻习惯法本质，在探究法事实的基础上理解习惯法的发展趋势和规律。

可以说，有人的地方就有习惯法的田野，习惯法的田野无处不在。习惯法的田野并不仅仅为"远方""异地"。与习惯法议定、遵行等相关的机构、行为、活动、事项如盗窃行为、村规民约讨论会、行人按红绿灯过马路等，都包括在习惯法田野范围内。而与习惯法形成、运行相关的乡村、企业、学校、社会团体等制订及其施行习惯法的行为、与习惯法有关的活动，亦均为习惯法的田野。习惯法调查、研究到田野去，也即下乡、往镇、赶集、进城、入厂、串店、走户、听庭，调查者处处留心即田野。

习惯法的田野存在于民众的日常法生活中，民众的婚丧嫁娶、物的往来、债权债务、互助共帮无一不是田野；习惯法的田野存在于社会的秩序维持中，公司制定规章制度、社会团体的内部奖励、村落组织的选举和展开活动、宗族的建设祠堂等皆为田野。习惯法的田野既在"庙堂"，也在"江湖"；既在"野"，也在"市"；既在"乡"，也在"城"。

同时，随着社会的发展，习惯法的田野也在不断地拓展，从现实世界发展到网络世界、虚拟世界。网络世界、虚拟世界中法的生长、运行和效果,成为习惯法新兴的田野,习惯法的田野调查面临全新的扩展。

总体上看,习惯法的田野与习惯法的法概念密切相关,不同的法概念下就会有不同的田野范围,不同的法概念下的法事实即法行为与法观念有所差异。习惯法的田野以习惯法为基础而呈现,涉及法主体、法对象、法运行、法行为、法心理等广泛的层面。

习惯法的田野在现场,具有鲜活性,呈现习惯法的生动性和复杂性,彰显习惯法生活的烟火味,突出习惯法的实际状态、实然样貌。

三、习惯法田野调查的目的

维特根斯坦在《逻辑哲学论》中指出:"世界是事实的总体"。[1]事实为事情的真实情况、实际情形,为客观存在的一切物体和现象,其中包括事物、事务、事迹、事件、事情、事态。如《韩非子·存韩》曰:"听奸臣之浮说,不权事实。"《史记·老子韩非列传》载:"《畏累虚》、《亢桑子》之属,皆空语,无事实。"作为习惯法关系中的习惯法事实为由习惯法规范的、具有习惯法权利义务的、能够引起习惯法关系产生、变更和消灭的行为或者事件。习惯法事实是一种自然事实、生活事实,也是一种社会事实或者制度事实,习惯法田野调查的目的在"实",即了解习惯法事实、理解习惯法事实、分析习惯法事实、解释习惯法事实、完善习惯法事实、改造习惯法事实。习惯法的田野调查重在习惯法事实描述,突出习惯法实情表达,饱含习惯法现实关怀,相助习惯法实践推进。

习惯法田野调查重在习惯法事实描述。习惯法的田野调查主要为发现习惯法事实,将习惯法事实的七要素即何时、何地、何人、何事、何因、怎样和意义等全面、完整地表述出来,通过习惯法田野调查者实地调查的所见所察将社会生活中的习惯法状态表达出来。习惯法事实描述非为简单的各种现象的罗列堆积,而是既要描述现象,也要描述意义,将事实之间的联系、现象和本质之间的联系揭

---

〔1〕 〔奥〕维特根斯坦:《逻辑哲学论》,贺绍甲译,商务印书馆 1996 年版,第 25 页。

示出来，描述完整的习惯法事实、整体的习惯法事实。习惯法田野调查的习惯法事实描述往往还采用深描方式，即对所观察或研究的法现象作细致入微的、深入内层的描写和解释。[1]习惯法事实描述是一个过程，包括陈述和分析。

习惯法田野调查突出习惯法实情表达。在习惯法事实描述的基础上，习惯法的田野调查强调与习惯法相关实际情况的呈现，客观、系统地表达民众的习惯法生活、社会的习惯法秩序。习惯法田野调查要揭示习惯法现象的全面真相，展示习惯法运行的实际状况，表露习惯法秩序的本来面目。

习惯法田野调查饱含习惯法现实关怀。文章合为时而作，习惯法田野调查者应当密切关注我国习惯法的当代进展，跟踪生气勃勃的习惯法实践，探寻社会成员的习惯法需要和法满足，深切理解民众实际习惯法生活的意义，对习惯法田野呈现的习惯法事实抱有同情的关注。这是习惯法田野调查者一定的价值取向的体现。

习惯法田野调查相助习惯法实践推进。通过习惯法田野调查，调查者努力把握习惯法运行的客观规律，探寻习惯法秩序的根本特性，在此基础上可以提出一定的建议，有的放矢地进行习惯法规范完善，提升习惯法的内涵和气质，更好地发挥习惯法的社会功能，以保障民众的习惯法权益、满足民众的习惯法需要，实现国家和社会的良法善治。

习惯法田野调查的目的在"实"，因而在田野调查时调查者要力戒"虚"，不能虚语高论、虚谈高论，而应踏踏实实进田野、扎扎实实做调查；要避免"假"，既不夸大也不缩小，不夸张不掩饰，不能造假做伪；要防止"空"，不能无病呻吟、言之无物；要消除"浮"，不能高高在上、浮光掠影、跑马观花、敷衍了事，进行快餐式调查、宾馆式调查；要警惕"燥"，不能大干快上、火急火燎、急燥行事、焦燥应付。

---

〔1〕 美国人类学家克利福德·格尔茨在其《文化的解释》第一章讨论了深描，认为深描具有亲历性、文化转译性、解释性、微观性。参见［美］克利福德·格尔茨：《文化的解释》，韩莉译，译林出版社 2014 年版，第 11～27 页；［美］克利福德·格尔茨：《地方知识——阐释人类学论文集》，杨德睿译，商务印书馆 2016 年版，第 14、50、87、155 页。

四、习惯法田野调查的基础

习惯法田野调查是以习惯法现场为核心的学术活动，基础在人、时、钱这人力、精力、财力"三力"，即需要有合适的人选、足够的时间、适当的经费。合适的人选是习惯法田野调查的人力保障，足够的时间是习惯法田野调查的过程支撑，适当的经费是习惯法田野调查的物质条件。

合适的人选即人力是习惯法田野调查的人力保障。除了身体健康、扎实的法学功底和相当的社会学素养之外，习惯法田野调查者应该是耐寂寞、能吃苦、脑子灵、脸皮厚、嘴巴甜、手脚快的人，能够很快适应环境，与被调查对象打成一片。进行习惯法田野调查，综合素质要求比较高。

由个人还是团队进行习惯法田野调查则不一而论，单个人进行调查无需沟通和协调成本，自主决定调查时间、方法和进程，但缺乏商量，有时候分身无术，可能遗漏某些情景，在安全方面也会有一定风险。由几个人组成团队共同进行调查，能够从事较大规模的调查，但易出现意见分歧，在形成共识方面会有难度。

女性参加习惯法田野调查尤其需要克服更多的困难、做出更大的努力，但也有其独特的作用，尤其是与女性被调查者交流时或者涉及两性关系、婚姻家庭等主题时更有优势。女性调查者在团队内部也会产生一定的凝聚力。

博士生、硕士生甚至本科生参加习惯法田野调查团队，主要是学习，实质贡献可能有限，且需要防止出现人身、财产等安全事故。学生在田野现场一定要听团队负责人的安排，多汇报，一般情况下不宜擅自行动。有时吸纳来自被调查地区的学生有一定的有利性。

是否吸收当地人士参加习惯法田野调查团队需要看具体情况而定。除了调查做向导、负责联系等之外，必须在调查思路确定、调查具体参与、后期写作等方面能有实质性参与者才可以做正式成员。

足够的时间即精力是习惯法田野调查的过程支撑。习惯法田野调查需要投入一定的时间，调查者需要足够的精力进行前期调查设计、现场调查和后期总结，具体视调查主题、目标、区域等而定。

习惯法田野调查的时间包括现场调查时间和前期准备、后期总结等非现场调查时间。习惯法田野调查者如果是高校教师，面临完成日常教学任务的职责要求，在现场调查时间方面更显局促，需要进行统筹协调。

习惯法的田野调查，有的可以由调查者确定时间，根据自己的工作安排、精力确定具体进程；有的则有固定的时间，需要在特定时间进行调查，错过了需要等待下一次；有的则为突发性事件，调查时间极不确定，需要随时进行。基此，习惯法田野调查者需要针对不同类型的调查安排合适的时间。

不少习惯法田野调查需要进行持续数日的现场观察，要求调查者投入相当的精力，不中断、不半途而废。有的习惯法田野调查需要进行连续多年的现场调查，要求调查者合理评估自己的时间、精力，适当安排好工作，有恒心有毅力完成跟踪调查。

适当的经费即财力是习惯法田野调查的物质条件。相比法哲学研究、法解释学研究，习惯法这一法社会学方面的调查和研究是较为费钱的学术活动，需要更多的经费支持，在财力方面有更多的要求。田野调查的费用支出除了购买书籍等参考资料、出版资助费用等外，更多的费用用于现场调查所需的设备、人员等方面。习惯法田野调查需要照相机、摄像机、录音笔等记录设备，需要交通费、住宿费等在现场的费用，有时还要支付被调查者一定的误工费等费用。

由于田野现场特别是乡村现场的特点，习惯法田野调查可能由于地广人稀，交通来往需要包车，交通费用就会有更高的支出。如果连续多日进行调查，住宿费也是一笔不小的开支。田野调查可能会存在意外伤害等情况。在可能的情况下，特别是团队调查时，应当购买人身意外伤害保险等。

需要注意的是，习惯法田野调查所支出的一些费用没有正规发票，不能正常报销，需要调查者自己支付。调查者应该树立合法合规观念，不能在报销问题上违反有关规定而弄虚作假。

为此，调查者需要端正心态，积极申请有关方面的经费资助，保障习惯法田野调查的顺利开展。在申请时需要针对不同项目发布方的要求特别考虑主题的确定，并说明田野调查的意义，以尽可能得到有关评审专家和相关组织的认可和肯定。在可能的情况下，通过积极沟通以争取承担横向课题。当然，出于热爱和兴趣，即使没有资助，调查者同样能够进行习惯法田野调查。

五、习惯法田野调查的困难

为求"实"，在具备人、财、物等基本条件的基础上，调查者进行习惯法田野调查面临极大的挑战性，会碰到一些困难。

离开书斋，离开课堂，调查者来到习惯法田野，这无疑不是一段轻而易举的旅程，非为一项一蹴而就的工作，会遇到各种各样的困难，面临形形色色的挑战。习惯法田野调查的挑战性主要表现在进入田野的困难、融入田野的艰难、发现田野的磨难、表述田野的犯难、反思田野的疑难、总结调查的为难。

进入田野的困难。万事开头难，田野调查首先难就难在进入。习惯法田野无处不在，但是找到一个合适的田野调查点并顺利进入且长期维系却颇为不易，需要天时地利人和，需要被调查者的理解，需要得到有关方面的支持，需要社会相关组织的配合。进入田野的困难，难就难在如何破门而入、怎么样才能破门而入。

融入田野的艰难。在田野调查时，习惯法田野调查者得到被调查者及相关方的信任，这于田野调查的圆满完成至关重要。能够参与观察被调查者的日常习惯法生活的全部领域，能够到达一切有关的现场，能够无障碍地访谈所有相关人士，能够阅看完整的案卷文件，这是调查者的理想状态，但实在不容易实现。

发现田野的磨难。在田野调查中，习惯法调查者看见什么、发现什么、收获什么，这既与调查者的法学功底、综合素养有关，也与国家政策、社会支持、文化传统等因素相关，有时还需碰运气、看机遇。在田野调查中发现习惯法运行之实态、习惯法秩序之形成，这可能非常费时、费力、费工，可能经历曲折和磨难，极需要调查者敏锐的感觉、极大的耐心、百倍的努力。

表述田野的犯难。客观的田野需要通过语言、文字来予以表述，表述什么、如何表述、哪些不能表述，这是一项非常为难的工作，颇为考验习惯法调查者。表述田野需要考虑种种因素，有的情况下表述可能觉得对不起被调查对象，不表述又觉得对不住自己，往往左右为难。很多习惯法田野调查成果是勉为其难的结果。同时，恰如其分的表述又需要相当功力的文字水平。

反思田野的疑难。田野调查完成后总结调查、审视调查、反思调查时，仍然会有诸多不明白之处，存有不少疑难待解。习惯法田野调查是个留有遗憾的学术活动，每次调查总是有缺憾，往往后悔当时的忽视和不周全。这种疑难往往永远无法获解，这种遗憾往往再无机会弥补。

总结调查的为难。学术研究的使命在于发现新问题、真问题并在科学分析的基础上提出新概念、新理论，以此指导实践。习惯法田野调查的调查者如何在调查基础上把握我国法运行和发展的内在规律，对我国的习惯法实践、习惯法现象进行学术解释和理论分析，总结出新的命题，提炼出新的概念，形成为新的理论，生发出新的思想，进行有启发性的学术创新，为中国经验、中国道路做出贡献，这是任务也是极大的挑战，颇为不易，具有相当的难度。

针对这些困难，习惯法田野调查的调查者需要努力打基础、增经验、讲方法、明认识、抓关键、练内功、强实力，不断提升自身应对困难、解决困难的能力。

六、习惯法田野调查的方法

针对田野调查的特点和难度，为了解习惯法的具体运行状况和实际功能，习惯法田野调查常采用实地观察法、深度访谈法、座谈了解法、书面材料搜集法等四种调查方法和技术。[1]

---

[1] 赵旭东将人类学田野研究方法总结为心存异趣、扎实描记、留心古旧、知微知彰、知柔知刚、神游冥想、克己宽容以及文字天下八个方面，即"田野八式"，也就是田野工作的八种程序或方法，并在此基础上加以拓展，延伸出"点线结合、特征追溯、线面统一、微观聚焦"的田野工作思路。参见赵旭东：《田野八式：人类学的田野研究方法》，载《民族学刊》2015 年第 1 期。梁洪明认为通过对社会学方法的借鉴，法社会学也逐渐形成了自己的一些研究方法，包括调查法、实验法、观察法、统计分析法、比较分析法、二次分析法（文献法）等，它们既是实证社会学方法的法学应用，又是实证社会学方法的进一步丰富和发展。参见梁洪明：《实证主义之脉：从哲学到法社会学——一个方法论的检视》，载《中国政法大学学报》2013 年第 6 期。

田野调查重在了解真情实感，实地观察法为习惯法调查者身在实地、亲身观察调查现场的具体过程的一种调查方法和技术。[1]调查者用眼睛看、用嘴巴问、用耳朵听，全面了解有关习惯法事件的进程、结果和各方态度，得到规范实施、纠纷解决等习惯法运作、习惯法秩序的真相。[2]在进行实地观察时，调查者要避免成为"火星人"（想象自己被送到火星上去观察新生命体的生活，存在某种程度的隔离）和"皈依者"（观察者越来越陷入研究情境，形成了现场化）。[3]实地观察习惯法有助于实现研究的深度，但不太能就规模较大的群体作比较精确的统计性陈述。

在习惯法田野调查时，调查者通过面对面方式，向被调查者进行提问，记录被调查者的应答，这一深度访问访谈法有助于深入了解有关习惯法的现象、事件和观念。在必要的情况下，深度访问访谈法也可通过电话、视频等方式进行。运用深度访问访谈法，调查者可以向被调查者进行追问，也需要随时观察访谈中被观察者的反应和神态，但是需要保持中立，不能因自己的好恶影响被调查者的回答。

座谈了解法为较有中国特色的调查技术和方法，习惯法田野调查的调查者通过召集若干人在同一空间进行有主题的交流，能够高效获得相关信息，但也存在相互影响、比较肤浅等局限。座谈了解法对于了解年代较早的相关案件、事件有一定作用，与会者通过相互回忆，逐渐还原相关习惯法方面的事实。调查者在主持座谈会时需要及时引导发言，避免有的发言者发言时间冗长，也要防止出现

---

〔1〕 在社会学家孔德看来，实证主义的观察是在一定预备性理论指导下的合理观察，而合理观察是将社会现象和事实联系起来进行的研究活动，包括对社会的静态观察、动态观察以及通过史料、古迹文物的分析而形成的间接观察等。参见何景熙、王建敏主编：《西方社会学说史纲》，四川大学出版社1995年版，第54页。

〔2〕 赵震江等认为观察法为一种调查者亲自深入到被调查者的现场并与被调查者直接接触，在这一过程中通过耳闻目睹或借助于工具来收集和积累关于被调查者的具体、生动的感性资料的方法。参见赵震江主编：《法律社会学》，北京大学出版社1998年版，第67页。

〔3〕 参见［美］艾尔·巴比：《社会研究方法》（第11版），邱泽奇译，华夏出版社2018年版，第290~291页。

冷场情形。

为了解习惯法运行的实际状况，习惯法田野调查者需要到法院、派出所、司法所、乡镇人民政府、县市人民政府有关部门和村民委员会、村民小组、调解委员会、宗族、庙宇、村民等处搜集裁判文书、调解协议、契约和协议等书面材料。书面材料清楚记载了有关事件、行为的基本信息，调查者应当十分重视文字材料的意义。这些书面材料可能为电子版，也可能需要复印甚至手抄获得。搜集书面材料需要注意完整性，不应缺漏，也需要真伪甄别。调查者尽量在现场对书面材料的内容向相关人士进行核对，弄清有关事实。

此外，习惯法田野调查还采用问卷调查法等田野调查技术和方法。[1]

同时，调查者也需要重视个案调查，强化典型研究；重视田野调查点的建设，本着"十年磨一剑"的心态，在一个合适的田野调查点进行持续的调查。

七、习惯法田野调查的认识

进行习惯法田野调查，需要思考调查中空间与时间的关系、他者与自我的关系、国家与社会的关系、表达与放弃的关系、理解与改造的关系，形成田野调查的沉浸论、主体论、民众论、适当论、克制论等认识。

习惯法田野调查是在一定的空间和时间中进行的，空间和时间是指事物之间的一种次序。空间用以描述物体的位形；时间用以描述事件之间的顺序。空间是物质的广延性和并存的秩序，时间是物质的持续性和接续的秩序。哲学上，空间和时间的依存关系表达着事物的演化秩序。习惯法田野调查需要调查者沉浸在具体的空间与时间中感受法秩序，获得可触及、可感观的真实沉浸体验和在场感。田野调查要求调查者完全处于特定空间和时间中的某种习惯法秩序情景中，全神贯注于某种法运行现象，观察其客观状态，分析其内

---

〔1〕 我个人对我国习惯法田野调查中的问卷调查持谨慎态度，认为对其信度需要进行全面分析。

在联系。调查者需要注意习惯法田野调查时间的变迁与空间的位移，注意时间与空间的交织、接合、重叠关系。

在田野调查时，习惯法田野调查者需要对他者与自我关系进行认真思考，确立他者中心论、主体论的观念。就田野调查而言，被调查者为他者；相对于作为自我的调查者，被调查者为习惯法田野调查的中心，是田野调查的主体而非客体。习惯法田野调查者应当尊重他者，不干预、不影响他者的正常生活。调查者需要注意"自我"与在场"他者"的互动，"自我"信任"他者"、接纳"他者"，不过"自我"认同"他者"与"他者"影响"自我"之间存在界限。在习惯法调查过程中，"他者"与"自我"可能发展为"说者"与"听者"关系，进行一定的转化。需要注意的是，他者与自我虽有区别，但在某种程度上是为我所认识、所感受的客体的主观印象，是自我的主观世界的一部分，在一定情境下可能被纳入自我的认知中，习惯法田野调查中的"他者"在不同社会场合常被"自我"赋予不同的意义和含义。

国家主要指政府，社会是全体人民组成的整体。习惯法田野调查涉及国家与社会之间的关系，调查者需要理解两者的联系与不同，确立民众为上的观念。在某种角度理解，国家与社会的关系为国家政权的治理与社会组织自治的关系。国家与社会的关系大致包括社会制衡国家、社会对抗国家、社会参与国家、社会与国家合作互补、社会与国家共生共强等类型。习惯法田野调查者需要注意国家与社会各自的特点及其之间的动态平衡关系，理解社会的功能及其在法运行、法秩序方面的意义，全面认识多元社会制度安排的价值，思考个人、家庭等社会组织在人的全面发展中的地位，以社会为基点、以民众为上展开田野调查。

面对田野调查结果，习惯法田野调查者需要思考表达与放弃的关系，持有限论、适当论的观念。调查者在习惯法田野调查的调查主题、调查内容、调查对象等方面均可能面临可否调查问题，需要考虑放弃调查；面临田野调查结果可否公开表达、公开传播问题，需要考虑放弃表达。在田野调查开始前，调查者需要向被调查者详细介绍调查的目的、思路、方法和具体目标，认真听取被调查者的意见，全面考虑其顾虑和要求；调查者需要尊重被调查对象的意见，如不同意调查就必须无条件终止。调查者需要向被调查者交流调查结果，或者将调查结果的文字稿给被调查者过目，听取其可否公开传播的意见。习惯法田野调查者不能完全考虑自己的想法任性而为，需要全面衡量各种因素特别是被调查者的态度而定。

田野调查具有描述、解释和完善等诸方面使命。习惯法田野调查者需要思考理解与改造的关系，秉承尊重、理解、谦抑的态度，重在描述和解释，而在完善、改造、设计、重塑方面予以克制。习惯法田野调查并非不能以制度完善为目标，恰恰相反制度完善需要建立在田野调查的基础之上，但习惯法田野调查总体上应该以事实描述为核心目标，重点在揭示法运行、法秩序的实际状况，并进行适当分析和解释，不宜过度在改造现有法规范、法制度、法组织方面。调查者不应太有强烈的社会使命，以解决问题为调查的第一追求，以至失去习惯法田野调查应有的客观、中立、理性的立场。

八、习惯法田野调查的关键

习惯法田野调查是一项需要花心思、细思虑、详谋划、投感情、显性情的工作，需要调查者矢志不渝，殚精竭虑，倾情投入。在进行习惯法田野调查时，调查者需要关心田野、树立信心、真心待人、用心观察、耐心说服、具有恒心，这成为习惯法田野调查的关键。

习惯法田野调查的目的为描述习惯法运行的事实，解释习惯法秩序的形成。为此，调查者首先需要热爱田野、关心田野，极为关注民众的习惯法生活，极为关注社会的习惯法发展，极为关注我国的法治建设实践。习惯法田野调查者应十分喜欢田野工作，对走向田野怀有浓厚兴趣，对田野调查情有独钟，愿为这一学术志向投入足够的时间、精力，并含辛茹苦、风餐露宿、披星戴月、披荆斩棘。

对习惯法田野调查，调查者要树立必胜的信心。相比单纯的法律条款分析、法律哲理探究，习惯法调查以习惯法现象的田野调查为重点展开探讨，有其独特的研究环境和条件要求。通过努力，调查者要树立"事在人为""有志者事竟成"的观念，相信依靠自身的禀赋、知识、经验、技能、习惯等因素，自己能够克服困难，通过自觉发挥主观能动性和积极利用客观资源，达到预期的目的，圆满完成既定的任务。

田野调查的顺利进行需要得到被调查者的充分理解和大力支持，为此习惯法田野调查者应当真心对待被调查者，与他们交朋友、做亲戚，赤心相待，坦诚交往，"披露腹心"，心意真实恳切，行动真诚有礼。调查者要不猎奇、不浮躁、不卖弄，扎扎实实调查而获得被调查者的接受，双方精诚合作，齐心合力。

进行习惯法田野调查，调查者需要集中注意力用心观察，专心致志。调查中，调查者要"心无二用"，运用洞察入微的观察力、及时精确的判断力、全心全意的执行力，使调查按照计划推进。调查者需要全神贯注，事事用心，处处用心，时时用心，认真观察各种法现象，发现有意义的法问题，尽全力去分析和寻找解决办法。

在田野调查过程中，调查者会面对各式各样的被调查者，他们经历不同、个性各异、禀赋有别，对习惯法田野调查主题的理解各不相同，支持和配合的程度也有差异，因此调查者需要有耐性、不急躁、不厌烦，抱有"精诚所至，金石为开"和"锲而不舍，金石可镂"的态度，耐心向他们进行解释和说服，让被调查者明白配合调查的意义和帮助调查者的重要性，得到他们的合作，使调查顺利进行。

习惯法田野调查是一项十分复杂的工作，可能面临时间长等诸多困难，调查者要有恒心。在调查过程中，调查者要明确目标，意志坚定，咬定青山不放松，不达目标不罢休；要持之以恒，久久为功，坚持不懈，善始善终，不可半途而废。习惯法田野调查者应抱有"板凳甘坐十年冷"的心态，克服"毕其功于一役"念想，不能急于求成，而以坚忍不拔的态度连续、持续地进行调查。

九、结语

在我看来，习惯法田野调查是一个不断探索、不断挑战、不断发现、不断提升的过程。调查者身处实际法域，体察活法社会，感受烟火气味，品味人情冷暖。

习惯法田野调查是一个不时变换场域的过程。南国的风花雪月，北疆的辽阔大地，乡村的早春桃花，山区的雨后云雾，静夜的满天星斗，街角的浅吟低唱，这一切都令调查者赏心悦目。热闹的红白喜事，红火的过节赶集，山民的能歌善舞，乡人的喝酒猜拳，诉争的你吵我骂，调解的说和劝息，这一切都让调查者印象深刻。

习惯法田野调查是一个真切了解民众法生活的过程。习惯法现象的多姿多彩、习惯法行为的生动鲜活，这常常会给调查者带来新奇和惊喜。在调查中，习惯法世界呈现的烟火味令调查者感受生活的多样性，为调查中的所见所闻而感动不已、而短叹长吁，进一步体味生活的甜酸苦辣，深入地思考社会的真谛，全面地理解人性的复杂。

习惯法田野调查是一个不断有新发现的过程。调查者参加了一次新奇的活动，旁听了一场少见的纠纷解决，观察了一次难得的合同签订过程，见到了一件内容独特的村规民约，发现了一份有特色的协议，顺利完成了一次调查，这都会让调查者有喜出望外之感，有欣喜若狂之乐，有如获至宝之喜。

习惯法田野调查是一个逐渐理解被调查者并慢慢走入其内心的过程。在与法官、警察、律师、原告被告以及村民、官员等不同职业、不同经历的人访谈等接触中，逐渐理解他们的所作所为、所思所想，渐渐得到他们的信任，成为他们的朋友，得到他们的支持，受到他们的相助，分享他们的人生心得，感受他们给予的温暖，有的甚至成为终身挚友。这种敞开心扉的交流、交往实属是人生的一大幸事。

探讨习惯法的田野调查，提升习惯法田野调查的科学水平，推进习惯法田野调查理论和方法的发展，这对我国习惯法的发展和成熟至关重要。通过习惯法田野调查，对中国习惯法运行、法功能等法事实进行描述、总结和分析，这有助于解释中国法现象，提出中国的法概念和理论，建设中国的法社会学，[1]并对世界的法发展做出中国的贡献，推进我国的法治建设。

---

　　[1]　习惯法调查对推进中国法社会学发展具有重要意义。中国的法社会学需要中国化的努力，以养成我国法社会学的独立品性，形成法社会学的本土风格，促进中国法社会学的成熟。详可参见高其才：《法社会学中国化思考》，载《甘肃政法学院学报》2017年第1期。

民族地区习惯法田野调查研究法之反思

赵天宝　李　庆*

一、引言

民族法是法学大花园中的一株可能并不耀眼的幽兰，但却依然绽放出许多绚丽的花朵。毕竟我国除占人口绝对多数的汉族外，尚有 55 个少数民族，其中有 22 个人口较少民族[1]。根据 2020 年全国第七次人口普查数据，少数民族人口共计 12547 万人，占比为8.89%。少数民族人口虽少，但大都分布在我国西北、西南、东北、北部和南部边疆沿线，所占地域面积几乎达到我国国土面积的三分之二，且对我国的国家安全至关重要。若此，认真且系统地加强对我国少数民族地区的研究就极具现实意义。

我们自从 2007 年暑假开始关注西南地区的少数民族——景颇族以来，相继在 2008 年暑假、2012 年暑假、2017 年暑假和 2023 年暑假到云南滇西地区进行少数民族习惯法调研，总计行程 10 万多公里，完成了对景颇族、德昂族和阿昌族的实地调研，搜集了数百件

* 作者简介：赵天宝，男，西南政法大学行政法学院教授、博士生导师，法学博士、博士后；西南民族法文化中心研究员；李庆，男，西南政法大学国有资产管理处职员。基金项目：2023 年度重庆市教委人文社会科学研究基地重点项目《社会治理法治化视阈下的少数民族宗教习惯法研究》（批准号 23SKJD002）的成果。

[1] 人口较少民族是指 10 万人口以下的少数民族。

田调案例和司法档案，以及 2000 多万字的文献资料。在此基础上，十年内成功申报了 3 项国家社科基金项目、1 项教育部项目和 1 项司法部项目，均为前述民族法文化的研究成果，出版的 2 本专著和 50 多篇论文亦为民族法的相关成果。可以说，民族习惯法是一座深具魅力的学术富矿，值得学人不断探讨和深入挖掘。我们在田野调查中发现，少数民族习惯法依然牢固占据着本民族民众的内心，成为他们遇到纠纷时自觉或不自觉的精神皈依和行为指引。此种现象不禁令人困惑，为何国家制定法与少数民族民众所熟悉的"民族习惯法"会如此遥不可及？这就引发了笔者的深思：百余年来移植的制定法是否契合中国本土文化？我们是否应该进一步挖掘"法治的本土资源"，[1]去完善那些不切吾国实际的移植法？因此中国法学研究不能只重视"宏大叙事"的"引进式"理论建构，更应重视本土的乡土社会及少数民族习惯法的研究，因为他们才是真正契合中华大地本土的文化积淀。只有不断揭示这些"文化积淀"所内蕴的本土规则，中国式法治现代化才能更快更早地成为现实。

毋庸讳言，学术研究的真正价值并不在于紧跟时髦，而是在于冷静思考。既然移植西法效果不佳，唯有通过继承并且更新传统去探寻本土的"适宜规则"可能更切实际！因为"传统是一种不能确定且无疑服从的权威。我们有责任以我们自己的经验为手段，通过传统去发现自己，并在传统的根源中找到我们自己的根源"。[2]然则如何去探寻"我们自己的根源"——本土"适宜规则"呢？无外乎两种途径：一是发掘本国历史遗留下来仍然适用于当今的优秀法文化传统；二是秉持"礼失而求诸野"[3]的研究进路到民众的现实生活中去探寻符合当代法治精神的适宜规则。后者正是田野调查研究法的不朽魅力。本文即立基于我们十多年的滇西民族地区田野调查实践——无论是经验还是教训，谈谈民族地区习惯法田野调查法粗浅的心得体会。

---

〔1〕 苏力：《法治及其本土资源》，中国政法大学出版社 2004 年版，自序第 2 页。

〔2〕 ［德］卡尔·雅斯贝尔斯：《智慧之路》，柯锦华、范进译，中国国际广播出版社 1988 年版，第 100 页。

〔3〕《汉书·艺文志》。

二、民族地区习惯法田野调查的可能困境与突破路径

田野调查尽管可以领略异地甚至他国的美丽风光，但与纯粹的旅游却大相径庭。后者是工作疲劳的彻底放松或者是漫无目的的增长见识，前者却是带着任务走进乡土社会或城市社区甚或某一选定单元，有着详细的调研计划及其观点预设。因此，田野调查研究方法是法人类学抑或民族法学同仁最为常用的一种研究方法，因为至今仍有很多少数民族只有语言而无文字，或者即使新中国成立后有创制了民族文字但本民族能使用者仅为少量的知识分子，这就更体现出田野调查研究法的重要性和不可替代性，目的是通过田野调查获取关于研究对象的第一手资料，无怪乎有学仁称"田野调查是现代人类学的基石"。[1]

尽管如此，习惯法田野调查依然可能遇到如下困难需要予以克服：

（一）需要克服语言不通的障碍

众所周知，即使是汉族聚居区，有些方言对于一个陌生的外来者也如进到外国一样，比如我国的粤语方言和闽地方言，即使是电视广播仍有地方方言的市场，因为本地人听不懂普通话——尤其是上了年龄的乡下人，而外地人又听不懂本地方言，暂时开通地方方言电视广播电台实属不得已之举。当然如果假以时日，一个外来者听懂甚至会说本地方言也是没有问题的，然而对于田野调查的研究者而言，除了少数民族大学的语言专业的师生外，想通过四十几天的调查时间学会当地少数民族的语言实属为难之事。是故若想将民族地区的文化调研清楚，利用当地本民族人进行翻译就是最为便捷的路径。当然调研之中，找到一个合适的翻译并非一件轻而易举的事。比如笔者调研的云南省德宏少数民族聚居区，即使是同一民族，芒市西山乡普遍流行载瓦语，[2]而盈江卡场镇则通行景颇语；[3]芒

---

〔1〕 〔美〕C. 恩伯、M. 恩伯：《文化的变异——现代文化人类学通论》，杜杉杉译，辽宁人民出版社1988年版，第98页。

〔2〕 景颇族的一个支系载瓦人所使用的语言，俗称小山话。

〔3〕 景颇族的一个支系景颇人所使用的语言，俗称大山话。

市三台山德昂族乡通行的德昂话和勐嘎镇茶叶菁村德昂族聚居区的德昂话互相听不懂；陇川县户撒阿昌族乡的阿昌人与梁河九保和囊宋两个阿昌族乡的阿昌人不能互相交流，这就需要调研这几个民族习惯法时找一个甚至几个懂各民族支系语言的翻译。这不仅仅加大了学人调查的经济成本，而且想找一个较为理想的翻译亦绝非易事。因为翻译必须首先能够熟练操作所调查的民族——甚或民族支系的语言，还需有较强的汉语表达能力，并且还要具有吃苦耐劳的精神，毕竟田野调查许多都是在晚上十点以后进行——大多数入村进户的调查对象白天要干农活或打工挣钱。

对此，我们的做法是主要从如下两类人中去寻找翻译：一是本民族的在读大学生；二是对本民族文化习俗感兴趣的民间知识精英。因为这二者一是对经济要求不高——可以降低调查成本，二是不怕耽误时间——对大学生而言还是一个类似实习的个人学术或实践锻炼，对后者而言则也是在搜集资料，满足其未来论文或著作发表的精神期冀！这就需要我们及早准备，设法通过本校教务处或研究生院查询所调查民族——退一步讲也可以找所调查民族主要聚居地的大学生或者研究生，然后主动接触考察，必要时可以将其吸收进入自己的研究团队，为假期到该民族调查奠定坚实的基础。即便如此寻找翻译的目的并未达到，也可以以此为契机，让该大学生或研究生在其交际圈内为我们推荐合适人选。

我们在调查德宏的景颇族、德昂族、阿昌族时，就积极采用了这种方法，寻找到德宏州中级人民法院在我校就读的一名景颇族非全日制研究生和一名芒市凤平镇的一名阿昌族本科生，对我们后期的调查及翻译帮助不小。第二类翻译则主要是退休干部或其推荐的亲朋。这类翻译的探寻要从搜集文献资料中获得，意即通过查询当当网、孔夫子旧书网和中国知网上的书籍和论文，不断探索专注于研究本民族文化的学人。通过此种路径，我们相继找到了陇川县人事局原局长金局长（景颇族）、梁河县史志办曹主任（阿昌族）、德宏州史志办党史科董科长（德昂族）等各民族民间知识精英，金局长亲自给我们翻译过几起纠纷并且后来还委托其在章凤镇工作的次子给我做过几天翻译；曹主任则让其任囊宋阿昌族乡关璋村总支书记兼村主任外甥给我做了几天翻译；董科长则是亲自上阵，为我们搜集德昂族的纠纷解决案例费劲不少。真心感谢这些不计得失并热爱本民族文化的民族知识精英！没有他们的无私帮助，我们所研究的三个民族的田野调查不会如此顺利！

（二）调查地点与访谈人的艰难抉择

这是田野调查研究方法的核心问题，直接决定着搜集材料的典型性和代表性，不可不慎。可能有学人认为，调查地点的选择还不简单？只要到该民族的聚居区即可。这话诚然不错，但也不全对。因为找到所调查民族的聚居区只是进行田野调查的第一步，有的民族地域广阔且人口不少，比如蒙古族、藏族、维吾尔族、壮族、回族、满族等。我们调查的景颇族是中缅跨境民族，且在德宏傣族景颇族自治州所辖的边五县均有分布，要想在暑假一两个月的时间内搜集景颇族的纠纷解决典型案例，全面撒网肯定事倍功半。我们的办法是在到达芒市后，先拜访了景颇族学会的几名专家和在当地景颇族地区长期工作过的几位公职人员，既要考虑景颇族的四个支系分布——景颇支、载瓦支、茶山支、勒期支，又要考虑景颇族在德宏各县的人口占比，最后选取芒市西山乡、陇川清平乡、盈江的卡场镇和铜壁关镇作为主要调查点。本计划一个暑假解决田调资料搜集问题，但现实是当地雨季来临加之找人不便等问题，致使次年暑假再次深入德宏景颇族聚居区，才将上述 4 个调查点走访完毕。当然，调查中间的间隙，我们也同时走访了陇川县城子镇、瑞丽市勐秀乡的部分景颇山寨，使所搜集的调查资料更为全面。不仅如此，还要注意进入乡镇后对具体调查村寨的选择。比如我们调查德昂族时，它在全国只有一个民族乡——芒市三台山德昂族乡，但该乡的四个下辖行政村中，允欠村主要是景颇族和汉族居住，因此主要调查其他三个行政村的德昂寨即可。即使在这二十多个德昂寨中，也要重点选择支系不同、有代表人物——退休干部、老艺人、非遗民间传承人等所居住的村寨，以及纠纷较多且解决较好的寨子，这样容易收到事半功倍的调查实效。

确定好民族地区的调查地点后，访谈人的选择就是影响调查效果的重中之重。毕竟对于主要依靠口承文化传承的少小民族而言，文献资料极少且重复较多，要想获取反应民族地区纠纷解决情况的真实资料，访谈相关代表人物就必不可少。然则如何选择访谈人才能确保所调查的资料具有代表性呢？这是一个很难回答甚至无法回答的问题！我们以为，还是坚持"从群众中来，到群众中去"的原则，[1]不断扩展调查对象的范围可能效果更佳。

具体而言，比如我们主要是调查民族地区的习惯法内容及其纠纷解决的情况，因而我们调查的访谈对象主要是两类：一类是官方的派出所、司法所及派出法庭的负责人或者是多年来直接参与纠纷解决或案件判决的老所长和老庭长。他们往往解纷经验丰富，能够熟练驾驭国家法和本地区本民族习惯法，从而真正做到罪与非罪、赔与不赔、赔偿多少较为适宜的准确把握，从而将民族地区的纠纷化解于无形，真正做到案结事了。如西山乡司法所吴所长、三台山乡司法所寸所长、曩宋乡派出法庭曹庭长就是解决景颇族、德昂族、阿昌族民间纠纷的行家里手，给我们提供了许多内容翔实且体现本民族习惯法解纷智慧的典型案例。另一类是民间社会的政治精英和知识精英们。前者主要是指行政村两委的干部和村民小组长，当地人一般称为支书和社长，并且多数行政村是由村支书或者村主任兼任村调解委员会主任的，加之我们当下的基本国情是不少村主任和社长一干就是二三十年，他们亲自处理的纠纷均在数百起以上，只不过在他们心中认为其中很多系鸡毛蒜皮之事——不认为是纠纷罢了！客观而言，能够抓住几个能讲且愿意讲的村社干部，田野调查就成功了一大半！西山乡营盘村唐主任、三台山乡勐丹村包书记、九保乡丙盖村赵书记就分别为我们讲述了景颇族、德昂族、阿昌族的不少难得的解纷案例。若说村社政治精英主要为我们的田野调查提供了具体案例的话，那么村寨知识精英则主要为我们提供了本民族习惯法的具体内容。这些村寨民间知识精英主要包括本民族祭司或巫师、老艺人、居住在村寨的退休干部和退休教师等。前者如景颇族的懂萨、德昂族的佛爷、阿昌族的活袍，他们对本民族宗教习

---

〔1〕 毛泽东：《关于领导方法的若干问题》，载《毛泽东选集》（第3卷），人民出版社1991年版，第899页。

惯法非常熟悉——无论是景颇族和梁河阿昌族的原始宗教信仰，还是德昂族和户撒阿昌族的南传上座部佛教信仰，可以为我们提供宗教习惯法的内容及部分宗教纠纷解决的过程。老艺人们则可能是本民族非物质文化遗产各级传承人——不论是文学还是其他工艺，均可以为我们提供本民族的族源、迁徙及某种工艺的发展历程，为我们理解该民族的历史及习惯法的形成提供帮助。如景颇族专家朵示拥汤、德昂族水鼓技艺国家级传承人李腊翁、阿昌族户撒刀技艺国家级非遗传承人项老赛都对我们的田调工作帮助匪浅。

此外，我们也可以即兴调查，从中发现典型访谈人或者其线索。比如我们可以入驻乡镇后，到微型车站处，利用他们等客满的间隙访谈这些司机们——尤其是本民族的司机，往往可以有意外收获。

（三）克服多重不利影响，力争各方最大支持

在中国当下的人情话语主导的社会情境中，对田野调查研究支持力度最大的莫过于当地政府的支持——最好是当地县级和乡级主要领导的支持，这样会使我们的田野调查轻松许多。如我们调查景颇族聚居区时，就拜托了德宏州一县委常委校友，由他帮助联系乡村调查事宜。在这位校友的联系下，往往是乡里专门做出安排，由专人陪同作为翻译并推荐访谈人员，我们才得以在芒市西山乡、陇川县清平乡等地顺利进行田调。如此不仅使自己的调查成本大大降低——乡里往往均提供食宿，尽管居住条件往往为一间设施甚为简陋的板房；且翻译和交通的问题均得以解决；有的陪同人员还不惜牺牲休息时间利用夜里或周末找人进行访谈，帮助联系司法所看档案，着实令人感动！如芒市西山乡干部吴所长、陇川县清平乡丁站长即为此类，现在回想起来还历历在目。

如果遇到被调查方配合不太积极的情形，我们为了完成田野调查的目标和任务，也要千方百计予以克服。如我们在户撒阿昌族乡调查时就遇到此类情况。当时尽管我们找了一个德宏州某县正处级的领导给乡里主要领导打了招呼，但由于该领导已经退居二线，与前两次的田野调查相比，乡里明显没当回事。当我们找到户撒乡政府驻地户姐寨时，乡里某位主要领导只是打了一个电话让我们有事联系乡文化站站长。而此位站长事情又多且非阿昌族，只帮我们电

话联系了三四位所辖行政村的支部书记或村主任，就将访谈对象的手机号和住址发给我们，让我们自己想办法去找他们访谈。这等于是在一个人生地不熟的他乡僻壤，食宿问题自己解决倒是问题不大，而乡镇既无公交又无出租车，下村入户只能拦过路的车辆碰运气，其调查难度可想而知。但我们还是设法坚持了 7 天，其中周末 2 天还是乡政府应付上级检查对我们根本无暇顾及。除了乡里帮助我们推荐 5 人外（其中 1 人还生病住院无法访谈，2 人太年轻加上工作忙推荐别人代替），我们自己又设法到户撒街上的微型车车站通过闲聊让一位阿昌族司机推荐到曼俸村调查一位老社长，通过所住宾馆老板推荐调查明社村李蛮旦寨调查一位老社长；同时我们自己在户撒街散步时发现李刀王家就在街上居住，就专门登门拜访对其进行了访谈。尽管竭尽全力，当时户撒阿昌族作为阿昌族一个比较典型的分支族群，我们总觉得走访得还不够深入细致。可以说此次调查是我们田调经历中最为艰难的一次，但我们还是要感谢乡里两位干部的简易安排，更要感谢那些不知姓名为我们免费提供运输的来往乡村的客货车司机们和那些未经乡村领导干部安排就为我们提供纠纷解决资料的访谈人！

另外一个至关重要的支持则是访谈对象的配合程度。易言之，如何让访谈对象放下包袱畅所欲言乃是田野调查研究法的重中之重。毕竟人是一个理性的动物，而纠纷多数又不是什么光彩的事情，在自己的家门口讲自己身边的"坏事"，若让当事人知晓轻则心存不满抑或怀恨在心，重则上门理论甚至拳脚相加，所以多数访谈对象讲述时都会心有余悸地有所保留甚至干脆谎称没有纠纷。再则有些老年人唯恐再被揪住"小辫"而遭受祸害而拒绝访谈；还有些年轻的基层村社干部则是唯上是从，坦言没有基层政府的明确指示概不接待外地来访人员。这就需要我们设法应对以求更好的调查效果。对此，我们的做法有两方面：一是向访谈对象郑重承诺，以后出版著作或者公开发表论文时，不会透漏访谈人、纠纷双方当事人以及参与人的任何信息，均以字母或化名代替。让他或她完全可以放下包袱，开动话匣揭示纠纷的完整过程及个人看法。二是设法创造一个便于访谈交流的合适环境。申言之，仅有第一步保护隐私的郑重承诺仍然不够，还要礼节到位动之以情。比如我们调查的西南少数民族聚居区的民众多数爱好饮酒——尤其是本地几乎家家都会酿制米酒，那么我们走村入户时不妨带上几斤猪肉和两瓶米酒，既然我们如走亲戚般地真诚求教，对于好客的景颇、德昂、阿昌人而言，是不会拒之门外的。如此则酒过三巡之后，本来的担心拘谨就会逐渐放开，我们所需的材料就会被"竹筒倒豆子"般地娓娓道来，访谈就在这推杯换盏的和谐气氛中达以顺利收官。如此调查"不亦说乎"？[1]

当然，田野调查我们也会遇到"闭门羹"的情况，如我们在瑞丽某寨调查一景颇族懂萨和梁河某寨一阿昌族退休的较高级别的领导时，当我们和翻译风尘仆仆到达他们家里却被以"不晓得本民族习惯法、没有什么纠纷"为由而拒绝。气馁肯定是有的，但却不可"一棵树上吊死"，再设法找同一类型的访谈对象予以补上才是上策。毕竟田野调查可能遇到各种各样的访谈对象，我们必须做好承受被拒绝的挫折，不断总结田调的技巧，提高自身的调查水平，力争达到更好的调查效果才是习惯法田野调查法的永恒追求！

三、民族地区习惯法田野调查的规则探寻与方法互鉴

如前所述，克服民族地区语言不通的障碍、精心选择调查地点与访谈对象、力争地方政府的支持和访谈对象的配合是民族地区习惯法田野调查获得成效的外在因素，而实现习惯法田野调查的探索目标则是学者的内在追求。诚如斯言："社会科学的生命在于学以致用，能够针对特定的人类社会现象给出令人信服的描述与解释，能够对实际的社会问题给出有效的解决或缓和之道。"[2]对于一个民族法学者而言，田野调查的目的在于习惯法规则的探寻——尤其是当今依然在民间默默起着维持基层社会秩序的规则——本土"适宜规则"。深入挖掘这些规则，适时吸收进入我们的立法体系——至少

---

〔1〕《论语·学而》。

〔2〕 杜敏菊、易军：《从理论全景到方法应用：法律人类学的"整体论纲"——评张晓辉先生的〈法律人类学的理论与方法〉》，载《贵州民族研究》2021 年第 1 期。

是在司法实践中予以参考，乃是民族法学同仁的职责和神圣使命。然而值得进一步追问的是：我们应当如何在田野中探寻这类本土"适宜规则"呢？我们以为如下几点值得注意：

（一）田野调查要耳目并用，注重在交流细节中发现规则

俗话说："细节决定成败"，田野调查更为如此，调查人必须时时竖起耳朵细听、瞪大眼睛细观各种各样的动作及话语细节，方有可能发现些许他人并不留意、本族人习以为常的习惯法规则。2023年8月2日我们第一次到梁河县九保乡丙盖阿昌族寨调查一位老支书时，碰巧参加了其侄孙子的"周岁礼"庆宴。老支书特意将我们与本寨在外工作的退休干部及村委会干部安排在一桌。主人非常热情，用一个大茶壶装满米酒，给在座各位一一倒酒然后敬酒，由于我们平时不胜酒力且他倒的酒足有一二两，我们就推脱因高血压不能饮酒。结果我们无意中看到主人脸上不快之意，以致后来的访谈大打折扣！回村委会住处的路上，随行的一位退休阿昌族干部告诉我们，阿昌族敬酒的规矩是：主人敬第一杯酒时，您不能不喝，再不能喝酒也要适量喝上一口！这样不仅可以彰显主人的盛情待客，同时表示客人对主人的尊重有礼，对我们的后续田野调查工作会有利的！这时我们才恍然大悟！一个看似非常简单的敬酒习惯规则居然这么重要，尽管其非我们之调查主题——阿昌族习惯法及纠纷解决，但却对后来的顺利调查非常重要。因为入乡必须随俗，否则就会寸步难行！

还有更能说明细节对获取"适宜规则"重要性的实例。2007年暑假，漫步在陇川及芒市景颇族聚居区的各个山寨，你会发现到处林木茂盛、花草芬芳、飞鸟啾啾，我们心生疑窦：是何原因使这里的环境如此优美呢？刚开始向当地人询问这个问题时，有人说是国家退耕还林政策好，也有人说是千百年来自然形成，我们总觉得这些理由缺乏说服力，因为国家现在不又提倡退林还耕吗？自然条件即使相类似，森林被乱砍滥伐者屡屡见诸报端。直到2012年暑假我们到盈江县卡场镇麻竹岭杆寨实地调查景颇族习惯法时，才偶然在一位懂萨讲述一起神判案例时得知：他说以前的景颇族社会，除了刀耕火种外是不准随意砍伐树木的，即使是村民盖房子的材料也需

经山官同意才行，否则予以重罚。我们赶紧追问，哪些树木不准砍伐？哪些动物不能捕猎？他说村寨周围的风景树、水源林、行道树（马路或较宽的过道两边的树木）、村中的古树和竹篷不能砍伐，否则会惊动土地鬼、水鬼、树鬼而给全村人带来灾难。孔雀、犀鸟等不能打，因为它是景颇族目瑙纵歌节的两个领头人的源头，否则会给自己招灾等。这次我们终于明白，原来这里林木茂盛的主要原因是景颇人内心根深蒂固的原始宗教信仰！正是这种信仰产生的许多禁忌习惯法，逐渐演化为调整景颇人日常生产生活行为的习惯法，从而实现了景颇人与自然的长久和谐！由此可见，细节对于在田野调查中探寻规则是何其重要！可以直言不讳地讲，注重细节是田野调查学人的必备素质之一，是在田野中探寻适宜规则的有效保证，值得每位田调人员身体力行。

（二）分析鉴别田野调查资料的真伪准误，从中发现更为可靠的习惯规则

客观而言，田野调查如大海捞针，尤其对于无文字的少数民族而言更为如此。2023 年暑假，我们在陇川户撒阿昌族乡进行阿昌族习惯法调查时，一位乡干部就对我们说："一起纠纷，十个人就有十种看法，如何会有特别一致的规则呢？"排除此位干部因公务繁忙推脱助力调查的动机之外，其说法代表了相当一部分人甚至是学人的看法。诚然，在我们的田调资料中，会有同一纠纷的不同处理办法，也会有出现处罚方式大相径庭的情形，但只要我们多调查几个地方、多访谈几个当地的本民族民众，然后求同存异地去伪存真，还是能够发现比较普遍适用的一般规则的。如我们在调查阿昌族偷盗纠纷的处罚方式时，有的说是返还原物、批评教育即可；有的说是返还原物，再处罚其赔偿与原物同等价值的金额，或者所偷物品或金钱已经变卖或挥霍，就罚其钱物价值两倍的金额，意即"偷一赔二"；也有的说是"偷一赔十"，以示重惩；更有人说逐出寨子或就地活埋等等。尽管各种说法令人眼花缭乱无所适从，但通过走访当地多名阿昌族老人及老社长后，还是可以得出"偷一赔二"是处罚偷盗者一般的处理方式，内含返还被盗人物品或等价金额的一面，以及罚其另一份等价金额交给寨子作为公益事业资金。这样规定的目的是

既维持了村寨的正常社会秩序，又起到打击盗窃预防他人再犯的双重目的。这也不是说其他调查意见就是错的，只是对于情节较轻的小偷小摸行为，或者是偷盗未遂、偷盗后追回原物的等，限于乡土社会的熟人情景，可能从轻处理——批评教育了事；而对那些屡教不改的偷盗惯犯，则可能逐出寨子以儆效尤。至于将偷盗者杀死尚未调查到具体的纠纷实例。这就比较清楚地将阿昌族偷盗习惯规则呈现在读者面前。

此外，若能实现文献资料和田调资料互证则效果更好，若有不一致之处则应以自己亲身搜集的田调资料为准。因为对于少数民族习惯法而言，文献资料多为前人的田野调查资料及其分析，出现不当之处在所难免。毕竟学术研究的目标在于尽可能准确，只有准确的研究结论才能经得起历史的考验；反之也只有经得起历史考验的结论才是较为准确的，才有可能是正确的结论。如一位学者认为："在我国，例如景颇族习惯法上实行长子继承制，傈僳族实行幼子继承制。"[1]实际上这个论断既不符合文献——德宏地方志和《景颇族社会历史调查》上的明确记载，也与我们2007年、2008年两年暑假到景颇族聚居区的实地调查结果相悖，因为景颇族从古至今一直是实行幼子继承制，个中原因主要是幼子的兄长们成家后一般都建房另住，就直接由小儿子继承老屋并照顾老人。是故分析和鉴别田野调查资料只是实现有所创新的第一步，我们千万不要认为只要搜集了田调资料就算万事大吉！因为我们所调查的第一手资料可能由于访谈对象的主观因素而失真，加之调查范围的普遍性不足等问题、调查材料来源的复杂性问题等。故而我们必须认真对待，毕竟学术问题必须最大可能地去求真去伪。

我们认为，要在习惯法田野调查中归纳出本土"适宜规则"，不仅要大量阅读相关文献资料的描述、访谈对象的叙述，还要关注当事人本人或其亲属成员的讲述、无利害关系的他者评论甚或是村寨公共场所的巷议，更要注重分析对本民族习惯法及纠纷解决各种观

---

〔1〕 李可：《习惯法——一个正在发生的制度性事实》，中南大学出版社2005年版，第138页。

点的异同，尽力找出他们对同一规则不同看法的背后原因，从而才可能得出较为正确的调查结论。毕竟"田野调查是一种定性的研究方式，也是一种理论建构型的研究方式"。[1]我们将田野调查方法应用于民族地区习惯法的研究视阈之中，不仅仅是为了更好地收集民族习惯法的第一手资料，更重要的是在此基础上探寻民族习惯法的相关理论，这才是民族习惯法研究的上层境界。

四、结语

英国人类学家亨瑞·霍姆为民族人类学研究建立了一条完满的准则："人类学家不应当从个别的事实中得出普遍的结论，这一点常被做田野工作的人类学家所遗忘"。[2]民族法学研究亦应引以为戒，因为民族地区的习惯法田野调查正是试图从所调查的"个别的事实"中探寻本土"适宜规则"，从而以为今用作为同仁的学术追求。不过我们也不必过于拘谨，对于长期没有文字或者使用其文字人数奇少的情况下，利用田野调查搜集资料开展习惯法研究也是现实条件下的无奈之举。我们有理由相信："历史上任何一个民族，只要它在历史舞台上扮演过一定角色，在历史的时空中出现过，都有它起始阶段的原创性智慧。"[3]我们调查过的景颇族、德昂族、阿昌族亦为如此，其解纷机制在本民族聚居区依然具有顽强的生命力，其习惯法规范还牢固植根于本民族民众的内心深处。这可以说明，"世界的偏僻角落发生的事可以说明有关社会生活组织的中心问题。"[4]尽管这些少数民族至今仍生活在中国的各方边疆之地，可以说是中国的一个偏僻角落，但其习惯法及其解纷机制所彰显的现代法治因子却不容忽视。正因如此，民族地区的习惯法田野调查研究法仍将在此领域大有用武之地，它不仅有利于传承少数民族法文化的精髓，而且

---

〔1〕 风笑天：《社会学研究方法》，中国人民大学出版社 2001 年版，第 213 页。

〔2〕 夏建中：《文化人类学理论学派——文化研究的历史》，中国人民大学出版社 1997 年版，第 9 页。

〔3〕 陈村富、余友辉：《有关原创文化的若干理论问题》，载杨适主编：《希腊原创智慧》，社会科学文献出版社 2005 年版，第 30 页。

〔4〕 Robert C. Elickson, *Qrder Without law*: *How Neighbors Settle Disputes*, Harvard Universiy Press, 1991, p. 1.

对建构中国特色的民族法理论大有助益，还会对铸牢中华民族共同体意识有诸多益处，可以为实现民族地区的社会和谐和整个国家的长治久安奠定坚实的基础。

法社会学田野调查的中国命题

王 牧

一、引言

法社会学是一门实践性很强的学科，它是人类认识法进而认识社会和改造社会的强有力的工具。[1]法社会学在中国已经过了多年发展，其理论和方法被越来越多地运用于探讨当代中国法律发展中的现象，借以服务中国的法治建设。[2]田野调查是法社会学的重要研究方式，通过法社会学田野调查可以将法置于社会这个有机整体中进行立体的研究，注重用现实生活的事实和材料对法的功能和效用进行具体的考察验证，从而揭示法与其他社会现象之间的联系，避免孤立、平面地研究法。[3]因此，法社会学田野调查能够进行实践性、关联性、动态性的法治建设方面的研究，以期在更全面和准确地把握和分析事实的基础上，为科学研究服务于法治建设的进程提供帮助。

从 20 世纪 80 年代开始，越来越多的学者们走出书斋，选取不

〔1〕 参见高其才：《法社会学》，北京师范大学出版社 2013 年版，第 5 页。

〔2〕 参见高其才：《法社会学中国化思考》，载《甘肃政法学院学报》2017 年第 1 期。

〔3〕 参见文正邦、高其才：《法社会学的方法论意义》，载《四川师院学报》1985 年第 2 期。中国人民大学复印报刊资料《法学》1985 年第 11 期转载。

同的地区和对象，围绕法制建设进行法社会学田野调查并形成了丰富的成果，这其中包含对法事实的重述和对法现象的分析等。[1]也有学者关注田野调查运用于法学研究的方法和理论，具有代表性的如王启梁教授的《从书斋的冥想中出走——人类学田野调查方法在法学研究中的运用浅述》（《贵州民族学院学报（哲学社会科学版）》2007年第3期）与《法学研究的"田野"——兼对法律理论有效性与实践性的反思》（《法制与社会发展》2017年第2期），以及高其才教授探讨法社会学田野调查的《法社会学田野调查的若干思考》等。可以看出，法社会学田野调查的运用已经颇具规模，但对法社会学田野调查中国命题的探讨还较为薄弱。[2]

事实上，从法社会学中国化的范畴进行思考，研究法社会学田野调查的中国命题是十分必要且具有意义的。理解法社会学田野调查的中国命题不仅可以使法社会学学科在方法论上更具有本土特色，也可以丰富合理解释本国的社会实践、法律实践的法社会学理论，从而促进中国法社会学学科的成长成熟，增强中国法社会学建立起本土性知识体系和学科体系的自信与自觉。申言之，明确法社会学田野调查的中国命题有助于中国法学的主体性建构和中国话语在世界法治建设场景中的影响力提升。

---

〔1〕 西南政法学院杨怀英教授团队通过田野调查写成并出版《滇西南边疆少数民族婚姻家庭制度与法的研究》《凉山彝族奴隶社会法律制度研究》等，俞荣根教授团队写成并出版《羌族习惯法》等，陈金全教授团队写成并出版《凉山彝族习惯法田野调查报告》《西南少数民族习惯法研究》等，张永和教授团队写成并出版《大邑调解：透过法社会学与法人类学的观察》等。清华大学高其才教授与研究团队围绕习惯法、基层司法、乡村治理等写成并出版《习惯法的当代传承与弘扬——来自广西金秀的田野考察报告》《当代中国习惯法的承继和变迁——以浙东蒋村为对象》《南方主要少数民族乡规民约与社会治理研究丛书》《乡土法杰丛书》《走向村居良法善治——广东省惠州市村居法治建设实践》等。云南大学王启梁教授以团队形式深入云南和四川的民族村寨开展田野调查，写成《民间法的变迁与作用——云南25个少数民族村寨的民间法分析》《内生性村落社会秩序是如何形成的？——对云南曼村村落政治、公共生活与社会控制的田野考察》等，中国政法大学李鸣教授写成《碉楼与议话坪——羌族习惯的田野调查》等。

〔2〕 吴大华与尹训洋在《深入田野：探索法社会学与法人类学研究的"中国经验"——严存生教授法社会学与法人类学思想贡献的启示》（《民间法》2019年第2期）一文中讨论了如何探寻法社会学与法人类学研究的"中国经验"，并认为应当分为深入田野、开展经验研究与增强理论转化实践的能力三个步骤。

本文所指"中国命题"应当是在服务中国法治建设的语境下对法社会学田野调查的核心、使命和发展方向的理解和认识。区别于"基本命题"和"时代命题"的语境，"中国命题"应当是立足于中国社会，以确立中国法学独特内涵为志向对法社会学田野调查所进行的系统性、框架性思考。而法社会学田野调查服务中国法治建设的实践均应建立在"中国命题"的框架上，同时也是"中国命题"之内涵的诠释。本文认为，法社会学田野调查的中国命题应当从对象、内容和意义三个方面展开，分别是聚焦中国本土、描述中国实践和贡献中国智慧。

二、聚焦中国本土：探寻法治建设的基础

法社会学田野调查应当聚焦中国本土，正确认识这一首要的中国命题能够明确法社会学田野调查的对象。出于知识的地方性，聚焦中国本土即是对法治建设之基础的探寻，因为现代法治必须是从中国的本土资源中演化创造出来而不是依靠移植所能建立的。[1]所以，中国的法治建设要符合本土性和时代性要求，最需要依靠的就是本土资源与社会条件之基础，以更进一步实现社会结构、社会意识层面的变革。

法社会学田野调查聚焦中国本土就是要专注于中国固有的与社会秩序、社会规范、社会权威有关的法现象和法实践。具体来说，法社会学田野调查应当聚焦中国社会的秩序塑造与维护、社会结构和社会规范的变迁、社会控制和纠纷解决的方式，同时也要聚焦影响中国社会发展的历史、结构和规范，[2]还要聚焦亿万中国人社会生活，聚焦中国人的法观念、法行为。法社会学田野调查需要前往法发挥功能而形成有序社会状态的实地，观察中国本土的客观实在法，并关注法现象和法实践的本土性，寻找能够推动中国法治发展的本土性资源。

---

〔1〕 参见苏力：《法治及其本土资源》，中国政法大学出版社 1996 年版，第 17 页。

〔2〕 参见高其才：《法社会学中国化思考》，载《甘肃政法学院学报》2017 年第 1 期。

　　这种本土性资源可以存在于历史中，也可以是当代中国的社会实践中已经形成或正在萌芽的各种非正式的制度。[1]法社会学田野调查是需要进行"深挖"的，中国社会越是复杂，就越是富于开展田野调查所需宝贵的研究资源。与其他将中国的法实践和法现象纳入西方理论去分析的研究方法有所不同的是，法社会学田野调查能够针对中国法治建设外生性与内在需求不足的矛盾，[2]去找寻维持中国社会秩序的脉络和因素，理解中国社会规范和社会治理之道。通过这种"深挖"探索到并进一步发现中国社会中的法，摸清中国法治建设的"根基"，即是法社会学田野调查所应呈现的研究成果。

　　具体来说，在一定时间和空间的社会生活中寻找具有生命力的本土性资源是法社会学田野调查探寻法治建设基础的方法，要能够挖掘中国的"社会底蕴"。[3]这些"社会底蕴"是民间社会中历经历史变迁过程而很难改变的"恒常"，可表现为结构性观念、风俗习惯和行为规范等，它们是理解中国社会的起点。[4]例如现代法律中被认为是普世概念的"不动产"在青海西南部牧区显然会水土不服，因为那里有着不被任何一人占有使用的广袤土地。[5]但是，是否能说牧区的藏民们没有不动产产权意识，牧区也没有相应的行为规范呢？就像城市中聚居或是以农业耕作为生的人们想要把珍贵土地变为自己的"财产"而创立出"不动产"的概念一样，藏区的牧民也会萌生出将冬暖夏凉、水草丰茂之地"占为己有"的意愿，或是至少能排除他人的使用权。所以，如果没有诞生于牧区之外、突如其来的国家法，只要假以时日，相信牧区的藏民也能创造出一个类似"不动产"的概念来。甚至可能，在国家法到来之前，牧区已经形成

---

　　[1]　参见苏力：《法治及其本土资源》，中国政法大学出版社1996年版，第14页。

　　[2]　参见高其才：《当代中国法治建设的两难境地》，载《法制现代化研究》1998年第00期。

　　[3]　参见周飞舟：《中国式现代化，田野调查大有可为》，载《北京日报》2022年11月14日。

　　[4]　参见杨善华、孙飞宇：《"社会底蕴"：田野经验与思考》，载《社会》2015年第1期。

　　[5]　参见苏力：《这里没有不动产：法律移植问题的理论梳理》，载《法律适用》2005年第8期。

了一种土地边界划分、排他权的社会共识。同样，将问题的语境放到整个中国来看，中国社会能否自己生长出本土性法律概念呢？虽然中国文化与西方文化存在根本差别，但并不代表中国社会就会因此与法治分道扬镳。诚然，在不同的政治、经济、文化、地理因素影响下，中国社会可能不存在一些法律概念生长的土壤，但那可能代表这些概念在中国社会没有存在的必要，或是有其他法律概念可以替代。所以，在"外来法"之外，中国社会中还可寻找到很多已形成但不稳定的社会规范，也可找寻到固有的社会权威，以及更多与客观条件相适应的关于社会秩序维系的社会共识，这正是田野调查所需要"挖掘"的层面。从这个角度上来看，法社会学田野调查正是要通过"深挖"触摸到中国社会所特有的、不会被时间冲刷掉的本土法元素。

又如，集体经济是多年来中国农村的主要经济形式，集体土地也是中国社会特有的历史遗留问题，关于集体经济和集体土地的问题不是一个单纯的民法问题，而是需要在社会与文化的背景下进行研究的。所以，如果通过法社会田野调查研究此问题，就应当考察影响集体所有权形成和维持的社会因素，了解集体经济、集体土地的制度安排对于中国农业、中国农村和中国农民的作用与影响。农村集体经济组织是经营与管理集体土地的团体，它对实现我国农业经济的规模化具有推动作用，因此应当对其有明确的法律定位，以保证能发挥治理结构的有效性从而实现效率。所以，我国《民法典》赋予农村集体经济组织法人资格，是以其社会功能为出发点的。[1]历史和现实中也充满了社会发展使制定法规则变得不合时宜而转身找寻习惯法的例子。[2]法社会学田野调查在其中起到的作用即是通过实证研究探明中国法治建设中的本土性内在动因和基础，向人们提供来自本土的法、秩序和社会信息，并相助作出妥适的制度设计。

三、描述中国实践：呈现法治建设的景况

中国的法治建设进程正处于由浅入深、由易到难的阶段，在宣

---

〔1〕 参见江平、木拉提：《中国民法典集体所有权的理解与适用》，载《政法论坛》2021年第2期。

〔2〕 参见李建伟：《论商事习惯的法源位阶》，载《中国法学》2022年第5期。

告法律体系建成的同时，中国法治建设要走的道路仍然漫长。一项调查研究只有致力于揭示中国社会的全面性、复杂性时，才能真正为解决法治建设中的中国问题作出一些贡献。因此，描述中国实践应当是法社会学田野调查内容层面最基本的中国命题，即在法治建设进程的现阶段，应该更清晰地把握事实状况，通过事实描述展现中国实践，客观地呈现法治建设的景况。法社会学田野调查要将法视为存在于特定时间和空间中的一种社会现象进行研究，考察存在于当代中国这个时空中"行动中的法"，将当代中国法事实和法实践以学术的方式有条理地呈现出来。更进一步则应当对中国法现象的形成和发展进行学理分析并形成本土性的理性认识，即以"在地性"[1]的视角进行法学考察并作出科学解释。申言之，不仅需要进行事实发现和事实描述，还需要用实证的、归纳的方法来描述和解释作为事实的法，并进一步对其背后的影响因素和更深层次的规律性进行学理分析。

1. 记录中国民众的法生活

记录是法社会学田野调查呈现法事实和法实践的最直接方式，即以特定的中国民众为对象进行长期和全面的记录，获得对其法生活的直观、生动的呈现。法社会学田野调查的记录应当包含文字记录、音像记录和影像记录等，记录的手段和成果的形式都是多样的。例如高其才教授以影像的形式记录了广西金秀地区民众"打茅标""收礼钱"等生动的法生活。[2]法社会学田野调查的记录也不是简单的耳听手记，不是毫无选择地记录研究对象所有的字句和所涉材料，而是应当致力于记录中国民众生活中与社会秩序、社会规范、社会权威有关的法现象、法事件和法观念，正是这些构成了中国民众的法生活。

---

〔1〕"在地性"最早起源于日语"Dochakuka"原指因地制宜的种植方式，后在日本被替代全球化的概念实用，体现了日本对全球化"日本化"的诉求。在文化层面，"文化在地性"指文化在对象自身中阐发的过程，是全球化中更加关注地区差异所带来的文化差异的一个转向，强调多元文化在全球化时代的价值。

〔2〕参见高其才：《习惯法的当代传承与弘扬——来自广西金秀的田野考察报告》，中国人民大学出版社2015年版，第1~3页。

最为重要的是，对中国民众法生活的记录应当是带有学术眼光的记录，也是有学术准备的记录。法社会学田野调查的记录应当建立在准确的分类下，例如进行习惯法调查时，记录时应当准确区分哪些是社会组织习惯法、哪些是宗教团体习惯法，哪些是涉及刑事方面的、哪些是规定民事权利义务的，以及哪些是固有的、哪些是外来的。法社会学田野调查也应当是全面的，对调查对象的真实语料、在调查地域所获取的材料进行全面的梳理，有时间、有体系地进行全面细致的记录，系统性地呈现中国民众的法生活，这有助于全面把握中国法事实，以描述法治建设的现状。例如，高其才教授对广西金秀进行法社会学的田野调查报告中，就从婚制规范、订婚规范、结婚规范和离婚规范几个方面对当地的婚姻习惯法进行了全面的记录，[1]这有助于全面把握该地区婚姻习惯法的内容，揭示中国社会的全面性。

此外，有时间有体系的记录还能够呈现出中国社会变迁中所出现并长久存在的一些特有的法现象。如中国城市的单位现象就很值得进行法社会田野调查，这一现象产生的基础是城市"单位社会"的形成。以"国家—单位—个人"的独特纵向联结作为控制机制的单位社会是一种在中国城市具有基础性的社会制度结构，[2]其不可避免地影响中国民众社会生活的方方面面，进而必然影响到法规范的形成和运行。单位组织给予个人社会行为的权利、身份和合法性，满足个人的需求，代表个人的利益甚至控制个人的行为，[3]这就使得单位具有了一定的社会权威，而单位的背书和代言也就常被认为具有法律上的证明效力，有学者已经关注到了司法审判中单位证明现象和其背后社会基础的关系。[4]法社会学田野调查可将单位现象

〔1〕 参见高其才：《习惯法的当代传承与弘扬——来自广西金秀的田野考察报告》，中国人民大学出版社 2015 年版，第 50~61 页。

〔2〕 参见田毅鹏、吕方：《单位社会的终结及其社会风险》，载《吉林大学社会科学学报》2009 年第 6 期。

〔3〕 参见林劲松：《司法审判中单位证明现象的法社会学分析》，载《浙江大学学报（人文社会科学版）》2011 年第 5 期。

〔4〕 参见李汉林、渠敬东：《制度规范行为——关于单位的研究与思考》，载《社会学研究》2002 年第 5 期。

相关的法实践作为记录的内容，如记录一定时间和空间内法院对单位代言的审查和采纳情况，从中可以看出法实践是怎么随着社会基础的变化而变化的，由此便可以窥见中国法治建设推进的真实景况。

当然，法社会学田野调查对中国民众法生活的记录必须是真实的，不应是包含表演做戏成分的，且法社会学田野调查报告多直接呈现对象的访谈录片段，这种对于真实语料的记录就是中国民众法生活的生动体现。但值得注意的是，法社会学田野调查的记录应当获得调查对象的知情同意，不应采取暗记、盗录、偷拍等行为，而且对于触及个人隐私和族群禁忌的部分应当充分考虑记录的呈现可能带来的影响。

2. 观察中国地域的法运行

观察是法社会学田野调查呈现事实的另一种方式，通常选择在一个框定的地域中观察国家法的实施和习惯法的运行。具体来说，法社会学田野调查应当观察国家法实施的条件和手段，国家法和非国家法在运行中是怎样相互影响、相互补充的，以及习惯法和国家法在运行中有没有相抵触之处、国家法的控制有没有减弱、习惯法的功能有没有弱化等。当代中国的法治建设存在"自上而下"的特点，这是由于国家法在中国的法治建设中起了主导作用。国家法是政府管理国家、组织社会的重要手段，且中国的国家法很大一部分是通过移植、培育"外来法"而形成的。[1]政府对于这种"外来法"在中国本土生根以及"庙堂法"在基层落地并成为政府的管理工具有极大的热情，所以法治的关键在于国家法的实施。那么相应的，法社会学田野调查也应当关注国家法的实施，观察"纸面上的法"如何在中国地域成为"行动中的法"。申言之，要通过观察的方式对静态的国家法律制度和条文在社会生活中的实效性做动态考察。[2]

对法运行的观察可分为参与式观察和非参与式观察，这两种方

---

〔1〕 参见高其才：《乡土法学探索：高其才自选集》，法律出版社 2015 年版，第 48 页。

〔2〕 参见高其才：《多元司法——中国社会的纠纷解决方式及其变革》，法律出版社 2009 年版，第 2 页。

式的区别在于位置和影响的不同，参与式观察贴近被调查者且身处研究的客体之中，所以可以观察到更加立体的法运行，了解到一些隐蔽的因果关系，而非参与式观察则以局外人的视角对研究客体进行观察，此时就能观察到更加客观和真实的法运行情况。例如，被调查者邀请调查者参与修改村规民约，或参与调解纠纷案件等，调查者如若投身其中，便能够观察到纠纷调解时一些较为隐秘的因果关系，或是影响村规民约的制度和修改的鲜为人知的社会因素。非参与式观察则运用较多一些，以中立的身份进行观察也可获得法运行更多更为客观的图景。例如，对民间存在缓解国家法运行之"悬浮"困境的方法进行调查时，有学者观察到南宁市西乡塘区金陵镇法庭的法官在节日对歌台上发现久寻不见的被执行人后，采取与之对歌的方式，委婉地将拖欠被执行款的后果告知他，从而促成被执行人自主归还欠款，[1]这种在台下旁观的非参与式观察需要细致观看整个事件，密切注意台上人的表情的变化，细听其语气高低。此外，还需要调查者事后去深入了解壮族地区独特的对歌文化，真正了解为什么依照国家法律制度的执行难，而顺应了地方对歌习俗的执行却更为容易。

法社会学田野调查对中国地域法运行的观察之要点是听、看和察，要求调查者集中感官观察被调查者的行为、动作、神态和言语，深入到"人"的层面去理解法运行所展现出来的每一个细节。具体来说，应当观察法运行中那些中国独有的细微的人际关系、交流方式和心态、风俗习惯和价值观念。例如，金秀瑶族自治县的基层人民调解委员会在调解民间纠纷时非常重视参照村规民约、参照当事人熟悉的固有的习惯法，帮助当事人消除隔阂。[2]这种对习惯法的参照运用在从上到下的国家法律制度中难以窥见，甚至在调解协议书的最终文本中也只能略知一二，只有当法社会学田野调查者亲身坐进调解室，调解员运用习惯法进行调解的全过程、观察当事人的

---

〔1〕 罗君：《南宁法官巧用山歌促执行》，载《人民法院报》2008 年 4 月 30 日。

〔2〕 参见高其才：《生活中的法——当代中国习惯法素描》，清华大学出版社 2021 年版，第 187 页。

面部表情和行为动作、凝听当事人的言辞表达、感受当事人情绪的消解才能有所领悟。当然，如果辅以对调解员和当事人的访谈，则可以更为直接和深入地了解到习惯法的运行状态、运行效果，了解产生于中国本土的社会控制和纠纷解决方式，并从中触探中国独有的价值观念与文化特质。

3. 揭示中国社会的法秩序

法秩序是一种依法建立的，人们在长期社会交往中形成的相对稳定的关系模式、结构以及状态。[1]如果从法对社会关系的调整来认识法秩序，法秩序正是社会关系的法定化、规范化，也是人类本质状态的形式化、模式化和条理化。[2]质言之，法秩序不仅是一种有序稳定的社会状态，还是法调整下的社会关系的本质。法社会学田野调查要以揭示法事实背后的真相和规律性为目的，就是要从社会面向对当代中国法秩序进行考察，了解哪些力量构成和影响现在中国社会的法秩序，将法秩序生成和维系过程中的那些细枝末节呈现出来，最终揭示出当代中国社会法秩序的本土性和多面性。

法社会学田野调查应当结合中国固有的社会规范与社会秩序来揭示中国社会法秩序的本土性。法是人在共同生活和社会互动中衍生出来的行为规范，脱离了对固有社会规范的了解分析就无法了解法秩序。而且，当代中国的法秩序是具有多种形态，由多种规范形成的，有显性的也有较为隐性的。只有在对中国法事实进行客观全面描述的基础上，进一步分析产生法事实的原因，找到不同因素间的因果关系，才能够尝试揭示隐藏在表象之下的真相，揭示中国社会法秩序的本土性。例如，中国长久以来通过诉讼的纠纷解决都受到传统无讼观念的影响，官府通常秉持调处不成才可审判的理念。从清代法律制度运作中就可看出，在"国法审判"的诉讼程序进行的同时，民间调解依然继续进行，一旦调解成功则诉讼程序便会终

---

〔1〕 参见张中秋：《传统中国的法秩序及其构成原理与意义》，载《中国法学》2012年第3期。

〔2〕 参见谢晖：《论法律秩序》，载《山东大学学报（哲学社会科学版）》2001年第4期。

止，这种半民办官的纠纷处理被学者称为"第三领域"。[1]如果说这种无讼理念下的"第三领域"体现出了一种中国固有社会秩序的话，那么法社会学田野调查就可以结合这种固有秩序的当代表现，探求当代中国人社会行为的互动性、稳定性和可预测性以及社会意识和中国人固有的价值观念之间的联系，来揭示中国社会法秩序的本土性。

法社会学田野调查应当结合中国特有的社会结构和社会权威来揭示中国社会法秩序的多面性。中国社会多层次的社会结构和多元的社会权威决定了多元的纠纷解决机制，也让中国社会的法秩序具有了多面性。例如，家庭依家规而形成家庭法秩序，村落和社区依村规民约、居民公约形成村落、社区法秩序，行业依行业习惯法形成行业法秩序，帮派依帮派公约形成帮派法秩序等。而官员、宗族长老、士绅、富贵人家，或是僧道这些固有的社会权威所形成的多面权力结构为巩固和维持秩序起到了协调和均衡的作用。中国社会法秩序的多面性还表现在中国乡土社会中国家法秩序与习惯法秩序的并存将长期存在，[2]例如，凉山地区昭觉县彝族民众遇到民间纠纷时更愿意接受该地区的传统权威——"民间法官"德古的调解，而不愿意接受法院的判决，甚至案件当事人双方都以"那是法院判的，我们还没协商好"为由拒绝接受法院判决。[3]也有观点认为国家层面的乡村法治建设与村组层面的乡土法建设这种二元进路所存在的冲突可能会造成乡村社会秩序的混乱。[4]法社会学田野调查不仅要展示中国社会法秩序的多面性，还要展示其稳定性，考察法秩序是怎样形成和维系的，以及进一步把握其变动性。

此外，中国的虚拟社会中同样存在法秩序，所以对法社会学研

〔1〕 参见［美］黄宗智：《清代的法律、社会与文化：民法的表达与实践》，上海书店出版社 2001 年版，第 91~111 页。

〔2〕 参见梁治平：《乡土社会中的法律与秩序》，载王铭铭、王斯福主编：《乡土社会的秩序、公正与权威》，中国政法大学出版社 1997 年版，第 467 页。

〔3〕 李亮：《彝族"民间法官"——德古》，载《法制日报》2006 年 12 月 14 日。

〔4〕 参见高其才、张华：《乡村法治建设的两元进路及其融合》，载《清华法学》2022 年第 6 期。

究者来说，"虚拟田野"同样值得开展调查。研究者可以在网民极多且分类极为丰富的中国互联网虚拟社会中选择一定的空间作为"虚拟田野"，例如某个种类商品的互联网购物社区、某个地段的互联网租房社区、某个城市的互联网交友求偶社区、某个学校的大学生互联网求职兼职社区、某只股票的互联网股民讨论社区，甚至某种疾病的互联网求医问药社区等。研究者与虚拟社区中的调查对象进行一定时间的长期接触，学习这个虚拟社区独有的网络语言，甚至成为虚拟社区的一员，进而观察在这个虚拟社区中有没有产生一定的行为规范，有没有形成新的虚拟社区法秩序，以及在匿名制网站社区中又是否会存在"失序""无序"等。

4. 阐释中华民族的法文化

中华民族五千年延绵不断的悠久历史留下了独特的政治与法律的智慧，挖掘和传承中华法文化精华是当代法学研究的重要课题之一，中国固有法文化对当代中国法治建设有宝贵的史鉴价值。[1]多年来，法律史学家们以饱满的热情和使命感，通过对历史文本资源的挖掘和凝练来"激活"和凝练传统法文化，并提出中华民族的优秀法文化有民本主义、礼治文化、法情允协、天人合一、良法善治等等。[2]但如若要进一步把握中华民族固有法文化的发展、变迁以及在现代社会中的状态和在法治建设语境下的作用，必须依靠实地考察取得具体的一手材料，透过法事实来阐述和理解中华民族的法文化，这正是法社会学田野调查所能发挥作用之处。

法社会学田野调查应当阐述中华民族法文化的生命力。中华民族固有的法文化蕴藏于民间的契约、书信、日记中，同时更大量存在于民间篆刻工艺品、雕塑摆件等实物中和族人口中的传说故事、口碑历史甚至饭后闲谈等非纸面形态的资料中。法社会学田野调查首先是要通过实地考察阐述其中蕴含的优秀传统法文化，其次还应进一步探究这些固有的法文化在现代社会以什么样的状态存在和延

---

〔1〕 参见张晋藩：《中国传统法文化的历史地位与史鉴价值》，载《法学杂志》2018年第1期。

〔2〕 参见张晋藩：《弘扬中华法文化，构建新时代的中华法系》，载《当代法学》2020年第3期。

续着，对于中国的法治建设起到了怎样的作用。具体来说，法社会学田野调查应当在事实描述的基础上，考察中华民族的传统法文化是如何为法治建设获得人们的认同和接受提供良好社会土壤的，[1]同时也应当关注中国的文化变迁与中国文化特质之间的"连续"和"变形"的程度。[2]例如，"无讼"作为我国传统法文化的主要价值取向，已在一定程度上被人们广泛认同。法社会学田野调查可以考察在当代中国法治建设中，如何充分借助对"无讼"之追求的社会共识来实现社会调解制度的良好运行。除此之外，例如强调尊重顺应自然的"天人合一"文化、强调和睦的邻里互助文化等，都可以在田野中找寻到，对于这些文化对人们观念有怎样的作用，以及包含这些文化的规范是如何被制定和运用的，都值得法社会学田野调查进行研究。

　　法社会学田野调查还应当阐释中华民族法文化的多元性。中华法系凝聚着少数民族的法智慧，吸纳了少数民族优秀的法文化成果，中华法文化是多元一体的。[3]在我国少数民族地区，由于社会变迁缓慢，很多在汉族地区已逐渐消失的古老文化传统都被保留了下来，具有民族性、群体性、具体性、类比性等特征。[4]法社会学田野调查应当致力于展示中华民族法文化的一体性和多元性，关注少数民族法文化对中华民族法文化的差异性和价值拓展，也关注作为中华民族法文化的一体性和价值对接。例如，中国少数民族习惯法文化作为中国固有法文化的组成部分，其结构、特征和作用都十分值得法社会学田野调查的重点关注。[5]

――――――――

　　〔1〕　参见李春明、王重国：《我国优秀传统法律文化对法治价值实现的支持作用及路径》，载《山东大学学报（哲学社会科学版）》2014年第4期。

　　〔2〕　参见高其才：《法社会学中国化思考》，载《甘肃政法学院学报》2017年第1期。

　　〔3〕　参见张晋藩：《多元一体法文化：中华法系凝结少数民族的法律智慧》，载《民族研究》2011年第5期。

　　〔4〕　参见高其才：《论中国少数民族习惯法文化》，载《中国法学》1996年第1期。

　　〔5〕　参见高其才：《论中国少数民族习惯法文化》，载《中国法学》1996年第1期。

四、贡献中国智慧：推进法治进程的方案

法治是世界性、全球性的趋向，法治建设是每个文明社会必经的进程，不同民族国家的法治建设背后都凝聚着独特的具有民族性、传承性、本土性的经验，所以每个民族的法治建设道路都是独特的。不过，纵观世界历史，影响最大的是"西方法治模式"，其包含反对封建特权、关注人权、主张平等核心内容，西方法治模式随着资本的扩张和大规模殖民被输送到世界上很多国家。[1]很多摆脱殖民的独立国家以及包括中国在内的其他国家，要么效仿西方国家编撰法典，要么进行技术精巧的法律移植，但同时也将自己固有的法文化融入其中。但究其根本，这其中始终存在一种被动性，因为法的运行在于本土，在规范与事实之间存在缝隙时，引用"外来理论"是不能完全解决"本土问题"的。

中国法治的发展从来都有自己的固有逻辑，可以走出与西方法治模式完全不同的道路来。当今世界正处于大变局时期，加之疫情、战争交织带来的动荡变革，面对逆全球化趋势带来的一系列难题，各民族国家迫切需要树立自己独特的发展模式。当今中国又正逐渐走向世界舞台的中央，从"发展成果更好造福全人类"的角度来说，各民族国家也希望看到能够解决法治建设的"中国智慧"。这种"中国智慧"应当是具有本土性的中国法治理念、法治原则和法治精神，是一种高度的抽象，是能够推进法治文明的中国方案。实现这种由实到虚的凝练，抽象出新的法治理念，以进一步丰富人类的法治文明正是法社会学田野调查的使命所在，贡献中国智慧也正是其最富有价值的命题和终极意义。

法社会学田野调查应当凝练中国本土的"和合"精神。"和"即和谐，"合"乃团结，"和合"被认为是中国人文精神的精髓。[2]"和合"精神广泛存在于中国社会，在法治建设中有着深刻的影响。

---

〔1〕 参见朱景文：《西方法治模式和中国法治道路》，载《人民论坛（学术前沿）》2022 年第 2 期。

〔2〕 参见张立文：《和合学概论——21 世纪文化战略的构想》（上卷），首都师范大学出版社 1996 年版，第 48 页。

首先是对人的关怀，"和合"精神强调权利主体的广泛性和平等性，即强调人与人之间的平等，特别是对社会弱势群体的关怀，在尊重和保障人权的基础上丰富和拓展人权。同时，这里的人是作为集体的，即强调法治中的集体本位，这种集体本位可以避免西方法治理念中个人本位所可能带来的贫富对立、劳资对立等社会问题。[1]其次，是对社会的关怀，如经济法的"社会本位"体现出对社会整体利益的追求，也体现出处于弱势的市场主体的保护。法社会学田野调查观察在法的调整下各个群体、阶层是如何各尽其能、各得其所的同时和谐相处的，便可从中总结出"和合"的中国智慧。最后，是对自然的关怀，法治需要让人与自然的和谐共处与融合，在不少地区村规民约中都可看到关于砍树罚款的规定，即是"和合"精神下"环境权"的生动演绎。

法社会学田野调查应当关注中国特有的"情理"精神。情理是法治建设中的一种人文关怀，即在"法"之外还要照顾到"情"。首先，法的制定需要基于情理，即良法不应与人情相悖。[2]其次，法的实施需要照顾情理，即"情法兼顾"[3]，在司法执法中既依照法，也讲究情。"情理"精神早已作为文化基因嵌入中国人的思想和生活，在当代它仍是重要的法治理念，并能作为衡量法治的标尺之一。例如，现代调解制度便引入了"情理"精神，法社会学田野调查通过对司法调解、社会调解的考察，可进一步提炼出"情理"精神的实质及其对现代法观念的影响。

法社会学田野调查应当贡献的中国智慧还可以包含很多其他核心性的理念，它们是一种对"本土性智识"的提炼，是对中国独特法治道路的经验总结，反过来又指导本土实践。同样的，其他国家在法治建设的过程中也可以借鉴中国智慧来指导他们的实践，这时

---

〔1〕 参见张中秋：《中西法律文化比较研究》，南京大学出版社1999年版，第36~77页。

〔2〕 参见梁治平：《法意与人情》，海天出版社1992年版，第153~154页。

〔3〕 参见霍存福：《中国传统法文化的文化性状与文化追寻——情理法的发生、发展及其命运》，载《法制与社会发展》2001年第3期。

对中国法社会学学科和学术的国际话语权就有了积极作用。[1]例如，西方强调个人中心的文化在当今国际法治结构中占主导，但中国以儒家思想为代表的关注社会与群体的文化观念还尚未得到重视。[2]从中国这个具有法治传统的国家的法实践中能够总结出一种不把人与天地自然界对立起来，也不把人从社会人际关系中孤立出来的讲求"天人合一"与"和为贵"的法治观念，这种观念对于人类法治建设的价值定位与发展方向都应当具有影响力。

所以，法社会学田野调查正是要通过对中国命题的紧扣，牢牢把握住中国人对于法治建设进程的努力、探索和贡献，并将其总结为体现鲜明中国精神的中国方案。再者，其所贡献的中国智慧不是一种宏大的结构性概括，而应是一种条理性的呈现。也就是说，它并不是成熟的、固定的、普适的，而是发展的、行动的、具体的，且在一定程度上对丰富人类的法治文明和促进人类生活更加美好具有意义。由此，法社会学田野调查的价值也更为凸显。

五、结语

法社会学田野调查应当牢牢把握中国命题，以"聚焦中国本土""描述中国实践"和"贡献中国智慧"为研究核心，这是法社会学中国化的必然需求，也是学科功能外化的现实依托。一个学科的生命力应当在于其影响和贡献之大小，紧扣中国命题可以使法社会学田野调查发挥出人们所期待的供给智识之终极价值，这种学术自觉也是法社会学学者学术自信的体现和法社会学学科保持生命力和走向成熟的核心要素。

由于本人进行法社会学田野调查的经验之欠缺，要在宏观上把握法社会学田野调查中国命题难度很大，本文仅仅对其进行初步探讨，尚不全面且存在诸多不足。下一阶段，本人将在实践中建立起对田野调查实际情况的了解，并进一步讨论应当如何通过法社会学

---

〔1〕 吴大华、尹训洋：《深入田野：探索法社会学与法人类学研究的"中国经验"——严存生教授法社会学与法人类学思想贡献的启示》，载《民间法》2019 年第 2 期。

〔2〕 参见何志鹏：《国际法治的中国表达》，载《中国社会科学》2015 年第 10 期。

田野调查了解、理解和推进中国法治建设这一更富有挑战性的话题，以及进一步探讨法社会学田野调查中国命题中的固有命题和现实命题。在对法社会学田野调查的中国命题和其与法治建设之关系进行进一步探讨的同时，更由衷希望越来越多的学人能够开展或参与法社会学田野调查，扎扎实实讲好"中国故事"，拓宽研究的广度，开掘研究的深度，为创建法社会学中国学派作出努力。

法社会学田野调查的特质

马立晔

一、引言

田野调查的方法诞生于人类学研究。后来随着社会学"社区研究"的发展，田野调查也被广泛运用于社会学领域。[1]如今，法律更加全面地渗透到社会生活的方方面面，因此更需要对当下的社会生活及其与法律和其他非正式规范的互动关系进行实质性的反思。

[1] 本文试图梳理建立在社会学田野调查基础上的法社会学田野调查之特质，因此将社会学田野调查方法作为主要对比对象以突出法社会学田野调查区别于社会学田野调查的特质，并不涉及对人类学田野调查方法的讨论。当然，不可否认田野调查方法最初诞生于人类学研究，而人类学的田野调查方法和在其之后兴起的社会学的田野调查也存在着区别，与此相关的讨论可参见赵旭东：《"回乡走基层"：人类学田野调查的方法、写法与问题》，载《江苏行政学院学报》2022年第5期；马翀炜、张帆：《人类学田野调查的理论反思》，载《思想战线》2005年第3期；何星亮、杜娟：《文化人类学田野调查的特点、原则与类型》，载《云南民族大学学报（哲学社会科学版）》2014年第4期等文献。此外，法社会学和法人类学都较为广泛地运用田野调查的研究方法，且二者同样作为法学交叉学科在研究主题、方法等方面不乏重合与相似之处，但本文讨论的重点在于法社会学田野调查，故不涉及法人类学田野调查的相关论述。但在笔者看来，理解法社会学田野调查之特质也有助于加深对法人类学田野调查方法的了解。对于二者关系的讨论可参见罗洪洋：《法人类学论纲——兼与法社会学比较》，载《法商研究》2007年第2期；王伟臣：《法律社会学与法律人类学的边界》，载《思想战线》2016年第2期；鸢喆：《法人类学与法社会学分野与整合》，载《边缘法学论坛》2010年第2期；周相卿、林露峰：《法人类学研究的主要特征分析》，载《贵州民族研究》2021年第5期等。

通过法社会学田野调查的方法收集、整理并分析现实生活中与法相关的各种经验性事实材料，为理解法与社会的互动关系提供更为扎实的研究路径。需要注意的是，法社会学虽为法学与社会学的交叉学科，但其研究方法并非二者简单的结合。尤其是在田野调查方法上，法社会学田野调查虽然建立在社会学研究方法基础上，但由于研究对象、研究目标等方面的差异，法社会学的田野调查具有区别于社会学田野调查方法的独特性。

中国法社会学研究虽已有较为丰富的积累，但国内学界对法社会学田野调查方法的研究仍处于初级阶段。现有与法社会学田野调查相关的研究主要可以归纳为以下三方面：首先是对法社会学研究之田野的界定，如王启梁教授指出"法律存在运作或产生影响的所到之处就是法学研究的'田野'"；[1]其次是对法社会学田野调查过程中理论与实践经验关系的探讨，如吴大华等学者认为，迈向法学研究的'田野'的目的就是在'田野'中观察实践、获得经验，不断地对法学研究作出反思，提升法学理论的有效性和实践性[2]；最后是尝试将田野调查方法运用于法学教育、法学研究。[3]此外，还有一些学者从法学实证研究的角度对法社会学田野调查进行了相关讨论，如陈柏峰教授将田野调查归于法律实证研究中针对现实问

---

〔1〕 王启梁：《法学研究的"田野"——兼对法律理论有效性与实践性的反思》，载《法制与社会发展》2017年第2期。

〔2〕 参见吴大华、尹训洋：《深入田野：探索法社会学与法人类学研究的"中国经验"——严存生教授法社会学与法人类学思想贡献的启示》，载《民间法》2019年第2期。

〔3〕 易军在《法学教育的"田野"——法学田野教学的意义、实践及课程预设》（《法学教育研究》2022年第1期）一文中提出应当设置法学田野调查课程，实现理论知识、书本知识和文本知识与社会的衔接与过渡，增强法学生的社会任职和实践能力。此外，冼婧晗的《田野调查法在法学教育中的应用——以航海院校为例》（《教育观察》2019年第28期）、魏庆爽的《田野调查在法学实践教学中的运用》（《林区教学》2014年第10期）也均提出将田野调查的方法运用于法学教育中的观点。王启梁在《从书斋的冥想中出走——人类学田野调查方法在法学研究中的运用浅述》［《贵州民族学院学报（哲学社会科学版）》2007年第3期］一文中讨论了应当在对法治基础和环境研究、立法前的历史与现实基础调查、法律运作情况研究、人权问题研究和社会问题研究五个方面引入人类学田野调查的方法，并阐述了方法的具体操作问题。

题的质性研究，认为多学科的理论视野对田野调查研究极为重要。[1]总之，已有相关研究更多聚焦于对田野调查方法运用及其意义的探究，尚未厘清其与社会学田野调查方法的具体区别。

我们认为，目前针对法社会学田野调查特质的研究相对薄弱，这会在一定程度上导致对该研究方法的理解浮于表面，进而影响调查效果，不利于相关理论的发展和创新。同时，法社会学由于自身的跨学科性使得参与到该领域中的研究者具有多元的学科背景，而目前多数研究者可能尚未受过系统的社会学研究方法训练，因此很难把握法社会学田野调查的要领。例如，在初入田野前常常遇到难以确定研究对象、难以找到合适场域的问题。在进入田野后，也容易陷入研究方法的僵局：要么仅仅使用人类学、社会学的田野调查方法而缺少法社会学的视角，要么一味强调聚焦于法却忽略了对基本调查方法的正确运用。因此，从实践方面来讲，理解法社会学田野调查的特质能够帮助研究者找到有价值的田野、顺利进入田野并深入理解田野。就理论层面而言，梳理法社会学田野调查的特质，能够更加明晰法社会学田野调查的本意，提升法社会学田野调查水平，继而构建实践性的法社会学理论。本文旨在通过分析法社会学田野调查的对象、场域、方式、意义以及目标，整体把握法社会学田野调查方法区别于其他学科的、具有独特性与识别性的特质，以期为法社会学研究者尤其是初学者开展田野调查提供参考。

二、对象之针对性：聚焦法现象

社会学的田野调查以作为社会现象的社会事实为对象。[2]这种社会事实往往包含经济、政治、法律、文化等构成社会的诸多要素，因此，社会学的田野调查强调对社会的整体性研究，注重对导致社会流动、社会冲突、社会分层、社会问题等的诸多因素的综合分析。与社会学田野调查相比，法社会学的田野调查主要围绕"法"展开，

---

〔1〕 参见陈柏峰：《法律实证研究的兴起与分化》，载《中国法学》2018 年第 3 期。

〔2〕 法国社会学家迪尔凯姆在其《社会学方法的准则》中指出社会学研究的对象是社会事实。参见周来顺：《社会学研究对象及其方法论准则的再思考——以迪尔凯姆对社会学的理论探索为研究视域》，载《理论界》2021 年第 1 期。

其调查对象具有针对性。

在法社会学的田野调查中，作为调查对象的"法"主要表现为存在于社会生活中的法现象、法事实。对法社会学田野调查对象的认识建立在对法社会学中"法"的理解基础之上。正如法社会学家埃利希曾提出"法的发展的重心既不在于立法，也不在于法学或司法判决，而在于社会本身"。[1]法社会学对法的认识与界定主要从社会现实出发，根据社会事实进行观察，提倡"在法律中观察和理解社会，在社会中解释法律"。[2]不同于传统法教义学将"法"理解为一个封闭的规则或命令系统，法社会学中的"法"是多元的，不仅包括典章制度意义上的国家法律规则，还包括与现实社会紧密相连的非国家法。因此，注重深入实地、参与观察的法社会学田野调查同样以"行动中的法"和"活法"为主要研究对象，在考察法律现象时既要关注国家制定法在实际运行中的社会效果，也要挖掘广泛存在于民众生活中、反映民众利益需求并实际规制民众行为的非正式规范，尤其需要重视法现象中经验性的，能够被观察、描述和分析的规范与事实。

当然，法现象并非法社会学田野调查独有的研究对象。在社会学田野调查的过程中也常观察分析与法相关的现象事实。例如费孝通先生在其基于田野调查撰写成的《江村经济》中便讨论到了村里财产继承、赡养义务、土地所有权等与法相关的内容。这些内容与法社会学的研究领域有部分重合，但就将法现象作为田野调查的对象而言，法社会学和社会学的关注角度是有差别的。我们认为，这种差异主要表现为两方面。一方面，社会学田野调查中关注的法现象与整个田野研究是部分与整体的关系，法现象是其认识、分析社会问题背后众多的因素之一。与此不同的是，法社会学田野调查则是以法现象为中心，透过对法现象、法事实的观察进一步剖析导致

---

〔1〕 ［奥］欧根·埃利希：《法社会学原理》，舒国滢译，商务印书馆2022年版，作者序。

〔2〕 参见高其才：《法社会学》，北京师范大学出版社2013年版，第16页；季卫东：《界定法社会学领域的三个标尺以及理论研究的新路径》，载《法律评论》2005年第10期，第35~36页。

该现象产生的各种社会因素。另一方面，社会学的田野调查注重描述法现象作为一种客观存在的事实，而法社会学田野调查的过程则是发现、描述法现象并解释分析其背后原因的过程。同样以《江村经济》为例，费孝通在分析江村继承问题时指出新旧民法已经出现了从父系传嗣单系继承到承认女子继承权的变化，但就该村而言，即使新法已颁布 7 年却尚未发现有向这一方向发生任何实际变化的迹象。[1] 如果说社会学通过田野调查对该继承现象的描述到此为止，那么在法社会学中，这恰恰是田野调查的起点。法社会学的田野调查不仅需要观察被调查者"应该怎么做"以及"实际如何做"，更强调要发现"应为"和"实为"之间存在何种程度的差异并寻找造成差异的具体原因。

总之，与将普遍存在的社会事实作为调查对象的社会学田野调查相比，法社会学田野调查的对象具有针对性，以社会中与法相关的现象为主。从对"法""法现象"的认识来看，与传统法教义学的研究视角相比，法社会学田野调查的对象又是多元、开放的，突破了"成文法""制定法""国家法"的限制，将社会中一切具有规范意义的社会行为都纳入其调查的范围，拓宽了法学研究的视域。

三、场域之特定性：探索法实践

田野调查要求研究者从实际出发开展调查，实践性是田野调查的重要特性。社会学的田野调查以社会事实为对象，其"田野"存在于承载社会现象的整个社会之中。与社会学广阔的"田野"不同，法社会学田野调查中的"田野"因其调查对象具有针对性而被限定于呈现法的实践样态的生活实际。具体而言，法社会学田野调查中的"田野"是与文本相对的、能够被实际观察、接触到的实践场域，存在于法和社会发生互动关系的所在之处。

对法社会学田野调查场域的划分有助于明晰法社会学田野调查的特质。我们认为，根据法社会学田野调查的对象，其实践场域可被划分为与研究国家法实施相关的"庙堂田野"和考察非国家法运

---

〔1〕 参见费孝通：《江村经济》，上海人民出版社 2006 年版，第 60 页。

行相关的"江湖田野"。同时，随着人类实践活动的不断拓展，虚拟网络世界成为在物理空间意义上与实地田野相对的"数字田野"，也是法社会学田野调查探索法实践的重要场域。

在法社会学田野调查中，"庙堂田野"是国家法被制定、执行、适用、遵守或违反的整个实施过程在日常法实践中的具体呈现。在国家法的制定环节，法社会学的田野存在于对公众参与立法的民主程序的考察中、在于对立法程序的启动与社会因素的分析中、也在于对立法决策产生背后机理的探讨中。同时，法社会学研究者也常以法院为基地，以法官、当事人、卷宗等为观察对象，围绕司法实践开展田野调查。例如对影响法官自由裁量的社会因素分析、对当事人法律意识的考察，以及着眼于卷宗材料中的个案微观场景对社会中的法律问题的讨论等。此外，斡旋于法律条文和纠纷诉讼之间的法律实践者们也为法社会学的田野调查创造了实践的场域。除了前述法官和当事人之外，律师、仲裁员、检察官等法律职业者以及法学家都能够成为法社会学田野调查观察的对象，当其从事与法律相关的活动时所形成的场域便属于法社会学的田野。值得注意的是，与国家法运行相关的机构、行为、活动以及人员有时也会被包含在社会学田野调查的范围之内。这种与社会学在研究场域上的重叠是法社会学自身作为交叉学科难以避免的，也正是其包容性特点之所在。但二者在同一场域就相同主题、相同对象展开田野调查的侧重点有所区别。在我们看来，社会学家运用社会学方法研究法律问题，是试图透过法律现象把握背后的社会学命题。例如从社会学的视角对法律职业者开展田野调查可能更侧重研究诉讼当事人身份多样化与案件判决结果可塑性的关联程度[1]、法律职业者空间流动与社会分层间的互动关系[2]等方面。而在法社会学田野调查中，社会因素分析固然重要，但也应当建立在围绕法的核心命题展开经验研究的基础上。

与注重"行动中的法"的"庙堂田野"不同，法社会学的"江

---

〔1〕参见［美］唐·布莱克：《社会学视野中的司法》，郭星华等译，法律出版社2002年版，第109~111页。

〔2〕参见刘思达、梁丽丽、麦宜生：《中国律师的跨地域流动》，载苏力主编：《法律和社会科学》（第13卷第1辑），法律出版社2014年版，第26页。

湖田野"更关注"活法"，关注在民众生活中自发形成的内部秩序，关注民众的法意识和法行为。由于制定法是抽象概括的结果，导致许多具象的、地方性的经验和事实在法律的制定和实施过程中流失，造成制定法和社会事实之间模糊的区隔与落差。非国家法意义上的法社会学的田野注重对民间非正式规范及其社会效果的考察，试图借此纠正国家法在落实过程中的扭曲并填补部分模糊与空缺。具体而言，"江湖田野"存在于与非国家法形成、运行相关的乡村、社会团体、非政府组织等产生并施行非国家法的活动当中。例如，我国广大的农村地区承载着丰富的法实践，其中与民众婚丧嫁娶、债权物权相关的习惯法，除诉讼外的多元纠纷解决方式等都属于法社会学田野调查中与非国家法运行相关的实践场域。需要注意的是，在通过法社会学田野调查探索法实践的过程中，"庙堂田野"和"江湖田野"并非完全对立，而是相互渗透的。这是由国家法与非国家法间双向互动的关系所决定的，即考察国家制定法的实际运行效果离不开对民间非正式规范的分析，对非国家法的研究也常常以制定法为对照以求将非正式规范纳入国家正式的法律体系之中。

与社会学的田野相比，法社会学田野调查的场域是特定的。但这种特定性并非局限性，其田野的外延是开放的，会随社会的发展不断拓宽。互联网科技的革新为法学研究带来新的挑战，也为法社会学带来了全新的"数字田野"。例如，互联网法院采取在线网络直播的庭审形式，改变了传统法院庭审的场域，使得法社会学田野调查中以法院为基地的田野也随之从现实拓展到虚拟的网络世界。随之也产生了诸如在线庭审判决的实际效果评估、案件管辖范围的重新界定标准等新型法社会学论题。此外，数字经济与数字社会带来的数字茧房、算法歧视、大数据杀熟、数字鸿沟等问题也延展了法社会学田野调查的范围。以元宇宙为例，作为数字化的虚拟环境和新一代互联网，元宇宙正在引起社会秩序、国家治理和法律范式的转换。[1]元宇宙内部秩序的构建、现实法律体系能否继续规范虚拟空间中人的权利和

---

〔1〕　参见王奇才：《元宇宙治理法治化的理论定位与基本框架》，载《中国法学》2022 年第 6 期。

行为、元宇宙中主体责任体系与惩罚方式建构等问题都将成为未来法社会学研究的重要课题，需要研究者改变传统强调"在地性"的田野调查模式，通过电子媒体和网络社群与被调查者取得联系并开展调查。这种依托于数据科技的虚拟的田野能够在短期内获得大量资料情报，有利于提高田野调查的效率。但与此同时也会在一定程度上冲击甚至颠覆传统田野调查中参与式观察、面对面交流的调查方式，影响田野调查的客观真实性，这是法社会学、社会学田野调查需要共同面对的挑战。

总之，进入法社会学的田野就是"进入法律存在、运作或产生影响的所到之处。"[1]与社会学的"社区田野"不同，法社会学田野调查的场域具有特定性，存在于承载法现象的法实践中，具体包括国家法的实施、非国家法的运行以及二者间的互动。

四、方式之独特性：描述法运行

田野调查不仅是一个观察的过程，建立于观察基础上的对现象、行为的描述总结在田野调查中起着承上启下的关键作用。社会学的田野调查强调以已发生的事实为基础，观察和描述"已然"。[2]在社会学的田野调查中，如实、详尽地描述观察到的事实和现象、呈现事件的细节并尽可能还原真相是后续解释问题、构建理论的基础。法社会学的田野调查同样注重对客观事实的真实描述，但由于调查对象的针对性、场域的特定性，其描述的侧重点与社会学不同。社会学以整体性的视野考察社会现象，更注重对调查地点、调查对象的全面描述。在法社会学的田野调查中，描述的重点在于对观察到的法的运行状态的刻画，以求全面、完整地展现社会生活中与法相关的实际情况。

法社会学田野调查中的描述首先是对事实客观真实的呈现。具体而言就是要求研究者通过实地观察、深度访谈、座谈了解、文本

---

〔1〕 王启梁：《法学研究的"田野"——兼对法律理论有效性与实践性的反思》，载《法制与社会发展》2017 年第 2 期。

〔2〕 参见周飞舟：《将心比心：论中国社会学的田野调查》，载《中国社会科学》2021 年第 12 期。

资料分析等方法，详细完整地描述实践中的法现象、法事实，客观真实地表达民众的法生活、展示法运行的实际状态。这种描述往往包含对调查地、调查对象基本情况的介绍，对与法运行相关的事件、活动之起因、经过、结果的全面叙述。例如，高其才教授在描述广西金秀瑶族自治县长垌乡长垌村六架屯作为村规民约的新石牌的议定过程时就通过议定背景、议定原因、议定主体、如何制定并通过、石牌主要内容、后续修订完善状况、发展趋势等多方面内容的细致阐述，呈现出金秀瑶族同胞将传统的石牌制度和固有习惯法相结合上升为具有村规民约性质的正式规范的生动的法运行状态。[1]在我们看来，遵循尊重客观事实的描述原则对调查者有两点具体要求。一是在田野调查的过程中保持客观中立的态度，做到不以自己的法意识、法观念"先入为主"地对田野中发现的法事实作价值判断。这与社会学田野调查中强调的"价值无涉"基本一致。法社会学的田野往往包容着丰富多元的法的样态，如若调查者带着狭隘的法律中心主义观点进入田野，其观察、描述都有可能受价值影响而扭曲变形，呈现出的事实不够客观，后续的解释分析也会自然失去说服力。二是在进行描述前需要对观察所获的经验材料进行分拣、作出取舍，调查者应当关注法社会学的研究主题，围绕法与社会的互动关系选取材料。与社会学田野调查不同，法社会学田野调查中描述的事实现象都应该与法相关、为法所用，描述的重点在于呈现国家法与非国家法在实际运行过程中相互影响、相互渗透又相互区别甚至矛盾的复杂状况。

　　法社会学田野调查中对法运行的描述建立在客观真实全面的基础上，但这并不意味着描述只是对经验材料毫无加工的堆砌或对现象平铺直叙的白描。法社会学田野调查中的描述应当是陈述和分析的过程，调查者不仅要呈现实际的法现象，还要试图通过描述解释现象与本质间的联系，为后续解释法问题、构建法秩序奠定基础。在我们看来，这种更深层次的描述与人类学家格尔茨提出的"深描

---

　　〔1〕　参见高其才：《村规民约传承固有习惯法研究——以广西金秀瑶族为对象》，湘潭大学出版社 2018 年版，第 53~94 页。

（thick decription）"概念颇为相通。在格尔茨看来，民族志的"深描"要求通过对研究社会的行动者社会行为的描写，揭示其行动的社会意义，因而这种描述除了对现象进行忠实记录外还是一个解释和理解的过程。[1]是故，通过法社会学的田野调查对现实法运行状态进行"深描"，既要客观描述现象本身，也要描述现象背后的意义。为此，法社会学田野调查在描述时还注重运用整体系统的视角以及对比分析的方法。具体而言，法社会学田野调查在描述的过程中注重描摹法所在的整个社会背景，以便发现法在整个社会结构中的位置，从而对何为法以及法如何运转有一个完整的认识。[2]美国学者埃里克森的著作《无需法律的秩序——邻人如何解决纠纷》便是一个能体现法社会学田野调查描述方式的典型。作者在书中第一编"夏斯塔县"中详细介绍了作为田野调查地的夏斯塔县的自然地理环境及畜牧业状况，描摹出正式法令和邻人间非正式规范所处的整个社会背景。在此基础上，又通过对牲畜越界、栅栏维修和公路车畜相撞三种纠纷的细致叙述全面地呈现出夏斯塔县邻人运用团体内部自生的非正式规范实施社会控制、构建社会秩序的法生活状态。在详述邻人如何解决纠纷的过程中，作者结合了大量相关法律规范和案例，并分析了封闭牧区法令的效果，通过对比帮助读者进一步理解非正式规范产生的原因及其存在的合理性。[3]

总之，法社会学田野调查中的描述既要遵循尊重事实的基本原则客观真实地描述法现象，又要力图通过阐释性的解释描述法现象间的联系及其背后的意义。这种描述方式建立在社会学"深描"方法的基础上，侧重描摹现实中国家法和非国家法的运行实况，试图通过阐释性的描述明晰法在社会生活中的位置和意义，具有独特性。

〔1〕 参见澜清：《深描与人类学田野调查》，载《苏州大学学报（哲学社会科学版）》2005年第1期；徐榕：《解释人类学述评——关于格尔兹的深描观点》，载《百色学院学报》2007年第4期。

〔2〕 参见［美］E. 霍贝尔：《原始人的法》，严存生等译，贵州人民出版社1992年版，第2页。

〔3〕 参见［美］罗伯特·C. 埃里克森：《无需法律的秩序——邻人如何解决纠纷》，苏力译，中国政法大学出版社2003年版，第一编。

五、意义之特殊性：解释法问题

社会学家马克斯·韦伯认为，"社会学是一门解释性地理解社会行动并对其进程和结果进行因果说明的科学。"[1]因此，社会学研究的意义主要在于对社会行动给出"解释性理解"。社会学的田野调查要求研究者通过与研究对象互动来获得对其行为和意义建构的解释性理解，并试图根据人们对社会现象所赋予的意义来理解和解释社会现象。[2]法社会学同样注重解释田野中发现的法问题，并试图通过解释把握实践中法的发展趋势，在经验的田野中提炼并检验理论。

在具体阐述法社会学如何通过田野调查解释法问题之前，首先需要明晰社会学和法社会学解释视角的异同。法社会学对现实法问题的解释不同于直接以法律规范文本为对象的法律解释方法，它关注的并非生硬的法律文本而是活生生的法问题背后的社会因素。就此而言，法社会学田野调查的解释方式更接近于社会学的解释。但这并不意味着两门学科的解释方式完全相同。法社会学作为法学和社会学的交叉学科，其本身包含了社会学的解释视角与方法，但也因其法学研究的特性具有区别于纯社会学研究的独特视角。在我们看来。围绕法现象展开的社会学田野调查主要通过对人行为的解读探讨法，关注的重点在于"人们主观上人认同某些规范有效并在实际行动中遵从这些规范的这种社会行动机制具体如何呈现"。而法社会学的田野调查则是将法现象置于社会母体中，在法与社会的关系之中理解法，关注"什么样的东西能具有法律那样的内在效力"。以社会学和法社会学同样关注的多元纠纷解决机制为例。项飙教授在其著作《跨越边界的社区——北京"浙江村"的生活史》中描述了浙江村里发生的几起冲突，其中包括"自我化解""倒他的楣"等

---

〔1〕 参见［德］马克斯·韦伯：《经济与社会》（第1卷），阎克文译，上海世纪出版集团2010年版，第92页，转引自杨善华：《田野调查：经验与误区——一个现象学社会学的视角》，载《中国社会科学评价》2020年第3期。

〔2〕 杨善华：《田野调查：经验与误区——一个现象学社会学的视角》，载《中国社会科学评价》2020年第3期。

处理手段。对此，作者认为导致浙江村内纠纷解决模式的重要原因在于"系"的结构，即"不同于传统家族内部封闭的结构，浙江村是开放的，关系是不断变化和建构的，发展才是目标"。[1]这便是典型的从主体行为、社会关系、社会结构出发解释纠纷现象的社会学视角。同样针对非正式纠纷解决，以通过自忍化解纠纷为例，法社会学研究也要求调查者对自忍现象进行整体性的分析，其中可能会涉及对具体社会条件、行动者的心理因素乃至社会关系、社会结构等的考量。但除此之外，在法社会学的视野中，通过忍让解决纠纷的行为同样是当事人在意志自由的情况下基于理性的利益衡量对国家法和非国家法适用的价值选择的结果，其根本目的在于通过忍让化解纠纷使原本因纠纷影响而受损的社会关系和社会秩序得以恢复。[2]是故，通过法社会学的田野调查解释多元纠纷解决机制，不仅要解读当事人选择背后的原因，还需更进一步，挖掘出行为、现象背后隐藏的民众法意识以及国家法和非国家法的社会实效问题。

法社会学是在法与社会的关系中去研究法现象、解释法问题的。[3]因此，通过法社会学田野调查解释实践中的法问题也常常采用诸如结构主义、功能主义、互动论、交换理论、冲突论、系统论等社会学理论。以功能主义为例，功能主义的视角认为社会的每一个部分都对总体发生作用，由此维持了社会稳定。[4]在功能主义理论家眼中，法被视为实现一定社会目的的工具或进行社会控制的手段，这是基于法具有能够维护公共秩序、解决个人之间的争端和冲突的社会利益等的功能。在法社会学研究中，通过田野调查解释法问题本身也具有明显的功能主义色彩，这种解释关注民众真实的法需求，以理解问题、解决问题进而构建和谐的法秩序为目标。除了运用社

〔1〕 参见项飙：《跨越边界的社区——北京"浙江村"的生活史》（修订版），生活·读书·新知三联书店 2018 年版，第 251~252 页。

〔2〕 参见高其才主编：《当代中国纠纷解决习惯法》，中国政法大学出版社 2019 年版，第 188~189 页。

〔3〕 参见何珊君：《当代法社会学研究方法变迁的新特征》，载《贵州社会科学》2014 年第 1 期。

〔4〕 ［美］戴维·波普诺：《社会学》（第 10 版），李强等译，中国人民大学出版社 1999 年版，第 18 页。

会学理论解释法问题外，通过法社会学田野调查对现实法问题的解释还建立在法律多元主义理论的基础之上。与将国家颁布的制定法作为社会秩序和发展前提的"法律中心论"不同，法律多元主义中的"法"近似于格尔茨意义上的"地方性知识"[1]，包括国家制定法和各种习惯法，并且在发展的过程中逐渐突破了二者"二元论"的简单对立。从法律多元的视角出发，对实践中的法问题的解释也具有了多元的路径。我们不仅要关注国家法与非国家法既相互依存又相互冲突的动态互动关系，还要试图用整体性的视角将二者整合。这种整体性的视角要求在法社会学的研究中通过田野调查将法置于更大的生活场景中加以考察，辨别其与社会、文化、政治的关系，继而认识和理解法律以及法律行动的社会意义，并进而运用真正与民众法习惯、法生活相一致的法来有效解决生活中的法问题。[2]

总之，田野在容纳了多元理论的同时也为新理论的孕育发展提供了土壤。法社会学研究是"向下"的，而田野调查则为这种"向下"的研究提供途径与动力，帮助研究者从实践中发现真实的、有意义的问题，发现影响人的行为和制度运作的变量中具有普遍意义的因果关系，继而从实际中生产出具有解释、预测和控制人的社会活动的理论。[3]用法与社会互动的视角理解法问题，再用多元的理论解释法问题，是法社会学田野调查的特殊意义之所在。

六、目标之具体性：构建法秩序

秩序是社会学和法学共同的主题。社会学的创始人孔德就曾把社会秩序和社会进步作为社会学研究的基本问题。但单从社会学理论出发讨论社会秩序是空泛的，因为秩序总是与一定的规则相联系，

---

[1] 人类学家格尔茨提出法律是一种地方性知识，地方性不仅在于空间、实践、阶级以及其他许多方面，更在于它的腔调，即对所发生的事实赋予一种地方通俗的定性，并将之联系到当地关于"可以不可以"的通俗观念。参见 [美] 克利福德·格尔茨：《地方知识——阐释人类学论文集》，杨德睿译，商务印书馆 2016 年版，第 344 页。

[2] 参见王启梁：《法学研究的"田野"——兼对法律理论有效性与实践性的反思》，载《法制与社会发展》2017 年第 2 期。

[3] 参见 [美] 罗伯特·C. 埃里克森：《无需法律的秩序——邻人如何解决纠纷》，苏力译，中国政法大学出版社 2003 年版，译者序第 18 页。

需要依靠规则作为内部支撑。法社会学试图通过田野调查，观察、描述、解释国家法和非国家法在社会中的运行实效，维持二者间的互动平衡，继而构建良善的法秩序。具体而言，实现法社会学田野调查构建法秩序之目标主要通过两种路径：一为借助田野经验了解社会需求，完善法制度；另一为通过田野调查理解法运行实况，规范法实施。

法律秩序是以法律规范体系为前提，通过法律调整，并与社会其他因素交互作用，从而实现个人与社会、个人与国家之间关系有序化的过程与结果。[1]因此，构建和谐有序的法律秩序首先依托于一套完善的法律规范体系，而法律规范体系则主要通过立法将对社会关系的构建要求以法律关系的形式表达出来。[2]是故，通过立法手段完善法制度是构筑法秩序的关键环节。然而，能够实际助力于法秩序建设的立法并非从理论到理论的过程，而是需要借助田野经验，充分考察社会需求。换言之，法律规范体系的构建应当以实际需求为基础，其完善也必须经过实践的检验方能真正做到"对症下药"。国家法在实际落实的过程中常常错位、走样甚至出现与立法原旨相悖的后果。主要原因还在于规则的制定者未能把握法与社会、国家法与非国家法的关系，对民众的需求了解不足，缺少对制度践行过程中社会因素的充分考量，导致理想化的制度在实践中水土不服。因此，完善法制度需要运用法社会学的研究视角，通过田野调查了解民情民意，考察社会分工、家庭关系、宗族传统、风俗习惯等对主体间法律关系的影响。比如在我国少数民族地区、农村地区往往由其团体内部成员普遍认可并遵守的非正式规范构筑区域内的法秩序。在这种内部团体中，争议解决并不依赖官方途径，而是在充分考虑人情关系、个人利益甚至迷信思想的基础上选择私了、调解或自忍。如若想要实现国家对少数民族地区的有效调控，就需要从立法及制度设计层面重视习惯法的力量并适当吸纳借鉴习惯法以

〔1〕 杨力：《社会学视野下的法律秩序》，山东人民出版社 2006 年版，第 31 页。

〔2〕 参见黄建武：《法律关系：法律调整的一个分析框架》，载《哈尔滨工业大学学报（社会科学版）》2019 年第 1 期。

完善法制度。例如，我国彝族地区的德古调解是彝族习惯法运用的重要表现，德古在民间纠纷调解中发挥着比法院更大的作用。近年来新型德古调解成为适合彝区的人民调解新模式，即由人民调解委员会将德古聘任为人民调解员，将传统德古调解变有偿为无偿、变随意为规范、变依风俗为依法理、变口头协议书为书面调解文书，确保德古调解在彝区矛盾纠纷的合法性。[1]这种将少数民族地区纠纷解决习惯法与国家司法制度相结合的方式提高了纠纷调解的成功率，建立了国家法与非国家法的互动平台，有利于完善法律制度、构建良好的法律秩序。

法实施既包括国家法通过司法、执法、守法和法律监督等途径在社会生活中被贯彻实施，也包括非国家法在现实生活中的运行活动。法实施的过程也是通过国家法和非国家法实现社会控制的过程。在法社会学的田野调查中，我们需要讨论不同的社会控制在秩序形成中的相互关联、运作，寻求不同社会控制之间相互协调的可能，进而构建和谐稳定的法秩序。[2]以司法实践中长期打击却未获良好成效的拐卖妇女儿童现象为例。2022年初"丰县八孩事件"促使法学界围绕是否应当提高收买被拐妇女罪的刑罚展开讨论。从法社会学的研究视角出发，对于其中呈现出的诸如拐卖现象背后究竟被何种意识或需求支撑、当地政府在"打拐"时究竟遇到哪些困难、拐卖犯罪究竟为何在法院立案难等问题，都应当进入田野去发现事实，寻找问题症结之所在。在社会学研究中，作为越轨行为的拐卖现象是社会结构紧张导致的。而法律作为一种正式的社会控制手段，面对拐卖犯罪，其所能调动的资源是有限的，即使能在一段时间内通过全国性的集中打击等解决部分相关问题，但也只能是暂时的。[3]此外，法律实施的过程中总会无可避免地依靠现存的社会秩序并受

---

〔1〕 何真：《从传统德古调解到新型德古调解》，载《西南民族大学学报（人文社会科学版）》2012年第2期。

〔2〕 参见王启梁：《迈向深嵌在社会与文化中的法律》，中国法制出版社2010年版，第180页。

〔3〕 参见王启梁：《正式社会控制为何失败？——对云南平县拐卖妇女现象的田野调查》，载《中国农业大学学报（社会科学版）》2007年第2期。

其限制，因此，非正式社会控制往往发挥着更重要的作用。在拐卖人口犯罪多发地，结婚生子传香火的刚性需求已成为当地人遵守的普遍共识，拐卖也并不总是被人们视为不法行为。而当现有的法律制度无法抵抗社会中普遍存在的流动需求、无法处理民间法律意识与国家法律观的冲突时，制定法自然无法穿透底层社会的固有秩序，甚至会被其形塑而扭曲变形，违法犯罪行为也就必然继续存在。面对这种司法实践困境，通过法社会学的田野调查能够更直接了解到现实的社会需求与民众的法意识，挖掘到制定法推行过程中的阻碍，从而以事实为基础，逐步消解障碍、平衡正式和非正式社会控制的互动关系、穿透落后的秩序并建立和谐稳定的法秩序。此外，在规范法实施的过程中，我们需要意识到国家法的推行并不必然导致非国家法效力的式微，民众对于自身利益的需求导致两种规范在实践中更多呈现配合、补充的互动趋势。国家法在被执行、适用、遵守、监督的过程中需要结合对非国家法运行实效的考量，参考并适当吸纳非正式规范。例如，在现实执法中协调法律与农村、民族地区复杂的实际情况，在司法过程中将民间纠纷解决制度适当纳入现有的司法体系中强化调解，在促进公民守法时充分考量民众的法律意识、风俗习惯、利益需求等，在国家与民众之间、国家法与非国家法之间建立沟通、协调的互动平台。通过法社会学的田野调查，国家法和非国家法在实施过程当中互相影响、相互补充、彼此规范，将人与人之间的权利义务关系转化为现实的法秩序。

　　总之，正如埃里克森所说，"法律制定者如果对那些促进非正式合作的社会条件缺乏眼力，他们就可能造就一个法律更多但秩序更少的世界"。[1]法秩序的构建过程中，国家法与非国家法并非排斥、独立、改造的关系，而是相互妥协和整合。法社会学的田野调查将研究的目光投向现实的社会生活，通过经验研究尽可能地减少不合理的法律带来的社会矛盾，使法律达到预期的效果，进而构建和谐稳定的法秩序。

---

　　〔1〕 ［美］罗伯特·C. 埃里克森：《无需法律的秩序——邻人如何解决纠纷》，苏力译，中国政法大学出版社 2003 年版，第 354 页。

七、结语

社会学的田野调查方法为法社会学研究法与社会搭建了沟通的桥梁。但随着法社会学的不断发展、法社会学田野调查的不断深入，原本依托于社会学田野调查方法的法社会学田野调查逐渐形成了独属于自己的特质，具有了能独立于社会学田野调查并与之对话的可能性。本文尝试从对象之针对性、场域之特定性、方式之独特性、意义之特别性、目标之具体性五方面概括法社会学田野调查的特质，根本目的并不在于从形式上对法社会学田野调查与其他学科田野调查方法作表面的区分，而是希望能够通过分析法社会学田野调查的独特性进一步明晰法社会学田野调查的本意及法社会学的研究主题。

当然，任何方法都有其优势、独特的价值，也有其局限和缺陷，法社会学田野调查也不例外。能否保持调查的客观性和科学性、如何处理调查者与被调查者间关系、调查对理论的意义何在等都是目前法社会学研究者在进行田野调查时需要反复思考的问题。此外，随着社会的发展，法社会学的田野调查也面临着与人类学、社会学田野调查相似的困境，即虚拟网络空间、人工智能等的出现使得原本强调实地观察、面对面交流的田野调查方式或许已经不足以掌握当代复杂流动的现象。如何让法社会学的田野调查在保持其原本价值和原则的同时顺应时代发展潮流是研究者们亟需解决的另一问题。但是，对法社会学田野调查特质的理解能够启发我们对中国社会本土法问题进行更深入的思考。更重要的是，通过把握法社会学田野调查的特质并将其所要求的包容多元、尊重事实、多角度思考等品质与能力内化于心，外化于行，能够带领我们从书斋走向田野，继续探索更多生动灵活的法律现实。

附 录

习惯法调查方法研究综述

仇晨溢

一、习惯法调查方法研究背景

日本法律人类学家千叶正士曾指出，"法律多元在当代的存在已成为一个不争的事实"。[1]在法律多元主义理论的视角下，多种法律制度和法律文化处于共存的状态。清华大学高其才教授深耘于国内习惯法研究，曾指出"习惯法是独立于国家制定法之外，依据某种社会权威和社会组织，具有一定的强制性的行为规范的总和"。[2]然则习惯法正是法律制度运行进程中的一种主要规范，与国家法的共存构成特定时空人所赖以生产生活的制度条件、政治国家所必须面对和处理的制度生态，[3]也在一定程度上弥补了国家法所遗留的规范罅隙，把触角伸往国家法难以奏效之处。[4]

但是，与国家制定法不同的是，习惯法在很多情况下并非以成文的形式出现，而是生活中具象规则的灵动展现，具备较为明显的

---

〔1〕 ［日］千叶正士：《法律多元：从日本法律文化迈向一般理论》，强世功等译，中国政法大学出版社1997年版，第2页。

〔2〕 高其才：《法理学》（第4版），清华大学出版社2021年版，第80页。

〔3〕 参见李可：《习惯法：理论与方法论》，法律出版社2017年版，第120~121页。

〔4〕 参见杨经德：《回族伊斯兰习惯法研究》，宁夏人民出版社2006年版，第5页。

本土特质，[1]因此难以轻易获取习惯法内容及信息，这便反映了习惯法调查方法的必要性。同时，考虑到习惯法调查须有包含操作规程、人员配备、经费来源等在内的周密组织，[2]没有适格的习惯法调查方法，也会对习惯法调查及后续的研究形成阻碍。那么，学者欲了解真实世界中的习惯法的具体内容、运用方式，便须通过科学、合理的习惯法调查方法，以高效的方式，尽可能贴近习惯法的真实样态特征，寻觅习惯法内在的逻辑内涵和乡土联结。

二、习惯法调查方法之类型研究现状

论及有关习惯法的既有研究，学者们或聚焦于某一特定民族、特定地域，或采用域内和域外、乡土和城市之二分视角开展空间维度的习惯法研究，抑或是从传统、现代之二分视角实施时间维度的习惯法研究，此外还有针对部门习惯法（如刑事习惯法、民事习惯法）等开展的特定研究。不同的学者亦有从法律社会学、法律史学、法律人类学、文化人类学、制度经济学、历史社会学视角、社会学结构——功能主义视角等，展开习惯法研究。虽然习惯法研究的方式、方法丰富且多样，但言之习惯法具体的调查方法，鲜见现存的直接研究。

诚然，类型是人类思维的方式之一，[3]类型思维在系统化整理、提炼内容上颇有功效，能够使特定范畴内的"概念群"彼此之间逻辑连贯、层次明了、易于理解。考虑于此，我们将在广泛阅读、参考有关习惯法著作的基础上，提炼出有关习惯法调查方法的内容，并进行系统的习惯法调查方法类型整理。需要说明的是，下述习惯法调查方法之类型，并非绝对的非此即彼关系，而是在一些具体情境下可以结合使用，以实现全过程、有逻辑的习惯法调查。[4]

---

[1] 参见高其才主编：《当代中国的非国家法》，中国政法大学出版社 2015 年版，第 7 页。

[2] 参见苗鸣宇：《民事习惯与民法典的互动——近代民事习惯调查研究》，中国人民公安大学出版社 2008 年版，第 110 页。

[3] 高其才：《中国习惯法论》（修订版），中国法制出版社 2008 年版，第 18 页。

[4] 下述每一种具体的习惯法调查方法，其中举例系为突出该方法的实践与应用，并非说明该例仅限于该方法。

本文所述习惯法调查方法，大体上可以分为田野调查和文本调查两大类别。其一，田野调查通常需要调查者本身实际参与到调查地，身临其境地参与到被调查者的生活之中，观察学习当地的生活习俗等内容，以获取相对充足且真实的习惯法材料，[1]这一方法甚至被视作"现代人类学的基石"，[2]其可以合理应对文本材料尚缺的情况，主要包括参与观察法、访问调查法、问卷调查法。学者索南才让在研究藏传佛教对藏族传统习惯法的影响时，曾调查发现现在的部落习惯法主要以口头形式存在，[3]此时田野调查便能够适时发挥其效用。其二，文本调查则需要调查者通过已有的相关文献材料，扩充其对习惯法的知识储备，主要包括规范调查法、文献阅读法、案例分析法。

当然，田野调查、文本调查这两大类调查方法，应该结合使用，通过田野调查印证、补充文本材料，在全面解读文本的基础上，发现问题、并通过田野调查回应问题[4]。在某些情况下，田野调查和文本调查之间可以参照一定的顺序：如文本调查（如文献阅读法等）能够为田野调查（如参与观察法、访问调查法等）提供便利；学人黄瑶长时间收集与查阅有关布依族婚姻家庭习惯法的书籍、论文等文献资料，为其之后走向真实的田野、开展实地访谈调查构建了框架以及客观理论支撑，[5]以达到习惯法调查研究循序渐进的效果。

（一）田野调查

1. 参与观察法

参与观察法，在调查方法层面类似于实地研究，调查者可以通

---

〔1〕 参见管能杰：《德宏州H寨傣族习惯法调查研究》，贵州民族大学2023年硕士学位论文，第5页。

〔2〕 ［美］C. 恩伯、M. 恩伯：《文化的变异——现代文化人类学通论》，杜杉杉译，辽宁人民出版社1988年版，第98页。

〔3〕 参见索南才让：《藏传佛教对藏族传统习惯法的影响研究》，民族出版社2011年版，第1页。

〔4〕 参见高其才：《探寻秩序维持中的中国因素——我的习惯法研究的过程和体会》，载《云南大学学报（法学版）》2007年第3期。

〔5〕 参见黄瑶：《黔西南州望谟县布依族婚姻家庭习惯法研究——以新屯寨为调查样点》，厦门大学2018年硕士学位论文，第6~7页。

过在自然状态下直接观察社会群体和个人的实际表现，从而对习惯法内容有更加丰富、生动的理解。[1]当然，参与观察法常与访问调查法结合使用，二者的区分主要为：前者系具有整体意义上的静态性和现场性；而后者以动态的互动为鲜明特征，且不严格受限于现场。

参与观察法对调查者的要求，反映在调查的前、中、后三个阶段：在调查前，调查者需要查看相关的书面资料，和所计划调查区域的人员建立沟通和联系，拟定具体的调查大纲。在调查中，调查者需要走出书斋、深入当地、注重观察、亲身体验、了解实情，"多采用描述的方法，着意记录那些实际发生的行为所依据的模式"，[2]从而掌握第一手资料；点面兼顾、对不同规模的区域统筹调查、选择有代表性者予以分析。在调查后，调查者需要以撰写调查报告等形式，对调查的过程及结果进行总结。[3]

参与观察法的优势，主要有三点体现：其一，通过对材料的亲身接触、体认，调查者可以加深对习惯法的印象与感悟，在感受鲜活生活的同时，也认识到习惯法更本质性的问题，从而进一步领悟到习惯法的现状。[4]其二，由于习惯法本身非以成文化为典型特点，有时参与观察法便为合理"拜谒"习惯法的径路；举例以明之，土家族村寨习惯法，"以不成文法居多，表现为口头传录和行为继承"，[5]基于此，对其开展研究也以参与观察为宜，通过日常观察人之行举、以进一步感受习惯法的内涵所在。其三，在参与观察的过程中，调查者不仅可以理解习惯法观念、习惯法规定、习惯法行为，亦可以通过某些具象的实物形态、进一步了解习惯法；在现实生活中，许多少数民族（诸如瑶族、侗族）采用石、木等作为习惯法的表述形

〔1〕 参见高其才主编：《当代中国的非国家法》，中国政法大学出版社 2015 年版，第 153 页。

〔2〕 吴大华、潘志成、王飞：《中国少数民族习惯法通论》，知识产权出版社 2014 年版，第 11 页。

〔3〕 参见李鸣：《碉楼与议话坪——羌族习惯法的田野调查》，中国法制出版社 2008 年版，第 6~7 页。

〔4〕 参见高其才：《瑶族习惯法》，清华大学出版社 2008 年版，第 13 页。

〔5〕 冉春桃、蓝寿荣：《土家族习惯法研究》，民族出版社 2003 年版，第 54 页。

式和象征体，亦有实例印证人们通过棍、竹、木所划口子之数量多寡来作为判断胜诉与否的依据，足见习惯法实物形态的现实适用性及价值[1]，这一点优势之感受在参与观察法的角度下将会比较明显。总而言之，参与观察法能够帮助调查者尽可能完整、真实地把握某一习惯法。而视之参与观察法的劣势，主要可以描述为调查成本高、耗费时间周期长。

学者们也曾在开展田野调查和实证研究时，充分使用了参与观察法。中国政法大学李鸣教授幼时曾长时间生活在羌族地区，在外地工作后，从1994年起，又先后多次深入羌族地区作田野调查[2]，这为其更好地进行参与观察奠定了基础。清华大学法学院高其才教授以连续观察为基础，十年如一日，在广西壮族自治区金秀瑶族自治县开展实地田野调查，对金秀的习惯法由好奇、生疏到渐渐熟悉、亲切。[3]南京师范大学王丽惠副教授欲了解民间佛教信仰的习惯规范，在浙江省宁波市岑村进行了为期一个月的驻村调查，这为其更好地实施参与观察提供了现实基础[4]。江苏大学魏小强副教授通过参与观察某市多所医院的就诊秩序，助其进一步描摹城市习惯法的秩序功能，"说明习惯法如何为城市陌生人之间的社会关系和社会秩序提供规范依据"。[5]宁波大学李学兰教授生活在素以商帮著称的沿海港城，深受传统商业文化之熏陶，亦切身感受到当地民营经济高速发展所带来的深刻社会变化，加之对故乡的天然情愫、以及资料搜集的便利条件，[6]中国商人团体习惯法的调查研究得以按需开

---

〔1〕 参见高其才：《乡土法学探索：高其才自选集》，法律出版社2015年版，第237页。

〔2〕 参见李鸣：《碉楼与议话坪——羌族习惯法的田野调查》，中国法制出版社2008年版，第8页。

〔3〕 参见高其才：《习惯法的当代传承与弘扬——来自广西金秀的田野考察报告》，中国人民大学出版社2015年版，第4页。

〔4〕 参见高其才主编：《当代中国的非国家法》，中国政法大学出版社2015年版，第210页。

〔5〕 参见高其才主编：《当代中国城市习惯法》，中国政法大学出版社2020年版，第218~219页。

〔6〕 参见李学兰：《中国商人团体习惯法研究》，中国社会科学出版社2010年版，第18页。

展。此外，"礼物交换规范产生于频繁的礼物交换实践"，[1]学人秦静静出生并成长于内蒙古东北部黎明村，其能够通过日常的参与观察，进一步了解礼物交换这一非国家法意义上的社会交往习惯法。学人杨家佳为透过田野调查了解当地真实情况，在小黄村与当地村民同吃、同住、同劳动，[2]以充分发挥参与观察法在小黄村侗族习惯法调查上的优势。

2. 访问调查法

访问调查法，亦名为访谈法、访问法，其较之参与观察法，是一种调查者以对话方式、有计划地同当地人沟通、从而快速获取习惯法内容的调查方法，包括实地走访、座谈、讨论等形式[3]，也分为结构式访问、半结构式访问、非结构式访问三种子类型。总体观之，访谈法要求调查者需要根据大致的调查研究计划，以访问者的身份，同受访者之间进行互动，由访问者确定对话的方向所在，并适时提出具象、特殊问题加以追问。[4]因而，访问调查法突出了习惯法环境下人认知的重要性，"法学即人学，习惯法的研究说到底就是对处于习惯法中的人的研究"，[5]海南大学韩立收教授此言也印证了访问调查法的现实价值所在。

对于访问调查法的要求而言，其一，事先准备具有必要性。中央民族大学田艳副教授在正式进入田野调查前，便事先准备调查提纲，采用提问式方法，以入户访谈为主、辅之以座谈会，从而收集到真实的第一手资料。[6]其二，访问调查法不是机械的、"一问一答"式的问答程序，而是调查者与受访者之间双向交互的动态过程。

---

〔1〕 高其才主编：《当代中国的非国家法》，中国政法大学出版社 2015 年版，第 4 页。

〔2〕 参见杨家佳：《小黄村侗族习惯法田野调查研究》，贵州民族大学 2019 年硕士学位论文，第 5 页。

〔3〕 参见马旭东：《回族民商事习惯法研究》，宁夏人民出版社 2015 年版，第 7 页；吕志祥：《藏族习惯法：传统与转型》，民族出版社 2007 年版，第 325 页；袁翔珠：《"少数民族习惯法"课程体系在西部民族地区高校的建构》，中央民族大学出版社 2009 年版，第 10 页。

〔4〕 参见高其才主编：《当代中国的非国家法》，中国政法大学出版社 2015 年版，第 152 页。

〔5〕 韩立收：《不落夫家：黎族传统亲属习惯法》，法律出版社 2015 年版，第 363 页。

〔6〕 参见田艳：《少数民族习惯权利研究》，中央民族大学出版社 2013 年版，第 15 页。

调查者倾听受访者的讲述，"不仅是异文化的习得过程，也是一个双方互动、沟通和交流的过程，因为作者可当场修改、补充、感受当时的语境或参与仪式，观察到族群认同的现场情况等，这其实就是一个活生生的'文化展演'"。[1]其三，访问调查法因其具备亲历性和现场性的特质，对录音、录像等记录手段也就有了需求，虽然访问时录音、录像"可以防止漏记或者笔误"，[2]但是能否录音、录像需要经过受访者的同意。

访问调查法在一定程度上可以帮助调查者直接获取所欲调查研究的习惯法内容，提升整体调查研究的效率。但是，访问调查法的这一优势也伴随着不足之处，主要反映在访问结果的片面性和真实性有待斟酌和考究。为尽量弥合访问调查法在数据样本上可能存在的"误差罅隙"，除了满足前述三项主要要求外，还需进一步对访问调查法予以规范化。详言之，访问调查法一方面要求调查者选取的访问对象要与所调查的习惯法规范有密切的相关度和一定的权威性（如对"民间权威人士"或"乡土法杰"等群体进行访问），或者系当地政府部门等公权力机关。譬如西北师范大学马敬副教授在考虑到对象的典型性、历史悠久性、规模合理性、运行习惯法规范的大体相同性等因素后，经斟酌选择与清真寺内主要工作人员和教职人员进行访谈，以形成有关"当代清真寺组织运行习惯法、财务运行习惯法、大型宗教活动运行习惯法"研究；[3]西南政法大学陈金全教授在凉山田野调查时接触过几十位德古，大多是仪表堂堂、举止高雅、知识渊博者，助其调查清楚彝族习惯法的规定及运作；[4]覃主元、刘晓聪在著作中指明"瑶老、寨老、石牌头人就是威权的象征

---

〔1〕 姜歆：《中国穆斯林习惯法研究》，宁夏人民出版社 2010 年版，第 366 页。

〔2〕 周相卿：《黔东南雷公山地区苗族习惯法与国家法关系研究》，民族出版社 2014 年版，第 28 页。

〔3〕 参见高其才主编：《当代中国的非国家法》，中国政法大学出版社 2015 年版，第 83 页。

〔4〕 参见陈金全主编：《西南少数民族习惯法研究》，法律出版社 2008 年版，第 21~22 页。

和习惯法的化身"，[1]那么对这些民间权威人士或乡土法杰等群体进行访问调查有助于加深对瑶族习惯法内容的理解；学人刘利卫赴甘南藏族自治州，曾走访法院、检察院、人大、政协等政府部门，从公权力机关处收集相关第一手资料[2]。另一方面，还应根据调查研究的实际需要，对不同群体采取分类化访问调查，适时增大调查的群体范围，提升调查的全面性、真实性和科学性，如学人刘帅为对分家析产习惯法的变迁进行全面考察，对不同年龄段的人群分别进行具体访问，又对熟谙调解事务的调解主任进行多次的深入访问，[3]在提升访问调查效率的同时、也增进了调查研究的深度和精度。

在现实的习惯法调查中，学者们亦愿意使用访问调查法，青睐此法以交互的方式获取所亟需的习惯法资料。贵州省社会科学院吴大华教授曾指出，基于侗族习惯法研究的就是"侗族草根"，与侗学、民族法学的学科特殊性密不可分，则调查者需要反复深入侗族地区，调查和征求德高望重的侗族老人的意见，"体验由血缘、地缘、体质和生计构成的生物性特征和由制度、语言文字、宗教信仰构成的法文化特征，并在此基础上阐释侗族习惯法的价值意义"。[4]西南政法大学陈金全教授、凉山州民族研究所巴且日伙副研究员等人，曾通过访问调查法，从凉山的彝族"德古"和"知情人"中收集到内容极为丰富的案例和习惯法规则。[5]此外，学人陆诚捷为分析驾校教练收礼规范，通过与教练及相关工作人员进行深度对话，[6]发挥访问调查法的现实作用价值。

---

〔1〕 覃主元、刘晓聪：《瑶族习惯法与社区控制和法治秩序构建》，民族出版社 2014 年版，第 10 页。

〔2〕 参见刘利卫：《甘南藏族婚姻家庭习惯法调查研究》，兰州大学 2009 年硕士学位论文，第 3 页。

〔3〕 参见高其才主编：《变迁中的当代中国习惯法》，中国政法大学出版社 2017 年版，第 139 页。

〔4〕 参见吴大华等：《侗族习惯法研究》，北京大学出版社 2012 年版，第 408 页。

〔5〕 参见陈金全、巴且日伙主编：《凉山彝族习惯法田野调查报告》，人民出版社 2008 年版，第 2 页。

〔6〕 参见高其才主编：《当代中国的非国家法》，中国政法大学出版社 2015 年版，第 152~153 页。

3. 问卷调查法

问卷调查法，作为一种特殊形式的访问调查法，其访问调查的内容有固定模板，且具备格式化的特征。诚如此，这也反映了访问调查法在某些情境下可以突破空间的限制，以克服调查者本人由于现实原因、未能亲历田野现场进行参与观察或者田野访问的限制，并让问卷充当"身入田野的象征"。另外，问卷调查法可以弥补访问调查法在效率上的局限性，学人何修齐将事先设计好的问题通过微信或邮件，发给接受问卷调查的对象，而对于经验比较丰富的调查对象，则再进行一对一、更深入的采访，以更为充分的视角了解网络时代多元交流途径对传统礼法秩序的冲击。[1]同时，也正是因为问卷调查法所涉调查内容的固定性，获取的习惯法内容势必有其片面性、局部性的问题，这一劣势带来的消极影响也需在同其他习惯法调查方法的结合使用中得以缓解。

然则，调查者为提升获取习惯法内容的效率，也愿意在田野调查时使用问卷调查法，从而获取一些具有普遍性特质的习惯法信息。兰州理工大学吕志祥教授曾在甘南开展问卷调查，发放调查问卷 500 份，回收有效问卷 441 份，这可作为其切入调查、研究藏族习惯法的第一手资料。[2]基于问卷调查法所带来的裨益，周世中教授在广西金秀县六架屯、六段村、三角屯等地进行了详实的问卷调查工作，并根据问卷调查数据展开分析统计，为其调查研究广西瑶族习惯法提供了丰富的现实资源。[3]

（二）文本调查

1. 规范调查法

规范调查法，是一种从规范文本中获悉习惯法内容的习惯法调查方法。参与观察法、访问调查法、问卷调查法，侧重从具体的实

---

〔1〕 参见高其才主编：《变迁中的当代中国习惯法》，中国政法大学出版社 2017 年版，第 34~39 页。

〔2〕 参见吕志祥：《藏族习惯法：传统与转型》，民族出版社 2007 年版，第 325~338 页。

〔3〕 参见周世中等：《广西瑶族习惯法和瑶族聚居地和谐社会的建设》，广西师范大学出版社 2013 年版，第 191~226 页。

践中以观察或访问等方式，努力实现与习惯法第一手材料的互动；那么，规范调查法侧重于在既有的规范文字中调查、寻觅"第二手"的习惯法。

在现实生活中，习惯法的内容时而以乡规民约、村规民约等形式，展现为具文。那么，乡规民约、村规民约等，自然也会成为学者洞悉习惯法规范的一大路径，其中不乏学者使用该法加深其对于某一特定习惯法的认知。高其才教授曾以六巷乡为考察对象，对村规民约中的瑶族习惯法因素进行研究和分析，以进一步讨论瑶族习惯法在当今瑶族地区的具体影响，对瑶族习惯法的现实表现有更全面的理解。[1]学人王艳玲在进行雷山地区苗族相邻关系习惯法研究时，考察到雷山地区苗族郎德上寨、大塘镇鸡鸠村、丹江镇乌东村等将邻里关系制定在村规民约中的现象，[2]这为其继续调查研究提供了一个合理的方法路径。学人张璐在研究有关"外嫁女"权益的习惯法规定时，通过提供的资料，摘录了光泽县鸾凤乡梅树湾村的村规。[3]学者张双智主编的《清代苗疆习惯法》中记录了贵州有关各少数民族乡规民约（如《曾家庄〈禁约总碑〉》《水淹凼四楞碑》等），[4]也是当地习惯法规范的映照。当然，除了以乡规民约、村规民约形式呈现的习惯法，生活中还存在着众多诸如学校管理规范章程等习惯规则，学人何修齐便曾对《北方大学学生会学习部管理规范章程》进行文本分析，以寻得明文规定中的问题和隐藏的道理。[5]

在乡规民约、村规民约等规范之外，习惯法编纂而成的法典愈

---

〔1〕 参见高其才：《习惯法的当代传承与弘扬——来自广西金秀的田野考察报告》，中国人民大学出版社 2015 年版，第 173~211 页。

〔2〕 参见王艳玲：《雷山地区苗族相邻关系习惯法研究——以三个行政村为例》，贵州民族大学 2018 年硕士学位论文，第 15~17 页。

〔3〕 参见高其才主编：《当代中国的非国家法》，中国政法大学出版社 2015 年版，第 112 页。

〔4〕 参见张双智、陈洪毅编著：《清代苗疆立法史料选辑：第五册·清代苗疆习惯法》，北京联合出版公司 2018 年版，第 1~40 页。

〔5〕 参见高其才主编：《变迁中的当代中国习惯法》，中国政法大学出版社 2017 年版，第 31 页。

能体系性地展现习惯法的框架和内容。习惯法编纂，系"官方或者民间人士通过广泛地对某地区或某社会群体习惯法的调查研究，对所收集的散乱的习惯规则进行系统地整理、分类、评注、编辑出版册的活动"。[1]虽然习惯法调查一般针对的是有待发掘的习惯规则，且习惯法编纂多被视为习惯法调查的后续工作，但在某些情况下习惯法编纂不失为学人了解习惯法内容的一种"捷径"。譬如，民国初年开展的大规模民商事习惯调查，最终呈现《中国民事习惯大全》《民商事习惯调查报告录》等成果，这为学人发掘中国固有的传统民事习惯提供了调查内容上的便利和调查方法上的启发。[2]

2. 文献阅读法

文献阅读法与规范调查法有相似之处，两者均从静态的文本中寻找习惯法的相关内容；但就文本的来源及范畴而言，文献阅读法的对象并非规范，而是与习惯法相关的古书典籍、文书契约、调查资料、研究成果、档案记录、民族志、族谱、地方志等材料，[3]其范围更为广泛。譬如，唐朝樊绰所著《蛮书》便记载了习惯法对通奸者的处罚："嫁娶之夕，私夫悉来相送。既嫁有犯男子，格杀无罪，妇人亦死。或有强家富室，责资财赎命者，则迁徙丽水瘴地，终弃之张，法不得再合。"再如明清时期，方亨咸的《苗俗纪闻》、陆次云的《峒溪纤志》记录了用手在沸水中或沸油中取出斧头、视其烫伤状况来裁决的神判习惯法。[4]凉山彝文古籍《尔比特依》在记载彝族重要史料之外，也汇集了习惯法的内容。[5]在历史文献和苗族的"理歌理词"中，对苗族习惯法的形成、发展有所涉及，这

〔1〕 姜世波、王彬：《习惯规则的形成机制及其查明研究》，中国政法大学出版社2012年版，第268页。

〔2〕 参见姜世波、王彬：《习惯规则的形成机制及其查明研究》，中国政法大学出版社2012年版，第269页；苗鸣宇：《民事习惯与民法典的互动——近代民事习惯调查研究》，中国人民公安大学出版社2008年版，第107~110页。

〔3〕 参见雷伟红：《畲族习惯法研究——以新农村建设为视野》，浙江大学出版社2016年版，第4页。

〔4〕 参见高其才：《乡土法学探索：高其才自选集》，法律出版社2015年版，第225页。

〔5〕 参见陈金全主编：《西南少数民族习惯法研究》，法律出版社2008年版，第30页。

能够为苗族习惯法的调查提供相关的文献来源。[1]

需要明确的是，在使用具体的文献进行习惯法调查时，需要甄别文献内容的可靠性，不能盲目采信文献中对习惯法内容的描述。韩立收教授指出，有关海南少数民族研究的资料总的来说比较少，不少内容尤其是历史早期的内容，往往属于民俗内容的简单描述，且不少资料包含对少数民族文化的误解及偏见。[2]如此，未进行鉴别、径行加以参考使用相关文献材料的做法，就如同将达摩克利斯之剑悬在上方，可能会对习惯法的调查研究带来潜在的不利影响。

诚然，论及其优势，文献阅读法作为习惯法的一种社会历史调查方法，能够发掘出曾为现世人所淡忘的习惯法规则，充实习惯法的规范体系。但其不足之处是所费时间和精力较多，在浩如烟海的文字海洋中寻找习惯法的蛛丝马迹，一般的学人难以企及，或者谓之有心而无力。

虽然文献阅读法在操作上存在一定的困难，但是瑕不掩瑜，学者们通过广泛的文献材料以调查研究习惯法的并不在少数。在从事有关黎族习惯法研究时，海南大学叶英萍教授将古书典籍类（如宋朝的《太平寰宇记》、清朝的《治黎辑要》）、文书契约类、调查资料类（如《海南岛民族志》《黎族法制与和谐社会田野调查》）、研究成果类（如刘咸的《海南岛黎人刻木为信之研究》）等作为该习惯法研究材料的简要分类叙录，进而开展详细研究。[3]清华大学高其才教授指出习惯法的调查研究需要具备开阔的视野，"除了正史资料、官方文献、典章制度外，党政文件、地方档案、碑刻、族谱、契约文书、方志、笔记文集、小说戏曲、口碑资料等，都应成为我们思考中国习惯法、中国秩序的材料"。[4]学人刘帅从山东省济南

---

〔1〕 参见邹渊等：《贵州少数民族习惯法调查与研究》，中央民族大学出版社 2014年版，第 33 页。

〔2〕 参见韩立收：《天涯海角的老规矩——海南少数民族传统习惯法研究》，法律出版社 2018 年版，第 8 页。

〔3〕 参见叶英萍：《黎族习惯法——从自治秩序到统一法律秩序》，社会科学文献出版社 2012 年版，第 8~13 页。

〔4〕 参见高其才：《中国习惯法论》（修订版），中国法制出版社 2008 年版，第 14~15 页。

市历城区的档案馆找寻到历城区区志等资料，为其调查研究改革开放以来分家析产习惯法的变迁提供了更为充实的文献资料。[1]学人李阳华查阅西藏乃东县（今山南市乃东区）珍藏的藏族习惯法史料，涉猎大量书籍，并从中深刻感受到藏族习惯法的内容及重要性。[2]

3. 案例分析法

案例分析法，系调查者通过相关的具体案例、要旨及其所指向的习惯规则来进一步了解习惯法内容的习惯法调查方法。观该方法之价值，学人可以从现实的案例入手，于微观处"清楚规范的具体内容，判断规范的有效性"，[3]厘清习惯法的实际运行模式，亦有助于学者深入理解基层人民的法律认知和法律情感，加深对习惯法同本土环境、规范土壤间联结的意识。[4]此外，韩立收教授表示，在法人类学家霍贝尔提及的研究方法中，案例法有利于较为真切、全面、深刻地研究原始社会的习惯法，因而其在调查研究黎族习惯法时亦重视对案例的研究。[5]

具体的案例及其所附裁判文书，可以成为步入习惯法世界的一把钥匙，可能是基于个别案例展开的独特分析，亦可能形成更一般的通则式理论。[6]学人叶夏从一桩由故意杀人案引起的离婚纠纷案件切入，分析纠纷当事人背后的行动规则，剖析其所涵摄的基层社会中一般民众的观念及习惯理念。[7]周相卿教授在雷公山地区调查期间，将当地法院的判例作为调查重点，从而发现当地法院在审判

---

〔1〕参见高其才主编：《变迁中的当代中国习惯法》，中国政法大学出版社 2017 年版，第 139 页。

〔2〕参见李阳华：《藏族民事习惯法调查与研究》，西南政法大学 2011 年硕士学位论文，第 1 页。

〔3〕周相卿：《黔东南雷公山地区苗族习惯法与国家法关系研究》，民族出版社 2014 年版，第 32 页。

〔4〕参见高其才主编：《当代中国的习惯法世界》，中国政法大学出版社 2018 年版，第 290 页。

〔5〕参见韩立收：《"查禁"与"除禁"：黎族"禁"习惯法研究》，上海大学出版社 2012 年版，第 19 页。

〔6〕参见高其才主编：《当代中国的非国家法》，中国政法大学出版社 2015 年版，第 153 页。

〔7〕参见高其才主编：《当代中国的习惯法世界》，中国政法大学出版社 2018 年版，第 280~288 页。

案件的过程中有选择地适用习惯法的情况。[1]学者淡乐蓉也充分利用案例分析法，通过现实发生的案例，分析藏族"赔命价"习惯法在藏区的回复适用。[2]学者顾梁莎亦经具体案例分析，意识到基于习惯法强大的影响力、国家刑事制定法在有些情况下不得不作出让步，进而把握刑事司法实践中少数民族习惯法的生命力之所在。[3]学人李琛在实施云南楚雄彝族生态环境习惯法调查时，曾引用传统治理方式的具体案例，以寻得当地生态环境习惯法的运作及后果。[4]

三、习惯法调查方法之使用方式及使用要求研究现状

目前法学界对习惯法的研究如火如荼，内容也日渐丰富，习惯法调查方法的类型主要包括田野调查（参与观察法、访问调查法、问卷调查法）、文本调查（规范调查法、文献阅读法、案例分析法）。然经整理后的既有研究内容，不仅包括习惯法调查方法的类型，也指向了习惯法调查方法的使用方式及使用要求。

（一）习惯法调查方法之使用方式研究现状

学者们在进行习惯法调查时，会根据其调查研究的地域、文化、习惯法本身表现形式等诸多因素，选择主要使用一种或结合使用多种抑或综合使用各种习惯法调查方法，以获取各自所需的习惯法材料。

1. 主要使用一种研究方法

主要使用其中一种习惯法调查方法，系由调查研究对象的特殊性所致，主要情形反映为对部分少数民族地区的习惯法、历史意义的习惯法、新兴形成的习惯法之调查上。周相卿教授提道，"贵州少

---

〔1〕 参见周相卿：《黔东南雷公山地区苗族习惯法与国家法关系研究》，民族出版社2014年版，第26页。

〔2〕 参见淡乐蓉：《藏族"赔命价"习惯法研究》，中国政法大学出版社2014年版，第156~159页。

〔3〕 参见顾梁莎：《少数民族习惯法的"合法化"路径——刑法视域下的思考》，中国社会科学出版社2017年版，第74~75页。

〔4〕 参见李琛：《云南楚雄彝族生态环境习惯法调研》，贵州民族大学2023年硕士学位论文，第36~37页。

数民族习惯法的地方性特征非常强，即使是同一少数民族，相邻的两个村寨针对同一问题的习惯法内容可能存在很大的差异，或者这一村寨有的内容另外一个村寨就没有"，因此其提及采用参与观察法进行田野调查，并将此作为从民间了解布依族习惯法的主要途径。[1]

涉及对历史意义的习惯法的调查，文献阅读法不失为获知习惯法内容的一条主要渠道。譬如，梁治平教授指出"清代司法档案为数甚巨，其中与习惯法有关的资料亦不在少数"，"不但相当真实地记录了当时各地流行之'乡规''俗例'，同时也暴露了作为非正式法之习惯法与国家正式法之间的复杂关系"，[2]那么通过文献的查阅、检索，有关历史意义的习惯法之调查内容可渐趋丰满；马珺教授在调查研究清末民初民事习惯法的过程中，也曾充分依据或参照相关历史档案，包括《中国民事习惯大全》（施沛生、鲍荫轩、吴桂辰等编）、《民商事习惯调查录》（民国北洋政府司法部编）等；[3]李卫东教授"利用民初诉讼档案和司法判词等资料"，助其考察民国初期国家法律和社会习惯背后的社会历史关系。[4]

高其才教授曾提出，从发展中理解习惯法、理解发展的习惯法更为必要、更有价值。习惯法调查方法的主要使用，不仅适用于历史意义的习惯法，对新兴形成的习惯法也存在一定的必要性，尤以城市习惯法为明例。与传统的乡村习惯法不同的是，城市习惯法基于其新兴领域的地位，本身就不具备充分的文本材料来源，这便导致学者在调查时难以进行有效的文本查询，此时通过参与观察或者访问调查更合时宜。譬如，"互联网行业中的工时习惯规范是裹挟在产业升级和现代化进程中产生的年轻规范"，为认识该习惯规范，学

---

〔1〕 周相卿教授补充道，其参与观察当地人的日常生活，亦对有关问题进行访谈，从而反映了参与观察法和访问调查法之间往往密切联系、结合使用的关系。参见周相卿：《者述村布依族习惯法研究》，民族出版社 2011 年版，第 15 页。

〔2〕 梁治平：《清代习惯法》，广西师范大学出版社 2015 年版，第 46~47 页。

〔3〕 参见马珺：《清末民初民事习惯法对社会的控制》，法律出版社 2013 年版，第 24 页。

〔4〕 参见李卫东：《民初民法中的民事习惯与习惯法》，中国社会科学出版社 2005 年版，第 32~33 页。

人张振采访了多位正在或者曾在互联网公司工作的员工，以实地调查互联网公司的加班情况。[1]

2. 结合使用多种研究方法

通常情况下，学者们往往不会单一化地使用其中之一的调查方法，而是考虑调查地实际情况、习惯法表现形式等因素，结合运用多种习惯法调查方法，以充分获取所需习惯法内容，提升研究的广度和深度。

结合使用多种习惯法调查方法，在既有的调查研究中，尤以少数民族习惯法（如羌族习惯法）和部门习惯法（如环境习惯法）为典型。羌族习惯法的表现形式既有口耳相传的神话传说、民歌民谣、民间谚语等口碑资料，也有石刻碑文、土司衙门、端公法器等实物，还有家谱族规、契约、村规民约、诉讼档案等文献资料，[2]因而对羌族习惯法的调查可由参与观察法、规范调查法、文献阅读法等切入。考虑到环境习惯法在历时性和共时性两个维度上的延展，其主要表现为文献记述、村规民约、口耳相传三种样态，[3]则文献阅读法、规范调查法、参与观察法的结合使用也应为切入环境习惯法调查的合理路径。

学者们在开展习惯法调查研究的过程中，也常倾向于结合使用多种习惯法调查方法。高其才教授以浙江慈溪蒋村黄定发去世后的丧葬安排为对象，通过参与观察、访问调查等方式了解当地丧葬习惯法，理解其变化、发展；[4]每年亦进行若干次时间不等的田野观察和访问，主要运用事件观察法，并辅以日常性观察、无主题访谈

---

〔1〕 参见高其才主编：《当代中国城市习惯法》，中国政法大学出版社 2020 年版，第 126~127 页。

〔2〕 参见李鸣：《碉楼与议话坪——羌族习惯法的田野调查》，中国法制出版社 2008 年版，第 3 页。

〔3〕 参见郭武：《环境习惯法现代价值研究——以西部民族地区为主要"场景"的展开》，中国社会科学出版社 2016 年版，第 73 页。

〔4〕 参见高其才主编：《变迁中的当代中国习惯法》，中国政法大学出版社 2017 年版，第 57~58 页。

等方法，有意识地对蒋村习惯法进行专门调查。[1]此外，学者马敬运用参与观察及访问调查的方法，通过田野调查获取资料，在尝试还原受调婚姻的全部过程并对西峰坊回族结婚的一些主要规范进行分析的基础上，探讨该结婚习惯法在当代中国社会发展过程中出现的变迁及背后原因。[2]学人李亚冬以河南洛镇一起摆摊纠纷为对象，通过访问调查和参与观察的田野调查方法，进一步知悉基层社会中的纠纷解决规范。[3]

3. 综合使用多种研究方法

在调查对象具有广泛且充沛的社会资料来源时，综合使用各项习惯法调查方法，能够为后续的研究提供更为详实、齐备的材料基础。

高其才教授多次到湖北刘仁八湾进行调查，参观了刘氏宗祠，阅看了刘氏族谱，观察了械斗现场，访问了多位刘姓族人，对刘姓族人的垄坟规范、组织规范、祠堂规范等进行专门了解，将参与观察法、访问调查法、规范调查法、文献阅读法等进行综合使用。[4]吕志祥教授曾经数次深入藏区，进行走访、调查并发放调查问卷，同时充分利用既存田野调查资料，以获取研究藏族习惯法及其转型的材料，发挥了参与观察法、访问调查法、问卷调查法、文献阅读法等习惯法调查方法的综合效用。[5]西华大学张邦铺副教授在进入彝族村寨进行习惯法调查的过程中，除了案例、档案、文本以及其他文献等多种材料外，还运用社会学方法，对法官、政府工作人员、习惯法执行者"德古"、普通群众做调查和访谈，对"德古"、案例

---

〔1〕 参见高其才：《当代中国习惯法的承继和变迁——以浙东蒋村为对象》，中国政法大学出版社 2022 年版，第 5 页。

〔2〕 参见高其才主编：《变迁中的当代中国习惯法》，中国政法大学出版社 2017 年版，第 42 页。

〔3〕 参见高其才主编：《当代中国纠纷解决习惯法》，中国政法大学出版社 2019 年版，第 31~32 页。

〔4〕 参见高其才：《生活中的法——当代中国习惯法素描》，清华大学出版社 2021 年版，第 60 页。

〔5〕 参见吕志祥：《藏族习惯法及其转型研究》，中央民族大学出版社 2014 年版，第 10~11 页。

进行统计，并从有关部门取得统计资料和调查数据，实现了参与观察法、访问调查法、文献阅读法、案例分析法等习惯法调查方法的综合价值。[1]

（二）习惯法调查方法之使用要求研究现状

习惯法调查方法的存在意义，主要为其工具价值所在。那么，为充分调动习惯法调查方法在习惯法调查乃至后续研究中的作用，明晰习惯法调查方法之使用要求是极为必要的。需要明确的是，此处的"要求"表面上同前文第二部分的内容有所近似，但是有质的不同：前文提及的"要求"，是着眼于各个类型的习惯法调查方法而言的基本要求；此处的"要求"，乃是聚焦于宏观的视域、对田野调查和文本调查过程所提的补充要求。

总体而言，不论是田野调查，抑或是文本调查，都需要满足总体意义上的要求，主要反映为基本原则和重要场域。一方面，在习惯法调查过程中，平等、尊重和参与是基本原则所在：调查者需要秉持平等交往的态度，尊重当地的风俗习惯、宗教信仰等文化氛围，而非以某种文化价值体系去简单评价或解释某种看似简单的现象；[2]及时做好习惯法调查结果的记录，正如德国学者茨威格特等曾指出的"记录习惯法对于一种法国共同习惯法的逐渐形成并最终导致习惯法与成文法的融合都是十分必要的"，[3]让习惯法调查的过程及结果得以充分地展现，以印证习惯法调查的具象效果。另一方面，虽然习惯法存在于诸多领域，但乡村社会本身仍然是习惯法调查的重要场域，沉淀着习惯法的历史风韵。"乡村社会的习惯法与中国的传统文化，尤其是传统伦理文化和传统习俗文化是紧密拥抱在一起的"，"我们就无法回避和漠视乡村社会中的习惯法，它们是构筑中国制度

---

[1] 参见张邦铺：《彝族习惯法及调解机制研究》，法律出版社 2016 年版，第 17 页。

[2] 参见郭风鸣：《秩序中的生长——少数民族习惯法的教育人类学解读》，四川大学出版社 2011 年版，第 18 页。

[3] ［德］茨威格特、克茨：《比较法总论》，潘汉典等译，中国法制出版社 2017 年版，第 149 页。

的特色基因"。[1]

进行习惯法调查方法的研究，是切入习惯法内容的必经之路。那么，较之文本调查，田野调查本身更具有不确定性、紧迫性，愈需要加以要求的规范限制。其一，田野调查需要明确所需调查的地点以及对象。周相卿教授曾指出，"如果调查的对象一个自然寨就是一个行政村，一般情况下可以不去乡镇政府了解情况，从而避免调查对象被上级乡镇干部干预，使访问的内容失真，加大材料之间相互验证的工作难度。而且有的乡镇干部还要无理刁难，给调查工作造成麻烦"，[2]虽说与地方有关部门合作、得到其配合有助于便利地获得官方材料，但可能受其干预和影响，难以自由决定调查研究之主题、独立进行材料判断。[3]其二，田野调查需要提前做好对接准备，比如事先和调查地的负责人员打好电话，为后续更为顺利地深入田野开展调查作必要的准备。[4]其三，田野调查需要考量调查过程给受调查者带来的不便，推己及人、将心比心，"如果长时间的交谈不方便，有时就找一些重点被访谈人到比较近的一些条件好的饭店或旅店进行交谈，同时根据访谈时间的长短和距离的远近发给劳务补助"。[5]其四，考虑到民族地区普遍讲少数民族语言的现实，[6]在民族地区开展习惯法调查，调查者宜尽量掌握当地语言，或寻找通晓当地语言和普通话的"媒介"，以更接地气的方式进入田野调查。周相卿教授在黔东南雷公山地区进行苗族习惯法调查时，意识到当地普遍讲苗族语言的风俗，仅用汉语无法进行深入交流，因而每次开展调查均配有苗文翻译；[7]学者游志能去西藏调查前，

〔1〕　尚海涛：《当代中国乡村社会中的习惯法——基于 H 村的调研》，厦门大学出版社 2014 年版，第 10 页。

〔2〕　周相卿：《者述村布依族习惯法研究》，民族出版社 2011 年版，第 18 页。

〔3〕　参见高其才：《习惯法的当代传承与弘扬——来自广西金秀的田野考察报告》，中国人民大学出版社 2015 年版，第 5 页。

〔4〕　参见周相卿：《规模村布依族习惯法调查与研究》，载《贵州民族学院学报（哲学社会科学版）》2009 年第 1 期。

〔5〕　周相卿：《者述村布依族习惯法研究》，民族出版社 2011 年版，第 19 页。

〔6〕　参见周相卿：《者述村布依族习惯法研究》，民族出版社 2011 年版，第 15 页。

〔7〕　参见周相卿：《黔东南雷公山地区苗族习惯法与国家法关系研究》，民族出版社 2014 年版，第 25 页。

亦不断练习藏民最熟悉的语言,[1]以帮助其研究藏族的"赔命价"习惯法。其五,基于尊重田野调查当事人的考量,[2]若存在属于他人隐私或者与他人名誉、利益相关的信息,那么田野调查结果的公开也需要经得受访者的同意。其六,有关习惯法问题的调查,需要积累大量的田野调查资料,并且对于某个地区的习惯法有着较为长期且持续的认识,才能够比较准确地反映习惯法的具体样态、变迁情况。[3]

对于文本调查而言,重点在于规范合理、查之有效。其一,文本调查所涉及的包括规范、文献、案例等在内的材料需要经过"鉴真",不能做简单的"拿来主义"。其二,为了规避无意义的重复研究,或者更有效率地推动习惯法研究,调查者应该充分利用已有的调查成果,比如习惯法研究的相关古籍、民间传说、专著、书籍、论文、调查报告等;继而,根据实际情况合理使用习惯法调查方法,从而达成对某一特定领域习惯法的深入钻研。

四、对习惯法调查方法研究的反思

在法律多元主义的视域下,国家制定法和习惯法均是法律渊源的重要组成部分,国家制定法能够以成文的形式固定、并呈现于眼前。但习惯法在很多情况下,并不及此,甚至存在习惯法抢救的说法,[4]系抢救尚未被调查发掘、即将消逝于学者乃至人民记忆的习惯法瑰宝。然而,习惯法对中华传统法律文化的维系、乡土社会关系的规范等颇具意义,对其进行调查存在着现实必要性。高其才教授指出,"我们应该开展大规模的习惯调查,为国家法律认可习惯创造条件、奠定基础"。[5]但是,在目前学者们的习惯法研究中,习

---

〔1〕 参见游志能:《"赔命价"习惯法的经济分析》,中央民族大学出版社2018年版,第281页。

〔2〕 参见高其才主编:《当代中国婚姻家庭习惯法》,法律出版社2012年版,第423页。

〔3〕 参见高其才主编:《变迁中的当代中国习惯法》,中国政法大学出版社2017年版,第217页。

〔4〕 参见高其才:《乡土法学探索:高其才自选集》,法律出版社2015年版,第229页。

〔5〕 高其才等:《当代中国法律对习惯的认可研究》,法律出版社2013年版,第29页。

惯法调查方法虽有所涉猎，却并没有将其作为一个主要分支进行明确，直接相关的文献更是鲜见。这其中存在的问题，值得反思和应对。

第一，学者习惯于对习惯法研究方法有深刻的思考，但是未对习惯法调查方法"委以重任"。部分学者在文章中，或仅将习惯法调查方法作为习惯法研究方法的其中一种，或直接忽略习惯法调查方法的说明，继而径直开启正文习惯法的研究及内容。实际上，这种做法并没有意识到习惯法调查方法的重要性，可能亦缘于调查方法本身工具价值对思维的"束缚"，仅认为通过习惯法研究方法才能真正做到对习惯法内容的发掘。而饶有意义的是，习惯法调查本身在习惯法内容的发掘中就具有前置性地位，习惯法调查方法本身的价值，便在于为学人进入习惯法世界大开方便之门，没有适格的习惯法调查方法，将会在一定程度上严重阻碍习惯法研究以及后续研究成果的生成。但这一点在现有的研究中并未得到重视。今后的习惯法调查，应该充分调动习惯法调查、习惯法研究之双维度价值，虽难以达到"等同视之"的效果，但也应该重视习惯法调查方法和习惯法研究方法前后相继的作用，真正发挥调查方法独特的工具价值。

第二，部分学者的文章并未明确突出、说明具体的习惯法调查方法，有的仅以"田野调查""实证研究"之类加以概括，或存在含糊不清之嫌。当前，视之法学界，习惯法调查研究虽不比中心议题，但也是在法的渊源发展中居于相当重要的地位。诚然，在很多情况下，学者关注的重点皆是习惯法的内容，以及研究习惯法内容的方法所在，而仅在正文前端简要概括一下大致的习惯法调查方法。从结果导向上来看，这并无可厚非。但是，明确的习惯法调查方法，能够为该习惯法调查研究提供更为坚实的方法论支持和更为严密的逻辑支撑。"在进行中国习惯法的探讨研究时，在方法上我们将史料分析与田野调查相结合，尤以田野调查为重要和主要。"[1]如此，今后的习惯法调查更需要合理把握田野调查和文本调查两大调查方法的总体类型，明确具体的习惯法调查方法，做到习惯法之内容来

---

〔1〕 高其才：《中国习惯法论》（修订版），中国法制出版社 2008 年版，第 16 页。

源的"公开"。此外，习惯法调查方法的明确化、具体化，也能够展现既有的调查成果，规避无意义的重复劳动，并为明晰习惯法调查研究进一步发展的方向提供便利。

第三，对于部分具体的习惯法调查方法而言，其要求、优势、劣势等内容没有得到充分的既有研究支撑。[1]为说明每一项习惯法调查方法在习惯法调查中的作用，应尽量包括含义、要求、优势、劣势、示例等内容。但对于这些内容，整理现今既有文章后，发现并没有全然提及。[2]详细来说，如问卷调查法的要求，规范调查法的要求、优势、劣势，案例分析法的要求等，在目前的习惯法调查方法研究中并未明确被提及，从而造成习惯法调查方法的总结和拟写并未得到充分展现。今后的习惯法调查，或可着眼于具体的实际情况，补充或者更新习惯法调查方法的内容。

第四，习惯法调查方法或存在僵化适用的问题。伴随历史的前进、社会的发展，习惯法调查方法也需要与时俱进、因时制宜、因地制宜。譬如，我国大瑶山地区瑶族的石牌制度，曾经历了一个从不成文到成文的发展过程：最初的石牌是族人口头议定规约，立石牌以为标志，并未进行刻字；后来基于社会的发展，纠纷案件呈现日益增多的趋势，瑶人中识字者亦增多，"这种表意模糊、演绎性很强的无字石牌难以起到应有的作用"，改之以明确文字来表达石牌内容便有其存在的现实必要性。[3]如此视之，习惯法的调查方法也应随习惯法环境的变化而做相应的适当转变，这也是习惯法调查在今后发展过程中需予以重视的部分。

美国学者大卫·费特曼曾言："民族志工作并不总是按部就班的。它需要意外发现珍宝的运气、创造力、在对错抉择时做出的正

---

〔1〕 虽然调查方法的内容（诸如要求之类）在既有研究中确实存在，但考虑到本文系习惯法调查方法研究综述，着眼于习惯法调查的视域，所以暂不能以宏观内容替换具体的习惯法主题。

〔2〕 基于现实研究难以穷尽的困境，笔者在撰写本研究综述时，所整理、参阅的文献材料势必存在遗漏的问题，也恳请专家学者予以指正。

〔3〕 参见姜世波、王彬：《习惯规则的形成机制及其查明研究》，中国政法大学出版社 2012 年版，第 267 页。

确判断、艰苦的工作，以及老式的幸运。"[1]习惯法调查工作本身，
与此也有一定的相似之处。进行习惯法调查，调查点的选择、调查
能够收获什么，基本上都是未知的。[2]但是，正因为习惯法调查本
身的不易，以及习惯法内容挖掘所牵涉的多种因素，方可以凸显做
好做精一项习惯法的调查、并经由调查获取研究成果的现世价值。
基于此，今后的习惯法调查研究，需要注重把握妥当的习惯法调查
方法，合理使用之，为获取习惯法知识提供规范化的前置要件，进
而推动习惯法调查研究向纵深处持续发展。

---

〔1〕 〔美〕大卫·费特曼：《民族志：步步深入》，龚建华译，重庆大学出版社 2007
年版，第 2 页。

〔2〕 参见周相卿：《者述村布依族习惯法研究》，民族出版社 2011 年版，第 16~17
页。

后　记

　　编著本辑缘起于 2022 年 10 月 13 日下午的一次讨论。当时讨论我的"法社会学田野调查的若干思考"初稿时，清华大学法学院博士生张雪林提出硕士研究生、博士研究生进行田野调查时存在的一些误区问题，清华大学法学院博士生王牧提出法社会学田野调查与中国经验问题，清华大学法学院硕士生马立晔提出法社会学田野调查的独特性问题。我觉得这些论题都值得这么研究，于是谈了我的一些想法。

　　经过考虑，我决定在"习惯法论丛"出一辑"当代中国习惯法调查和研究方法"，并于 2022 年 12 月 31 日向一些学界朋友和学生发了这样的一则约稿函：

　　诸位好。

　　我计划在 2023 或 2024 年的"习惯法论丛"出一期"当代中国习惯法调查和研究方法"专辑，诚邀你总结习惯法调查和研究经历与心得，贡献习惯法调查和研究方法方面的才智。

　　可就习惯法调查和研究的一般状况或具体个案讨论，也可从自己印象深刻的习惯法的调查实践与研究经历进行总结，可进行习惯法哲理分析、文本分析、规则分析、施行分析等，可进行民族习惯法、区域习惯法、乡村习惯法、城市习惯法等方法分析，可进行民事习惯法、纠纷解决习惯法、村规民约、企业内部规范等方法分析。

可为论文，也可为杂文、札记，形式不一。

有关具体想法和主题，可与我联系、交流。

谢谢。

约稿函发出后得到了许多朋友的回应，分别与我联系并了解基本思路、内容、具体写作要求等。之后，我陆续收到稿件。2024 年 4 月开始，我集中时间对文章进行最后的审阅、修改，完成了全稿。

当代中国习惯法调查和研究方法是一个实践性强而理论总结欠缺的论题。本辑仅仅是进行了初步的探讨，广度有待进一步拓展，深度有待进一步提升。特别在结合中国国情、联系中国习惯法调查和研究实践进行分析方面更需要持续努力。期待本辑的出版能够引起学界对一领域的进一步重视。

本辑的完成，首先需要感谢各位作者的积极支持和认真撰写。执行主编协助我做了一些具体工作。

由于论题较为前沿，加之我们的能力有限，本辑肯定存在不少错误和不足之处，欢迎读者诸君批评指正。当然，作为主编，我对存在的所有问题负责。

本书为清华大学法学院习惯法研究中心学术成果之一。清华大学法学院为本书的出版提供了资助，特此致谢。

西晋傅玄的《鸿雁生塞北行》别有一番意境，特录于下与读者诸君同赏析。

鸿雁生塞北行

凤凰远生海西，及时昆山冈。

五德存羽仪，和鸣定宫商。

百鸟并侍左右，鼓翼腾华光。

上熙游云日间，千岁时来翔。

孰若彼龙与龟，曳尾泥中藏。

非云雨则不升，冬伏春乃骧。

退哀此秋兰，

草根绝，随化扬。

灵气一何忧美，万里驰芬芳。

常恐物微易歇，一朝见弃忘

高其才

2024 年 6 月 11 日于京西樛然斋